COURTING CELEBRITY

The Autobiographies of Angela Veronese and Teresa Bandettini

In 1826 Angela Veronese, a gardener's daughter, wrote and published the first modern autobiography by an Italian woman. Veronese's account focuses on her unique experience as a peasant girl who came of age among the Venetian elite, and details how she attained a certain renown in and out of Italy by improvising, writing, and publishing her own lyrics.

Courting Celebrity is a bilingual annotated edition of Veronese's autobiography. To better elucidate Veronese's thinking, the book includes the autobiographical writing of another contemporary Italian poet, Teresa Bandettini, a well-known Tuscan poet-improviser. The book offers a substantial sample of Veronese's poems, translated and in the original. These compositions, together with detailed bibliographical documentation, point to the success of Veronese's autobiographical enterprise and offer an unparalleled view of both high society and popular culture at the time. *Courting Celebrity* illustrates women's practice in two key literary genres, poetry and autobiography, and illuminates the strategies of women's self-fashioning and pursuit of celebrity.

(Toronto Italian Studies)

ADRIENNE WARD is an associate professor emerita of Italian at the University of Virginia.

IRENE ZANINI-CORDI is an associate professor of Italian at Florida State University.

Angela Veronese

Teresa Bandettini

Courting Celebrity

The Autobiographies of
Angela Veronese
and Teresa Bandettini

Translated, Edited, and Introduced by
ADRIENNE WARD
and
IRENE ZANINI-CORDI

UNIVERSITY OF TORONTO PRESS
Toronto Buffalo London

© University of Toronto Press 2023
Toronto Buffalo London
utorontopress.com

ISBN 978-1-4875-4639-7 (cloth) ISBN 978-1-4875-4641-0 (EPUB)
ISBN 978-1-4875-4640-3 (paper) ISBN 978-1-4875-4642-7 (PDF)

Toronto Italian Studies

___

Library and Archives Canada Cataloguing in Publication

Title: Courting celebrity : the autobiographies of Angela Veronese and Teresa Bandettini / translated, edited, and introduced by Adrienne Ward and Irene Zanini-Cordi.
Names: Ward, Adrienne, 1957– translator, editor. | Zanini-Cordi, Irene, translator, editor. | Container of (work): Veronese, Angela, 1778–1847. Notizie sulla vita di Aglaja Anassillide scritte da lei medesima. | Container of (expression): Veronese, Angela, 1778–1847. Notizie sulla vita di Aglaja Anassillide scritte da lei medesima. English. | Container of (work): Bandettini, Teresa, 1763–1837. Autobiografia. | Container of (expression): Bandettini, Teresa, 1763–1837. Autobiografia. English.
Series: Toronto Italian studies.
Description: Series statement: Toronto Italian studies | Includes bibliographical references and index.
Identifiers: Canadiana (print) 20220468583 | Canadiana (ebook) 20220468729 | ISBN 9781487546403 (paper) | ISBN 9781487546397 (cloth) | ISBN 9781487546410 (EPUB) | ISBN 9781487546427 (PDF)
Subjects: LCSH: Veronese, Angela, 1778–1847. | LCSH: Bandettini, Teresa, 1763–1837. | LCSH: Women poets, Italian – 19th century – Biography. | LCSH: Autobiographies – Italy. | LCSH: Italy – Biography. | LCGFT: Autobiographies.
Classification: LCC PQ4057 .C68 2023 | DDC 851/.7–dc23

___

This book has been published with the assistance of a grant from The Gladys Krieble Delmas Foundation.

We wish to acknowledge the land on which the University of Toronto Press operates. This land is the traditional territory of the Wendat, the Anishnaabeg, the Haudenosaunee, the Métis, and the Mississaugas of the Credit First Nation.

University of Toronto Press acknowledges the financial support of the Government of Canada, the Canada Council for the Arts, and the Ontario Arts Council, an agency of the Government of Ontario, for its publishing activities.

To all women and their stories, told and untold.

Contents

List of Illustrations   ix

Acknowledgments   xi

Foreword   xv

1. Angela Veronese   1
    i. *Notizie sulla vita di Aglaja Anassillide scritte da lei medesima* (transcription)   3
    ii. *Information on the Life of Aglaja Anassillide, Written by Herself* (translation)   39
    iii. Selected Poems by Angela Veronese (Italian/English, with brief introduction)   90
    iv. Notes to Selected Poems   123
    v. Biography of Angela Veronese (1778–1847)   130
    vi. Bio-Bibliography for Angela Veronese   146
2. Teresa Bandettini   155
    i. "Autobiografia" (transcription)   159
    ii. "Autobiography" (translation)   175
    iii. Biography of Teresa Bandettini Landucci (1763–1837)   195
3. Contexts and Conclusions   199
4. Sonnet by Luigi Carrer, remembering Aglaja Anassillide (Italian/English)   257

Works Cited (General Bibliography)   259

Index   273

Illustrations

Book cover:
Front cover images taken from painted decorations on an early nineteenth-century Venetian commode and mirror, depicting pastoral entertainments among cultured society (see back cover for photo of the furniture piece)

Frontispiece:
Top: Engraved portrait of Angela Veronese
Bottom: Engraving of Teresa Bandettini, after the painting by Angelika Kauffman

1 Frontispiece of 1826 edition, *Versi di Aglaja Anassillide aggiuntevi le notizie della sua vita scritte da lei medesima* 2
2 Frontispiece of 1844 almanac *Strenna Triestina* 143
3 Amphora graphic showing Angela Veronese among other contributors to almanac 144
4 Section from first page of Teresa Bandettini's autobiographical manuscript 158

Acknowledgments

Even if this project started on a whim, it was no improvisation! It is the fruit of research carried out over several years, and acknowledging all the help and support received along the way is no easy task.

I carried out research for this book concomitantly with my work on Italian salons and salonnières, of which it is an offshoot. A National Endowment for the Humanities (NEH) fellowship, a sabbatical from Florida State University, a Visiting Scholar appointment at the Università Ca' Foscari Venezia, funding from the FSU Council on Research and Creativity, and a period in the Visiting Artists and Scholars Program at the American Academy in Rome all helped, in various ways, to tie the parts of this work together.

Vernon Hyde Minor was instrumental in turning my gaze to the quirkiness of Arcadia, and to Veronese in particular, when I attended his Summer NEH Seminar on the Baroque at the American Academy in Rome in 2011. To him and the wonderful, interdisciplinary group of colleagues I met there, I owe infinite gratitude. That summer, we indeed recreated our own Arcadia on the slope of Rome's Janiculum Hill, in the immediate vicinity of the Parrhasian Grove.

For all things Venetian, and for her unbounded intellectual and personal generosity, I owe a great debt of gratitude to my friend and mentor, Daria Perocco. A warm thank you also to all of my students who, over the years, contributed their fresh insights on Veronese's autobiography and social networking agenda while taking my courses on eighteenth-century women's writing and sociability.

I can't say how lucky I am to have found in Adrienne Ward the most perfect partner in crime: passionate, generous, detailed, relentless, and so much fun to work with. I hope we will go on committing many more literary crimes together!

xii   Acknowledgments

Finally, an immense thank you to mom. And to my greatest supporter and the love of my life, Tom, who every time I announced we were finished with the manuscript (many times!) would say, "I'll believe it when I see it!" Tom, I hope you can now believe it.

—Irene

I would like first to thank the Gladys Krieble Delmas Foundation for their generosity in funding both initial research in Venice and the publication of this book. I am also grateful to the University of Virginia and the Department of Spanish, Italian, and Portuguese for granting me research leave, including sabbatical time supported by the University of Virginia Sesquicentennial Associateship program. Their support has been essential to my progress on this project.

I am truly grateful for my friend and colleague Irene Zanini-Cordi, who kindly invited me to co-author this work. Without Irene I would not have known about Veronese, a writer who hails from her own home turf, making the project even more gratifying! Irene was familiar with many of the locations Veronese identifies and the literary figures closely associated with those places. Our collaboration has been a gift on many fronts: the joys of bilingual translation, debating meaning and pinning down the right term, the thrill of the hunt for a particular citation or edition, and the companionship when the going got tedious or we faced unexpected challenges. The experience of sharing the workload has been a game changer. I have learned a great deal about early nineteenth-century Italian poetry, but the biggest and best lesson has been about the benefits of doing scholarship *in due* – and with a partner as intelligent, generous, flexible, and creative as Irene.

Lastly, I thank my husband, John O'Connell, who has tolerantly lived with the books, the papers, and the equally enormous quantities of time and focus this project has required. His love, support, and good humour throughout have been my rock.

—Adrienne

Together we are grateful for the able assistance of library staff from a number of institutions: in Italy, the Biblioteca Marciana, the Museo Correr Library, the Ateneo Veneto, the Biblioteca Nazionale Centrale di Firenze, the Biblioteca Statale di Lucca, the Biblioteca Statale Isontina di Gorizia, the National Library of Austria, and the Biblioteca Civica Bertoliana in Vicenza; in the United States, the Cooper Hewitt Library, the Florida State University Library, and the University of Virginia Library.

Dr. Giovanna Rak, at the Accademia dell'Arcadia in Rome, assisted us with valuable information.

We extend many thanks to colleagues who have kindly discussed the work with us, who have heard or read versions of it, and whose insights have decidedly improved our study: Tatiana Crivelli, Susan Dalton, Clorinda Donato, Sabrina Ferri, Paola Giuli, Rebecca Messbarger, Mark Pietralunga, Catherine Sama, Francesca Savoia, and Rachel Walsh. We especially thank our anonymous readers for their perceptive comments and dedication to bettering our work, and Dariella Fonseca, who contributed her skills and time to transcribing both texts. At the University of Toronto Press we wish to thank our editor Mark Thompson, our diligent copyeditor Barbie Halaby, and our congenial and generous managing editor Barbara Porter.

Foreword

Angela Veronese's 1826 prose autobiography is an extraordinary text. It tells the fascinating true story of a gardener's daughter who came of age in the last decades of the eighteenth century, among the Venetian elite who employed her father to tend the magnificent grounds of their city and country villas. Those cultured surroundings nurtured her budding literary aspirations, and soon Veronese was welcomed into the performative poetry culture of the leading lights of the Veneto. Following the trends of the time, Veronese (1778–1847) assumed the Arcadian name Aglaja Anassillide – and as Aglaja, she improvised, circulated, wrote, and published – enough to become a well-recognized poet in and outside the Venetian territory. By 1826, when she decided to memorialize her unique trajectory, she had published five collections of her poetry, as well as made numerous contributions to anthologies and other printed publications honouring local luminaries and milestone events.

Veronese's decision to position her autobiography, *Information on the Life of Aglaja Anassillide Written by Herself* (*Notizie sulla vita di Aglaja Anassillide scritte da lei medesima*, hereafter *Notizie*), as preface to yet a sixth collection of her verses (this one exhaustive, including almost all her lyrics to date), is only the first indication of her strategic self-promotional thinking.[1] By this time she had a sufficient body of work around which to weave a reality of fame. The story of the exceptional ascent of a modest peasant girl who educated herself well enough to become an *improvvisatrice* and then a respected producer of written verse, a

---

1 The entire work, prose autobiography and poems, is titled *Versi di Aglaja Anassillide aggiuntevi le notizie della sua vita scritte da lei medesima* (Padua, Crescini, 1826).

narrative recounted by the protagonist herself, would sell well. *Notizie* is furthermore a model of social network theory in action. Veronese lays out a dense matrix of learned supporters and underscores her many connections within noble circles and salons. As it touts her past celebrity, her autobiography courts celebrity in the present and projects it into the future. Ideally, Veronese's enthralling life story will heighten her status and increase demand for her poems, serving both personal and economic ends.

Veronese employs a distinctive narrating voice in *Notizie*. Given that this voice is one of the most compelling aspects of her work, we give primacy to her words – presenting first her original Italian text, followed by our translation. Only afterwards do we offer detailed interpretation and analysis, in the section of our volume entitled "Contexts and Conclusions." We want readers to encounter Veronese's account directly, before our or others' mediation. Thinking derived from postcolonial studies guides us in this intention, such as that of Gayatri Spivak, who emphasizes the potential silencing of the "Other" by virtue of the very framework the investigating "Self" uses to represent the Other.[2] Of course, translation itself inevitably alters an original expression, as do the conventions of the English-language literature publishing enterprise. Nonetheless, we hope that by subverting at least one norm – i.e., by putting Veronese's words ahead of our interpretation of them – we allow readers an initial semi-unmediated meeting with the remarkable story an Italian author tells about herself. Readers are obviously still free to read "Contexts and Conclusions" first, as if it were a traditional introduction.

The selection and ordering of additional components in our study likewise seeks to prioritize authorial production over critical explanation. The translation of *Notizie* is immediately followed by a select subgroup of Veronese's poems, in both Italian and English. An author biography appears next, substantiated as extensively as possible by available factual data. An extensive bio-bibliography follows.

To better elucidate Veronese's enterprising thinking, we include the autobiographical writing of another contemporary Italian woman poet, Teresa Bandettini (1763–1837), the well-known Tuscan *improvvisatrice*. Bandettini penned an account of her life in 1825, only one year before Veronese published *Notizie*.[3] Although her manuscript was never

---

2 Spivak rearticulated her groundbreaking 1985 article "Can the Subaltern Speak?" in *A Critique of Postcolonial Reason*.
3 Bandettini, "Autobiografia."

published and does not seem to have circulated widely, Bandettini's text (hereafter "Autobiografia") serves to flesh out the world of poetic improvising intrinsic to Veronese's self-presentation.[4] It is important to note, however, that we do not conduct a thorough analysis of Bandettini's work comparable to our undertaking with Veronese's text. Ample scholarship already exists on Bandettini, whereas no one has investigated Veronese to the extent we do here. We include Bandettini's life story to bring another woman-authored text to light, in a period still wanting hard data on women's intellectual and literary endeavours. Towards that aim, ours is the first English translation of Bandettini's "Autobiografia."[5] Our primary reason for featuring her short work, however, is that reading the two narratives together helps highlight the singular approaches Veronese took. We order the crucial elements in the Bandettini section identically to their Veronese counterparts: transcription of Italian original, English translation, and author biography.

The concluding section of our volume, "Contexts and Conclusions," comprises an in-depth discussion of *Notizie*, to which is attached a General Bibliography (the "Works Cited" section).

Notes on Methodology

We use the following terminology to refer to the various texts under study: *Notizie* indicates Veronese's autobiography, while *Versi* indicates solely the poems following the self-account. Veronese's entire work – the prose narrative together with the poems – is referred to with the abbreviated *Versi … Aggiuntevi le notizie*. Bandettini's text will be designated as "Autobiografia."

Transcriptions and Translations

The transcriptions follow as closely as possible the original texts: Veronese's 1826 volume and Bandettini's 1825 manuscript. We have replicated the prose just as it appears, including random use of italics and capital letters, mixed forms of spelling, erroneous or clumsy punctuation, and infrequent paragraph breaks.

---

4 Bandettini dated but did not title her autobiographical manuscript. Here we use "Autobiografia," the same term Di Ricco gives to the text in her 1990 edition. See the brief introduction preceding our transcription of Bandettini's text for more information about the manuscript and its history.

5 The first full publication of her work in Italian dates to 1990, where it appears as an appendix in Di Ricco.

xviii Foreword

Our translations of the two narratives, as well as any other translations that appear in our volume, are our own unless indicated. In translating both *Notizie* and "Autobiografia," we have taken very few liberties. On occasion we have broken extensive prose sections into shorter paragraphs for easier reading and sense-making. In general, however, we have stayed faithful to idiosyncrasies in the originals. In the case of *Notizie*, for example, with respect to the use of italics, editorial decisions at times appear random (and one cannot be sure if they are the author's or the editor's choices). Some italicized phrases appear to emphasize an idea (e.g., *the cat's roses*). In other places, however, as in a series of items or even titles of literary works, certain elements are italicized, others not. The same can be said for the use of capitalization. A noun that had not been capitalized for some time begins to be capitalized, and might return subsequently uncapitalized. Readers will also encounter many instances of spelling errors, in both Veronese's and Bandettini's texts. At times these deviations are not mistakes as much as archaic and fluid forms of orthography.

Readers will further notice that in sections of both autobiographies the punctuation is rudimentary, if not plainly problematic. There are many instances of run-on sentences with either overuse of commas or a complete lack of them, excessive or misplaced semicolons, and so forth. In these text areas we have attempted to imitate the sloppy punctuation the authors themselves used, and thereby to communicate certain characteristics of their prose. Interestingly, Veronese recounts in her text how, at the beginning of her self-instruction, an early mentor taught her how to use some elements of punctuation. She narrates in detail how she learned to place commas, periods, even exclamation points. Her text shows that she was still integrating these skills.

One of the most frequent instances of variability concerns the spelling of Veronese's Arcadian name. The correct version is "Aglaja Anassillide," and this spelling appears most often. However, we have taken care to replicate the several alternative spellings exactly as they appear in print on occasion (Agliaia, Agliaja, Aglaia; Anasillide, Anassilide) to demonstrate the realities and vagaries of early nineteenth-century printing operations.

Our decision to replicate these moments of textual disorder and/or authenticity seeks to focus attention on the two women's still-developing mastery of the fine points of writing, as well as the varying standards of the time. Only in certain cases where imprecision could lead to serious confusion over meaning did we insert a correction or use the designation [*sic*].

Footnoting System and Citations

Given the number and variety of components in our study (transcriptions of originals, translations, biographies, etc.), it is important to clarify our system for providing reference information. Overall we have used the MLA style format, but annotated translations require careful and sometimes extensive footnoting, as does the biography provided for Veronese. When we cite a passage from *Notizie* (this occurs primarily in the "Contexts and Conclusions" section), the page number given refers specifically to our translation. Precise information on the footnoting system used for the poetry translations is included in the introductory section to the poems. In-text and footnote references in the "Biography of Angela Veronese" section are treated differently – they correspond exclusively to the "Bio-Bibliography for Angela Veronese." All other citations are offered in full in the General Bibliography.

Angela Veronese

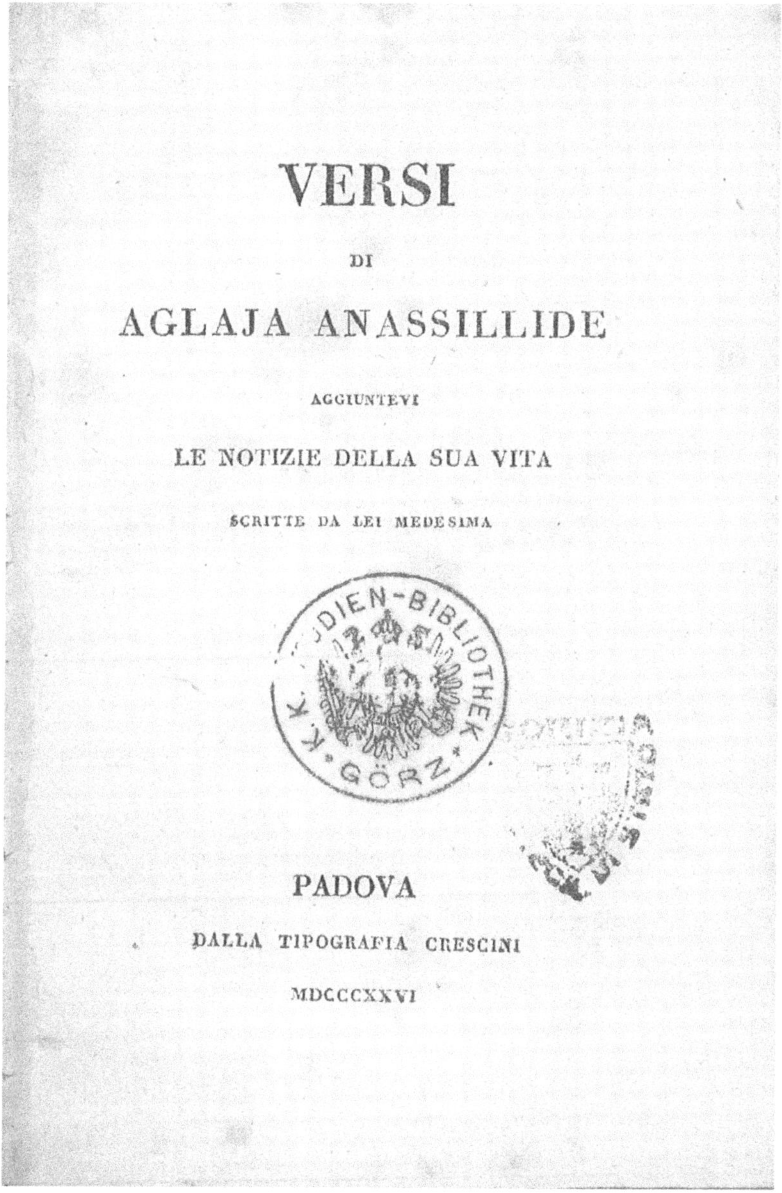

VERSI

DI

AGLAJA ANASSILLIDE

AGGIUNTEVI

LE NOTIZIE DELLA SUA VITA

SCRITTE DA LEI MEDESIMA

PADOVA

DALLA TIPOGRAFIA CRESCINI

MDCCCXXVI

Fig. 1. Frontispiece of Veronese's 1826 poetry collection. Permission granted from the Minister of Culture, Biblioteca Statale Isontina di Gorizia, 213-A Class. 28.10.13/8/2022, dd. 15/02/2022.

Notizie sulla vita di Aglaja Anassillide scritte da lei medesima

Nel dar alla luce del pubblico le notizie sulla mia vita parmi già di vedere alcuni accigliati censori, ed udirli con le loro rispettabili bocche esclamare: oh! ecco una nuova eroina, che viene a farsi vedere sulla grande scena dell'universo! Adagio, Signori miei; io non vengo a farmi vedere nel secolo della esagerazione e dell'impostura, ove non si affetta che filosofia, ed in cui le ragioni della mente prevalgono a quelle del cuore. Vengo solamente per farmi sentire qual *ineducata figlia del bosco*, come si compiacque di chiamarmi il cantore dell'Armonia, scrivendo e parlando di me al Cesarotti; vengo dico per farmi sentire ai cuori affettuosi, all'anime cortesi, alla colta ed indulgente gioventù italiana, agli uomini onesti e sinceri ed alle donne amabili e gentili.

Io nacqui sul finire del secolo XVIII in riva alla Piave, in una villetta chiamata Biadine, situata alla punta del Bosco Montello, verso il levante, poco distante da Treviso e pochissimo da Possagno, patria dell'immortale Canova. Mio padre di nome Pietro Rinaldo, mia madre Lucia erano povere ed oneste persone: queste due qualità vanno quasi sempre unite. L'uno era di professione giardiniere, l'altra figlia d'un fabbro. S'io fossi nata nel secolo del gentilesimo potrei dire che la mia discendenza ha del divino, poiché appartiene a Flora ed a Vulcano. Posso ben dire d'esser nata libera e non serva, poiché il mio genitore viveva diviso dalla sua famiglia, gli individui della quale si ritrovavano al servizio dell'eccellentissima casa Grimani tutti in qualità di giardinieri; ed egli solo con la moglie incinta viveva in una sua casupola situata nel fianco dello stesso bosco, bagnata dal ruscelletto che lo circonda. Questa cadente casupola, ombreggiata da piante fruttifere, quasi un abbandonato tempietto della Dea Pomona, apparteneva a certo signor Bassanini di Venezia, non so se venditore di stampe, oppure stampatore egli stesso. Convien dire che la sua professione gli fruttasse assai poco, poiché lo vedeva molto spesso, non so se per bisogno o per divertimento, in campagna. Egli regalava la mia famiglia di libri, e di stampe sacre e profane, ed ecco ond'ebbe principio la smania letteraria di tutti li miei parenti. Forse fu questa la cagione che vari miei cugini e cugine si appellavano eroicamente *Rinaldi, Orlandi, Erminie, Griselde* etc. Io cresceva gracilissima in mezzo ad una famiglia di Eroi, poiché le nostre abitazioni erano tanto vicine che si poteano dire una sola. Mia madre, trovandosi nuovamente gravida pensò di levarmi dalle materne poppe in età di soli undici mesi, quando incominciava appena

A segnar l'orme con l'incerto piede.

4 Courting Celebrity

Io compiva i tre anni, allorché mio padre si divise dalla vecchia sua famiglia per portarsi al servizio dell'eccellentissima casa Zenobio in *Santa Bona*, villetta graziosissima due miglia fuori di Treviso verso il settentrione, ove era un luogo di delizia che apparteneva alla suddetta nobile famiglia. Il mio genitore, a guisa degli antichi patriarchi, portava seco tutto ciò che possedeva, cioè la moglie incinta, la figlia, la gatta, un cane da caccia, due fucili, un letto, una culla, varj libri ed un buon numero di strumenti rurali. Tuttociò era contenuto in una carretta tirata da un vecchio e grigio cavallo che si strascinava dietro tutti quei tesori.

Il luogo della nuova abitazione non potea essere più delizioso; un recinto di muro con cancelli di ferro adornati di stemmi patrizi, un palazzo costrutto con pochi fregi architettonici, una così detta *barchessa*, che ne avea troppi, un orto, un brolo, ed un *parterre* popolato di statue mitologiche. Tutte le pitture a fresco sì della *barchessa**1 che del palazzo erano di certo pittore riputatissimo di Venezia, credo fosse il Palma: rappresentavano il trionfo di Paolo Emilio, le delizie di Capua, Cleopatra innanzi a Marcantonio, le vittorie di Alessandro, e, non so perché, anche il giudizio di Paride. Le statue offrivano un punto di vista curioso, guerrieri, pastori, ninfe, Dei, centauri e semidei: mio padre dicea che rappresentavano il gran quadro dell'universo, ossia l'isola di Circe. Al nostro arrivo fummo incontrati da una villana detta Armellina, e da un cieconato, ch'erano i soli custodi di quel castello incantato. L'Armellina divenne subito la confidente di mia madre; ed il cieco-nato il confidente di mio padre. Io cresceva cara all'una e all'altro, poiché in grazia del mio buon cuore mi perdonavano tutte le mie insolenti vivacità; e difatti appena li miei genitori mi regalavano di un frutto e di una ciambella io correva a farne parte al cieco, ed alla villana, che mi colmavano di baci e carezze. Incominciai fino da quell'epoca fanciullesca ad intendere qual forza hanno i regali su i cuori degli uomini, intendo villani.

Ho poche e confuse idee della mia infanzia; mi ricordo solamente che il cieco era la mia guida il giorno di festa nel condurmi alla chiesa parrocchiale, e la villana a sollazzo pel paese. Un anno dopo il nostro arrivo colà, il povero Osvaldo (cioè il cieco) unico amico del padre mio si ammalò. Io allora di anni quattro era la sua infermiera; egli mi chiamava il suo angioletto, ed io lo pregava di stabilirsi presto in salute per poter seco lui portarmi a raccoglier i funghi, che nasceano in gran copia in un prato vicino al castello. Una mattina, che mi sta fissa tuttor nella memoria, io mi portai al letto dell'ammalato, lo chiamai replicatamente con quella forza di polmoni che permetteami la mia età,

---

1 (*) Loggia. [Veronese includes this asterisk and the synonym in her text.]

lo scossi, lo chiamai nuovamente; egli era freddo del gelo della morte. Corsi alla camera di mia madre dicendole: il nonno dorme, ma è così freddo e duro, ch'io non lo conosco più. Venne mia madre e spaventata esclamò: è morto. È morto? io replicai; oimè! egli non mi condurrà più alla Chiesa, e quel ch'è peggio neppure a raccogliere i funghi. Al morto cieco subentrò un certo Bernardo figlio dell'Armellina, che aiutava mio padre ad abbeverar le piante di agrumi, ed i fiori del giardino; egli era gran leggitore di romanzi eroici, poiché in quel paese i villani sapeano tutti leggere, non so se per inclinazione naturale, oppure in grazia del Cappellano della villa, che senza veruna vista d'interesse insegnava questa scienza a que' miserabili, contentandosi solamente del loro progresso, e di alcune offerte caritatevoli che appartenevano alle quattro stagioni, cioè legna, vino, frumento e primizie. In tutto il resto dell'anno egli era disinteressatissimo su ogni rapporto.

Nelle lunghissime sere invernali il suddetto Cappellano veniva a godere dei poveri paterni miei lari, ove si ponevano al foco rape e castagne, e un gran boccale di vino puro: un tavolino ed un mazzo di carte era il divertimento che precedeva la comparsa delle castagne e del vino. Quando non si giuocava, il villano Bernardo leggeva ciò che gli comandava mio padre, ora il Tasso, ora l'Ariosto, ora il Cicerone del Passeroni, ed ora l'Omero del Boaretti. Io cresceva in mezzo alle idee greche e romane, coi Ruggeri e i Tancredi nella mente, con le Clorinde e le Bradamanti nel cuore, e con Alcina ed Ismeno nella fantasia, i portenti magici dei quali mi faceano sognar la notte, e tremar il giorno. Alcune ottave del Canto VII del Tasso imparate a memoria come i papagalli, e da me recitate come una marionetta a quei villani, mi faceano passare per la picciola Sibilla del villaggio.

Oltre il leggitore Bernardo, la villana Armellina avea un altro figlio della mia stessa età, ma bersagliato talmente dalla rachitide che camminava col deretano. Questo infelice si chiamava *Menin*, diminutivo di Domenico. La madre sua in quei giorni che non andava ai lavori della campagna lo conducea seco alla mia abitazione, e ve lo lasciava le intere giornate, mentre ella con la madre mia attendeva alle domestiche faccende. Il povero *Menin* era l'oggetto della mia pietà infantile. Egli era biondetto, buono e miserabile. Io faceva parte a lui di ciò ch'io possedeva, metteva in serbo una picciola porzione del mio pranzo, tutte le mie bambole erano a sua disposizione, gli permetteva che tenesse sopra i suoi storti ginocchi la mia gatta. Ogni volta che mio padre mi prometteva qualche regaluccio, io gliene facea parte, ed egli godea sorridendo della mia gioja, come piangeva allora che per mancanza delle paterne promesse mi vedeva piangere. Un anno dopo la nostra puerile amicizia incominciò a far uso delle sue gambe: la mia allegrezza fu eguale alla sua. Io lo condussi subito a vedere le statue del giardino, spiegandogli tutte le loro virtù se rappresentavano Eroi, e le loro favole se rappresentavano Divinità. Poco tempo dopo mio padre fece il mediocre acquisto di un'asina. Io in età appena di sei anni era divenuta la nuova Erminia nel cavalcare trepidamente quella povera bestia, che si lasciava guidare pazientemente dal villanello *Menin*, allora divenuto mio scudiere. Mia madre sgridava continuamente con l'asina, con *Menin* e con mio padre per l'esercizio non adatto ad una figlia. Il mio genitore filosoficamente sorrideva dicendo, che quella era la cavalcatura delle antiche Ebree, di cui aveva fatto uso la stessa regina delle vergini. Il Cappellano dava ragione a mio padre, ed io continuai a cavalcare. Da lì a tre mesi precipitai dall'asina, e mi ruppi la fronte virginale, della qual caduta porto ancora la cicatrice onorifica.

Finalmente si pensò di mettermi a scuola. Oimè, che colpo! Dover dividermi da *Menin*! Strillai, pregai, promisi docilità, tutto invano. Alfine diedi un addio all'asina, ed obbedii; ma se tutte le mie ubbidienze fossero state così sincere avrei assai poco da lodarmi. La mia maestra, ossia direttrice, era una vecchia, nata cittadina, ma che per le sue disgrazie era venuta a sacrificarsi, diceva ella, tra i villani; era brutta come la Gabrina dell'Ariosto, e per bontà non le era superiore gran fatto. Eravamo tre fanciulle, che per insolenza ed indocilità non la cedevamo ai più arditi collegiali. Ella ci insegnava una quantità d'orazioni in latino, la così detta Dottrina Cristiana in italiano, il far le calzette, ed il fuggire dagli uomini come dagli aspidi. Quest'ultimo precetto mi facea ricordare il povero *Menin*, e mi metteva di mal umore. Era cosa curiosa, che la vecchia avea un nipotino di sei in sette anni tanto brutto e balordo, che pareva un bamboccio; toccava or all'una or all'altra delle tre alunne far vezzi a questo scimiotto, acciò fosse buono; quando toccava a me non faceva che mettere tutto in opera per farlo arrabbiare; la vecchia se ne accorse, mi castigò, ed io fuggii dalla scuola e tornai fra le materne braccia.

I miei genitori pensarono bene tenermi al loro fianco, tanto più che la nonna paterna era venuta, non so perché, a star con noi. Ella era gran amatrice delle favole, e leggeva tutte le sere i *Reali di Francia*, ed il *Guerino detto il Meschino*. Fu in quell'epoca che mio padre per la morte di un suo fratello, ch'era giardiniere dello stesso N. U. Zenobio nel di lui palazzo dei Carmini in Venezia, si traslocò colà con tutta la sua famigliuola. Io compiva allora gli anni sette, e strada facendo incominciai a cangiar i denti, il primo de'quali fu da me custodito con gran gelosia, poiché, al dir di mia nonna, una certa strega, amica ai denti dei fanciulli, donava un soldo veneto per ciascheduno. Qual analogia avessero le streghe coi denti ho ancor da saperlo.

Eccomi a Venezia. Questa famosa, bella ed allor ricca città brillava di tutto il suo splendore. Il Doge Renier era il suo principe. Io lo vidi sposar il mare, e domandai a mio padre come la Chiesa permetteva un tal matrimonio, che univa la Dea Teti pagana ad un cattolico Principe. Ecco il frutto delle letture invernali impresse nella mia testa dal villano Bernardo, e coltivate in me dal padre mio. Egli trovò così giudiziosa la mia riflessione, che la ripeté per molti anni alli suoi amici. Tutti i maschi e le femmine, che partorì mia madre prima e dopo di me, erano volati ad accrescere il numero degli angeli. Io sola era l'unica delizia e l'unica speranza di mia famiglia. Rassomigliava tanto a mio padre che sembrava un altro lui stesso; una ragione di più per essergli cara.

Il palazzo di Ca' Zenobio era uno dei più belli di Venezia; esso sembrava una reggia. Il canale detto dei Carmini gli passava davanti. Un bel giardino gli abbelliva la vista di dietro. Due viali coperti di alberi fruttiferi formavano il recinto di questo; una vivace fontana di acqua dolce sorgea nel mezzo, ed una galleria maestosa gli serviva di prospettiva nel fondo. Alla parte sinistra v'aveano le mura del convento dei Frati del Carmine, a tal che si udivano distintamente le loro salmodie. Dalla parte destra v'era un bell'orto, che per frutta ed erbaggi cedeva di poco a quello di Tempe. In fondo all'orto v'era un bel pergolato che formava uno dei punti di vista del giardino, sotto di cui si vedea la statua di Enea, che portava Anchise sopra le spalle, seguito dal picciolo Ascanio, che mi fece ricordar subito il mio povero *Menin*.

La prima disgrazia che mi successe in Venezia fu la perdita della mia gatta morta decrepita sulla stessa seggiola, dove io ero solita di accarezzarla. La piansi alla disperata; il mio genitore lodò le mie lacrime, poiché erano non dubbia prova della mia sensibilità. Mia madre e mia nonna le biasimarono dicendo, che per le bestie non bisognava piangere. Chi di loro avesse più ragione lascio giudicare a chi avrà avuto la sofferenza di leggere fin qui queste memorie. L'estinta bestiola fu seppellita in fondo all'orto; un garzone lavorante nel suddetto gli piantò sopra il tumulo funereo, per compiacermi, un bel rosajo, le cui rose io chiamai sempre le *rose della gatta*.

La seconda disgrazia fu il vajuolo, che in allora facea strage dei fanciulli. Questa crudel malattia mi assalì con tanta forza che fui tenuta per morta. Sul terzo giorno che le pustule erano nel loro fermento, non mi fu possibile di poter aprire gli occhi. Stetti cieca sei giorni, cosa che mi fece ricordar il povero cieco-nato di Santa Bona, e compianger la disgrazia di lui, che più non esisteva, nella mia attuale disgrazia.

Anche da ciò parmi tralucere una certa filosofica carità, di cui non so spiegare il mistero. Nel breve periodo delli sei giorni, che mi sembrarono sei anni, udiva la voce de' miei parenti, che mi trapassava il cuore. Le lagrime del mio povero padre m'innondavano il seno, le mani, e la faccia; le orazioni di mia madre, i tristi pronostici di mia nonna formavano un contrasto di affetti doloroso al pari della mia sventura. Finalmente riapersi gli occhi; fissai con un sorriso il mio corpicciuolo tutto tempestato di *perle*: così scherzando io chiamai le pustule ridotte a matura supurazione. Era nella più felice convalescenza alloraquando si dovette troncarmi le chiome rese cadenti ed indocilissime dalla perniciosa malattia. Avrei data qualunque cosa per redimere i miei bellissimi capelli, ch'erano oggetto di meraviglia a chi li vedea, tinti dalla natura di un colore castagno oscuro, folti, inanellati, e lunghi quasi quanto la mia gracile figurina; non li avrei dati per un tesoro. Conobbi allora d'essere vera femmina, poiché l'ambizione cominciava a prendere possesso delle mie idee. Per compensarmi della perdita mi fecero un elegante vestito di lana rossa; un berettoncino di velluto copriva la mia testa spoglia delle sue belle chiome come quella di Berenice. Il mio berettoncino era sovente adornato dal mio genitore con foglie sempre verdi di mirto e di lauro, che cresceano in gran copia nel giardino. Così preveniva il mio genio con gli attributi di Amore e di Febo, che divennero poscia i due numi che m'ispirarono tanti versi soavi, e tante immagini ridenti. In quei due anni che la mia famiglia si trattenne in Venezia, passai il tempo ora giuocando con la bambola, ora frequentando una picciola scuola femminile poco lontana dalla mia casa, cioè in campo così detto dell'Angelo Rafaele. La direttrice era una buona vecchietta, che mi amava, ad onta della mia vivacità, che bene spesso le mandava sossopra tutta la scuola. Io raccontava alle mie compagne tutto ciò che aveva sentito leggere dei Paladini, delle Fate, delle Metamorfosi, e dell'Eneide. Non badavano più alle orazioni, né ai lavori; tutta la stanza risuonava di favole, d'istorie, e di nomi estrani, barbari, fantastici, greci, e latini. La direttrice pregava, minacciava, prometteva; tutto era inutile: ella si portò finalmente da mia madre dicendo, che era costretta a congedarmi con dispiacere, poiché era un diavoletto indomabile. Eccomi nuovamente fra i paterni lari. Mia nonna si prese la cura di farmi da maestra tenendomi chiusa seco nella sua cameretta. Incominciò dall'insegnarmi di bel nuovo l'*abbiccì*, promettendomi, se io imparava, di lasciarmi erede di tutta la sua libreria, che consisteva in vari romanzi, alcuni libri di preghiere, le meraviglie dei Santi del Padre Rossignuoli; libri che raccontavano miracoli i più prodigiosi. In poco più di due mesi che durò la nuova mia educazione feci tanto diventar matta mia nonna, che s'ella avesse avuto pazienza mi sarebbe stata debitrice della gloria del Paradiso. Nei giorni di festa il mio buon genitore mi conduceva a veder ciò che offriva Venezia di più interessante, cioè la gran piazza di S. Marco, la Chiesa dello stesso nome, l'altissimo suo campanile, la riva degli Schiavoni, le Zattere, la Giudecca, il ponte di Rialto, alcune Chiese bellissime, alcuni giardini particolari, ed il gran Lido del mare. Questa ultima veduta, non so perché, mi piaceva più di tutto.

Finalmente la mia famigliuola se ne ritornò alla sua diletta Santa Bona. Io ero fuori di me per l'allegrezza. Pregai mio padre a far l'acquisto di un pulcinella per regalare il villanello *Menin*, ed il padre non tardò a compiacermi contro il parere di mia madre, ch'era alquanto avara, altra qualità della maggior parte delle femmine. Ci siamo tutti imbarcati una mattina di aprile, cioè mia nonna, mio padre, mia madre, il pulcinella, ed un cane da caccia chiamato *Libri*. Fino il nome del cane odorava di letteratura. In laguna presso San Secondo fummo in gran pericolo di annegarci per una burrasca che improvvisamente sorse dal mare. Tutti tremavano e si raccomandavano al cielo; io sola non concepiva paura di sorta, provando anzi un secreto piacere nel contemplar quell'onde tumultuanti, figurandomi la nave agitata ed il mare tempestoso di *Marfisa* dell'Ariosto, descritto da quel sommo ingegno con l'ottava; "Stendon le nubi un tenebroso velo." La nostra barchetta prese porto all'Anconetta ove un fraticello suonava alla disperata due picciole campane, non so se per allegrezza o per paura. Appena smontata in terra presi il mio pulcinella in braccio, e tutta giubilante per aver lasciata l'acqua e per dover tra non molto rivedere *Menin*, mi posi a batter da vera eroina campestre a piedi la regia strada del terraglio. Vi fu bisogno di tutta l'autorità paterna, onde persuadermi a montare in una cattiva vettura, in cui feci il mio trionfale ingresso nella sospirata Santa Bona, fra gli *evviva* dei villani, che ci attendevano a braccia aperte.

Prima della nostra partenza per Venezia, il mio genitore strinse amicizia col marchese Montanaro Bomben di Treviso, e con Giovanni Pozzobon della stessa città, ambo poeti di grido, l'uno per istile serio, e l'altro faceto, come si dipingeva egli stesso nei suoi lunarj volgarmente detti *el Schieson Trevisan*. Il primo regalò mio padre di una cagna chiamata *Selva*, la quale da lì a poco che fu in nostra casa si ricordò di essere femmina e partorì nove cagnolini, che mio padre serbò tutti in vita ad onta delle continue rampogne di mia madre, che quasi nuova moglie di Giobbe sgridava ad alta voce la filosofica bonarietà del marito. Il secondo mi dicono che venisse di quando in quando involto nel suo vecchio ferrajuolo a trovar mio padre, e passeggiando il giardino faceva seco lui dei gran discorsi sull'astronomia, sulla distanza e grandezza dei pianeti, sulle macchie del Sole, sulle fasi della Luna, e perfino sulla coda, sulla barba e sulla chioma delle comete.

Io acquistai le nuove cognizioni astronomiche, e sul più bello del tranquillo mio sonno era svegliata dal genitore per condurmi semi-nuda ad osservar la bellezza dei pianeti Giove, Marte, Venere, la stella polare, il carro di Boote etc. Io sognava un momento dopo le cose celesti, anzi di esser in cielo, mentre mi ritrovava sul mio duro letticciuolo ... Oh quanti infelici sognano lo stesso!

Allora che avea già compiti li nove anni, mia madre si pensò cristianamente di condurmi alla Chiesa, onde farmi far la confessione così detta spirituale. Mostrai qualche ripugnanza solita nelle cose che si fanno per la prima volta; tanto più che vedendo il cappellano così serio nel suo nicchio, dopo averlo veduto tanto allegro in mia casa passar le sere invernali tra il vino e le rape, mi sentii così oppressa dalla soggezione che non aveva gambe per accostarmi a quel santo tribunale. Pure mi feci coraggio, e già stava per inginocchiarmi, allorché mia madre mi venne all'orecchio dicendo: *Raccontagli tutto o andrai all'inferno*. Questo fiero precetto, che non ammetteva via di mezzo, mi sgomentò a grado, che sul momento corsi a casa spaventata dall'inferno e dal dover dirgli tutto. V'erano in mia casa due stampe vecchie, forse ancora di quelle regalate dal Bassanini: l'una rappresentava Santa Cecilia, e l'altra Santa Maria Maddalena. Mi pensai di levar dalla cornice la seconda e di porvi la prima. Mio padre mi sgridò; io risposi con ingenuità puerile: caro *papà*, l'una piange, e l'altra suona; è meglio tener l'ultima che la prima. In quella stessa [e]state il N. U. conte Alvise Zenobio, padrone di mia famiglia, venne a passare alcuni mesi nella villeggiatura di Santa Bona, cosa che empì di giubilo tutto il paese.

Quel cavaliere si dilettava di tirar colpi di pistolla ad una certa prefissa meta con altri signori suoi ospiti di campagna. Un giorno che si facea nel cortile questo strepitoso giuoco, il padrone mi vide immobile spettatrice, e ne stupì. Vieni qui fanciulla, mi disse, spara questa pistolla, ed io ti faccio un regalo. Mio padre, lì presente, m'incoraggì, ed io la presi e la sparai tra gli applausi e la meraviglia dei Cavalieri. Il padrone mise la mano in tasca e mi regalò sul momento uno zecchino, che per essere il primo ch'io avessi veduto mi fece in tutto quel giorno balzar di gioja, e non dormire la notte per la consolazione. Rimasi però tanto sbalordita dallo strepito della palla, che mel ricordo come fosse adesso. Il che mi fece sempre odiare le terribili armi da fuoco.

Il conte Alvise Zenobio era stato varii anni in Inghilterra, innamorato della singolarità di quella nazione. Nel suo ritorno alla patria condusse seco due camerieri inglesi, l'uno amante delle bottoglie, e l'altro dei libri; credo avesse più ragione il primo che il secondo, poiché le bottoglie allontanavano il suo umor tetro; al contrario l'altro se lo accresceva con le sue letture. Quest'ultimo spiegò a mio padre in cattivo italiano le tanto stimate opere di Sakespeare, mio padre le ripetea all'amico cappellano, ed io, sempre presente, le apprendeva a memoria meglio di lui.

La mia picciola testa finì di empirsi di *re avvelenati*, di *regine sonnambole*, di *streghe* e di *pietosi assassini*.

Correva in quell'Autunno la giornata di San Girolamo, santo protettore del bosco del Montello, nel cui centro ombroso s'innalzava una Chiesa ed un bel convento in cui viveano in santo ozio giovani robusti, e vecchi sanissimi col titolo castissimo di Certosini, che faceano la carità di alloggiare con tutte le formule della ospitalità i passeggeri che colà si fermavano mossi dal bisogno e dalla curiosità. Mio padre, ch'era amico di alcuni di questi Anacoreti, mi condusse seco a vedere quel luogo, che in verità era bellissimo per forma e per situazione. Correva dico la giornata del loro Santo protettore, allorché m'inviai con mio padre a quella volta. Fui veramente sorpresa, benchè non solita a sorprendermi, in vedere un tale spettacolo. Per tutte le strade del bosco si vedeano uomini, donne, vecchi, fanciulli, asini che portavano signore, carri che conducevano persone d'ogni sesso, di ogni qualità; e tutti s'inviavano alla Certosa. Arrivati colà, tanto i nobili che i non nobili, aprivano i loro cesti, deponevano i loro fardelli, spiegavano le loro salviette, esponevano le loro bottiglie, bottiglioni, e perfino botticelle di vino, tutto sull'erba, non essendovi né tavole, né sedie, né panche. Stese ed esposte le vivande, sedeano confusamente Dame, Cavalieri, Militari, Contadine, Villani, Preti, Frati, etc. Tutti mangiavano, beveano, e facevano un chiasso di casa del Diavolo. Non ci mancava un'orda di suonatori, nemici acerrimi delle concordanze, i quali più inspirati da Bacco che da Febo pareva che avessero il furore nelle dita. Si cantava, si suonava, si rideva, si danzava da disperati, e finalmente giunta la sera tutti tornavano a casa camminando come le anitre, parte pel troppo vino tracannato, e parte per la poca cognizione delle strade e del bosco. Era un bel punto di vista tante e sì varie persone raccolte ad un solo oggetto; a me pareva di vedere il deserto di Tiberiade, ove il Salvatore fece il bel miracolo *dei pani e dei pesci* saziando la fame a tanta moltitudine; che se questi non erano come quelli affamati, mangiavano però seduti sull'erba, ed erano così contenti che me ne ridestavano l'idea.

Verdeggiava la novella stagione del mese di Aprile, allorché mio padre si trasferì sul terraglio nel luogo di delizia dell'eccellentissima famiglia Albrizzi di Venezia, ove si trovava maritata la rispettabile e benefica Dama Alba Zenobio unica sorella del suddetto conte Alvise. Ella aveva bisogno d'un bravo giardiniere, e a quest'ufficio fu eletto degnamente il mio genitore. La pianta del luogo era deliziosissima; non si potea vedere situazione più ridente. Si ammirava un palazzo fiancheggiato da due superbe *barchesse*; un bel *parterre* davanti con maestosi cancelli di ferro; il continuo passaggio delle vetture e dei forestieri che si portavano a Venezia oltre un bellissimo stradone formato da due lunghe fila di castagni salvatici. Al di dietro del palazzo v'era un gran brolo, che mio padre ridusse ben presto a giardino con ispalti adorni di statue, con viali coperti di ombre verdeggianti, con un laghetto, a cui sorgea nel mezzo una zampillante fontana, con colline, boschetti, parco pei cervi, e con un laberinto di cui io era divenuta la picciola Arianna, poiché avendone imparata la vera direzione era chiamata da tutti quelli che voleano vederlo acciò servissi loro di guida in quell'ingegnoso recinto, di cui il mio genitore era stato l'italico Dedalo.

La curiosità ch'io aveva per saper tutto ciò che risguardava pitture e sculture mi risvegliò l'idea di voler imparar a leggere, poiché il voler imparar a scrivere era delitto di lesa maestà presso la mia famiglia. Mio padre, ch'era buono come un angelo, mi avrebbe contentata anche in questo, ma mia madre e la nonna gridavano, ed erano inesorabili su tal proposito. A forza di prieghi mi si permise che un povero vecchio falegname di casa, nelle brevi ore che avea di ozio, m'insegnasse il tanto per l'avanti detestato *abbiccì*. Io aveva undici anni compìti, una memoria felice, ed una smania estrema di apprendere. Tutti i danari ch'io possedeva me li aveva fruttati il farmi guida pel laberinto; li consegnai al falegname, ch'era divenuto il mio Mentore, onde mi provedesse i libri necessarj. Mi procurò la vita di Giosafatte e il fior di Virtù, oltre la vita di Bertoldo e quella delle Vergini. Ecco la mia libreria, ed eccomi attentissima a divenire erudita tra gli applausi di mio padre, e il brontolare di mia famiglia.

Li miei studj furono brevi, poiché da lì a sei, o sette mesi il maestro passò all'eterno riposo. Seguitai però ostinatamente, e da vera femmina, la intrapresa carriera, ora rileggendo sola quel poco che aveva imparato dal vecchio falegname, ed ora facendomi istruire da un fanciullo della mia età figlio del fattore, che abitava nello stesso luogo delizioso. In quelle ore che non era alla scuola s'interessava volentieri nell'insegnare agl'ignoranti, come diceva egli. Io lo pagava col raccontargli le novelle delle fate ch'io sapeva in gran copia a memoria, e ch'egli ascoltava con tutta attenzione. Ecco il mio secondo *Mentore* pagato a forza di fiato e di polmoni.

Pochi mesi dopo le lezioni fanciullesche, in cui io faceva gran progressi, per esser piena di memoria e curiosità, osservai fra i libri del picciol maestro un tomo dell'opere immortali del Metastasio; era adornato di rami allusivi, e questo bastò per innamorarmi del libro. Glielo dimandai con tanto calore, come se gli avessi domandato un manoscritto di Omero, esibindo al fanciullo tutti li miei libri, ed anche assumendomi l'obbligo di raccontargli tutte le novelle ch'io sapeva. Egli cedette a questa ultima tentazione, ed eccomi posseditrice d'un libro a cui deggio tutto il mio sviluppo poetico.

O divino Metastasio! Tu eri la mia delizia: io ti leggeva di giorno mercé la luce del Sole, io ti leggeva di notte mercé il lume della domestica lucerna, zeppa d'oglio rubato a mia madre. Tu formavi le mie idee, ammollivi il mio cuore, e accendevi la mia anima con mille idoletti affettuosissimi ... La sensazione che faceva questa lettura nelle mie facoltà intellettuali non è possibile di esprimerla. Qualche tempo dopo io mi ammalai di un putrido verminoso; e si dubitò della mia vita. Aveva già compiti li dodici anni; mia madre mi raccomandò ai dodici Apostoli; alcuno d'essi ajutò la mia forte complessione, e mi ridonò la primiera salute, che fu alquanto restia a comparire intiera per essere la stagione frigida ed incostante. In quella lunghissima convalescenza cominciarono in me a scintillare le prime faville di ardore Apollineo. Passava le intere giornate sola nella mia cameretta con la cara compagnia del tomo di Metastasio, ch'io sapeva quasi a memoria. Stanca del continuo leggere passeggiava con aria distratta recitando senza regole declamatorie ciò che aveva già letto cento volte, ed annojata di replicar sempre le stesse cose ne creava bizzarramente di nuove. Oh forza della novità sei pur possente sul cuore umano! Li primi versi ch'io modulai senza aurea cetra, ma col solo entusiasmo dell'età prossima a svilupparsi furono diretti all'Aurora e incominciavano così:

Già sorta era la rosea
Diva, che il ciel colora,
Che gli astri rende pallidi,
che l'orizzonte indora. etc.

Alcuni che avranno avuta la sofferenza di leggere fin qui queste memorie esclameranno: oh! non è possibile che una fanciulla di tredici anni e con sì pochi studi abbia avuta tanta abilità! Lo giuro con tutta l'ingenuità della mia innocenza d'allora, questi furono i miei primi versi.

Passata appena la convalescenza fui assalita dalla febbre detta *terzana*, che mi tormentò un anno appunto. In grazia di codesta benedetta febbre mi si permise ogni sorta di sollievo; io non ne bramava che uno, ed era che mi lasciassero leggere il mio diletto Metastasio. Aveva fatto l'acquisto da un povero muratore, che dicea averli trovati in una soffitta, di due nuovi libri poetici, cioè d'un tomo dell'Ariosto, e d'un *Pastor fido* del Guarini. Alcuni canti del primo ed alcune scene del secondo mi rapivano. Mio padre me li trovò tra le mani, mi sgridò altamente, me li tolse, e mi diede in cambio il *Ricciardetto* del Fortiguerri, ed una cattiva edizione del Petrarca. Tutto quel tempo ch'io non era tormentata dalla *terzana* lo era dalla smania poetica; improvvisava soletta li miei poveri versi con libero entusiasmo, non avendo altri spettatori che le statue e

14 Courting Celebrity

gli alberi del giardino. Verso li quattordici anni si destò in me la brama d'imparare assolutamente a scrivere. Una vecchia tabacchiera dismessa da mio padre fu il mio primo calamajo. Il fanciullo maestro mi regalò una penna, un po' d'inchiostro, delle soprascritte di lettere raccolte nella fattoria, che per allora mi servivano di libro. Dietro a ciò ch'io leggeva incominciai a segnare le prime lettere: io appoggiava la carta stampata d'una poesia fatta per *messa nuova* o per *nozze* ad una finestra, stendeva sopra di quella una pagina del mio libro, e scriveva arditamente ajutata dal lume del giorno ciò che aveva letto e riletto tante volte di notte. Il suddetto fanciullo mi recava di quando in quando nuovo inchiostro, nuove penne, e nuove soprascritte; credo che questo fosse un innocente furto fatto a suo padre fattore, non so se per indole naturale, essendo suo figlio, oppure per la tentazione di udire da me le sorprendenti novelle delle Fate. Un giorno nell'autunno dello stesso anno vidi passare pel terraglio il conte Alessandro Pepoli. Egli guidava sulla bella biga due veloci cavalli: era giovine, bello e benfatto; mi parve di vedere un Apollo, e gli feci un sonetto, che incominciava: *Questi che vien sopra di cocchio aurato.* Lo scrissi con la pazienza di copiare ad una ad una tutte le lettere necessarie sparse sulle stampe, senza certe regole grammaticali, ed attendeva l'incontro di farglielo pervenire. Mio padre, a cui io aveva confidato i nuovi studj, sorrideva tacitamente nell'udire i miei poetici strambotti. Appena eseguito, e scritto con caratteri non intelligibili che a me sola, il nuovo parto poetico, corsi in fondo al giardino a farglielo sentire. Mi ascoltò, mi lodò, mi fece coraggio; anzi s'infervorò egli stesso per farlo passare nella mani del Pepoli. Di quando in quando capitavano Dame e Cavalieri nell'Eden-Albrizzi. Un giorno mio padre mi chiamò a sé; io corsi a lui, che mi presentò al N. U. Giovanni Brescia, signore d'una maestosa figura e di una benigna fisionomia. Gli recitai il sonetto. Egli mi ascoltò senza udirmi; e, pregato da me, finse di accettare l'impegno di presentarlo egli stesso a chi era diretto. Pochi giorni dopo trovandoselo già dimenticato in tasca lo spiegò; e stava in atto di accender la sua pippa col mio povero parto poetico, se per buona sorte di me e del sonetto, vicino al cavaliere *fumatore* non vi era N. U. Francesco Bragadin, la di cui bontà mi starà sempre fissa nella memoria, il quale domandò che carta fosse quella. Un sonetto, rispose, che mi consegnò la figlia del giardiniere di Cà Albrizzi riscaldata la testa nella poesia, acciò lo presentassi al Pepoli. Oh povera picciola, esclamò il Bragadin, si è bene raccomandata! Date qua, che glielo presenterò io. Difatti mi recò la risposta da lì a pochi giorni con mia somma sorpresa, il principio della quale era: *Onde vien questa voce? E qual d'intorno* etc. Questa gentile risposta mi rese interamente dedicata alle muse, credendo che li miei versi non fossero tanto cattivi, poiché erano piacciuti al Pepoli. Il conte

Pepoli era uno di que' fenomeni che di tratto in tratto offre la natura per dar un'idea di vizj e virtù bizzarramente accozzati; in una parola egli era un nuovo Alcibiade, poeta comico, tragico, lirico, maestro di scherma, danzatore, musico, letterato, tipografo, cavallerizzo, amante degli stravizzi, delle belle arti, del lusso e delle donne. Forse in altro secolo sarebbe passato per un filosofo; nel nostro passava per un pazzo. Non so quale delle sue tante passioni siagli stata la più fatale. Egli morì sul fior degli anni, compianto da molti, ma principalmente dai suoi creditori.

Il mio carattere appreso dalla luce della finestra si rendeva sempre più intelligibile, ed io ne faceva uso ogni momento per iscrivere le mie primizie poetiche. Ebbi in quello stesso anno a vedere per la prima volta la contessa Isabella Teotochi, ora Albrizzi. Questa bella Dama adorna di spirito, coltura e gentilezza passeggiava il giardino fra molti nobili ed eruditi cavalieri; mi accostai a lei presentandole un fiore ed un epigramma, di cui non mi ricordo che la seconda parte; eccola:

Il favore ch'io dimando
Io ti prego nol negar:
Questo fior ti raccomando
Sul tuo seno di posar.

La dama gentilmente lo aggradì; anzi aggradì l'uno e l'altro. Mi regalò sul momento le bellissime canzoni del Savioli, che mi resero estatica di ammirazione. Non molto dopo la stessa Dama m'incoraggì con nuovi favori spedindomi da Venezia la traduzione dell'Eneide dell'Annibal Caro, e le Metamorfosi di Ovidio tradotte dall'Anguillara. La replicata lettura di quest'ultimo libro mi fornì la fantasia di tutte quelle erudizioni mitologiche ch'io feci, e fò brillare di quando in quando ne' miei versi.

A canto di quest'amabile contessa ebbi la bella sorte di conoscere il celebre letterato cavalier Ippolito Pindemonte, che sotto una tranquilla fisionomia vanta un'anima adorna di tante belle e luminose virtù.

Indi a non molto il suaccennato N. U. Bragadin, più ricco di cuore che di fortune, venne nuovamente a ritrovar mio padre sopra un suo bianco e prudente cavallo. Egli mi portò in dono le poesie dello Zappi, alcune del Frugoni, ed un Rimario del Ruscelli di cui non ebbi però mai la pazienza di far uso. Mi ricordo che questo signore volle veder li miei scritti, ed osservando ch'erano privi di punti e di virgole, prese un tocca-lapis, e m'insegnò a fare il punto ammirativo e l'interrogativo, additandomi anche il sito ove doveano essere segnati. In prova di mia gratitudine feci subito alcuni versi sul suo cavallo, ch'ebbi l'ardire, da vera seguace di Apollo, di paragonare ad uno di quelli del Sole:

16 Courting Celebrity

Sopra quel candido
Destrier divino
Sei forse Apolline
O il Bragadino? Etc.

La eccellentissima famiglia Albrizzi, che passava tre mesi dell'anno a villeggiar sul Terraglio, mi colmava di carezze e regali ogni volta ch'io le presentava o fiori o poesie. Due graziosi fanciulli di sesso diverso erano la delizia e la speranza di quella ricca famiglia. Questi erano affidati ad un vecchio servitore in parrucca, che si chiamava Pasqualino. Provava un gran sollievo, diceva egli, alle sue fatiche (che non ne faceva alcuna) nel sentir li miei versi. Me ne recitava di quando in quando anch'egli, di cui se ne spacciava autore. Io li trovava più oscuri degli antichi oracoli. Questo Pasqualino era gran leggitore delle Commedie del Goldoni. Io le ascoltava con molto piacere, ed egli nel partire per Venezia me ne regalò alcune, che io leggeva a mia madre senza essere sgridata.

Dopo alcuni anni ch'io mi trovava sul Terraglio, mia madre arricchì la nostra famiglia d'una nuova fanciulla, ch'essendo rimasta in vita al contrario dei maschi, mi rapì tutte le carezze materne e paterne. Io gliele cedetti volentieri, poiché così poteva, non osservata, leggere e scrivere versi impunemente.

Un giorno scherzando nella barchetta ch'era nel laghetto in fondo al giardino, "non scesi no, precipitai di barca"; lottai per non pochi minuti coi vortici prodotti dalla mia caduta, ed era già per annegarmi, come una novella Saffo, ma per causa diversa, poiché quella si annegò per amore ed io mi annegava per timore e balordaggine. Mio padre accorso al mio pericolo mi levò dall'acqua, e mi batté fieramente dicendo: *Un diavolo scaccia l'altro*. Da quel giorno io odio mortalmente i proverbi.

A proposito della mia vivacità mi sovviene un fatto che ha del ridevole non poco. Nel numero degli amici di mio padre v'era un certo frate laico scalzo, detto fra *Giovitta*. Egli capitava spesso in mia casa con la pacifica compagnia di un'asinella, di cui si serviva per trasportare al suo convento di Treviso tutto ciò che ottenea dai villani a titolo di carità. Un giorno mentr'egli dialogava col padre mio osservai la somarella, che sopra lo stradone delli castagni mangiava pittagoricamente l'erba. M'insorse un pensiere bizzarro; corsi nel giardino a raccogliere alquante rose, ne formai una ghirlanda, ed incoronai l'asina, le cui orecchie lunghissime spuntavano nel mezzo rittamente, quasi fossero segnali di allegrezza per la sua coronazione. Frate Giovitta si congedò da mio padre, e senza badar punto alla sua compagna di viaggio s'inviò verso la città. È cosa ben nota che gli asini vanno avanti, ed i loro condottieri di dietro. Il frate di nulla si accorse, tanto più che i fardelli ammonticchiati sulla groppa asinesca gl'impedivano la vista. Scorgeva solamente con suo stupore, che tutti quelli in cui s'incontrava ridevano a più potere guardando l'asina. Da principio egli seguitò per un miglio la strada poco curando le risa altrui. Ma finalmente si mise in curiosità di vedere cosa avesse l'amica bestiuola di meraviglioso, che faceva rider tutti quelli che la incontravano. Il povero frate fece un salto di sorpresa, allorché vide la cagione delle pubbliche risa. Stracciò la florida ghirlanda e, non so perché, bastonò terribilmente l'innocente asinella. Giunto al convento raccontò la burla agli altri frati, e tutti risero a spalle di frate Giovitta.

Alcune domestiche circostanze obbligarono mio padre a trasferirsi nuovamente altrove con la sua famigliuola. Egli passò al servigio del N. U. Conte Spineda di Treviso nel suo luogo di delizia situato in una malinconica villa detta *Breda*, non molto lontana dal fiume Piave, verso Oderzo.

Il conte Spineda era dilicatissimo di complessione; e per genio passava quasi tutto l'anno in campagna; amava la caccia, i liquori, le opere di Voltaire, e soprattutto i cavalli; anzi questa ultima passione era la sua predominante. Era caratterizzato misantropo, perché fuggiva la società, trovandosi, diceva egli, assai meglio fra i contadini. Nelle ore, in cui non era occupato ad accarrezzare li suoi cavalli, si portava alla mia casupola, che era in fondo al giardino, sedeva sull'erba, e mi leggeva con molta grazia l'Asino d'oro di Lucio Apuleio. Egli aveva sposata, a dispetto del pregiudizio della nobiltà, una Signora bellissima, ridente, colta, spiritosa e saggia. Chi credesse alle trasmigrazioni, direbbe che l'anima di Aspasia è annichiata nel bel corpo della contessa Spineda. Questa leggiadra signora mi amava, perché a suo dire trovava in me qualche cosa di singolare oltre la poesia. Mi conduceva seco in carrozza, m'invitava spesso a pranzo, mi faceva andar seco al teatro, e mi regalava continuamente libri di poesia. Avendo ella moltissime relazioni con persone colte ed erudite, parlava a tutti con gentilezza della sua Saffo-giardiniera, come solea chiamarmi, e mi presentava alla sua numerosa conversazione, ove tutti mi ammiravano non so se per far la corte alla mia poesia, oppure alla bella mia protettrice.

Un giorno essa mandò a levarmi nel suo carrozzino, onde farmi personalmente conoscere il celebre Ugo Foscolo. Il suo vestito di panno grigio oscuro, senza alcun segno di moda, li suoi capegli rossi radati come quelli d'uno schiavo, il suo viso rubicondo tinto non so se dal sole oppur dalla natura, li suoi vivacissimi occhi azzurri semi-nascosti sotto le sue lunghe palpebre, le sue labbra grosse come quelle d'un Etiope, la sua sonora ed ululante voce, mel dipinsero a prima vista per tutt'altro che per elegante poeta. Egli appena mi vide s'alzò da sedere dicendo: è questa la Saffo campestre? è molto ragazza; si vede dai suoi occhi ch'è vera poetessa. Il suo complimento mi fece ridere. Gran bei denti! esclamò egli; ditemi alcuni dei vostri versi. Dietro a queste sue lodi non mi sembrò più tanto brutto; mi feci coraggio e gli recitai un mio idilio pastorale, ch'egli applaudì avvicinandosi a me più che non permetteva la decenza della vita civile. Mi dimandò cosa io pensava di Saffo. Penso, risposi, ch'ella fosse più brutta che brava, poiché Faone la abbandonò ... Oh cosa dici, ragazza mia? esclamò Foscolo, questa è una bestemmia; Saffo era bellissima, grande, bruna, ben fatta, ed avea due occhi che pareano due stelle. Pregato dalla contessa Spineda a farci lieti dei suoi bei versi, fu compiacente, e ci recitò con molta naturalezza alcune ottave sulla voluttà, alcune terzine dirette ad una sua Virginia, di cui i maligni dicevano, che fosse da esso amoreggiata onde ottener grazie più favorevoli alla sua economia che alla sua sensibilità. I suoi versi mi resero estatica. Pareva veramente ispirato da un nume. Tra l'immaginazione italiana brillavano tratto tratto lampi di foco pindarico. Egli sembrava un genio celeste che rendesse omaggio alle divinità della terra. Il giardino di Breda, di cui il conte Spineda era stato l'architetto, offriva un bell'ammasso di contrapposti. Uno spalto erboso formava un semicircolo, nel mezzo del quale parea che Flora, Vertunno, Bacco e Pomona andassero a gara onde avere la preferenza. Fiori, erbaggi, viti pampinose, alberi fruttiferi erano gli ornamenti dei suoi viali e del suo recinto. Oltre la metà era rinfrescato da una simmetrica fontana; nel fondo v'erano alcune belle *serre* per gli *Ananassi* fiancheggiate da due *pergolati* di agrumi con griglie verdi disegnate, si supponeva, sul gusto chinese.

Nelle lunghissime sere invernali mio padre si aveva formata una società di villici, che parlando di lepri, di beccaccie, e di cani da caccia passavano le ore felicemente: tutte cose, per le quali mio padre era trasportatissimo. Di quando in quando io era pregata dalla stessa madre mia (già annoiata di que' discorsi) a leggere qualche commedia del Goldoni, e, quello ch'è più da ridere, qualche tragedia d'Alfieri, di cui que' villani si mostravano appassionati. Oh, dirà taluno, come facevano ad intenderle? Io aveva la pazienza di spiegar loro tutto ciò che v'era di oscuro, anzi davano la preferenza all'*Oreste*, commovendosi fino alle lagrime.

Passato l'inverno, troncando i vigneti e tagliando il frumento si replicava ciò che aveasi udito nelle letture invernali, e qualche volta si usavano le *alte* espressioni *alfieriane*. A proposito mi soviene una circostanza graziosissima, che fece per molti anni ridere Cesarotti, a cui io l'aveva narrata. Due di quei villani stendevano il frumento nel cortile ch'era innanzi alla fattoria Spineda per dover poi ben secco consegnarlo al granajo. Stanchi di abbrustolirsi per molte ore al sole ardentissimo, e vedendo che il fattore non trovava mai secco abbastanza il frumento, uno dei due villani esclamò: *Oh rabbia! e tacer deggio?* ... A cui rispose subito l'altro: ... <<sommesso parla: Mura di reggia son>> *testa di c...*

Non so se l'ombra del Sofocle d'Asti avrà uditi questi suoi partigiani sdegnosa o placata; so che ciò raccontando feci moltissimo ridere il Cesarotti. In conseguenza di queste tragiche cognizioni vari fanciulli di que' villani furono battezzati col nome di Oreste, di Carlo, di Virginia etc., con qualche ripugnanza del Parroco.

Un anno dopo che la mia famiglia erasi domiciliata in Breda ebbi a far conoscenza col Dottor Ghirlanda di Onigo. Egli era un uomo amabile, e scrivea in poesia con molta grazia. Mi presentò alcuni versi pastorali amorosi, a cui risposi dandogli il nome di *Lindoro*. La finzione divenne verità. Io non facea che scrivere versi amorosi, a cui Lindoro rispondeva, se non con pari affetto, almeno con pari energia. Egli tentò di farmi ritrarre da certo pittor di Venezia (Alberto Scaramella), che non poté mai riuscirvi, non so se per instabilità della mia fisionomia oppur del suo ingegno. Poco tempo dopo fui condotta dal mio genitore a Bassano. La mia curiosità era di veder l'italico Anacreonte Vittorelli. In quel giorno non si trovava in città: scrissi sul momento alcuni versi ch'egli aggradì gentilmente, e di cui non mi ricordo che il fine, eccolo:

> Chieder del suo ritorno
> Volea alle Grazie belle,
> Ma avean seguito anch'elle
> Il loro imitator.

Egli ritornò il giorno dopo, ed ebbi la felicità di personalmente conoscerlo. Oltre all'onore di pranzare seco, mi consigliò gentilmente a leggere e rileggere l'Eneide di Virgilio, traduzione di Annibal Caro, dicendo esser quella la vera fonte, onde si attinge il pensiero e lo stile, che formano le grazie anacreontiche. Due mesi dopo aver veduto Bassano un mio cugino mi condusse a veder Conegliano. Questa ridente e picciola città mi piacque assai. Il poeta Zacchiroli occupava l'ultimo gradino della scala delle autorità civili; era Vice-prefetto. Erano a lui ben noti i miei versi, e questo bastò perché volesse vedermi. Mi gli presentai con la falsa prevenzione che fosse amabile come le sue canzonette. Mi accolse con una sterile cortesia, e mi recitò un suo melodramma intitolato: *Giuda all'albero*. M'accorsi con dispiacere che quella parte era molto bene addattata alla sua fisionomia. In quell'incontro conobbi il conte e la contessa Sarcinelli, che mi colmarono di favori ospitali. Non so se prima o dopo feci la conoscenza dell'Ab. Bernardi, maestro nel Seminario di Treviso. Benché zoppo, camminava con molta agilità: li suoi grigi e sollevati capegli parevano quelli di Eolo. Faceva versi, e li recitava con molto entusiasmo. Teneva corrispondenza letteraria con Cesarotti e con Mazza, ed a lui deggio la gloria d'essere stata cara a

20 Courting Celebrity

questi due Genj immortali. Allo stesso tempo in cui conobbi l'Abate Bernardi, nacque un compassionevole caso tragico; eccolo. Certo padre V... maestro nel collegio dei Somaschi di Treviso, bello, giovine, ed un pò troppo galante, eccellente fabbricatore di Rosolj si cacciò coraggiosamente una palla di pistolla nelle cervella. Alcuni suoi confratelli accorsi allo sparo ed all'odore della polvere lo trovarono steso sul suo letto con la pistolla ancor nella mano destra, e con una bottiglia del suo buon rosolio nella sinistra, di cui se ne era servito per farsi coraggio nel passar da un mondo all'altro. La vera causa della sua disperazione è ancor ignota. Chi volea che fosse amore, chi gelosia, chi timore che i suoi liquori non piacessero più ad una bella Dama, di cui passava per innamorato. Vari mesi dopo questo tragico avvenimento conobbi l'Abate Viviani, uno dei tanti figli putativi del Cesarotti. Questo giovine abitatore del colle era adorno di talenti e cognizioni superiori alla sua età ed alla sua condizione. Scrivea con grazia in verso e con garbo in prosa. Avea un buon cuore suscettibile a più di un affetto, dedicandosi all'ultimo senza scordarsi del primo. La sua memoria non era una delle sue principali qualità; per questo difetto, del quale non ne avea certo colpa, compariva alquanto imbrogliato in società, e talvolta trascurato nei suoi impegni. Egli scrisse per me alcune terzine sulla felicità dell'amare, che mi fecero ricordare lo stile del Monti. Gl'indirizzai molti dei miei versi pastorali, chiamandolo col nome di Dafni, per cui obbliai il nome, ma non la grata memoria dovuta a Lindoro, facendomi un pregio di stimar sempre chi mi fu caro una volta, non so se per giustizia o per amor proprio. Nei due anni che durò la nostra poetica corrispondenza fui presentata col suo mezzo al Cesarotti, che dietro alle mie notizie avute dall'Ab. Bernardi ardea di voglia di vedermi. Mai più mi figurava tanta amabilità in un vecchio, né tanta indulgenza in un letterato. Li miei versi gli piacquero a grado che volle onorarli con una edizione fatta a sue spese nella Tipografia N. Bettoni di Brescia. Non era questa la prima volta che i miei poetici scritti fossero affidati ai torchi; poiché l'Abate Bernardi aveva fatta una raccoltina di ciò che troppo immaturamente mi era caduto dalla penna, oltre ad una Anacreontica stampata sul *Munitore* di Venezia scritta per *Lindoro*, che principia:

«Ardea nell'aer tranquillo
»L'astro di Citerea etc.[2]

---

2 The indentation is just as it appears in *Notizie*; the mismatched guillemets here also occur frequently, and we are not sure if they are indicative of sloppy typesetting or some now-obsolete editorial habit at the time.

e per cui molti cortesi Veneziani ebbero la compiacenza di voler conoscere personalmente la *pastorella del Sile*.

Con Cesarotti passai vari giorni che mi sembravano ore brevissime. La sua conversazione era lepida, colta e saporita. Con chi gli andava a genio parlava con molto piacere, e questo piacere brillava in tutta la sua fisionomia; ma se al contrario, diveniva malinconico, taciturno ed annojato perfino di sé stesso. Direi molto più parlando di quest'uomo insigne, che io appellerò mio genio benefico, se non fossi stata prevenuta dall'illustre penna della contessa Isabella Teotochi Albrizzi, che con tanta leggiadria di stile ne descrisse le lodi e le virtù nei suoi *Ritratti morali*, coi quali si compiacque di onorare i suoi amici, la sua patria e sé stessa. Mi condusse seco a Selvazzano, da lui chiamato *Selva di Giano*, ove in un picciol tratto di terreno si vedea ciò che avrebbe offerto una vasta campagna, cioè: *boschetto sacro agli estinti suoi amici, viale, detto dei pensieri, grotta di Tetide, collina col gabinetto delle Naiadi, sala d'Iside* etc. Tutto ciò era circondato da una limpid'acqua, a lui più gradita di quella d'Ippocrene. Mi fece conoscere il suo diletto Abate Barbieri, leggiadro cantore delle *quattro Stagioni*, del *Bassano* sua patria, dei colli *Euganei* etc. Il Barbieri passa per troppo affettuoso verso le donne e troppo sostenuto con gli uomini, quando non è che gentile con le prime e diffidente coi secondi. Ah! se la sua diffidenza fosse stata un po' più ferma, non avrebbe incontrato varie spiacevoli peripezie, cosa che costernò più l'animo dei suoi amici, che la virtuosa sua tranquillità. A lui deggio la relazione che incontrai con l'egregio professore Giovanni Zuccala di Bergamo, giovine amabile, erudito, adorno di avvenenza, di bel cuore, e buon gusto sì nei versi che nella prosa, e dalla cui penna tutto esce con una felice naturalezza; sembra che l'amicizia sia il suo genio favorito, poiché sa renderle omaggio ovunque la trova, anche ad onta delle burrasche a cui va soggetto "Questo Oceano, che si chiama Vita": le sue lettere sulla Solitudine saranno sempre care agli animi affettuosi, poiché partecipano della soave ingenuità del loro autore.

Cesarotti mi fece altresì conoscere la più cara tra le sue amiche. Questa è Teresa Boldrin Albertini adorna di spirito e coltura, nipote del celebre Abate Boldrin, grande amico di Gasparre Gozzi. Ella mi accolse gentilmente; pregò il Viviani, ch'era meco, a scriverle un sonetto per uno studente, che dovea cingersi di lauro legale; il Viviani si mostrò indeciso, come il solito; io lo pregai a cedermi l'impresa, onde trarlo dall'imbarazzo. Sul momento stesso mi ritirai in una camera della stessa Albertini, e pochi minuti dopo apparvi sorridente dalla gioia di averla compiaciuta in ciò che bramava, presentandole il Sonetto che non mi avea costato che il tempo materiale per iscriverlo, ed ottenni gli applausi gentili di tutta la sua conversazione.

22 Courting Celebrity

Un anno dopo il Viviani, mi fece conoscere il conte Pagani-Cesa, illustre poeta, e felice traduttore di varie poesie tedesche e latine. Io lo vidi nella sua deliziosa villa di Nogarè vicina a Belluno sua patria. Questa ridente villetta bagnata dal fiume Piave parea formata dalla natura per essere il soggiorno d'un favorito delle Muse. Immense montagne che sopravanzavano le une alle altre, le più vicine verdeggianti d'erba e cespugli, su cui erravano gli armenti e le pecorelle coi loro pastori; le più lontane, ignude, sterili, deserte, non offrivano che massi logorati dai secoli, precipizii orrendi e rovine imminenti. Tra queste rovine e questi precipizi scorrea con le maestose sue onde il fiume che diede il nome poetico alla celebre Gaspara Stampa. L'elegante casino del conte Pagani-Cesa biancheggiava in fondo a due spalliere di carpani ridotti ad archi, a guglie, a gabinetti ed a piccioli recinti boscherecci. Tutto spirava vita, freschezza, gioia campestre, sentimento, amicizia e poesia. Il conte Pagani-Cesa è di fantasia fervida, di carattere sulfureo, di animo ardito, ottimo di cuore, generoso con gli amici, gentile con le donne. Non vuole mai essere contraddetto, poiché dice che il dargli torto è lo stesso che trattarlo da sciocco, e, sa di non esserlo.

Fra i nobili ch'io conobbi non è da lasciar nella penna il nome ed il genio filosofico di Bernardo Memmo. Fui presentata a lui dall'Ab. Bernardi, ch'era uno dei tanti suoi commensali, qualora si trovava a Treviso. Nel vedermi rimase incantato, perché dicea di travedere nella mia fisionomia un'anima non volgare, anzi degna d'animare il corpo di qualche imperatrice ... *per l'amor del cielo, signore,* (io risposi) *non andate avanti di questo passo, poiché non saprò cosa rispondervi.* Volle sentir alcuni dei miei versi, ch'egli chiamò divini, baciandomi la fronte con quella energia che permetteano li suoi settant'anni. Il Memmo era picciolo, magro e riflessivo su tutto. Credo non amasse molto la fatica (picciolo difettuzzo della maggior parte dei nobili), poiché facea leggere dagli altri ciò che di più fantastico offrivano gli autori italiani e francesi. Oltre la poesia amava molto la musica, ma soprattutto voleva essere filosofo di quelli dell'antica Grecia. A quest'oggetto si fè dipingere col dito indice appoggiato al naso, quasi volesse dire: *tacete ch'io parlo;* al contrario d'altri filosofi che si faceano dipingere col dito alla bocca indicando il loro misterioso silenzio. Mi raccontarono, non so se fosse la verità, che la smania di rendersi singolare l'avea tratto un giorno a sedere sopra un lettamajo della pubblica strada in mezzo a due Ninfe pubbliche mangiando delle rape allesse, frutto suo favorito, ridendo di quelli che passando ridevano di lui. Io lo conobbi per molti anni sempre vestito con lo stesso abito nero, e con lo stesso cappello detto a tre punte. Un giorno venne con alcuni de' suoi più cari a farmi una visita a Breda, e non volle altro trattamento ospitale che un po' di latte ch'io gli presentai in una scodella di abete. Intanto che gustava la bevanda del secol d'oro mi fece recitar una mia canzoncina che comincia:

»Due bianche tortorelle,
»Mi diede il mio pastore etc.

e ch'egli trovò più saporita del latte.

Nelli dieci anni, che mio padre abitò in Breda, fui per ben due volte a Venezia ospite della eccellentissima famiglia Albrizzi, che mi amava perché mi avea veduta crescere ora in Santa Bona, ora in Venezia ed ora sul Terraglio, e di cui mio padre era stato per vari anni suo giardiniere. Non voglio far elogio al mio cuore che nutria e nutre per quella eccellentissima famiglia il più vivo sentimento di gratitudine e di rispettosa tenerezza. Dirò solamente, che tutti quei rispettabili individui mi ricordano i giorni sereni della mia fanciullezza scorsi sotto i loro tetti e mangiando il loro pane. Cara e soave reminiscenza, tu spargerai le stille del tuo nettare su tutta la mia vita!

In una di queste mie gite il suaccennato Francesco Bragadin mi presentò al N. U. Girolamo Silvio Martinengo, ammirabile traduttore del Paradiso perduto di Milton, che ascoltò propizio i miei versi, e mi regalò una bella copia della edizione delle lamentazioni di Geremia tradotte da *Evasio Leoni*, che mi piacquero, benché distanti dal mio genio inclinato più al ridere che al piangere: solito privilegio della maggior parte dei figli d'Apollo.

Ebbi anche la bella sorte di essere presentata all'egregia e colta Dama Giustina Renier-Michiel, che mi accolse con la sua solita benignità, e mi fece conoscere al valoroso ed erudito Generale Miollis, caldo estimatore dei poeti italiani. Egli si compiacque di chiamarmi gentilmente *la giardiniera del Parnaso*. Ascoltò li miei poveri versi con una pazienza non troppo adatta all'ardente carattere francese, e mi consigliò di scrivere e di amar sempre. Conobbi anche, non so se prima o dopo, il leggiadrissimo Generale Sebastiani, e gli presentai nel giardino di Breda una mia anacreontica, di cui la prima strofa è la presente:

O come brillan fulgide
    Le dolci tue pupille!
    Le avea forse simili
    Il giovinetto Achille? etc.

ed egli da vero militare levò arditamente dalle mani della vezzosa contessa Spineda un ventaglio, e mel regalò sul momento. Le pitture di questo ventaglio rappresentavano Venere, Imeneo, ed Amore che

24   Courting Celebrity

fuggia dall'uno e dall'altro. Su questo malizioso *tableau* io scrissi il più malizioso de' miei epigrammi:

Citerea gridava: *aita*,
    Perché Amor l'avea ferita;
    Imeneo che il grido udì
    Pronto accorse e Amor fuggì.

Questo epigramma ebbe la fortuna di essere tradotto in tedesco dal conte Pagani-Cesa, ed in latino dall'abate Dalmistro, e d'essere ristampato in varie raccolte. Mi pensai di scrivere un poemetto in ottava rima intitolato l'*isola di Gnido*, in cui fingeva che Venere, mossa dal suono della mia cetra, fosse discesa nella mia capanna, mi avesse levata sul suo carro, e mi avesse trasportata in Gnido, ove io avea veduto oltre le delizie dell'isola, le più belle Ninfe d'Ausonia, fra le quali io faceva primeggiare le mie concittadine di Treviso. Questo poemetto, di cui non mi sovvengono che varie ottave, andò smarrito non so se per mia colpa, oppure per colpa di mia madre, che abbruciava tutto ciò che le veniva alle mani di poetico nella mia camera. Io scriveva continuamente versi, e ne riceveva scritti da altri continuamente, a cui formava risposta sul momento, poco badando alle insolenze fanciullesche di mia sorella ed al continuo brontolar di mia madre.

Il conte Spineda mal fermo di salute e di spirito incominciò a raffreddarsi sul proposito di spese inutili, tra le quali non era la più picciola quella del giardino e degli ananassi. Mio padre previde il suo congedo, e, come il Duca di *Sullì*, lo prevenne congedandosi da sé stesso; ed invocando per alcuni mesi la provvidenza, che non abbandona mai chi ha la sofferenza di attendere, si traslocò nuovamente in Biadine al servizio del N. U. Tommaso Brescia, che stava inchiodato al letto più della metà dell'anno, tormentato dalla podagra, leggendo pacificamente la voluminosa raccolta del teatro comico. Al mio arrivo colà fui incontrata da vari miei cugini e cugine tutti allegri e curiosi di rivedere la loro cugina *poetessa*, di cui, dicevano, il parroco stesso avea formata un'idea assai vantaggiosa. Corsi subito a salutare la mia nativa casupola, che ritrovai ancor più cadente di prima, prova evidente che gli eredi del signor Bassanini non erano punto più ricchi di lui: alcuni villici che l'abitavano, poiché non era più abitabile che dai villici, mi offrirono alcune frutta raccolte sugli alberi, che aveva già piantati mio padre; le presi, e volendo avvicinarle alla mia bocca, non so perché, mi caddero le lagrime con sorpresa di quei villani, ed anche mia, che non ne sapea veder la cagione.

L'abate Dalmistro era allora arciprete di Montebelluna, e con la stessa facilità che saliva il Parnaso, onde attingere i suoi robusti poetici pensieri, saliva anche il sacro pergamo spiegando le verità Evangeliche. La sua prosa è quella di Gasparo Gozzi, la sua poesia quella di Orazio espressa nella bella lingua d'Italia. Mi scrisse vari sonetti, uno dei quali fu stampato nel *Munitore* all'occasione ch'io era tormentata da un riscaldo di gola, il quale comincia

> E languirà d'insidiosa febbre
> Costei ... ?

Alcuni non lodarono molto la cura che si prendeva un pastore spirituale per la salute d'una sua pecorella. Egli rideva sonoramente di queste ciarle dicendo: i cani abbaiano e la luna, seguita a splendere. La seconda volta ch'io mi portai a Padova egli mi diede una lettera, onde farmi conoscere all'abate Daniele Francesconi, da lui stimato meritamente per l'erudite sue cognizioni. Di fatti fui accolta con somma cortesia da quell'egregio Professore ed anche regalata della ultima edizione delle lettere graziose del Gozzi, già a lui dedicata dall'amico Dalmistro. A Francesconi io deggio la preziosa conoscenza della bella e colta contessa Grimaldi-Prati da me fino allora non conosciuta che per fama. Egli mi presentò a lei ch'era di passaggio in Padova dicendomi: siete sua patriota, vi vedrà volentieri. Ella mi accolse con molta grazia, ed io rimasi incantata tanto della sua bellezza che delle sue maniere. Mi parve di vedere una Eufrosine adorna di tutti i vezzi della sua Diva. La sua fisionomia è dolce, ridente e vezzosa; li suoi begli occhi azzurri brillano sotto due ciglia più nere dell'ebano; le sue brune chiome lucenti ondeggiano sopra il suo collo di neve; la sua figura è alta e maestosa, le mani e la bocca bellissime, e canta sull'arpa con una voce di angelo. Mi regalò alcune *bisuterie* graziose come lei, e dal suo bel cuore ho avuto mille tratti di gentilezza e bontà. Non potei dimostrarle la mia gratitudine che indirizzandole alcuni versi, solita dovizia di cui la mia fantasia è sempre feconda. Ne scrissi per la sua avvenenza, per una sua breve malattia, per un suo bagno minerale, e perfino pel suo famoso *Gatto d'Angola*, ch'ella accarezzava come fosse stato un Cupido. Ecco i versi pel gatto:

> Nol nego, è amabilissimo
> > Il gatto che accarezzi,
> > Bella Grimaldi tenera;
> > Ma invidia fan que' vezzi,
> > Ed ogni amante cuore
> > Già lagnasi d'amore,
> > Che non può farsi a un tratto
> > Nel tuo leggiadro gatto.

Non molto dopo, che la mia famiglia si era traslocata nuovamente in Biadine, il Cesarotti procurò a Viviani la Cattedra di Belle-Lettere nel Liceo di Udine, e questi diede un addio alla sua pastorella ed alle sue native colline, e partì col nuovo titolo di professore. Appena arrivato colà io lo perdetti nel vortice delle nuove sue occupazioni.

Intanto io conobbi un giovine amico dell'abate Dalmistro, nativo anch'egli e abitatore dei colli, che aveva molto genio per la poesia; era biondo, di bella figura e di soave fisionomia. Mi presentò varie sue poesie dirette alla *pastorella del Sile*, a cui formai varie risposte, lodandolo col nome d'Elpino. Ed ecco Elpino divenuto il nuovo oggetto delle mie poetiche fantasie. Egli mi fece il dono dell'Aminta del Tasso, che io non aveva mai letto, e che mi piacque oltre ogni credere, non so se perché era dono d'Elpino, oppure pel vero merito di quella favola boscareccia. In Biadine scrissi alcune sestine (metro degli accidiosi, dicea Zacchiroli), per un lugubre caso nato fra le colline di Montebelluna. Il giovinetto Patrizio Mora, unico figlio di quella cospicua famiglia, morì sul momento cadendo da cavallo con sommo dispiacere di tutti quelli che lo conosceano, poiché era buono, ricco, generoso, amava i poveri e la giustizia. Il giorno prima che gli succedesse la fatal disgrazia, io lo vidi allegro spettatore d'una festa di ballo fatta per nozze rusticali, in cui parea che i ballerini fossero più alunni di Bacco che di Tersicore. In queste sestine io faceva l'elogio della sua bontà, descrivea il fatto tragico della sua mortale caduta, e la religiosa pietà di alcuni contadini memori delle sue beneficenze, che si portarono sul suo tumulo sepolcrale a cantar il triste salmo 129 (*De profundis*). Le sestine ebbero la stessa sorte dell'isola di Gnido, cioè andarono smarrite.

Nel tempo, che la mia famiglia si fermò in Biadine, io mi occupava ora facendo compagnia al N. U. podagroso leggendogli la sua diletta raccolta del Teatro Comico, ora scrivendo, ora facendo scuola di lavori femminili a due fanciullette un po' mie parenti, nelle quali io scopriva una grande smania d'imparare e di sentire a leggere (solita epidemia di famiglia), ora facendo delle gran passeggiate pel bosco con la sola scorta del cane da caccia di mio padre, che ne sapea tutte le strade. Li giorni di festa mi portava a far visite da que' rustici abitatori delle colline, che mi offrivano *noci, poma, e castagne*, unici tesori di quei paesi. Mi pregavano di dirgli alcuni miei versi che applaudivano senza intenderli, cosa che mi facea ridere di cuore. Mi sovviene che uno di questi villani, giovine di poco più di tre lustri, mi presentò un giorno pochi versi fatti da lui, in cui intendeva di spiegarmi l'effetto che facea nel suo cuore il canto della mia musa; tutte idee ch'egli aveva acquistate nell'udir i miei versi. Io gli regalai le poesie di Fulvio Testi per cui mostrava un gran trasporto. Egli sapea un poco scrivere, e qualora non era occupato nei lavori campestri, non facea che leggere e scrivere copiando ciò che gli era andato più a genio. Un giorno secondò il capriccio suo di far una satira prendendo di mira il Parroco con tutte le sue donne di casa; fu per andar prigione, di cui lo minacciò il Sindaco; egli non si sgomentò, ma il vecchio padre di lui quasi lo accoppò a bastonate ben più dolorose della minacciata prigione, e, quel che fu ancor più fatale per lui, gli abbruciarono tutte le sue scritture, e perfino il suo diletto Testi. Credo che in conseguenza di ciò gli sia passato l'estro poetico, o almeno rientrato nel guscio del suo cervello spaventato dalla prigione e dalle bastonate.

Nella strada del bosco, a cui formava prospettiva la Chiesa di Biadine, v'era una facile salita che nella sommità offriva un recinto di quercie a guisa di anfiteatro. Nel mezzo di questo boschereccio recinto era stata fabbricata una chiesetta fino dal secolo XIV, un tempo frequentata dai divoti, ed ora deserta come il bosco che la circonda. A fianco della suddetta verso il Nord v'è una specie di tugurio formato dalla natura, e secondato dall'arte che vi avea adattata una cattiva porta più logorata di quella dell'eternità. Il suo pavimento era il terreno, e le sue petrose ed umide pareti erano coperte di musco ed ellera. Mio padre, che mi condusse ad ammirar questo tugurio, mi disse, che nel tempo, ch'egli era fanciullo abitava in quell'eremitaggio un certo frate Adamo, che aveva militato sotto le insegne gloriose del principe Eugenio di Savoja, e che stanco delle stragi marziali si era ridotto a far l'eremita per dodici anni in quella topinaja con la sola compagnia degli uccelletti, che famigliarizzati dalla fame invernale gli saltellavano intorno, come ad un novello Orfeo. Li contadini ed i pastori, che lo consultavano come l'oracolo di Delfo, gli recavano in tributo buona parte dei loro scarsi prodotti consistenti in frutta, erbaggi e formaggio di pecora. Egli conosceva un poco la medicina, ed oltre le sue benedizioni come anacoreta, suggeriva loro i rimedj come Esculapio. Questo frate Adamo, che mio padre appellava *fra Ferraù*, era grande amico di mio nonno, e morendo gli raccomandò li suoi favoriti augelletti acciò gli portasse grano nel tempo invernale. Questo era veramente un far le parti di militare, di penitente, e di filosofo. Fu sepolto nella chiesetta, ed alcuni vecchi villici sel ricordavano ancora con una tenera rimembranza. Raccontava mio nonno che una notte, in cui il cielo minacciava una orribile burrasca, frate Adamo si trovava in orazione fra lo strepitoso rumore dei tuoni ed il funesto fulgor dei lampi, come un altro Mosè sul Sinai, e sentendo battere furiosamente alla porta della chiesetta, prese un lumicino, e per un buco della sua tana, che corrispondeva in quella, volò ad aprire credendo che fosse un povero viandante smarrito nell'orror della notte e del bosco. Appena ebbe schiusa la porta gli si presentò un feroce Minotauro (almeno gli parve tale),

28 Courting Celebrity

che lo fece balzare sei passi indietro, indi cadere sbalordito di paura, chiamando in suo soccorso tutte le Gerarchie celesti. Da lì a non molto rientrò in sé stesso, si ricordò di essere stato soldato, si fece coraggio, si alzò, accese di nuovo il lume, e si avvicinò al Minotauro, che non era se non se una povera vacca smarrita, e più spaventata di lui, che nel furore della tempesta aveva cercato asilo fra i sacri altari. Egli raccontava questo giurando di aver avuto più paura in quell'occasione che in tutti i fatti d'arme del principe di Savoja.

Il N. U. Brescia, tormentato continuamente dalla podagra e dalle prediali, diminuì le spese del giardino a grado che mio padre, non potendo più sussistere, si congedò dal suo servizio e passò giardiniere del principe Erizzo a Pontelongo, luogo già di delizia del Doge Foscarini. Non so trovar termini bastanti, onde esprimere il dolore che mi passò all'anima nel momento della partenza ch'io feci per la seconda volta da Biadine. Dover lasciare quel bosco così poetico, quelle colline così ridenti, quelle passeggiate così deliziose, quelle vedute così pittoresche, quei cugini così cari al mio cuore, quei contadini così cortesi, alcune famiglie di onesti artigiani che mi amavano, alcune altre di poveri ch'io beneficava, alcuni fanciulli a cui insegnava la dottrina dei cristiani, alcuni vecchi a cui leggeva la storia sacra ... tutto, tutto mi si presentò all'agitata fantasia, e mi fece piangere amaramente con lagrime le più calde e le più sincere che io avessi versato giammai. Mio padre durò fatica a trascinarmi seco commosso dal mio dolore, e da quello ch'io lasciava impresso sul volto e sulle ciglia di quelli che si erano levati prima dell'alba onde augurarmi il felice viaggio. Così lasciai quell'amena villetta, in cui la permanenza di un lustro mi era sembrata il breve giro di un giorno.

L'Abate Dalmistro nel dì precedente alla mia partenza erasi portato a darmi un addio dicendomi, con quel candore che è l'ornamento della sua leale amicizia: *Aglaja, vi auguro felicità; ma vi assicuro che mi portate via il cuore*. Mi consegnò una lettera pel suo amico professor Francesconi, ed un'altra pel prefetto Zecchini scritta per mio conto dal Zacchiroli, che poeticamente mi raccomandava a quell'egregio capo delle Autorità civili della vasta e dotta città di Antenore.

Il paese di Pontelongo non è che una bella riviera alquanto popolata, ed irrigata da un canale prodotto da due braccia dei fiumi Brenta e Bacchiglione, che unendosi a Bovolenta passa ondeggiando placidamente e mette foce dalla parte di Chioggia nell'Adriatico. Il bel palazzo Erizzo, architettura del famoso Palladio, grandeggia nel mezzo come una reggia, avendo lateralmente una lunga fila di casupole, che con la loro picciolezza fanno ancor più risaltare il maestoso edifizio. Era sul principio dell'anno 1810 nella stagione, in cui

»Zefiro torna, e il bel tempo rimena
(Petr.)

Il giardino di Pontelongo era vastissimo, circondato da un canaletto d'acqua dormigliosa, che nel paludoso suo seno offria pascolo gradito ad una numerosa quantità di rane e ranocchi, che mi ricordavano il gastigo dell'ostinato Faraone. Tutto consisteva in un picciolissimo *parterre*, che mio padre adornò di fiori e disegni erbosi con due *cedraje* nel fondo. Il resto era un famoso boschetto di tigli, in cui cantava armoniosamente un qualche usignuolo a dispetto delle rane e ranocchi, che gli facevano un villano contrapposto. Alcuni viali lunghissimi ombreggiati da triplice fila di castagni selvatici, alcune spalliere di carpani, i quali formavano ornamento ad un grande stradone che conduceva ad un boschetto ch'era nel fondo con una collinetta cosparsa di vigneti, sulla cima della quale era stato edificato un tempietto sacro a Bacco, la di cui cupola di forma antica stava mal appoggiata sopra alcune colonne di ordine toscano. Il patrizio Erizzo, ricchissimo per scrigni colmi d'oro, e per possessioni fertili e numerose, cercava di fuggir la noja, figlia dell'opulenza e dell'ozio, passando la maggior parte dell'anno nel nuovo delizioso acquisto di Pontelongo, ove si divertiva con le sue piantagioni, con le sue fabbriche e coi suoi cavalli, gusto favorito di quel Signore. Non erano ancor trascorsi due mesi, dacchè io mi trovava nel nuovo soggiorno, che mi portai a Padova all'occasione della fiera detta *del Santo*, ove sperava di vedere alcune persone, per le quali professava stima ed amicizia. Non esistendo più il Cesarotti, che nel cuore de' suoi amici, io fui ospitalmente trattata da una sua estimatrice, Clementina Caldarini nata Weissembourg, che mi amava, e che mostrava una specie di religioso rispetto per la poesia. Portandomi a far visita alla bella contessa Grimaldi ch'era alloggiata alla Stella d'oro, la trovai che dormiva il sonno del dopo pranzo, e sognava forse le delizie di Parigi, che aveva veduto l'anno avanti in tutto il suo splendore. Intanto l'ottimo professore Francesconi che attendeva passeggiando allo stesso oggetto, mi domandò se io volea conoscere il celebre cavalier Lamberti alloggiato nella stessa locanda. Accettai con piacere l'occasione, e fui presentata a quell'illustre personaggio, che scorgendo la mia giusta timidezza mi rassicurò con quel gentile sorriso, che annunzia la benignità degli uomini grandi, e mi fece la più cortese accoglienza. Nella camera di questo colto ed egregio cavaliere si trovavano varie persone, tra le quali, non so se attratto dal fulgore delle decorazioni, oppure dal sommo merito del Lamberti, il professor F... C..., a cui il Francesconi mi consigliò di consegnare la lettera diretta al Prefetto Zecchini, che tuttora io conservava presso di me. Gliela presentai con una rispettosa timidezza; ed egli, non so perché, non volle accettarla. Povera lettera, se non avesse avuto altro appoggio che quello del professore C...! Due giorni dopo, per mano più gentile, la feci presentare al Prefetto, il quale come aveva accolta la lettera accolse la raccomandata con tratti di generosa urbanità.

Passai tutta quella stagione ospite della Clementina Caldarini sui colli Euganei nella Villa di Torreggia, vicina al monte Rua, ove vivevano ancora alcuni Camaldolesi obbliati non so se dai viventi o dalla morte. Nei tempi andati la loro clausura sull'articolo *Donne* era rigorosissima; ma allora che io mi portai a vedere quella sacra solitudine, era permesso di andarvi ad ogni persona. Mi feci portare fino alla metà della strada da una vecchia somarella, che mi fece ricordare quella dell'antico Balaam tanto era restia, poltrona, e loquace nel suo linguaggio, che io non avea la fortuna d'intendere come il profeta. Giunsi stanca in cima al benedetto Rua, e fui tosto graziata da quei poveri anacoreti di alcune frutta secche avanzate ai tarli ed ai topi, e di una *torta* di erbe così amare che mi avvelenarono la bocca. Fui a vedere il convento e la chiesa che non mi dispiacque, benché privo l'uno d'abitatori e l'altra di adoratori. Quello che mi andò estremamente al cuore fu il sempreverde bosco d'abeti, che coronava la cima del monte, e racchiudeva nel suo ombroso recinto il solitario convento. Mi ricordai il caro bosco del Montello, e discesi dalla Certosa di mal umore, come l'asinella che mi riportò sulla logora sua groppa al piano di Torreggia.

Nel ritorno che feci dai colli Euganei a Pontelongo mi fermai ad ammirare le famose Terme Aponensi. È stato tanto detto in prosa ed in verso, in verso ed in prosa sulla singolarità di queste acque che diviene inutile ogni mia relazione. Dirò solamente, che mi parve di vedere i bollenti stagni di Acheronte, parlando poeticamente; e, parlando fuori di poesia, mi parve di essere in un paese abbandonato dalla misericordia divina, come una seconda Sodoma. Il calore, l'odor sulfureo, e la sterilità della nuova Dite mi fecero partire senza far ulteriori osservazioni su quell'infernale paese.

Passai a Pontelongo il primo inverno spaventata dalle continue innondazioni, che mi fecero sovvenire del secolo di Deucalione, e desiderare il ridente ed asciutto terreno di Biadine.

Pochi mesi dopo il mio nuovo stabilimento, il Prefetto Zecchini fu traslocato altrove, e subentrò nel suo posto il cavaliere Ferdinando Porro, personaggio ottimo, giusto, splendido, popolare, cittadino colto, erudito, energico, pieno di fuoco, di spirito, di cognizioni. La gentile contessa Grimaldi mi aveva a lui raccomandata dicendogli: *ella mi è cara, ve la raccomando.* Questo bastò perché egli mi scrivesse una graziosissima lettera facendomela pervenire col mezzo del Sindaco (che me la presentò tremando), in cui mi esprimeva il sentimento di ammirazione che gli avevano inspirata i miei versi a lui fatti noti dalla Grimaldi, e la viva brama che nutria di conoscere personalmente la pastorella del Sile. Nella Quadragesima dello stesso anno mi presentai a quel degno cavaliere, che mi accolse con tratto di gentile cordialità, come io fossi stata una Dama; m'invitò varie volte a pranzo, mandandomi sempre a levare, ove era alloggiata, con la sua carrozza; cosa che mi avrebbe forse insuperbita se non mi sovveniva dei rari pregi di chi mi aveva a lui raccomandata. Egli mi presentò a vari suoi amici con tutto l'entusiasmo; e mi procurò il piacere di conoscere la gentilissima Clarina Mosconi di Verona, a cui tributai una mia anacreontica intitolata le Grazie, ch'ella gradì con la stessa amabilità di quelle vezzose seguaci di Venere. Oltre a questa, il cavalier Porro mi fece fare la poetica conoscenza della famosa *Amarilli Etrusca*, a cui indrizzai una mia canzoncina, che incomincia:

»Tu avvezza al dolce suono«,

e quella valorosa improvvisatrice mi rispose con la solita sua ammirabile spontaneità

»Aglaja, qual tu sei, etc.«.

Farò vedere in seguito, che questi non furono i soli beni procuratimi da quel generoso Prefetto.

Tornando a Pontelongo, ove si trovava assai bene la mia famiglia, conobbi volentieri un vecchio poeta, fu grande amico di Cesarotti, cioè il signor Carrari, sordo come una statua, ma che facea versi sciolti e rimati con molta energia, benché fosse vicino agli ottant'anni. In Bovolenta, ov'egli era domiciliato, eravi allora un picciolo collegio, che al chiudersi delle scuole dava una picciola accademia, ove alcuni figli di Apollo, parte legittimi, parte bastardi, esponeano i loro parti poetici che terminavano tutti, applauditi o non applauditi, in lode del Rettore. Fui dal Carrari scelta anch'io, onde recitar alcuni versi allusivi alla circostanza; accettai il diploma contro il parere del Podestà di Bovolenta, che non volea persuadersi che le donne potessero aver sede in un'accademia.

Nella state susseguente a quell'anno fui spaventata da varj turbini tempestosi, che minacciavano giorno e notte quelle ubertose campagne; ed il peggio si era che cadevano di quando in quando saette, le quali ardevano gli abituri di que' villaggi, che sono quasi tutti coperti di strame e paglia, e portavano la desolazione in quelle povere famiglie, che appena salvate dallo sdegno di Netunno nel verno soggiacevano allo sdegno di Giove nella state. Mi ricorderò con un vivo dolore la

32 Courting Celebrity

trista sorte di due poveri amanti contadinelli di quattro lustri non ancor compiti, che trovandosi nei campi a raccogliere legumi si ricovrarono sotto un grand'albero per salvarsi al furore della tempesta … Infelici! s'illudeano forse nella loro futura felicità, allorché scoppiò un fulmine che gli incenerì sull'istante, e li rese oggetto di pietà, di terrore e di lagrime a chi ebbe cuore di portarsi a vedere il commovente spettacolo.

Il N. U. Erizzo faceva brillare il suo favorito Ponte-longo con isplendide accademie musicali, abbellite (nel tempo ch'io mi trovava colà) da molte graziose Dame Vicentine, alle quali tributai varie poesie, e ne fui gentilmente ricompensata.

Intanto la principessa Augusta Amalia di Baviera, allora Vice-Regina d'Italia, si portò ai bagni d'Abano ad oggetto di salute. Mi venne pensiero di scriverle un anacreontica allusiva al bagno, e la scrissi: mi mancava però il mezzo onde fargliela pervenire. La feci nota al signor *Letter* capitano degl'ingegneri che veniva di quando in quando a Ponte-longo, onde far le sue idrauliche osservazioni. Egli ne parlò al cavalier Porro suo amico, che spedì tosto persona a richiedermela, onde presentarla egli stesso alla principessa. Gliela spedii tosto scritta di mio pugno; ma siccome era adornata di varie cognizioni mitologiche non troppo adattate alla semplicità d'un'autrice pastorella, l'avveduto cavaliere me la rimandò a vista per un messo apposito, scrivendomi che io ascendessi il Parnaso nuovamente, onde cogliere fiori un po' più semplici. La curiosa cosa si è, che l'uomo portatore della lettera prefettizia entrando in mia casa vide mia sorella, ch'era una bella biondetta, e credendola la mia cameriera, la pregò di avvertire la sua padrona, ch'egli aveva una lettera di somma premura da presentarle, chiedendole il titolo con cui dovea parlarmi. Mia sorella si strinse nelle spalle, e sorridendo rispose: quando la vedrete, saprete fare il vostro dovere senza ch'io vi dia l'elenco de' suoi titoli. Io scrissi una nuova anacreontica che cominciava:

»Su l'acidalio margine«,

ed il giorno dietro per tempo la spedii al suo destino. La benigna principessa l'aggradì con quella bontà gentile che formava uno dei tanti suoi pregi, ed appena arrivata a Milano mi spedì in generoso regalo 200 franchi, accompagnati da una sua graziosa lettera per me ancor più onorifica che il regalo, di cui si compiacque beneficarmi. Ecco una nuova conseguenza del cuore bellissimo del cavalier Porro.

Alcuni mesi prima di questa felice combinazione arrivarono varj cavalieri e dame ad ammirare il bel giardino di Ponte-longo. Erano patrizj, parte di Venezia e parte di Udine; facevano i bagni della *Battaglia* per lusso, ed erano venuti per divertirsi a vedere quel locale fiorito.

I miei versi erano ad essi noti, e appena arrivati richiesero mio padre di potermi vedere. Non feci punto la preziosa, e mi presentai umilmente a quella nobile comitiva, che gentile coi miei versi lo fu egualmente con l'autrice dimandando a mio padre, come in dono, la poetica prole, onde condurla per un giorno ad un pranzo di compagnia che era già allestito alla *Battaglia*. Mio padre fu compiacente contro il parer della madre, che non voleva accordarmi il permesso, a cui il genitore soggiunse: *se è vero che mia figlia abbia tanto talento, saprà portarsi bene*, e rivolto a me: *va, e fatti onore coi versi e con l'umiltà, che nella tua situazione diventa una virtù necessaria*. Montai in carrozza con quelle Dame, ed arrivata alla Battaglia, ove si pranzò magnificamente, feci una infinità di brindisi lodando uno per uno tutti quei generosi commensali, che mi applaudivano con gentilezza di parole e di beneficenze; cosa che mi fece ricordare il bel secolo di Augusto e di Mecenate.

È inutile il dire che non vi furono sacri Oratori nel tempo quaresimale in Ponte-longo, dei quali io non facessi, pregata dai Fabbricieri, l'elogio unitamente a quello dei loro sermoni che io non aveva intesi quasi mai … O immaginazione poetica, sei pur feconda!

Erano scorsi quattro anni, dacché io mi ritrovava a Ponte-longo, allorquando ebbi a conoscere un giovine mantovano di bella figura, di aggradevole fisionomia, di animo sincero, di cuore affettuoso. Il rispetto ch'egli professava alla poesia, anche senza conoscerla, mel resero caro. La poesia, posta in aspetto ridicolo da chi non ha avuto princjpj di educazione, in lui invece destava una spezie di stima divota qual si deve alle cose divine, dolendosi, diceva egli, di non intenderla onde poterla applaudire. Mio padre, che amava molto la gioventù vivace, sentendolo parlare di Roma, di Napoli, Vienna (città che aveva vedute seguendo in qualità di corriere un ricchissimo viaggiatore), mio padre, dico, lo ascoltava con molto piacere, e spesse volte mi chiamava ad ascoltare le sue curiose relazioni. Osservai che alla mia presenza s'imbrogliava, cosa che secondo il mio solito mi facea ridere di cuore, il che lo imbrogliava ancor più. Un giorno il mio genitore mel propose per marito dicendomi: *Io credo degno di te, perché sembra buono come un angelo; diventando sua moglie tu potrai leggere e scrivere a tuo piacere. Ti bramo felice. Già il matrimonio non è che un lotto; chi vince e chi perde; il tutto sta in mano della fortuna*. Feci qualche riflesso sulle sue parole; pensai che il padre non vive sempre, e che la poesia in questi secoli non è premiata che di allori, di applausi e di ringraziamenti; tutte cose che riducono, senza un qualche appoggio, a finire sulla paglia, come il povero Anguillara, oppure all'ospitale come il celebre Camoens. Mi risolsi e sposai il giovine mantovano, che se non avesse avuti altri pregi agli occhi miei, avea quello di aver avuta la patria comune con Virgilio. Diedi un addio alla mia famiglia, un altro a Pontelongo, e passai nelle braccia dello sposo, che mi condusse ad abitare la dotta città di Antenore. Incominciai a far la parte di moglie senza scordarmi quella di figlia di Apollo. Io lavorava, scriveva, mi annojava, tornava a scrivere, tornava ad annojarmi. Intanto fu di passaggio a Padova il cavalier Porro, che onorò di una sua visita la mia povera maritale abitazione, e trovandomi allora occupata a mettere in netto le tante mie composizioni poetiche mi consigliò di farne una nuova edizione. Il consiglio era sincero, ma ci mancava il modo e la forza onde metterlo in esecuzione, a somiglianza del sorce di Esopo ch'era stato consigliato di attaccare il campanino al collo del gatto. Io seguitai a trascrivere con la speranza, che la sorte volesse una volta o l'altra sorridere alle mie fatiche.

Venne frattanto ad accrescere il numero della colta gioventù studiosa in Padova il conte Antonio di Brazzà udinese, ad oggetto di apprendere le lingue di Omero e di Virgilio. Udine non è nel Giappone, ed egli aveva sentito varie volte parlar di me e dei miei versi, che a suo dire gli toccavano il cuore. Sen venne direttamente alla mia casa, si presentò con molta semplicità, dicendomi: *Ella è l'Aglaja, ed io sono il conte di Brazzà che vuol conoscerla.* Osservai la sua figura ch'era grande, ben proporzionata, tendente al curvo, come è il solito degli studiosi. Nella sua fisionomia vi erano dei tratti di stupidezza e di vivacità nello stesso tempo, alternandosi questi due opposti dal fare un complimento di soggezione al parlar familiarmente. La poesia lo rendea di buon umore. Il fondo del suo cuore era affettuoso, la sua memoria felice, ed era pieno di cognizioni. Il suo carattere tendente alla mestizia gli creava nella feconda sua fantasia mille fantasmi. Egli volea che tutti gli uomini fossero giusti e sinceri, e dicea che i cattivi non erano che un numero di soprappiù, ma necessario onde far risaltare i buoni. La difficoltà che avea nella pronunzia, per essere alquanto balbuziente, lo rendeva taciturno, mesto ed imbrogliato quando era in società; ma però diventava loquace, lieto e sciolto qualora si trovava con persone amiche. Era buono per natura, ma ostinato oltre ogni credere, adornando questo suo difetto col bel titolo di costanza. La sua amicizia era candida come il suo cuore, incapace d'ingannare, ma capacissimo di lasciarsi ingannare per essere troppo di buona fede. Ascoltava i miei versi con una compiacenza leale, e mi pregava che gli permettessi di venire di quando in quando a leggermi i suoi, che erano scritti con affetto castissimo, come la musa che glieli aveva inspirati, essendo tutti allusivi alla morte di una sua sorella che egli amava quanto sé stesso, anzi come il suo angelo tutelare. Mi portai seco lui a far una visita di dovere all'egregio signor Girolamo Venanzio, da me conosciuto fino dal tempo, in cui il cavalier Porro era Prefetto, essendo egli in allora uno dei suoi segretarj; gli parlai del mio manoscritto, e del piacere ch'io avrei avuto nel poterlo un giorno pubblicare coi tipi Bettoniani. Il signor Venanzio, a cui nulla costava l'esser gentile, mi disse in aria sorridente: *portate a me il vostro manoscritto, e non pensate ad altro*. Mi ricordo che il conte di Brazzà volle esser meco al momento che io glielo presentai, e che rimase incantato scorgendo così all'improvviso un Mecenate propizio alla mia Musa. Da lì a non molto uscì la nuova edizione, ch'ebbe un incontro fortunato, e di cui il generoso editore mi regalò quattrocento esemplari, il che mi confermò maggiormente che le qualità del suo cuore non la cedevano agli altri rari suoi pregi. Amabile di figura, e vivace di fisionomia pare che la sua voce sia stata formata dalla natura per esprimere la dolcezza delle grazie. A chi ben non lo conosce apparisce in sulle prime alquanto riservato nel conversare, ma chi ha conversato seco lui più di una volta non può a meno di essersi accorto della molta soavità de' suoi modi. La qualità principale del suo ingegno parmi la penetrazione, accresciuta col molto studio e colle molte cognizioni da esso acquistate. Egli scrive con molta eleganza in verso ed in prosa, benché mostri di coltivare con maggior cura quest'ultima. Del che ne sia prova una Dissertazione da esso recentemente pubblicata risguardante l'opera da darsi dagli Italiani sullo scrivere in prosa. Mi piacque assai un semplice paragone che fece di lui mia sorella, che venne una volta meco a fargli visita; ed è: *quel signor Venanzio è così soave che mi sembra una rama di millionette*. A tutti è nota questa cara pianticella per la sua forma gentile e per la sua dolce fragranza. Due anni dopo questa edizione, mi si richiese da un raccoglitore d'anacreontiche alcune delle mie figlie poetiche, che non erano state inserite nell'ultima raccolta. Fui compiacente con chi era gentile; ed ecco il Parnaso anacreontico, ricco di vari illustri poeti, serbar un picciol recesso anche per Aglaja Anassilide.

La fortuna intanto, che di quando in quando solea sorridere alle mie intenzioni, mi fu propizia di una nuova combinazione. Tre anni dopo d'esser divenuta moglie, ebbi a conoscere Arminio Luigi Carrer, giovinetto che allora si avvicinava al quarto lustro della sua età. Nella sua bella fisionomia brillava il fuoco poetico, di cui tutta avvampa la di lui anima. Osservai in seguito che la base del suo carattere è la tristezza, la quale talvolta degenera in una eccedente allegria. Non lo ho mai veduto che eccessivamente malinconico, od eccessivamente giocondo; e ciò che potrebbe sembrar forse strano, s'egli stesso nol confessasse più volte nei suoi versi, è l'osservare che io feci, esser egli di mal umore in mezzo alle feste ed ai bagordi (a cui però interviene di rado), ed allegro qualor trovasi in ristrettissimo cerchio di amici, una delle poche consolazioni della sua vita. Dotato dalla natura d'una fantasia ardentissima è quasi sempre immerso in profonde meditazioni.

Apparisce talvolta distratto ed inquieto, simile ad un Genio che voglia innalzarsi ad una sfera migliore. Egli è alquanto bizzarro nelle sue opinioni, tra le quali è strana la sua ripugnanza al titolo di filosofo, benché pochi al pari di lui sappiano disprezzare le avversità e sopportar le ingiustizie. Nessuno può negargli una lealtà senza pari, che forma forse una delle migliori sue doti. Non so se questa gli abbia sempre giovato, ma credo che nessuno abbia udita dalla sua bocca una bugia, talché vi fu chi disse, per modo d'esempio: *non crederei questo neppure se lo dicesse Carrer.* Gl'impeti di bile, a cui lo volle soggetto la sua stella, lo avrebbero forse ridotto a qualche estrema risoluzione, se la Religione, ch'ebbe mai sempre la sede nel suo bellissimo cuore, non gli avesse fatto sentire la consolante sua voce. Tutte osservazioni ch'io trassi, parte da' suoi scritti, e parte dalla sua ingenua conversazione. Ecco una strofa, a modo d'esempio, tratta dall'appassionatissima Ode intitolata *la meditazione*:

> Adducemi ineffabile
> Di pianto voluttà,
> Che tra le mense e il giubilo
> Dei clamorosi balli,
> Qual nebbia, che in sul vespero
> Dalle acquidose valli
> Lenta s'innalza, e l'animo
> Preoccupando va.

Mi ricordo che in quell'occasione feci un'anacreontica per le nozze Correr-Zeno di Venezia, e che io indirizzai ad Arminio, poiché da lui stesso stimolata a scriverla, ed è appunto quella che comincia:

> Chi richiede i carmi miei?
> Ah sei tu gentil garzon,
> Cui non v'è sui gioghi ascrei
> Chi ti vinca al paragon?

La mia nuova edizione mi procurò nuove conoscenze, tra le quali mi sarà sempre gradevole quella del conte Perolari-Malmignati fatta in casa dell'amabilissima e coltissima signora Contessa Chiara Rosini nata Petrobelli. Questo signor Conte Perolari è adorno di talenti, cognizioni, e buon gusto nella poesia, fervido di spirito e di cuore, benchè all'apparenza dimostri freddezza e titubanza; prudente e sincero nello stesso tempo; degnissimo di aver degli amici, e degnissimo di possedere un sì bel titolo.

Era già scorso un lustro e mezzo, che io portava il rispettoso titolo di moglie, quando uscì alla luce del mondo letterario *Nella*, poemetto romantico prodotto dalla vezzosa penna di Vittor Benzon, giovine amabilissimo e adorno delle più belle prerogative di spirito e di cuore. La sua conversazione era colta, ingenua e deliziosissima. La sua poesia parea inspirata dalle Muse e scritta dalle Grazie, poiché aveva il fuoco delle prime e la leggiadria delle seconde. Il suo umore vivace, bizzarro, nobile, serio e nello stesso tempo gentile, formava il piacere di tutti quelli che trattavano seco con una dolce famigliarità. Pareva che la natura ed il cielo lo avessero formato per l'amicizia e per l'amore. Ah! Se egli avesse riserbato in vantaggio di sé stesso una parte di questi due soavi sentimenti, di cui era così generoso verso degli altri, non lo avremmo veduto mancare al numero dei viventi sul più bel fiore degli anni suoi, compianto dai suoi amici pel suo bel cuore, dai letterati pei suoi talenti, e dalle donne per la sua bellezza, poiché

Biondo era, e bello e di gentile aspetto.

Ebbi in dono da lui il suo poemetto, che lessi e rilessi con una dolce emozione, e per cui scrissi la canzoncina, che incomincia:

Quando formar le Grazie
   Il viso tuo gentil
   Involaro ad April
   Le rose e i gigli.

Nella placidissima calma del mio Imeneo io cerco di passar i giorni senza annoiarmi approfittando del favore di Apollo nell'ore che avanzano alle mie domestiche faccende, e scrivendo versi ora a capriccio della fervida mia fantasia, ed ora per oggetti reali, i quali mi vengono offerti continuamente dalle combinazioni e dalle vicende umane, come sarebbe a dire, nascendo, morendo, sposandosi o laureandosi qualche rispettabile e cara persona. Tutto mi fa salire il Parnaso, temprare la cetra e cantare

Tra le Camene e i sacri cigni ascrei
   »Teneri Amori e placidi Imenei

È inutile il ripetere che io vivo bastantemente felice, avvezzandomi sempre più alla instabilità della sorte, che non lascia di avvolgermi alternativamente in un vortice di noje, di speranze, di disastri, e di consolazioni, non cangiando però mai il mio umore ridente, che mi fa ricordare spesso uno dei miei pochi sonetti ch'io scrissi sul mio ritratto, in cui dico:

Che per i Vati il dì sempre è sereno.

Non è molto, le mie anacreontiche uscirono alla luce vestite delle grazie soavissime del valoroso filarmonico Giovanni Battista Perruchini, cosa che mi farebbe andar superba, se non sapessi che questa è una colpa, la quale esclude la tanto necessaria ai seguaci di Febo, umiltà.

Non mi restano ulteriori notizie presentemente da offrire al pubblico coi miei poetici e viridici colori. Solo mi resta la soddisfazione di averle terminate felicemente con la dolce lusinga che non abbiano a riuscire discare a chi avrà avuto la compiacenza di leggerle almeno una volta.

Se vi fosse poi qualche spirito gentile che si dasse il pensiero di volerle proseguire, allora che deposta per sempre la cetra sarò volata al trono dell'Eterno, lo prego sul mio esempio di essere possibilmente veritiero. O verità, tu dovresti essere l'animatrice d'ogni scrittore apparendo adorna della tua candida luce tra gli uomini, come risiedi tra i Numi, e ricevendo gli omaggi da tutti gli abitatori della terra, come ricevi le corone da tutti i Genj celesti. Io appesi bene spesso le più fresche ghirlande al tuo altare, e ti sacrificai il mio stesso amor proprio; ascoltai la tua voce senza arrossire; intesi la tua forza senza fremere, ti ammirai in altrui e ti difesi in me stessa; t'invocherò fra gli uomini, e ti adorerò sempre tra gli Dei. O verità, amata dai giusti, odiata dai colpevoli, profanata dagli adulatori, offesa dagli scrittori, temuta dalle donne, encomiata dagli uomini e punita dai tiranni; apri il candidissimo tuo velo, ed offri un sicuro asilo alle notizie sulla vita di Aglaja Anassillide.

Information on the Life of Aglaja Anassillide, Written by Herself

As I bring the details of my life into the public light I can already imagine seeing some frowning censors and hearing them exclaim from their respectable mouths: "Oh, here we have a new heroine come to show herself off on the great stage of the universe!" Not so fast, my dear Ladies and Gentlemen; I don't come to display myself in this century of exaggeration and imposture, where people only feign philosophy and the reasons of the mind prevail over those of the heart. I come simply to make myself heard as an *uncultured daughter of the woods*, as the author of *Armonia*[1] liked to call me, when writing and talking about me to Cesarotti.[2] I come, I say, to be heard by loving hearts, by refined souls, by cultivated and gracious young Italians, by honest and sincere men and sweet and kind women.

I was born at the end of the eighteenth century on the shores of the Piave,[3] in a hamlet called Biadene, located on the edge of the Montello Wood, to the east and not far from Treviso[4] and very close to Possagno, home of the immortal Canova.[5] My father Pietro Rinaldo and my mother Lucia were poor and honest people: these two qualities are almost always paired together. The former was a gardener by trade, the other a blacksmith's daughter. If I had been born in heathen times I

---

1 Angelo Mazza (1741–1817) was one of Melchiorre Cesarotti's students in Padua and the author of the hymn "All'armonia."

2 Melchiorre Cesarotti (1730–1808) was professor of rhetoric, Greek, and Hebrew at the University of Padua. A prominent literary figure in the Italian Republic of Letters, he is best known as a translator of Homer and Ossian. His 1763 and 1772 translations of *The Works of Ossian*, compiled and published by James MacPherson in 1762–3, were much admired in Italy and France and inspired many imitators of the Ossianic style. These works, together with his 1772 translation of Thomas Gray's *Elegy Written in a Country Churchyard* (1751), were instrumental in exposing Italian writers to British pre-Romantic tastes. Cesarotti became Angela Veronese's most important mentor. She will expound on her meeting and relationship with Cesarotti further on in the text. See also "Contexts and Conclusions."

3 The Piave is a river that originates in the eastern Italian Alps and flows almost entirely within the Veneto region, reaching the Adriatic Sea northeast of Venice.

4 Town on the Venetian mainland about thirty miles from Venice.

5 Antonio Canova (1757–1822) was regarded as the greatest Italian sculptor of his time. Canova was born in Possagno, in the mainland of the Venetian Republic, the son of a stonecutter. His talent brought him first to study in Venice at the Accademia di Belle Arti, and there he opened his own studio. He then moved to Rome and later to England. Canova was celebrated for his neoclassical style and cultivated his reputation by publishing engravings of his works and making plaster replicas of them.

40 Courting Celebrity

could say that my genealogy is somewhat divine, since it belongs to Flora and Vulcan.[6] I can truly say I was born free and not into servitude, since my father lived apart from his extended family whose members were all in the service of that most noble Grimani household as gardeners. He alone lived apart with his pregnant wife in a little hut on the side of that same wood, lapped by the small stream that surrounds the wood. Shaded by fruit trees, this dilapidated hut (almost a small abandoned temple of the goddess Pomona)[7] belonged to a certain Mr. Bassanini from Venice. I don't know if he was a seller of prints or a printer himself. It is worth saying that his profession was not very lucrative, since I used to see him very often out in the country, I don't know if out of need or of leisure. He would give my family holy and profane books and prints as gifts, and here is where all my relatives' literary craving came from. Maybe this was the reason many of my cousins were heroically named: *Rinaldos, Orlandos, Erminias, Griseldas*, etc.[8] I grew up extremely delicate among a family of Heroes, since our huts were so close to each other you could say they formed a single unit. My mother, discovering herself pregnant again, thought it better to wean me when I was only eleven months old, when I was barely beginning

To make footprints with unsure feet.[9]

I was three years old when my father left his old family to go work in the service of that most excellent Zenobio household in Santa Bona, a very pretty small village two miles outside Treviso to the north, where they owned a *luogo di delizia*.[10] My father, like the old patriarchs, brought with him everything he possessed, that is, his pregnant wife, his daughter, the she-cat, a hunting dog, two guns, a bed, a crib, several books and a good number of farming tools. Everything was stashed in an old cart pulled by an old grey horse that dragged all those treasures.

---

6 In Roman mythology Flora was the goddess of flowers and Vulcan, the god of fire, was often depicted using a blacksmith's hammer.

7 Pomona was the Roman goddess of fruit.

8 These are the names of the heroic characters in Ariosto's *Orlando Furioso*, Tasso's *Jerusalem Delivered*, and Boccaccio's *Decameron*. They testify to the fact that the peasants read these works (or had heard them read).

9 This appears to be Veronese's original line.

10 *Luogo di delizia*, or with the plural form *delizie*, indicates a "place of delight(s)" and refers specifically to luxury villas with beautiful gardens that served as country homes and vacation residences for the nobility. The Zenobio villa in Santa Bona is still extant and is considered one of the best examples of elegant Venetian villas.

Our new place of residence could not be more delightful; a walled enclosure with iron gates adorned by noble insignia, a palazzo built with few architectural embellishments, a so-called *barchessa*[11] that had too many decorations, an orchard, a vegetable garden, and a parterre[12] populated with mythological statues. All the frescoes, those of both the *barchessa* and the main building, were done by a very famous painter from Venice, I believe it was Palma: they represented the triumph of Paolo Emilio, the delights of Capua, Cleopatra before Mark Antony, Alexander's victories and also, I don't know why, the Judgment of Paris.[13] The statues offered a curious scene, with warriors, shepherds, nymphs, Gods, centaurs and demigods: my father used to say that they represented the great painting of the universe, meaning the island of Circe.[14]

Upon our arrival we were met by a peasant woman named Armellina, and a man blind since birth, the sole custodians of that enchanted castle. Armellina immediately became my mother's confidante; and the blind man my father's. I grew up dear to both of them, since thanks to my good heart they always forgave all my insolent energy; as a matter of fact, the minute my parents gave me a piece of fruit or a bun I would run to share it with the blind man and the peasant woman, who covered me with kisses and caresses. I started to understand from that young age what power presents wield on people's hearts, and I mean on peasants'.

I have few and confused memories of my childhood; I remember only that the blind man was my guide going to the parish church on Sundays, and the peasant woman would take me around the village for recreation. One year after our arrival there, the poor Osvaldo (the blind man), my father's only friend, fell ill. I, then four years old, was

---

11 The *barchessa*, or *loggia*, as Veronese also terms it, is a roofed structure often decorated by arches and adjacent to the main part of the villa. It was typical of Venetian country architecture and separated the lodgings of the noble owners from their servants' work and living areas.

12 The word appears to indicate a garden following the French taste, with low, colourful flower beds arranged geometrically.

13 According to Pastore Stocchi, the painter was instead Francesco Fontebasso (1707–69) and Veronese's description of the frescoes' subjects is not accurate (*Notizie* [1973] 37fn1).

14 In Greek mythology Circe is an enchantress known to transform her enemies into animals. In *The Odyssey* she transforms a group of Odysseus's companions into pigs. Veronese's father's comment probably refers to the variety of characters represented in the garden, which reminded him of Circe's enchanted island populated by all sorts of "animals."

42 Courting Celebrity

his nurse: he would call me his little angel, and I pleaded with him to return quickly to good health so he could take me with him to pick mushrooms, which grew abundant in a meadow near the castle. One morning, which is still impressed on my memory, I went to his sickbed, I called him repeatedly with that strength of lungs that my age allowed me, I shook him, I called him again; he was cold with the ice of death. I ran to my mother's room saying: "Grandpa is sleeping, but he is so cold and stiff I don't recognize him anymore." My mother came and, frightened, she exclaimed: "He is dead." "He is dead?" I answered; "Poor me! He won't take me to church anymore, and what's worse, not even to pick mushrooms."

A certain Bernardo, Armellina's son, took the dead blind man's place and helped my father water the citrus plants and the garden flowers. He was an avid reader of heroic romances, since in that village all the peasants knew how to read, I don't know if it was on account of their natural inclination or thanks to the villa's chaplain who, with no obvious gain, taught the skill to those destitute people, apparently compensated by their mere progress and some charitable offerings that came with each season, that is to say, wood, wine, wheat and fruits. For the whole rest of the year he was completely uninterested in any relationship with them.

Over the long, long winter evenings said chaplain would come to enjoy my father's simple hearth, where we would put turnips and chestnuts on the fire, along with a big pitcher of undiluted wine: a small table and a deck of cards was the entertainment that preceded the appearance of the chestnuts and the wine. When they were not playing, the peasant Bernardo read what my father asked him to, now Tasso, now Ariosto, now Passeroni's *Cicerone*, and now Boaretti's *Omero*.[15] I was growing up in the midst of Greek and Roman ideas, with Ruggieros and Tancredis in my head, Clorindas and Bradamantes in my heart, and Alcina and Ismeno in my imagination, whose magic portents made me dream at night and tremble during the day.[16] A few octaves of Tasso's canto VII which I had memorized like a parrot, and recited like a puppet to those peasants, made me pass for the little Sybil of the village.

---

15 Giancarlo Passeroni (1713–1803), Arcadian poet, was mostly known for his long, satirical poem *Cicerone* (1755–74). Francesco Boaretti (1748–99) was a philosophy professor in the seminary of Padua and a translator. He later became professor of eloquence in Venice and translated *The Iliad* in Venetian dialect with the title *Omero in Lombardia* (1788).

16 These are the heroes, heroines, and magicians of Ariosto's and Tasso's epic poems.

The peasant Armellina, in addition to Bernardo the reader, had another son my same age, but he was so badly affected by rickets he could only walk on his behind. This unhappy boy was named *Menin*, diminutive for Domenico. His mother, the days she did not go to work in the countryside, would bring him with her to my house and leave him there for the whole day, while she took care of household chores with my mother. Poor Menin was the object of my innocent pity. He was blondish, well-behaved, and pitiful. I would share with him what I had, I would set aside a small portion of my lunch, all my dolls were at his disposal, I would allow him to hold my cat on his crooked knees. Every time my father promised me some small present I would share the news with him, and he would smile, enjoying my happiness, just as he would cry when he saw me cry due to my father's broken promises. A year into our childhood friendship he began to use his legs: my happiness was equal to his. I immediately took him to see the garden statues, explaining all their virtues if they represented Heroes, and their stories if they represented Divinities.

A little time later my father made the questionable purchase of a female donkey. I was only six and had become the new Erminia[17] by gingerly riding that poor creature, who patiently let herself be led by the peasant boy Menin, who had by then become my squire. My mother continually screamed at the donkey, at Menin and at my father, because it was not proper activity for a daughter. My father smiled philosophically, saying that mine was the form of riding practised by ancient Hebrew women, and that the Queen of the Virgins herself had used.[18] The Chaplain agreed with my father, and I kept riding. Three months later I fell from the donkey and broke my virginal forehead, a fall for which I still carry the honorary scar.

Finally, they thought of sending me to school. Poor me, what a blow! Having to separate from Menin! I screamed, I begged, I promised to be docile, all in vain. In the end I said goodbye to the donkey, and I obeyed; but if all my acts of obedience had been so sincere I would have very little to brag about. My teacher, or director, was an old woman, born in the city, but owing to her misfortunes, she used to say, she had come to sacrifice herself living among the peasants. She was ugly like Ariosto's Gabrina,[19] and as for goodness, she was not much better.

---

17 Shepherdess-heroine in Tasso's *Jerusalem Delivered* (1581). In the octaves of the poem's canto VII that Veronese has recently mentioned, Erminia wanders around in the woods unable to control her horse.

18 The Virgin Mary.

19 Gabrina is an ugly old evil woman in Ludovico Ariosto's *Orlando Furioso* (1516).

44 Courting Celebrity

There were three of us, all girls, and we were no less insolent and unruly than the most brazen boarding school students. She taught us numerous prayers in Latin, the so-called Christian Doctrine in Italian, to knit stockings, and to flee men as if they were snakes. This last precept would call to mind Menin, and put me in a bad mood. Another curious thing was that the old woman had a grandchild, six or seven years old, and so ugly and dumb he seemed like a puppet. It was our duty, we three students, to take turns, one at a time to entertain this monkey, so that he would be quiet. When it was my turn I did my best to make him mad. The old woman realized it and punished me, and I fled the school and went back to my mother's arms.

My parents thought well to keep me near them, even more so since my paternal grandmother had come to live with us, I don't know why. She was a big lover of fairy tales and every evening she read *I reali di Francia*, and *Guerino detto il Meschino*.[20] It was during that time that my father, because of the death of his brother, who had worked as a gardener for the nobleman Zenobio's Palazzo dei Carmini in Venice,[21] moved his whole little family there. I had just turned seven and along the way I started to lose my baby teeth, the first of which I guarded with great possessiveness since, according to my grandmother, there was a certain witch who was fond of children's teeth and would give a Venetian coin for each of them. What witches had to do with teeth I still have not figured out.

Here I am in Venice. This famous, beautiful, and then-rich city shone in all its splendour. The Doge Renier[22] was its prince. I saw his marriage-to-the-sea ceremony,[23] and asked my father how the Church allowed such a matrimony that united the pagan goddess Tethys[24] to a Catholic

---

20 *I reali di Francia* (*The Royalty of France*, 1491) and *Il Guerrin Meschino* (1410) are prose chivalric romances written by writer and storyteller Andrea da Barberino (1370–c. 1432) following the French model, and they greatly influenced the work of Pulci, Boiardo, Ariosto, and Tasso. They were popular reading still in the eighteenth and nineteenth centuries.

21 Veronese is probably referring to the palazzo that Antonio Gaspari, a student of the famous architect Baldassare Longhena, built in the seventeenth century for the Zenobio family near the Carmini Church. Today it is known as Ca' Zenobio degli Armeni.

22 Paolo Renier (1710–89) was the 119th and penultimate doge of Venice.

23 Veronese is referring to the traditional Venetian ceremony of Ascension Day when the doge would symbolically marry the sea. The Bucintoro, the precious state barge, would take the doge out into the lagoon where he would throw a ring into the Adriatic Sea to signify both the union and the maritime dominion of Venice.

24 In Greek mythology Tethys is the sister and wife of the god Oceanus; in Hellenic and Roman poetry her name is often used as a poetic term for the sea.

Prince. This was the fruit of those winter evening readings by the peasant Bernardo, engraved upon my mind and cultivated in me by my father. He found my observation so profound that he repeated it to his friends for many years. All the baby boys and baby girls that my mother delivered before and after me had flown away to increase the number of the angels. I alone was my family's only delight and hope. I took so much after my father that I looked like another version of him; one more reason I was dear to him.

The palazzo of Ca' Zenobio was one of the most beautiful in Venice: it looked like a royal palace. The Carmini canal ran in front of it. A nice garden embellished the view in the back. Two wide paths shaded by fruit trees formed its enclosure; a gurgling freshwater fountain rose in the middle of it, and a majestic gallery lent it perspective at its far end. On its left were the walls of the convent of the Brothers of the Carmine, such that you could clearly hear their psalms being sung. On the right there was a nice orchard that almost rivalled Tempe for its fruits and vegetables.[25] At the end of the orchard there was a nice arbour that formed one of the garden's highlights, and beneath it you could see the statue of Aeneas carrying Anchises on his shoulders, followed by little Ascanius, who immediately reminded me of my poor Menin.[26]

The first misfortune that happened to me in Venice was the death of my cat from old age, on the same chair where I used to caress her. I cried desperately for her; my father praised my tears, because they were, no doubt, proof of my sensibility. My mother and my grandmother condemned them saying that one should not cry for animals. I leave the judgment of who was more correct to whoever has taken the pains to read these memories up to this point. The little dead pet was buried in the back of the orchard; to make me happy, a boy who worked there planted a pretty rosebush on her funeral mound. I always called them *the cat's roses*.

The second misfortune was the smallpox that back then was slaughtering children. This cruel disease assaulted me with such force that I was expected to die. By the third day of the boils' fermenting, I was not able to open my eyes. I was blind for six days, which made me

---

25 The Vale of Tempe, in Thessaly, Greece, was celebrated as a fertile area and playground of Apollo and the Muses. Virgil mentions it in his *Georgics*, a text that greatly influenced eighteenth-century pastoral poetry.

26 Aeneas is the Trojan hero who, in Virgil's *Aeneid* (II, vv. 721 and following), is depicted fleeing burning Troy with his son Ascanius and carrying his old father Anchises, cousin of King Priamus, on his shoulders. Virgil portrays Aeneas as an ancestor of Romulus and Remus, the mythical founders of Rome.

remember the poor man of Santa Bona, blind-from-birth, and in my own wretched state I pitied his misery, even if he was no longer alive.

Also from this, it seems to me that a certain philosophical benevolence shone in me, whose mystery I cannot explain. In the brief period of the six days of blindness, which to me felt like six years, I would hear my relatives' voices and they pierced my heart. My poor father's tears soaked my chest, my hands and face; my mother's prayers, my grandmother's sad predictions created a conflict of feelings as painful as my misfortune. Finally, I opened my eyes; I stared with a smile at my poor little body all encrusted with *pearls* as I jokingly called the swollen, oozing pustules.

I was in the happiest of convalescences when they had to cut my hair, since the wicked illness had rendered it thin and unruly. I would have given anything to get back my beautiful hair, which was an object of admiration for those who saw it, coloured by nature a dark chestnut brown, thick, curly, and almost as long as my frail little body was tall; I would not have given it away for a treasure. It was then I learned I was really a girl, since vanity was starting to take hold of my thoughts. To compensate me for my loss they made me an elegant dress of red wool; a little velvet hat covered my head now shorn of its beautiful locks like Berenice's.[27] My little hat was often adorned by my father with evergreen leaves of myrtle and laurel that grew in abundance in the garden. In this way he anticipated my poetic genius with the attributes of Love and Phoebus,[28] who later became the two gods who inspired me with so many delicate verses and delightful images.

During those two years that my family lived in Venice I spent my time either playing with my doll or attending a small school for girls not far from my house, that is, in the so-called Campo dell'Angelo Rafaele. The schoolmistress was a good old woman, who loved me despite my vivaciousness that often turned her whole school upside down. I would tell my schoolmates everything that I had heard read aloud about the Paladins, the Fairies, the *Metamorphoses*, and *The Aeneid*.[29] They stopped caring anymore about prayers and needlework. The whole room resounded with fairy tales, stories and names that were alien, barbaric,

---

27 The reference is to Queen Berenice II of Egypt, who sacrificed her beautiful hair as a votive offering so her husband would come back from war. The constellation Coma Berenices is named after her.

28 In ancient times myrtle was thought to be sacred to Venus and considered an emblem of love, while laurel was the attribute of Phoebus Apollo, god of poetry and music.

29 Ovid's *Metamorphoses* and Virgil's epic poem *The Aeneid*.

fantastic Greek and Latin. The schoolmistress pleaded, threatened, promised: everything was useless. She finally went to see my mother, saying that although it displeased her, she was forced to let me go because I was an untameable little devil.

Here I am again in my family home. My grandmother took care of being my teacher by keeping me locked up with her in her little room. She started by teaching me my ABCs all over again, promising me that if I learned them, she would leave me her entire library as an inheritance. It consisted of various novels, some prayer books, the miracles of the Saints by Father Rossignuoli;[30] books that narrated the most prodigious miracles. In the little more than two months that my new schooling lasted I made my grandmother go so crazy that if she had had patience she would have owed her spot in Heaven's glory to me.

On feast days my good father would take me to see Venice's most interesting offerings, that is, the great Saint Mark's Square, the Church of the same name, its very tall bell tower, the Riva degli Schiavoni, the Zattere, the Giudecca, the Rialto bridge, some beautiful churches, some special gardens, and the lagoon's great Lido. This last sight, I don't know why, I liked better than all the rest.[31]

Finally my little family returned to its much-loved Santa Bona. I was beside myself for joy. I begged my father to purchase a Pulcinella puppet[32] as a gift for the peasant Menin, and my father did not hesitate to please me, against the wishes of my mother, who was quite stingy, another quality most women possess. We all embarked one April morning, that is, my grandmother, my mother, Pulcinella, and a hunting dog

---

30 The Jesuit Carlo Gregorio Rosignoli (1631–1707) was the author of various educational and spiritual works, among them the four-volume *Miracles of God in His Saints* (*Meraviglie di Dio ne' suoi Santi*, Milan, 1691).

31 Veronese is listing here some of the sights familiar to most eighteenth-century Grand Tourists visiting Venice. Riva degli Schiavoni is the waterfront promenade on Saint Mark's basin leading towards the district of Castello. The Zattere is a long waterfront promenade in the Dorsoduro district and faces the island of Giudecca. The area around the famed Rialto Bridge was the commercial heart of Venice, filled with shops and coffeehouses. The Lido is a long sandbar in the Venetian lagoon. In the nineteenth century it was still mostly a farming area. Developed in the twentieth century as a beach resort for Venetians and tourists alike, it came to host the Venice Film Festival.

32 Pulcinella is a character from the seventeenth-century commedia dell'arte (a form of professional theatre with improvisation based on stock characters, mostly masked "types" and extremely popular in Venice). Pulcinella came to embody the Neapolitan type: cunning, self-preservationist, lazy, and cowardly, yet always a winner. He became the main character in traditional Neapolitan puppetry theatre.

48 Courting Celebrity

named *Libri*.[33] Even the dog's name smelled of literature. In the lagoon, near San Secondo, we were in great danger of drowning because of a tempest that suddenly arose from the sea. Everybody was trembling and praying to the heavens; I alone didn't feel any fear whatsoever; on the contrary, I felt even a secret pleasure contemplating those tumultuous waves, imagining Ariosto's *Marfisa*'s tossed-about boat and stormy sea, described by that great genius in the octave "Stendon le nubi un tenebroso velo."[34] Our small boat docked in Anconetta where a little friar was desperately ringing two small bells, I don't know if from happiness or fear.

As soon as I set foot on land, I took my Pulcinella in my arms and, utterly jubilant to have left the water and knowing I would soon see Menin, I started walking on the royal Terraglio Road[35] like a veritable country heroine. It took all my father's authority to persuade me to get into a bad carriage, in which I made my triumphal entrance into the much pined-for Santa Bona, amidst the greetings of the peasants, waiting for us with open arms.

Before our departure for Venice, my father had made friends with the Marquis Montanaro Bomben of Treviso and with Giovanni Pozzobon of the same city.[36] They were both acclaimed poets, one for his serious style, the other for the comedic, with which he portrayed himself in his monthly almanac, commonly known as *El Schieson Trevisan*.

The former poet gave my father the gift of a bitch named *Selva*,[37] who, a short while after entering our home, remembered that she was a female and delivered nine puppies. My father kept them all despite the continuous complaints from my mother, who sounded almost like a new wife of Job, loudly scolding her husband's philosophical

---

33 *Libri* means "books."

34 "The clouds unfurl a tenebrous veil" begins Ariosto's powerful description of a storm at sea in canto XVIII, v. 142 of *Orlando furioso*. Marfisa is a character in both Boiardo's *Orlando innamorato* and Ariosto's *Orlando furioso*. She was the queen of India and the sister, separated at a young age, of the Saracen hero Ruggiero.

35 Terraglio is the name of the road that connects the cities of Mestre and Treviso on the Venetian mainland. It was (and still is) flanked by the beautiful villas and properties of Venetian nobility who vacationed there during the summer months.

36 Montanaro Bomben and Giovanni Pozzobon were local poets. Giovanni Anastasio Pozzobon (1713–85) was also a printer and in 1744 published the very popular *Il schiesón trevisàn*, an almanac containing astrological forecasts, the cycles of the moon, and information on regional fairs, events, and celebrations. *Schieson* is a word in local dialect referring to a large tree, and the almanac is still published in Treviso today.

37 *Selva* means "forest" or "woods" in Italian.

goodness.[38] They tell me that the latter poet would sometimes come, wrapped in his old cloak, to visit my father. Walking around the garden, he would have great discussions with my father on astronomy, the distance and size of planets, sunspots, the phases of the moon and even on the tails, beards, and coma of comets.

I acquired new astronomic knowledge, and in the middle of my tranquil sleep my father would wake me up to take me, half-naked, to admire the beauty of the planets Jupiter, Mars, Venus, the North Star, and Boöte's cart.[39] Moments later I would be dreaming of celestial bodies, even that I was in the sky, while all the while I lay on my hard little bed ... oh how many unhappy people dream the same thing!

By the time I was already nine years old, my mother, in good Christian fashion, decided to take me to the church to make my so-called spiritual confession. I showed some reluctance, which is usual for things one does for the first time; so much so that seeing the chaplain so serious in the confessional, after having seen him so happy in my home spending winter nights with our wine and beets, I was so overcome by fear that my legs would not hold me up to approach that holy tribunal. Nonetheless I collected my courage, and was just about to kneel, when my mother came up to me and whispered in my ear: "Tell him everything or you will go to Hell." This stern command, which did not allow for any half-measures, shocked me to the point that I immediately ran home scared by Hell and by having to tell him everything.

In my house there were two old prints, maybe still from those that Bassanini had given us; one represented Saint Cecilia and the other Saint Mary Magdalene. I had the idea of taking the second out of the frame and putting the first in its place. My father reproached me; I answered with adolescent naiveté: "Dear dad, one cries, and the other plays music; it is better to frame the latter than the former."[40] That same summer the Nobleman Count Alvise Zenobio, my family's landlord, came to spend some months at his vacation estate in Santa Bona, an event that filled the whole village with joy.

That gentleman loved to target shoot with pistols alongside other gentlemen who were his guests in the countryside. One day when they

---

38 According to the Old Testament, Job's wife was another one of his trials, frequently testing his patience.

39 Boötes (in Sumerian "Man Who Drove the Great Cart") trails the Big Dipper, the "Great Cart."

40 Saint Cecilia is the patroness of musicians, while Mary Magdalene was one of Jesus's female followers and is said to have witnessed his crucifixion and resurrection.

50   Courting Celebrity

were playing this noisy game in the courtyard, the landlord saw me there, an immobile spectator, and was surprised. "Come here girl," he said to me, "Shoot this pistol, and I'll give you a present." My father, who was there present, encouraged me, and I took it and shot it to the gentlemen's applause and amazement. The landlord put his hand in his pocket and gave me a *zecchino* on the spot.[41] Being the first one I'd ever seen, it made me jump for joy all day long and I could not sleep that night for happiness. But I was so shocked by the noise of the bullet, that I remember it as if it were today. It made me always hate those awful firearms.

Count Alvise Zenobio had resided in England for several years, as he was enamoured with that nation's peculiarities. When he came back home he brought with him two English butlers, one a lover of the bottle, the other of books. I think the first was more right than the second, since the bottle chased away his dark mood; on the contrary, the other made his bad mood only grow with his reading. The latter explained to my father, in bad Italian, the much-regarded works of Sakespeare [*sic*], and my father would retell them to his friend the chaplain, and I, always around, would learn them by heart better than him. My little head ended up being filled with *poisoned kings, sleepwalking queens, witches* and *merciful assassins*.

In autumn the celebrations for Saint Jerome's Day were going on; he is the patron saint of the Montello Wood, in the middle of which there sat a church and a nice convent, where strong young men and very healthy old men lived in holy otium,[42] with the very chaste name of Carthusians, the monks who charitably offered lodging and all manner of hospitality to all passers-by who stopped out of need and curiosity. My father, a friend of some of these hermits, took me with him to see their place, which was really beautiful for its layout and setting. It was, I say, the day of their patron saint when I went there with my father. I was really surprised, even though I am not easily surprised seeing

---

41   The *zecchino* was a Venetian gold coin.
42   The term *otium* is fraught with history and meaning. In ancient Greece it was a synonym for "free time," a luxury that only rich people could afford and servants could never exercise. In ancient Rome it meant "free time from public or private business," and the specific type known as *otium litteratum* designated free time dedicated to study. From the perspective of the lower classes, *otium* described the unproductivity of the rich. In Veronese's choice of this word we can read a subtle anticlerical attack on the members of this monastic order who did not appear to have to toil to support themselves. The focus of Carthusian life is contemplation, and the monks are hermits who live together in small charterhouses in shared solitude.

such spectacles. From every path all through the woods you would see men, women, old people, children, donkeys carrying ladies, carts carrying people of all sexes, of all social levels; and everybody was headed to the monastery. Once there, both the nobles and non-nobles would open their baskets, set down their bundles, spread out their cloths, and display their bottles, flasks, and even little wine casks, everything on the grass, since there were no tables, chairs, or benches. Once they had set out and arranged the food, Ladies, Gentlemen, Soldiers, Peasants, Villagers, Priests, Friars, etc. would sit all mixed together. Everybody ate, drank and was loud as hell. They weren't lacking even a horde of music players, sworn enemies of harmony, and inspired more by Bacchus than by Phoebus, they seemed to have fury in their fingers. People sang, played, laughed, and danced like crazy, and when evening finally fell, everybody went home walking like ducks, in part because they had gulped down too much wine, and in part because they did not know the roads nor the woods well. It was a nice sight, so many and such different people gathered for a sole purpose; it felt like I was looking at the Tiberiades desert, where the Saviour performed the good miracle *of the loaves and fishes*, sating the hunger of such a huge multitude of people.[43] Even if these people were not as hungry as those from the miracle, they were nonetheless eating on the grass, and were so happy that they reminded me of this event.

With the month of April and the new season greening, my father moved to the *luogo di delizia* of the noble Albrizzi family from Venice, on the Terraglio;[44] the respectable and charitable Lady Alba Zenobio, only sister to the aforementioned Count Alvise, had married into this family. She was in need of a good gardener, and they rightly chose my father for this task. The layout of the place was quite delightful; you couldn't have seen a lovelier setting. People would admire a magnificent building flanked by two superb *barchesse*; a nice parterre in front with majestic iron gates; along with the continuous passing of carriages and travellers going to Venice, beyond a beautiful avenue flanked by two long rows of wild chestnut trees. Behind the building there was a large vegetable garden that my father soon turned into a garden with terraces adorned with statues, and paths covered with shady greenery; it had a small lake with a gushing fountain rising from the centre, and

---

43 The narration of this miracle appears in all four of the Gospels.

44 Villa Albrizzi was not far from Treviso and became the summer residence of the celebrated salonnière Isabella Teotochi Albrizzi. There she regularly gathered the best Venetian and foreign intellectuals, artists, and politicians. On Teotochi Albrizzi, see note 57.

52   Courting Celebrity

hills, little woods, and a park for the deer, and also a labyrinth. I had become its little Ariadne since I had learned the right directions and I was called on by all those who wanted to see it, to be their guide within that ingenious enclosure for which my father had been the Italian Dedalus.[45]

My curiosity for all that had to do with paintings and sculptures awoke in me the idea of wanting to learn to read, since wanting to learn to write was a high treason crime in my family. My father, who was as good as an angel, would have satisfied me on this desire as well, but my mother and grandmother screamed and were inexorable on the matter. After much pleading they let a poor old carpenter of the household, in the few hours of rest that he had, teach me the ABCs that I had previously hated so much. I was already eleven years old, I had a good memory, and an extreme desire to learn. All the money I had was the result of serving as a guide in the labyrinth; I gave it to the carpenter, who had become my Mentor, so that he would get me the necessary books. He procured the *Life of Josafat* and the *Fior di virtù*, in addition to the *Life of Bertoldo* and that of the Virgins.[46] Here you have my library, and here I am, very focused on becoming erudite, to my father's applause and the grumbling of the rest of my family.

My studies were brief since after six or seven months my teacher moved on to eternal rest. But obstinately, and as a true female, I kept on with this career I had undertaken, at times reading on my own the little I had learned from the old carpenter, and at times having a young boy my age teach me, the son of the steward who lived in the same *luogo di delizia*. In the hours when he was not at school he gladly busied himself by teaching to the ignorant, as he would say. I would pay him by telling him the many fairy stories I knew by heart, and he would listen with all his attention. This was the second of my Mentors whom I paid with my breath and lungs.

A few months into the young boy's lessons, during which I was making great progress, because I had lots of memory and curiosity, I observed among my young teacher's books a volume of the immortal works of Metastasio;[47] it was decorated with symbolic engravings, and

---

45   In Greek mythology Ariadne was the daughter of Minos, king of Crete, and sister of the Minotaur. In the myth she helped Theseus, after he had killed the Minotaur, find his way out of the labyrinth that had been engineered by Dedalus.

46   These were religious and secular works commonly read by literate people among the middle and lower classes at the time.

47   Pietro Metastasio (Rome 1698–Vienna 1782), an Italian poet and librettist, was celebrated in the eighteenth century as the greatest writer of *drammi per musica*. A good part of his success as an *opera seria* lyricist stemmed from his extremely mellifluous

Angela Veronese 53

this was enough to make me fall in love with the book. I asked him for it with so much fervour, as if I had asked him for a manuscript by Homer, offering him all my books, and also taking on the task of telling him every tale I knew. He gave in to this last temptation, and thus I became the owner of a book to which I owe all my poetic education.

O divine Metastasio! You were my utmost delight: I used to read you during the day thanks to the light of the Sun, I used to read you at night thanks to the household lamp, filled to the brim with oil stolen from my mother. You shaped my ideas, you softened my heart, and you lit up my soul with a thousand lovely images ... It is not possible to express the sensations that this reading awoke in my intellectual faculties. Sometime later I fell ill with intestinal worms and they feared for my life. I was already twelve years old; my mother made a vow to the twelve Apostles for my recovery; one of them helped my strong body and returned my original health to me, even as it was somewhat slow to come back entirely, due to the frigid and unstable season. During that extremely long convalescence the first sparks of Apollonian zeal began to ignite in me. I spent whole days alone in my little bedroom in the dear company of Metastasio's volume, which I almost knew by heart. When I was tired of the unceasing reading I walked around with my head in the clouds, reciting what I had already read a hundred times ignoring all rules of declamation, and when I grew tired of always repeating the same things I created new ones, in a completely bizarre fashion. Oh, power of novelty, what a strong hold you have on the human heart! The first verses that I produced, with no gold cithara[48] but only the enthusiasm of my young energy on the verge of blossoming, were directed to Aurora and began like this:[49]

Already risen was the rose-hued
Goddess, who colours the sky,
who dims the stars,
who gilds the horizon. etc.

---

poetry, whose smooth sounds and structures lent themselves very well to singing expression. His libretti were set to music by the chief composers of the day and sung by famous singers. His career started in Rome and flourished at the court of Vienna, where he held the post of court poet.

48   The cithara (cythara, kithara, or cither) was an ancient stringed musical instrument in the lyre family. Originating in Greece, it was used by professional musicians. It was a favoured instrument at Renaissance musical gatherings and thought to most powerfully sway and elicit emotions.

49   In Latin mythology Aurora is the name for the goddess of dawn.

54 Courting Celebrity

Some readers who have gone through the pain of reading these memories up to this point will exclaim: "Oh! It's not possible that a girl of thirteen and with such little education was so capable!" I swear with all the naiveté of my past innocence, these were my first verses.

The minute my convalescence was behind me, I was assaulted by the so-called *tertian* fever,[50] which tormented me for a full year. Thanks to this blessed fever I was allowed every kind of solace; I desired only one, and it was that they allow me to read my beloved Metastasio. From a poor bricklayer, who said he had found them in an attic, I had bought two new books of poetry, that is, a volume of Ariosto and a *Pastor fido* by Guarini.[51] Some cantos by the former and some scenes by the latter thoroughly seduced me. My father found them in my hands, scolded me harshly, took them away, and gave me in exchange Forteguerri's *Ricciardetto*[52] and a bad edition of Petrarch. The whole time I wasn't being tormented by the tertian fever I was tormented by poetic frenzy; with unbridled enthusiasm I improvised my poor little verses all by myself, my only spectators being the statues and trees in the garden.

When I was about fourteen years old the burning desire to learn to write awoke in me. An old snuffbox that my father had discarded became my first inkwell. The young boy teaching me gave me a pen, a little bit of ink, and some blank backsides of letters found at the farm, that served for the moment as my notebook. I started to trace my first letters according to what I was reading: I would place the printed sheet of a poem written for a *new mass* or a *wedding* on a window, lay a page from my notebook on top of it, and, aided by the daylight, boldly write whatever I had read and reread many times at night-time. The previously mentioned boy at times brought me new ink, new pens, and new blank pages; I believe this was an innocent theft that he perpetrated on his father the farm foreman, I don't know if from natural proclivity, being his son, or owing to his yearning to hear me tell the amazing Fairy stories.

---

50 "Tertian fever" specifically refers to a fever recurring every other day and denoting a form of malaria.

51 *Il pastor fido* (1590), set in Arcadia, is a pastoral tragicomedy by the poet and dramatist Giovanni Battista Guarini (Ferrara 1538–Venice 1612). It was one of the most famous plays of the seventeenth century and inspired many composers of madrigals.

52 *Il Ricciardetto* (1738) is a burlesque and satirical poem by Niccolò Forteguerri (1674–1735) modelled upon chivalric romances. Published after its author's death, it became quite popular.

One day during the fall of the same year I saw, passing by on the Terraglio, Count Alessandro Pepoli.[53] He drove two fast horses on his beautiful *biga*:[54] he was young, beautiful and well-built; it felt like I was seeing an Apollo, and I composed a sonnet for him, which began like this: *This man who comes on a golden chariot.* I wrote it by very patiently copying one by one all the necessary letters scattered randomly across the printed sheets, with no definitive grammatical rules, and then I waited for the opportunity to have it delivered to him. My father, to whom I had revealed my new literary studies, used to smile silently listening to my poetic zaniness.

As soon as I had produced the new poetic offspring, written in characters only I could understand, I ran to the end of the garden to have my father hear it. He listened to me, he praised me, he encouraged me; even better he himself got excited to get the poem in Pepoli's hands. From time-to-time Ladies and Knights would come to Albrizzi's Eden [the noble family's villa on the Terraglio Road]. One day my father called me to him; I ran to him and he introduced me to the Nobleman Giovanni Brescia, a majestic man with a kindly appearance. I recited the sonnet to him. He listened to me without hearing me; and, solicited by me, he pretended to accept the charge of presenting it himself to its addressee. A few days later, finding it in his pocket already forgotten, he unfolded it; and he was about to light his pipe with my poor poetic offspring except that, thanks to my sonnet's and my good fortune, next to the smoking knight was the Nobleman Francesco Bragadin. His goodness will always be fixed in my memory, as he asked about the piece of paper. "It's a sonnet," he answered, "Given to me by the daughter of the Ca' Albrizzi gardener whose head is all heated up by poetry and who wants me to present it to Pepoli." "Oh poor little thing," Bragadin exclaimed, "She picked a fine one to trust! Give it to me, I will give it to him myself." In fact, he brought me back the answer within a few days to my immense surprise, the beginning of which was: *Where does this voice come from? And who around* etc.[55] This kind answer made me

---

53 Alessandro Pepoli (1757–96) was a Venetian nobleman and man of letters. He wrote many opera libretti and tragedies and aspired to emulate, even with his life, the famous playwright Vittorio Alfieri. In Venice he founded the printing press Tipografia Pepoliana.

54 A *biga* was a type of Roman chariot, for races or war, pulled by two horses.

55 Veronese is indicating here that her poetic homage was rewarded with Pepoli's poetic "answer," thereby establishing a dialogue between literary "peers." Among members of the Academy of the Arcadians it was customary practice to carry on imaginary love relationships based on exchanges of written verse. The "lovers" would take on pastoral names and play the role of shepherds and shepherdesses within the conventions of pastoral poetry.

56   Courting Celebrity

dedicate myself entirely to the muses, thinking that my verses couldn't have been very bad, since they had pleased Pepoli.

Count Pepoli was one of those phenomena that nature offers once in a while to give us an idea of vices and virtues weirdly lumped together: in a word he was a new Alcibiades,[56] a comic, tragic, and lyric poet, a fencing master, a dancer, musician, man of letters, printer, equestrian, lover of wild indulgences, of the fine arts, of luxury and of women. Maybe in another century he would have passed for a philosopher; in ours he passed for a crazy man. I don't know which one of his many passions was the most lethal for him. He died in the prime years of his life, mourned by many, but most of all by his creditors.

My handwriting learned by the light of the window was becoming more and more intelligible, and I exercised it all the time to write my first poetic creations. That same year I saw the Countess Isabella Teotochi, now Albrizzi, for the first time.[57] This beautiful Lady endowed with wit, culture and kindness was walking in the garden among many noble and learned knights; I approached her offering a flower and an epigram, of which I can only remember the second part; here it is:

The favour that I ask
I pray you don't deny:
This flower, I recommend
you lay on your bosom.

The lady graciously appreciated it: rather, she appreciated both the flower and the epigram. On the spot she gave me Savioli's beautiful *canzoni*, which made me ecstatic with admiration.[58] Not long after the same lady encouraged me with new favours, from Venice sending me

---

56 Alcibiades (450–404 BC) was an important Athenian general, statesman, and orator. In literature and art he came to personify ambition; in Renaissance works he was portrayed as a military commander and as a follower of Socrates.

57 Countess Isabella Teotochi Albrizzi (Corfù 1760–Venice 1836) was an important salonnière. In her Venetian salon and country residence she hosted *conversazioni* attended by the most important writers and artists of the time, like Ugo Foscolo, Antonio Canova, and Lord Byron. She acquired some renown for her work *Ritratti* (1807), a collection of narrative portraits of her friends, and for her volumes of *Opere di scultura e di plastica di Antonio Canova* (1809, 1821–4), a comprehensive description of all of Canova's works.

58 Veronese is probably referring to the *Amori* (1758, 1765) written by the historian, poet, and Bolognese statesman Ludovico Savioli (Bologna 1729–1804). *Amori* was a collection of poems portraying scenes from eighteenth-century society life that enjoyed some popularity even in the nineteenth century.

Annibal Caro's translation of *The Aeneid*,[59] and Ovid's *Metamorphoses* translated by Anguillara. My repeated reading of this last book supplied my imagination with all that mythological sophistication which I made and still make shine from time to time in my verses.

In the company of this lovely countess I had the good fortune of meeting the famous man of letters Cavaliere Ippolito Pindemonte, who beneath a calm countenance boasts a soul endowed with many beautiful and shining virtues.[60]

Not long afterwards the aforementioned Nobleman Bragadin, richer in qualities of the heart than in money, came back to see my father on a calm white horse of his. He brought me as a gift the poems of Zappi, some by Frugoni, and a rhyming manual by Ruscelli which, however, I never had enough patience to use.[61] I remember that this gentleman wanted to see my writings, and noticing that they lacked periods and commas, he took a pencil and taught me how to make an exclamation point and the question mark, pointing out also where they should be placed. As a token of my gratitude I immediately came up with some verses on his horse. The true follower of Apollo that I was, I dared to compare his to one of the Sun's horses.

On that pure white
Divine steed
Are you maybe Apollo
Or Bragadin? etc.

Those Excellencies the Albrizzi family, who used to spend three months of the year vacationing on the Terraglio, would heap kindnesses

---

59 Annibal Caro (1507–66) produced a translation of Virgil's *Aeneid* (Venice, 1581) that was much appreciated by contemporaries and posterity. Giovanni Andrea dell'Anguillara (1517–70) translated Ovid's *Metamorphoses* (1554–61) in *ottava rima*.

60 Ippolito Pindemonte (Verona 1753–1828) was a poet, writer, and translator. He travelled a lot in his youth, was a regular guest in many salons of the Veneto area, and was a great friend of Countess Isabella Teotochi Albrizzi. His translation of *The Odyssey* was very successful and reprinted many times.

61 Giovan Battista Zappi (Imola 1667–Rome 1719) was one of the fourteen founders, in 1690, of the Academy of Arcadia, where he was known as Tirsi Leucasio. Poetry was his passion, and in 1723 he published his celebrated collection *Rime* that also included poems written by his wife, the poet Faustina Maratti, known in Arcadia as Aglauro (Aglaura) Cidonia. Carlo Innocenzo Frugoni (Genoa 1692–Parma 1768) was a poet and librettist who belonged to Arcadia as Comante Eginetico. Girolamo Ruscelli (1518–48) was a polygraph. He edited various classical works for the Valgrisi press and was the author of a popular *Rimario*, a manual that taught how to compose verses, still in use in the nineteenth century.

58 Courting Celebrity

and gifts upon me every time I presented them with flowers or poems. Two pretty children of different sexes were the delight and hope of that wealthy family. They were entrusted to the care of an old bewigged servant named Pasqualino. He felt a great relief, he used to say, from his labour (which he didn't exert in the least) listening to my verses. He too would recite some verses to me from time to time, and passed himself off as their author. I found them more obscure than the ancient oracles. This Pasqualino was an avid reader of Goldoni's comedies.[62] I listened to them with great pleasure, and when he left for Venice he gave me some, which I read to my mother without being chastised.

After a few years living on the Terraglio, my mother enriched our family by adding a new baby girl. By surviving, unlike the males, she stole from me all motherly and fatherly attentions. I gave them up happily because, not being monitored, I could read and write verses with impunity.

One day, while fooling around in the little boat kept in the small lake at the end of the garden, "I did not step out of, no, I fell from the boat."[63] I struggled for several minutes against the underwater pull the fall created, and I was about to drown, like a new Sappho,[64] but for a different reason, because she drowned for love and I was drowning from fright and foolishness. My father who had run seeing my danger, pulled me out of the water, and thrashed me fiercely saying: "One devil drives out the other." From that day on I mortally hate proverbs.

Speaking of my liveliness I recall an incident that is quite funny. Among my father's friends there was a certain secular barefoot friar named Brother *Giovitta*. He would often happen to visit my home in the quiet company of a little she-donkey, that he used for transporting everything he obtained from the villagers as charity to his monastery in Treviso. One day while he was conversing with my father I observed

---

62 Carlo Goldoni (Venice 1707–Paris 1793) was an extremely popular librettist and playwright. He renewed Italian comic theatre by creating comedies that reflected the values of the middle class, with a pedagogical and moral underpinning. *The Servant of Two Masters* (1745) is probably his most famous work.

63 This verse is a parody of Tasso's line about Erminia, who falls from her horse at the sight of her beloved Tancredi, wounded and unconscious: "Non scese no, precipitò di sella" ("She did not dismount from, no, she fell from the saddle"), in *Jerusalem Delivered* 19.104.8. Veronese has earlier referred to herself as "the new Erminia," recounting her riding a donkey her father had purchased when she was six years old.

64 Sappho (c. 630–c. 570 BC) was a Greek poet from the island of Lesbos. Not much of her lyric poetry survives. One tradition claims that Sappho committed suicide by jumping off the Leucadian cliffs because of her unrequited love for the ferryman Phaon.

the little she-donkey; at the head of the wide road lined by chestnuts she was eating the grass according to Pythagoras's teachings.[65] I had a wild thought; I ran to the garden to pick some roses, I made a wreath, and I crowned the she-donkey, whose extra-long ears shot straight out of the middle, as if signs of her happiness for her crowning. Brother Giovitta bid farewell to my father, and without paying any attention to his travelling companion set out for the city. It is well known that donkeys walk ahead and their drivers follow behind. The friar didn't notice a thing, not to mention that the bundles piled on the donkey's back blocked his vision. He only saw, to his amazement, that all the people they met were laughing as hard as is humanly possible looking at the donkey. At first he followed the road for about a mile not caring much about their laughter. But he finally grew curious to see what was so marvellous about his little animal friend, who made everyone who saw her laugh. The poor Brother jumped with shock when he saw the reason for the people's laughter. He tore apart the flower garland and, I don't know why, beat the poor little she-donkey severely. Once he reached the monastery he told the other Brothers about the practical joke and they all laughed behind his back.

Some household circumstances forced my father to move again with his small family. He went to work for the Nobleman Count Spineda from Treviso[66] in his *luogo di delizia* located in a melancholic hamlet called *Breda*, not too far from the Piave river, towards Oderzo.

Count Spineda had a very delicate disposition and because he liked it he spent almost the whole year in the countryside; he loved hunting, liquor, Voltaire's works, and most of all horses; actually this last passion of his was the strongest. He was considered a misanthrope because he avoided society, given that he felt much more at ease, he would say, among the peasants. When he was not busy caring for his horses he used to come to my little hut, at the end of the garden. He would sit on the grass, and elegantly read me *The Golden Ass* by Lucius Apuleius.[67] He had married, despite the prejudice of the nobility, a very beautiful

---

65 Pythagoras of Samos (c. 570–c. 495 BC) was a Greek philosopher and mathematician who seems to have advocated a vegetarian diet for his followers.

66 The Spinedas were a longtime noble family originating in Treviso; Veronese's time with the Spinedas must have been right around the time Count Giacomo Spineda had a palatial villa built in Breda (1790).

67 *The Metamorphoses* (late second century AD) by Apuleius (124–170), also known as *The Golden Ass*, is the only complete extant Roman novel. The protagonist of this bawdy picaresque fiction experiments with magic and accidentally turns into a donkey.

60 Courting Celebrity

Signora, cheerful, cultivated, witty and wise.[68] If one were to believe in the transmigration of the soul, one would say that the soul of Aspasia[69] is nestled in Countess Spineda's beautiful body. This graceful lady loved me, because, to hear her say it, she found something special in me apart from my poetry.

She used to take me with her in her carriage, she would often invite me for lunch, she brought me with her to the theatre, and she constantly gave me poetry books. Since she had many, many relationships with cultivated and learned people, she would speak kindly to everyone of her Sappho-gardener, as she used to call me, and she presented me to her well-attended *conversazione*,[70] where everybody admired me, I don't know if to court my poetry or my beautiful patroness.

One day she sent for me in her carriage in order to personally introduce me to the famous Ugo Foscolo.[71] His suit of dark grey cloth, with no trace of fashion, his red hair shaved like a slave's, his ruddy face tinted, I don't know if by the sun or by nature, his very lively light blue eyes half hidden under his heavy eyelids, his lips thick as those of an Ethiopian, his loud howling voice, painted him for me at first as the very opposite of an elegant poet. As soon as he saw me he stood up saying: "Is this the country Sappho? She is very young; you can tell from her eyes she is a true poet." His compliment made me laugh. "What gorgeous teeth!" he exclaimed; "Recite for me some of

---

68 Veronese's use of "Signora" and not "Nobildonna" or "Dama" signifies that the woman is from a rank inferior to the patriciate, and thus Spineda goes against the regulations for marriage among Venetian nobility (he marries beneath his social group). Note also her use of "Cavalier" (*Cavaliere*) rather than "Nobleman" (*N. U.*, signifying *Nobiluomo*) to designate male figures. The Nobleman Count Spineda is stationed higher than Cavalier Lamberti, who will soon appear in her narrative.

69 Aspasia (450 BC–400 BC) was the companion of the Athenian statesman Pericles, and her renown is connected to her wisdom and social skills. In the visual arts she was often shown surrounded by powerful men.

70 *Conversazioni* were regularly held social and sometimes cultural gatherings in private noble homes. At a specific day and time of the week, family, friends, writers, artists, and well-connected foreigners would visit together to exchange pleasantries, gossip, play tabletop games, and network.

71 Ugo Foscolo (Zante 1778–Turnham Green 1827) was an important poet, translator, writer, and patriot. His literary work embodies the highest example of Italian neoclassical style and is a precursor of Italian Romanticism. He is most famous for his novel *Ultime lettere di Jacopo Ortis* (*The Last Letters of Jacopo Ortis*, 1802), and his patriotic poems *Dei sepolcri* (*Of the Sepulchers*, 1807). During his Venetian period he was a steady presence in the most important salons of the city, especially that of Isabella Teotochi Albrizzi, with whom he was also involved sentimentally.

your verses." After these praises, he didn't seem so ugly anymore; I summoned my courage and recited one of my pastoral idylls for him,[72] which he applauded moving closer to me than proper decency allowed. He asked me what I thought of Sappho. "I think," I answered, "That she was more ugly than talented, seeing as Phaon abandoned her ..." "Oh, what are you saying, my girl?" Foscolo exclaimed, "This is blasphemy; Sappho was beautiful, big, dark-haired, shapely, and had eyes like two stars." Solicited by the Countess Spineda to delight us with his lovely verses, he agreed, and he recited to us in a very natural manner some octaves on sensual pleasure, some tercets addressed to a certain Virginia he knew, and who malicious people said he courted for advantages more favourable to his finances than to his emotions. His verses made me ecstatic. He truly seemed inspired by a god. Every now and then within the Italian imagination there flashed bursts of Pindaric fire.[73] He looked like a celestial genius paying homage to the earthly divinities.

The garden of Breda, which Count Spineda had designed, offered a nice number of contrasting sights. A grassy terrace formed a semicircle, in the middle of which it looked like Flora, Vertumnus, Bacchus and Pomona[74] competed for the privileged place. Flowers, vegetables, curling vines, and fruit trees ornamented its paths and its enclosure. Beyond the midpoint it was refreshed by a symmetrical fountain; at the far end there were some nice *greenhouses* for *pineapples* flanked by two arbours of citrus trees with green *trellises* supposedly designed according to the Chinese taste.

Over the very long winter evenings my father had assembled a society of peasants who happily spent hours talking about hares, woodcocks, and hunting dogs: all things for which my father had a passion. Every so often I was asked by my mother (who was soon bored by those topics of discussion) to read one of Goldoni's comedies and, what is funnier, a tragedy by Alfieri,[75] which it seemed those peasants were passionate about. Oh, someone will say, How could they understand

---

72 Yet another of the poetic forms in which Veronese worked, the pastoral idyll was a simple, descriptive verse composition treating rustic life or bucolic scenes and evoking an atmosphere of ease and peace.

73 Pindar (518–438 BC) was a Greek lyric poet most known for his odes.

74 Vertumnus was an Etruscan/Roman god presiding over the changes of season and, according to Ovid's *Metamorphoses*, in love with Pomona, the Roman goddess of fruit. Bacchus was the Roman god of wine.

75 Vittorio Alfieri (Asti 1749–Florence 1803) counted among the most important Italian dramatists of the time and was considered the "founder" of Italian tragedy.

62 Courting Celebrity

them? I had the patience to explain everything that was obscure to them, indeed, they preferred *Orestes*,[76] being moved to tears by it.

Once the winter was over, while pruning the vines and cutting the wheat, they would repeat what they had heard during the winter readings, and sometimes they would use Alfieri's elevated phrasing. I actually remember a really precious instance, which for many years made Cesarotti laugh, after I recounted it to him. Two of those peasants were spreading out the wheat in the courtyard in front of the Spineda farm so they could bring it to the granary nice and dry. Tired of roasting for hours in the blazing sun, and seeing that the farm foreman never deemed the wheat dry enough, one of the two peasants exclaimed: "Oh rage! And must I keep quiet?" To which the other immediately replied: ... "Speak softly: These are the royal palace walls, you dickhe ..."[77]

I don't know if the ghost of Asti's Sophocles[78] heard these admirers of his with disdain or satisfaction; I only know that by telling this story I made Cesarotti laugh a lot. As a consequence of these smatterings of tragic learning many of those peasants' children were baptized with the name of Orestes, Charles, Virginia etc., much to the parish priest's disgust.

A year after my family had moved to Breda I met Doctor Ghirlanda from Onigo.[79] He was a lovely man, and he wrote poetry very gracefully. He presented me with some of his pastoral love poems, which I answered naming him Lindoro.[80] Fiction became reality. I did nothing but write love verses, to which Lindoro replied, if not with the same affection, at least with the same energy. He tried to have my portrait done by a certain Venetian painter (Alberto Scaramella), who was never able to do it, I don't know if because of the instability of my features or of

---

76 *Orestes* is a 1783 tragedy by Alfieri belonging to his "Cycle of Thebes." It deals with Orestes's return to his native Argus and his desire to take revenge upon his mother and her lover, both of whom had murdered his father, King Agamemnon.

77 This is the peasants' version of Alfieri's verse from *Orestes*, act 1, scene 2: "Mura di reggia son; sommesso parla." ("These are the royal palace walls; speak softly.")

78 Sophocles, together with Aeschylus and Euripides, is one of the three ancient Greek tragedians whose works have survived. The "Sophocles from Asti" was an epithet commonly given to Alfieri.

79 Gaspare Ghirlanda studied medicine at the University of Padua and travelled extensively in northern Europe at the turn of the century. He was interested in the latest scientific discoveries and belonged to the Ateneo of Treviso, where he published numerous medical writings.

80 As in her account above of her playful trading of verses with Pepoli, Veronese is again describing the Arcadians' game of fictional love between rustic characters, staged through the exchange of pastoral poems.

Angela Veronese   63

his talent. A little time later my father took me to Bassano. I was curious to see the Italian Anacreon, Vittorelli.[81] That day he was not in town: I wrote some verses on the spur of the moment that he kindly accepted and which I can't remember any of but for the ending, here it is:

I wished to ask the beautiful Graces
About his return,
But even they had followed
Their imitator.

He returned the following day and I had the happiness of meeting him in person. On top of the honour of having lunch with him, he kindly suggested that I read and reread Virgil's *Aeneid* in Annibal Caro's translation, saying that that was the real source from which to draw the thought and style that form anacreontic elegance. Two months after having seen Bassano, a cousin of mine took me to see Conegliano. I liked this delightful small town a lot. The poet Zacchiroli[82] stood on the highest rung of the civic authorities ladder; he was Vice-Prefect. My poetry was well known to him, and this was enough for him to wish to see me. I introduced myself to him with the mistaken idea that he was as amiable as his *canzonette*.[83] He welcomed me with sterile courtesy and recited one of his short melodramas entitled: *Jude at the Tree*.[84] It struck me with displeasure that the part of Jude was well-suited to his character. At that meeting I met the Count and Countess Sarcinelli, who lavished me with warm attention.

---

81 Jacopo Vittorelli (Bassano del Grappa 1749–1835) was a poet, librettist, and man of letters. The epithet refers to the Greek poet Anacreon, known for poems in a particular metre, celebrating love and wine. Initially anacreontics replicated the venerated poet's precise metre, but in Veronese's day only the celebratory mood prevailed, and anacreontics took the shape of short odes or canzonettas (see note 83). With a light, playful tone, they usually flattered the people and matters of galant society and frequently were composed for weddings, in homage to the couple and their families. Vittorelli became famous for his anacreontic verses "For Irene" (*Anacreontiche a Irene*, 1784). His poetry was very melodic and often set to music, by the likes of Schubert, Bellini, and Verdi.

82 Francesco Zacchiroli (1750–1826) was a polygraph and poet, quite appreciated for his *canzonette*.

83 A *canzonetta* is, in music, a popular Italian secular composition resembling the madrigal. It originated around 1560 and by the eighteenth century referred to a type of song devised for voice and musical accompaniment. It can also refer to written verse that is song-like in its structure and rhyme.

84 *Giuda all'albero*, first performed in 1795 in Imola.

64 Courting Celebrity

I'm not sure if I met Abbot Bernardi,[85] teacher at the Seminary in Treviso, before or after. Despite his having a limp, he walked with much agility: his puffed-up grey hair looked like Aeolus's.[86] He composed verses and recited them with a lot of enthusiasm. He kept literary correspondence with Cesarotti and Mazza, and to him I owe the glory of having been dear to these two immortal Geniuses.

In the same period in which I met Abbot Bernardi, a heart-rending tragic event occurred. Here it is. A certain Father V... teacher in the College of the Somascan Order in Treviso, handsome, young, and a little too gallant, excellent maker of *rosolio* liqueurs,[87] boldly shot a pistol bullet into his brains. Some of his brother-priests who ran in hearing the noise of the shot and smelling the odour of gunpowder found him lying on his bed with the pistol still in his right hand, and in his left a bottle of his good *rosolio*, which he had used to get the courage to pass from one world to the other. The real reason for his desperation is still unknown. Some said it was love, some jealousy, some the fear that a certain beautiful Lady, with whom he appeared to be in love, no longer liked his liqueurs.

Several months after this tragic incident I met Abbot Viviani, one of Cesarotti's many so-called children.[88] This young resident of the surrounding hills was endowed with talents and knowledge far beyond his age and condition. He wrote poetry with grace and prose with elegance. He had a good heart which was susceptible to more than one object of affection, and it would dedicate itself to the last without forgetting the first. His memory was not one of his principal gifts; for this defect, which he certainly should not be blamed for, he appeared clumsy when out in society, and sometimes neglectful regarding his obligations. He composed some tercets for me on the happiness of loving that reminded me of Monti's style.[89] I addressed many of my pastoral

---

85 Paolo Bernardi (1768–1821) was a priest well versed in both the scientific and humanistic disciplines. His short poem entitled "I pianeti" ("The Planets") was well received.

86 Aeolus, in Greek mythology, was the keeper of the winds, hence we can imagine that Bernardi's hair was tousled and unkempt.

87 *Rosolio* is a generic name indicating liqueurs of moderate alcoholic content, usually quite sweet.

88 Veronese uses "children" to refer to Cesarotti's many students, who idolized him and thought of him as their literary "father." Abbott Quirico Viviani (1784–1835) was one of his last students and was known for his studies on Dante.

89 Vincenzo Monti (1754–1828) was a renowned poet and playwright. A member of Arcadia, he wrote some successful tragedies, among which *La Bassvilliana* (1793) is probably the most famous. He was best known for his superior technical poetic skills and was also appreciated for his translations from French and Latin (e.g., Homer's *Iliad*, 1810).

verses to him, calling him by the name of Dafni, and in so doing I forgot the name but not the enjoyable memory of Lindoro, as I was proud of always cherishing those I once loved, I don't know if out of fairness or self-love.[90]

In the two years that our correspondence lasted I was introduced through him to Cesarotti who, after hearing about me from Abbot Bernardi, had a burning desire to see me. I could never have imagined more lovability in an old man, nor so much indulgence in a man of letters. He liked my verses so much that he wanted to honour them with an edition printed at his expense by the N. Bettoni Press of Brescia.[91] This was not the first time my poetic writings were entrusted to the printing press, given that Abbot Bernardi had put together a small collection of what had flowed too immaturely from my pen,[92] in addition to an anacreontic poem written for Lindoro and printed in the Venice *Monitore*,[93] which begins:

Cytherea's star
was burning in the quiet sky etc.

and thanks to which many kind Venetians wished to meet the *shepherdess of the Sile* in person.

---

90 Veronese's use of the expression "self-love" (*amor proprio*) in the context of her relationships with others suggests that she may have been aware of certain contemporary discussions centred on this concept. Many "enlightened" thinkers sought to define and promote man's best (most honest, ethical, socially responsible) behaviour in terms of the individual's relationship to society. Rousseau, for example, had distinguished *amour propre* from *amour de soi*, where the latter denoted man's fundamental impulse towards self-regard and self-preservation and the former indicated a more complex consideration of self, constituted through connection with others and intrinsic to man's essence as a social being. Veronese reprises the term at the very end of her text, in her paean to Truth; Teresa Bandettini uses the term several times in her autobiography as well.

91 *Rime pastorali di Agliaja Anassillide* (1807).

92 Here she is referring to her very first edition of poems, *Varie poesie di Angela Veronese trivigiana*.

93 Veronese likely refers to *Il Monitore Veneto*, a biweekly founded in Venice in 1797 and published for only six to seven months. Giuseppe Valeriani and Luigi Bossi edited the work, with printers Giustino Pasquali and Francesco Andreola. *Il Monitore Veneto* was one of several periodicals born following the fall of the Venetian Republic, in the period of relative freedom for the press under the Napoleonic regime (in contrast to the more rigid atmosphere of the preceding oligarchic rule). It was an important publication, covering all the significant city and political developments. Santalena 65–6.

66 Courting Celebrity

I spent many days with Cesarotti and they seemed like the briefest hours. His conversation was glib, cultivated and savoury. With those who were congenial to him he spoke with great pleasure, and it beamed from his whole being; but if not, he became melancholic, taciturn and bored even with himself. I would say much more about this eminent man, whom I will call my benevolent genie, if I hadn't been preceded in doing so by the illustrious pen of Countess Isabella Teotochi Albrizzi, who with so much elegance of style wrote his praises and described his virtues in her *Ritratti morali,* through which she delighted in honouring her friends, her homeland and herself. He took me with him to Selvazzano, which he called *Selva di Giano,* and where in a small patch of land one saw all that a vast country landscape would have offered, that is: *a little wood dedicated to his departed friends, an avenue "of thoughts," Thetis's grotto, a hill with the Naiads' gazebo, Isis's room,* etc.[94]

All of this was surrounded by clear water, which he loved more than the spring of Hippocrene.[95] He introduced me to his beloved Abbot Barbieri, skilful singer of the *Four Seasons,* of the *Bassano* after his fatherland, of the *Euganean Hills* etc.[96] Barbieri is reputed to be too affectionate with women and too detached with men, when he is really only kind to the former and guarded around the latter. Ah! If his diffidence had been a little stronger, he wouldn't have found himself in various unpleasant situations, which worried his friends more than it did his virtuous calm. I owe to him my relationship with the esteemed professor Giovanni Zuccala[97] from Bergamo, lovable young man, learned, graced with good looks, a good heart, and good taste in both poetry and prose, and from whose pen everything flows with happy naturalness; it seems like friendship is his favoured muse, because he knows how to honour it wherever he finds it, even despite the storms that

---

94 Selvazzano is a village in the Euganean hills, near Padua, where Cesarotti's villa still stands surrounded by the beautiful and celebrated garden he crafted. Veronese's italicized list emphasizes Cesarotti's imprint on the land, including his built landscapes and structures. See Finotti for references to the garden and Veronese's occasional presence there.

95 Hippocrene was a spring on Mount Helicon thought to have been carved out by the hooves of the winged horse Pegasus and sacred to the Muses.

96 Giuseppe Barbieri from Bassano (1774–1852) was a disciple of Cesarotti who succeeded him as professor of Greek and Roman eloquence at the University of Padua. The poems that Veronese mentions are among the best of his corpus.

97 Giovanni Zuccala (1788–1836) taught aesthetics at the University of Pavia. In 1818 he published a collection of letters entitled *Della solitudine secondo i principij di Petrarca e di Zimmermann* (Milan, Giusti).

"This Ocean, called Life"[98] is subject to: his letters on Solitude will always be dear to loving souls since they reflect their author's charming innocence.

Cesarotti had me also meet the dearest among his female friends. This is Teresa Boldrin Albertini, graced with wit and culture, niece of the famous Abbot Boldrin, a great friend of Gaspare Gozzi.[99] She welcomed me kindly; she asked Viviani, who was with me, to write a sonnet on her behalf for a student soon to receive his law degree; Viviani acted noncommittal, as usual; I asked him to turn the task over to me, to get him out of the bind. Right then and there I retreated to one of Albertini's rooms, and a few minutes later I reappeared smiling with joy for having met her wish, presenting her with the Sonnet that hadn't cost me anything but the sheer time it took to write it, and I received warm applause from her entire *conversazione*.

A year later Viviani introduced me to Count Pagani Cesa,[100] illustrious poet and adept translator of various German and Latin poems. I saw him at his adorable villa in Nogarè, near his hometown of Belluno. This delightful little villa bathed by the Piave river seemed created by nature to be the abode for someone favoured by the Muses. Immense mountains that rose one above the other, the closest ones, where herd animals and little sheep roamed with their shepherds, were green with grass and shrubbery; the farther ones naked, barren, deserted, offered only boulders worn down by the centuries, horrendous precipices and imminent landslides. Amidst this terrain and these precipices flowed the river, with its majestic waves, that gave the famous Gaspara Stampa her poetic name.[101] Count Pagani Cesa's elegant *casino* shone white at the end of two hedges of hornbeams shaped into arches, steeples,

---

98 Veronese might be paraphrasing a line from Alexander Pope's "On life's vast ocean diversely we sail" from *Essay on Man*, epistle 2. Pope's essay was translated into Italian several times during the eighteenth century.

99 Count Gasparo Gozzi (1713–86), married to writer Luisa Bergalli, was a Venetian writer, journalist, and translator. He edited the *Gazzetta Veneta* and the *Osservatore Veneto*, newspapers modelled after the English *Spectator*.

100 Count Giuseppe Urbano Pagani Cesa (Belluno 1757–Venice 1835) was a poet, translator, and playwright.

101 Gaspara Stampa (Padua 1523–Venice 1554) was a Venetian poet, counted among the famous Petrarchists of the Cinquecento. She was mostly known for her *Rime* (1554), a collection of poems following the Petrarchan model and dedicated to Collaltino di Collalto. She was admitted to the Academy of the Dubbiosi with the Arcadian name of Anassilla, from the Latin name of the river Piave (*Anaxum*) that ran through the property of the Collalto family.

68   Courting Celebrity

nooks, and small wooded alcoves.[102] Everything breathed life, freshness, country joy, feeling, friendship and poetry. Count Pagani Cesa has a fervid imagination, an acerbic character, a daring soul, a great heart, is generous with friends, kind to women. He never wants to be contradicted, because he says that finding him wrong is equal to treating him as if he were dumb, and he knows he is not.

Among the noble people I met I cannot leave in my pen the name and philosophical genius of Bernardo Memmo.[103] I was introduced to him by Abbot Bernardi, one of his many dinner companions, when he happened to be in Treviso. Upon seeing me he was enchanted, because he asserted that he made out in my appearance not a vulgar soul, but rather one worthy of an empress's body ... *For heaven's sake, my lord,* (I answered) *do not continue like this, or I will not know what to answer.* He wished to hear some of my verses, which he proclaimed divine, kissing my forehead with that energy that his seventy years allowed him. Memmo was small, thin and thoughtful about everything. I don't think that he liked working very much (a small defect of most noblemen), as he had others read him the most imaginative material that Italian and French authors had to offer.[104] Besides poetry he loved music a lot, but above all he wanted to be a philosopher like those of ancient Greece. To this purpose he had his portrait painted with his index finger resting on his nose, as if to say: *Be quiet, I am speaking;* unlike other philosophers who had themselves portrayed with their finger at the mouth to indicate their mysterious silence. They told me, I don't know if it was the truth, that his obsessive desire to be unique prompted him one day to sit atop a dunghill in the street between two public Nymphs and eat boiled parsnips, his favourite vegetable, laughing at those passing by who were laughing at him.[105] For many years I saw him always wearing the same black garment and the same hat, called tricorn.[106] One day he came to visit me in Breda with some of his dearest friends, and he didn't want any refreshment other than a little bit of milk that I offered

---

102   A *casino* in eighteenth-century Venice denoted a small country villa, a building, or even a rented room away from the main house, where private, well-to-do people (very often women of the nobility) held gatherings for friends. Entertainment included gambling, dancing, music, and poetry reading.

103   Bernardo Memmo (Venice 1730–?) was a Venetian nobleman and senator and the benefactor of librettist Lorenzo da Ponte.

104   Veronese is here referring to the common practice of reading aloud for one or more listeners, yet another aspect of the period's strong emphasis on oral culture.

105   "Public nymphs" signifies prostitutes.

106   The *tricorno* (cocked hat/tricorn) was a man's hat fashionable in the eighteenth century. The three sides of its brim are lifted and attached to the crown to form a triangular shape. One of the three points was usually worn forward.

to him in a fir wood bowl. While he was savouring the Golden Age beverage he had me recite one of my short poems which begins:

Two white doves,
My shepherd gave to me etc.

and which he found tastier than the milk.

In the ten years that my father lived in Breda I was a guest in Venice of the excellent Albrizzi family a good two times. They loved me because they had seen me grow up now in Santa Bona, now in Venice and now on the Terraglio, and my father had been their gardener for many years. I don't mean to extol my heart, which nurtured and nurtures the most heartfelt feelings of gratitude and respectful tenderness for that outstanding family. I will only say that all those respectable people remind me of the serene days of my youth that I spent under their roofs and eating their bread. Sweet, cherished memory, you will scatter the drops of your nectar over my whole life!

During one of these trips of mine the aforementioned Francesco Bragadin introduced me to the Nobleman Girolamo Silvio Martinengo,[107] talented translator of Milton's *Paradise Lost*, who listened supportively to my verses, and gave me a nice copy of the edition of Jeremiah's *Lamentations* translated by Evasio Leoni,[108] which I liked despite its being far removed from my disposition inclined more towards laughing than crying: the usual privilege of most of Apollo's children.

I also had the good fortune of being introduced to the distinguished and learned Lady Giustina Renier Michiel,[109] who welcomed me with her usual kindness, and introduced me to the valiant and erudite General Miollis,[110] ardent admirer of Italian poets. He liked to kindly call

---

107 Girolamo Silvio Martinengo (Venice 1753–1834) published his translation of *Paradise Lost* in 1801.

108 Evasio Leone (Monferrato 1765–1847) was a learned Carmelite brother from Piedmont. His best-known work was a translation of the *Cantico dei Cantici* (*Song of Solomon*, 1787) which saw many reprints until the end of the nineteenth century. His *Lamentazioni di Geremia* (*Lamentations of Jeremiah the Prophet*) was published in 1798.

109 Giustina Renier Michiel (Venice 1775–1832) belonged to one of the most prominent Venetian families. She was a writer who held one of the two most important literary salons in Venice, the other being Isabella Teotochi Albrizzi's. Renier Michiel is best known for her five-volume work *Origine delle feste veneziane* (*The Origin of Venetian Festivities*) (1817–27), where she describes Venetian myths, festivals, and public rituals.

110 Sextius Alexander François de Miollis (Aix-en-Provence 1759–1828) served in Italy under Napoleon and was a regular guest in Teotochi Albrizzi's and Renier Michiel's salons. He was instrumental in the refurbishing of Verona's arena.

70   Courting Celebrity

me *the gardener of Parnassus*. He listened to my poor verses with a patience not very in tune with the fiery French character, and he advised me to write and love always. I also met, I don't know if before then or after, the very elegant General Sebastiani,[111] and in the garden at Breda I offered him an anacreontic lyric of mine, the first stanza of which is:

Oh, how brightly burn
Your sweet eyes!
Similar ones perhaps
The young Achilles had? etc.

and he, military man that he was, boldly snatched a fan from the hands of the coquettish Countess Spineda, and gave it to me on the spot. The miniatures on this fan represented Venus, Hymen, and Love, who fled from both. Inspired by this naughty *tableau* I wrote the naughtiest of my epigrams:

Cytherea cried out: "Help!,"
As Love had wounded her;
Hymen, who heard the cry,
Quickly ran over, and Love fled.[112]

This epigram was lucky enough to be translated into German by Count Pagani Cesa, and into Latin by Abbot Dalmistro,[113] and reprinted in various poetry collections. I thought to write a small poem in octaves titled "The Island of Gnido,"[114] in which I imagined that Venus, moved

---

111 Horace François Sebastiani (Corsica 1772–Paris 1851) was an important Napoleonic general and diplomat.
112 Cytherea is Venus, Hymen is the god of nuptials. When Hymen arrives to help Venus who has been struck by Love, Love runs away. The sonnet wittily suggests that Love and Marriage cannot coexist.
113 Angelo Dalmistro (Murano 1745–Coste 1839) was a priest and man of letters. A friend of Gasparo Gozzi, Frugoni, Vittorelli, and Cesarotti, he was also Ugo Foscolo's mentor and a regular at Renier Michiel's salon in Corte Contarina, Venice. Together with the editor Luigi Stella he directed the journal *Anno poetico* (1783–1800), dedicated to publishing the poems of living authors. His literary production spanned translations, poems, and sermons. In particular, his Italian translation of Thomas Gray's *The Bard* (1792) was well received.
114 Cnido (or Gnido) was an ancient Greek city in Anatolia with a temple dedicated to Aphrodite (Venus). Veronese was probably inspired by *Le Temple de Gnide* (*The Temple of Gnidus*, 1725), a popular and widely translated prose narrative by Charles-Louis de Secondat Montesquieu.

by the sound of my cithara, had come down to my hut, taken me on her chariot, and transported me to Gnido, where I saw, in addition to all of the island's wonders, the most beautiful Nymphs of Ausonia,[115] among which I made my countrywomen from Treviso shine. This little poem, which I don't remember except for various octaves, went missing, I don't know if it was my fault or my mother's, who used to burn every poem she happened to find in my bedroom. I wrote verses continually and continually received them from other people, and I answered on the spot, paying little mind to my sister's childish insolent remarks and my mother's continuous grumbling.

Count Spineda, who was of unstable health and mood, began to lose enthusiasm for useless expenses, among which that of the garden and pineapple plants was not the least. My father predicted his own dismissal and, like the Duke of *Sullì*,[116] he anticipated it by dismissing himself; for a few months he invoked Providence, who never abandons those who are willing to wait, and moved us again to Biadene in the service of the Nobleman Tommaso Brescia, nailed to his bed for more than half the year, tormented by gout, and quietly reading the voluminous collection *The Comic Theatre*.[117] Upon my arrival there I was met by various male and female cousins, all of them happy and curious to see their cousin the *poet*, of whom, they said, the parish priest himself had formed quite a positive opinion. I immediately ran to greet my childhood hut, which I found more run-down than before, obvious proof that Mr. Bassanini's heirs were not at all richer than him: some peasants who lived in it, since at this point it was habitable only by peasants, offered me some fruits picked from the trees my father had planted earlier; I accepted them and as I brought them to my mouth, I don't know why, tears fell from my eyes, to the great surprise of both those peasants and me, since I could not see the reason.

Abbot Dalmistro was then high priest of Montebelluna, and with the same ease that he climbed Parnassus, where he drew his robust poetic

---

115 *Ausonia* was a poetic term in Greek and Latin to indicate Italy.

116 Maximilien de Béthune, Duke of Sully (Rosny-sur-Seine 1559–Villebon 1641) was minister of finances for Henry IV of France. After the king's death, and not getting along well with Queen Maria de' Medici, he resigned his position in 1716.

117 It is difficult to identify the exact work that so absorbed Brescia here, as numerous multi-volume collections of comic theatre works came out in the eighteenth century. He may have been reading Evaristo Gherardi's *Le Théâtre Italien* (Paris), which by 1741 had reached eighteen volumes; another possibility is *Théâtre de M. Favart* (Paris, 1763–72, 12 vols.), or perhaps Alfieri's brand-new five-volume *Teatro comico originale e tradotto* (Piacenza, Majno, 1810), containing two volumes of original comedies and three volumes of comedies in translation.

72   Courting Celebrity

thoughts, he also climbed the sacred pulpit to explain the Evangelical truths. His prose is that of Gasparo Gozzi, his poetry that of Horace expressed in the beautiful language of Italy. He wrote me various sonnets, one of which was printed in the *Munitore* the time I was tormented by a sore throat; it begins like this:

> And with insidious fever
> will this girl languish ... ?

Some people did not much praise the care that a spiritual shepherd was taking for the health of one of his female sheep. He used to laugh loudly at this gossip saying: dogs bark and the moon keeps shining. The second time I went to Padua he gave me a letter of introduction to Abbot Daniele Francesconi,[118] who he rightly esteemed due to his erudite knowledge. As a matter of fact, I was received with infinite courtesy by that eminent Professor and he also gave me the latest edition of Gozzi's charming letters, which bore an inscription to him from his friend Dalmistro.[119]

I owe to Francesconi the honour of meeting the beautiful and learned Countess Grimaldi-Prati who until then I had known only by her fame. He introduced me to her, as she was stopping briefly in Padua, saying: you are her countrywoman, she will be happy to receive you. She welcomed me very graciously, and I was enchanted as much by her beauty as by her manners. I felt as if I were looking at Euphrosyne[120] adorned by all her Goddess's charms. Her appearance is sweet, jovial and playful; her beautiful light blue eyes shine beneath eyebrows blacker than ebony; her shiny dark brown hair rolls down her snow-white neck; her figure is tall and majestic, her hands and mouth beautiful, and she sings accompanied by the harp with the voice of an angel. She gave me some *bisuterie*[121] as adorable as she is, and from her wonderful heart I received a thousand gestures of kindness and goodness. I could not show her my gratitude except by addressing some verses to her, the

---

118 Daniele Francesconi (Cordignano 1761–Venice 1835) was a scientist and erudite. In 1805 he became director of the University of Padua Library and a few years later professor of Roman law.

119 Gasparo Gozzi's multi-volume *Lettere diverse* (*Diverse Letters*) began publication in 1750.

120 According to Greek mythology, Euphrosyne was one of the three Graces accompanying Aphrodite, the goddess of joy and the incarnation of grace and beauty.

121 From the French *bijoux*, or *bijouterie*, signifying jewellery. Here it probably indicates typical Venetian glass beads and ribbons.

usual bounty from my always fecund imagination. I wrote some on her beauty, on a short illness she had, for a mineral bath she took, and even for her famous *Angora Cat*, which she caressed as if he were Cupid. Here are the verses for the cat:

I don't deny it, the cat that you caress
is very lovable,
Tender, beautiful Grimaldi;
But those acts move envy
And every loving heart
Now moans in love,
As it cannot instantly turn itself
Into your elegant cat.

Not long after my family had moved back to Biadene, Cesarotti procured for Viviani the Chair in Literature at the Liceo in Udine, so the latter said goodbye to his shepherdess and his native hills and departed with his new title of professor. As soon as he arrived there I lost him in the vortex of his new occupations.

In the meantime, I met a young man, friend of Abbot Dalmistro, also born and living in those hills, who had a lot of talent for poetry; he was blond, had an attractive build and pleasing appearance. He gave me several of his poems addressed to the *shepherdess of the Sile*, and I responded with several of mine, praising him with the name Elpino. And now Elpino became the new object of my poetic fantasies. He gave me the gift of Tasso's *Aminta*,[122] which I had never read, and liked beyond belief, I don't know if because it was Elpino's gift, or because of the true merit of that pastoral tale.

While in Biadene, I wrote some sestinas (the metre of the idle, Zacchiroli used to say) on a dark event that took place in the hills of Montebelluna. The young man Patrizio Mora, only child of that important family, died on the spot after falling from a horse, to the extreme sorrow of all of those who knew him, because he was good, rich, generous, loved the poor and justice. The day before the fatal accident, I saw him happily watching a festive dance organized for a peasant wedding, where the dancers appeared to be students of Bacchus more than of

---

122 *Aminta* (1573) is a play by Torquato Tasso first staged at a garden party at the court of Ferrara. As a *favola boschereccia* (pastoral tale), it featured shepherds and nymphs as characters and represented their lives in an idyllic way. It became one of the fundamental texts of the Arcadian poetic ethos and inspired several opera librettos.

74 Courting Celebrity

Terpsichore.[123] In these sestinas I praised his goodness, I described the tragic incident of his mortal fall, and the religious piety of some peasants who, remembering his charity, went to his tomb to sing the sad Psalm 129 (*De profundis*). These sestinas met with the same destiny of the "Island of Gnido," that is, they went missing.

During the period that my family resided in Biadene, I spent my time now keeping Nobleman Gouty [Brescia] company reading him his beloved Comic Theatre collection, now writing, now teaching domestic skills to two little girls somehow related to me and who, I discovered, had a burning desire to both learn to read and be read to (the usual family epidemic), now going for very long walks in the woods, my only escort my father's hunting dog, who knew all the paths. On feast days I used to go visit those rustic inhabitants of the hills, who would offer me *walnuts, apples, and chestnuts*, the only treasures of those hamlets. They begged me to recite some of my verses for them, which they applauded without understanding, something that made me laugh heartily.

I remember that one of these peasants, a youngster a little over fifteen years old, one day gave me a few verses that he had composed, and with which he meant to explain the effect that my muse's song had on his heart; these were all ideas that he had acquired hearing my poems. I gave him as a gift the poems of Fulvio Testi[124] which he seemed to really like a lot. He knew how to write a bit, and whenever he wasn't busy with work in the fields, he did nothing but read and write, copying down what he liked most. One day he followed his whim and composed a satire making fun of the parish priest and all the women he employed in his household; he was about to go to prison, which the Mayor had threatened; he was not frightened, but his old father almost killed him with a beating more painful than the threatened prison, and, what was even more fatal for him, they burned all of his writings, and even his beloved Testi. I believe that because of this his poetic drive left him, or at least pulled back into the shell of his brain, afraid of the prospect of prison and beatings.

On the path through the woods, where the visual perspective centred on the Church of Biadene, there was an easy climb that at its top revealed a ring of oaks shaped like an amphitheatre. In the middle of this wooded enclosure a little church dating back to the fourteenth century had been built, once attended by the faithful, and now as deserted

---

123 In Greek mythology Terpsichore was one of the nine Muses and goddess of dance and chorus.

124 Fulvio Testi (Ferrara 1593–Modena 1646) was a diplomat and poet, known mostly for his *Rime* (1617), which caused him trouble because of its political overtones.

as the woods that surround it. Next to it, on the north side, there is a sort of hovel formed by nature and modified by craft, that had built for it a bad door more worn down than that of eternity. Its floor was the earth, and its stony damp walls were covered in musk and ivy. My father, who took me to see this shack, told me that when he was a little boy a certain Brother Adam lived in that hermitage. He had been a soldier under the glorious banner of Prince Eugenio of Savoy[125] and, tired of the wartime carnage, he had resorted to living as a hermit in that rathole for twelve years, his only company the little birds who, domesticated by winter hunger, hopped around him as if he were a new Orpheus.[126] The farmers and shepherds, who consulted him like the oracle of Delphi, used to bring him in tribute a good part of their meagre products, like fruit, vegetables and sheep's milk cheese. He knew a little bit of medicine, and on top of giving them his anchoritic blessings,[127] he would suggest remedies to them like Aesculapius.[128] This Brother Adam, who my father called *Brother Ferraù*,[129] was a great friend of my grandfather's, and when he was dying he put his beloved birds in his care and asked him to provide them grain in the winter. He really played the parts of military man, penitent, and philosopher. He was buried in the little church, and some old peasants still remembered him with a certain tenderness. My grandfather used to tell the story that one night, as the sky threatened a horrible storm, Brother Adam was praying amidst the resounding noise of thunder and the funereal flash of lightning, like another Moses on Mount Sinai.[130] Hearing a furious banging on the door of the little church, he took a small lamp and through an opening in his den which connected to the little church, he flew to open the door thinking it was a poor wanderer lost in the horror of the night and the woods. As soon as he unlocked

---

125 Prince Eugenio of Savoy (Paris 1663–Vienna 1736) was a famous Italian warlord who served the Holy Roman Empire.

126 Orpheus is a legendary Greek musician who could charm animals and even stones with the music he played on his lyre.

127 "Anchorite" refers to a particular reclusive monastic order but, more generally, it indicates any type of recluse.

128 According to Greek myth Aesculapius was a half god who had learned all about medicine from the centaur Chiron (or from his father Apollo), and thus he came to preside over the discipline.

129 In Forteguerri's *Ricciardetto* (see note 52 above) the character of Ferraù becomes a hermit without much conviction. He is also a character in Ariosto's *Orlando Furioso*.

130 In Exodus 19:16, Moses meets God on the top of Mount Sinai: "On the morning of the third day there was thunder and lightning. A cloud covered the mountain, and a very loud horn sounded. All the people among the tents shook with fear."

76   Courting Celebrity

the door, a ferocious Minotaur[131] appeared to him (at least that's what he thought), making him jump back six steps and fall stunned with fright while invoking help from all the celestial Hierarchies. A short time later he came to and remembered having once been a soldier. He summoned his courage, got up, lit the lamp again, and approached the Minotaur, which was only a poor lost cow, more scared than he was, and who, in the furore of the storm, had looked for protection among the holy altars. He used to recount this episode swearing that he was more scared on that occasion than in all the armed combats fighting for the Prince of Savoy.

The Nobleman Brescia, constantly tormented by gout and property taxes, gradually diminished expenditures for the garden to the point that my father, who could no longer make ends meet, resigned from his post and became the gardener for Prince Erizzo in Pontelongo, previously the *luogo di delizia* belonging to Doge Foscarini.[132] I can't find the words to express the pain that went through my soul upon leaving Biadene for the second time. To have to leave such a poetic wood, such sweet hills, such delightful walks, such picturesque views, such cousins so dear to my heart, such kind farmers, some families of honest artisans who loved me, some other families among the poor who I used to help, some children to whom I taught the Christian doctrine, some old people to whom I read the sacred scriptures ... everything, everything rose up in my frenzied imagination and made me cry bitterly the hottest and sincerest tears I have ever shed. My father had difficulty dragging me away as he was moved by my pain, and the pain I left imprinted on the faces and in the eyes of those who had gotten up before sunrise to wish me a good trip. In this state I left that pretty little hamlet, where my stay of five years felt to me like the short span of one day.

The day before my departure Abbot Dalmistro had come to say goodbye saying, with that candour that is the ornament of his loyal friendship: *Aglaja, I wish you happiness; but I assure you that you are taking my heart away.* He handed me a letter for his friend Professor Francesconi, and another one for the Prefect Zecchini written for my sake by

---

131   According to myth, the Minotaur, son of King Minos of Crete, was a monster with the body of a man and the head of a bull. He resided in a labyrinth, demanded human sacrifices, and was ultimately killed by Theseus.

132   Villa Foscarini-Erizzo is in the village of Pontelongo, near Padua. Marco Foscarini was doge of Venice in 1762–3, and his secretary, Gasparo Gozzi, lived in this villa for long periods of time. Prince Andrea Erizzo, who subsequently acquired the villa and expanded it, held literary and musical academies there.

Zacchiroli, who recommended me, in a poetic fashion, to that eminent head of civil authorities in the vast and learned city of Antenor.[133]

The village of Pontelongo is no more than an attractive, fairly populated riverbank, fed by a canal formed by the two arms of the Brenta and Bacchiglione rivers, which join in Bovolenta; it flows calmly and enters the Adriatic nearby Chioggia. The beautiful Erizzo Palace, a famous Palladio design,[134] sits majestically in the centre of the village like a royal palace, with a line of huts on both sides whose small size make the regal building stand out even more. It was the beginning of 1810, in the season when

Zephyr returns, and brings back the nice weather (Petr.)[135]

The Pontelongo garden was extremely vast, surrounded by a small canal of sleepy water, whose swampy bosom offered welcome pasture to a large quantity of frogs and toads, which reminded me of the obstinate Pharaoh's punishment.[136] The whole consisted of a very small *parterre*, that my father embellished with flowers and artfully designed hedges and two citrus greenhouses in the rear. A famous little wood of linden trees made up the rest, where a few nightingales sang harmoniously despite the frogs and toads providing a crude counterpoint. Some long, long boulevards shaded by a triple line of wild chestnuts, some espaliered hornbeams that decorated a wide road leading to a little wood in the back adjacent to a small hill covered with grapevines, on the top of which they had built a little temple dedicated to Bacchus, whose ancient-shaped cupola was precariously placed over some Tuscan-order columns. The patrician Erizzo, extremely rich for his coffers packed full of gold and his many fertile properties, tried to flee boredom, the daughter of opulence and idleness, by spending most of the year at his beautiful, newly acquired Pontelongo estate, where he amused himself with his orchards, his buildings and his horses, that gentleman's favourite pastime.

---

133 According to Virgil's *Aeneid* the Trojan Antenor was the mythical founder of the city of Padua, thus Veronese on occasion substitutes "Antenor" for the modern city name.

134 Andrea Palladio (Padua 1508–Maser 1580) was active in the Venetian Republic and became the most influential Renaissance architect thanks also to his teachings summarized in his 1570 treatise *The Four Books of Architecture*.

135 Petrarch, *Canzoniere*, sonnet 310, v.1: "Zefiro torna, e 'l bel tempo rimena."

136 According to the Old Testament, God inflicted ten plagues/punishments on Egypt to force the pharaoh to allow Moses to lead the enslaved Israelites to safety. In Exodus 8:1–2 the second plague is described as an invasion of frogs.

78 Courting Celebrity

I hadn't been at my new residence for even two months when I went to Padua on the occasion of the *Saint's Fair*,[137] where I hoped to see some people I esteemed and considered friends. Since Cesarotti now existed only in the hearts of his friends, I was received hospitably by one of his admirers, Clementina Caldarini née Weissembourg, who loved me and showed a sort of religious respect for poetry. When I went to pay a visit to the beautiful Countess Grimaldi who was staying at the Golden Star, she was taking an after-lunch nap, and perhaps was dreaming of the delights of Paris, which she had admired the year before in all its splendour. In the meantime, the good professor Francesconi, walking up and down the room as he waited for her like me, asked me if I wanted to meet the famous Cavalier Lamberti who was staying in the same inn.[138] I happily accepted the opportunity and was introduced to that famous person who, noticing my obvious shyness, reassured me with that gentle smile that announces the goodness of great men, and welcomed me in the warmest possible manner. In this learned and illustrious gentleman's room there were many people, among them, I don't know if attracted by the splendour of the frescoes or by Lamberti's great merit, there was Professor F... C..., to whom Francesconi advised me to give the letter for Prefect Zecchini, still in my possession. I gave it to him with respectful shyness; and he, I don't know why, did not want to accept it. Poor letter, if it had not had other support beyond that of Professor C...! Two days later, I had a kinder hand deliver it to the Prefect, who received the letter of recommendation with generous politeness, just as he later welcomed the recommendee.

I spent that whole season as a guest of Clementina Caldarini in the villa of Torreggia in the Euganean hills, near Mount Rua, where there still lived some Camaldolese monks,[139] forgotten either by the living or by death, I don't know which. In the past their cloistering when it came to *Women* was extremely rigorous; but when I went to see that holy place of solitude, everybody was allowed to go there. I went half the way on

---

137 The festivities for Saint Anthony, patron saint of Padua, were regularly held on June 13 and constituted the city's most important religious and secular event.

138 Antonio Maria Lamberti (Venice 1757–Belluno 1832) was a writer and poet. He wrote a lot in Venetian dialect, and his *canzonetta* "La biondina in gondoleta" (the little blond in the little gondola) was set to music and became extremely popular.

139 "Camaldolese" designates a Catholic monastic congregation founded in 1024–5 by Saint Romuald (who fell under the order of Saint Benedict). The order combines community life and hermit life.

a small old donkey who reminded me of ancient Balaam's,[140] insofar as she was recalcitrant, lazy, and vocal in her language, a language that I was not lucky enough to understand as the prophet had. I arrived tired on the summit of the blessed Rua, and those poor anchorites immediately offered me some dried fruit passed over by the termites and mice, and a *cake* made from herbs so bitter they poisoned my mouth. I visited the convent and the church, which I did not dislike, although one was without inhabitants and the other without worshippers. The thing that went straight to my heart was the evergreen wood of fir trees, which crowned the top of the hill, and which enclosed the solitary convent in its shady clasp. I remembered the dear Montello wood, and I came down from the monastery in a bad mood, like the little donkey who carried me down to the Torreggia plain on her worn-out back.

On the way back to Pontelongo from the Euganean hills I stopped to admire the famous Aponensi Thermal Baths.[141] So much has been said in prose and in verse, in verse and in prose about the singularity of these waters that any report of mine is useless. I will only say that I felt I was seeing, poetically speaking, Acheron's boiling swamps;[142] and, leaving poetry aside, I felt I was in a village abandoned by divine mercy, like a second Sodom. The heat, the sulfuric odour, and the sterility of the new Hades made me leave without taking any more notice of that infernal place.

I spent the first winter in Pontelongo afraid of the continuous floods that reminded me of the time of Deucalion[143] and made me wish for the pretty and dry lands of Biadene.

A few months after my taking residence there, Prefect Zecchini was transferred elsewhere, and the Cavalier Ferdinando Porro took his

---

140 In the book of Numbers (22:28) Balaam is a prophet. The legend goes that one day God sent an angel to prevent Balaam from continuing a trip he had embarked on, but only his donkey saw the angel and refused to walk. Balaam thrashed the donkey, who was then given the gift of speech and complained about the treatment. Traditional iconography generally represents Balaam beating his donkey in the presence of an angel.

141 The town of Abano, in the Euganean hills near Padua, is famous for its thermal springs known since Roman times as *Aponi fons*. In the eighteenth century it was a fashionable destination for European elites looking for cures for various skin and respiratory ailments.

142 Acheron, one of the five rivers of the Greek underworld, was known as "the river of woe."

143 According to Greek mythology, Deucalion was the son of Prometheus. He alone with his wife Pyrrha managed to survive a terrible flood that Zeus had unleashed to destroy a corrupted generation of mankind. He did so by following his father's advice and building an ark.

80   Courting Celebrity

place, a wonderful person, fair-minded, splendid, popular, a cultivated citizen, erudite, energetic, full of fire, spirit, and knowledge.[144] The kind Countess Grimaldi had recommended me to him saying: "She is dear to me, I recommend her to you." This was enough for him to write me a very gracious letter which he had delivered to me by the Mayor (who gave it to me trembling), and in which he expressed the feeling of admiration that my verses, brought to his attention by Countess Grimaldi, had inspired in him, and the ardent desire he felt to meet the shepherdess of the Sile in person. During the Lenten period of that same year I went to see that worthy gentleman, who welcomed me with cordial warmth, as if I had been a Lady; he invited me various times for lunch, always sending his carriage to get me where I was staying, something that would probably have made me arrogant if I didn't recall the rare qualities of the person who had recommended me to him. He introduced me to numerous friends of his with all of his enthusiasm; and he offered me the pleasure of meeting the very kind Clarina Mosconi from Verona, to whom I wrote an anacreontic in tribute titled "The Graces," which she accepted with the same sweetness associated with those coquettish followers of Venus.[145] In addition to her, Cavalier Porro facilitated my poetic acquaintance with the famous *Amarilli Etrusca*, to whom I addressed a short lyric of mine, which begins:

You who are used to the sweet sound,

and that outstanding improviser answered me with her customary admirable spontaneity

Aglaja, such you are, etc.[146]

I will show further on that these were not the only favours that that generous Prefect procured for me.

While going back to Pontelongo, where my family was quite happy, I was glad to meet an old poet, a great friend of Cesarotti, that is, Mr. Carrari, who was deaf as a statue, but used to compose free and rhymed verse with a lot of energy, despite his approaching eighty

---

144   Ferdinando Porro, Prefect of Padua, was a very good friend of the poet-improvisers Teresa Bandettini and Giuditta Pasta.
145   Clarina Mosconi was the daughter of the famous Veronese salonnière Elisabetta Contarini Mosconi (1752–1807).
146   Amarilli Etrusca was the Arcadian name of Teresa Bandettini. We have not been able to locate either of these poems.

years of age. In Bovolenta, where he lived, there was then a small private school, that at its annual closing hosted a small recital where a number of Apollo's children, some legitimate and some bastards, presented their poetic creations, all of which concluded, with or without applause, by lauding the Rector. I, too, was chosen by Carrari to recite some verses for the occasion; I accepted my diploma against the opinion of the Podestà of Bovolenta, who was not persuaded that women should participate in an academy.[147]

The following summer I was frightened by numerous storms that threatened those fertile lands day and night; and the worst was that every so often lightning would strike and burn down the village huts, almost all of them covered in dung and straw, and it would bring desolation to those poor families, who just free from Neptune's wrath in winter would have to submit to Jupiter's wrath in summer.[148] I will always remember with ardent sorrow the sad fate of two poor young peasant lovers, not yet twenty years old, who while in the field picking legumes took shelter under a large tree to save themselves from the storm's fury ... Unlucky ones! Perhaps they were dreaming about their future happiness when a lightning bolt struck and instantly incinerated them, making them an object of piety, terror and tears for those who had the courage to go and see the moving spectacle.

The Nobleman Erizzo made his cherished Pontelongo shine with splendid musical academies, enhanced (in the time I was there) by many pretty Ladies from Vicenza, to whom I dedicated various poems, and for which I was generously compensated.

At the same time Princess Augusta Amalia of Bavaria, then Vice-Queen of Italy, went to the baths in Abano for health reasons.[149] I had the idea of writing her an anacreontic alluding to the baths, and I wrote it: however, I did not have a way to deliver it to her. I shared it with

---

147 In Italian, "academy" can refer variously to an organization, the physical site of their meetings, or their performances and competitions (here we use "recital"). This local poetry academy apparently included young people who aspired to become poets. Reciting one's own verses in front of an audience was part of the ritual contest required to become an academy member and receive the official membership diploma.

148 Neptune is the god of oceans and waters, while Jupiter is the god of thunder and lightning.

149 Augusta Amalia, princess of Bavaria (Strasbourg 1788–Monaco 1851), was the daughter of Maximilian I. In 1806 she married Prince Eugenio Beauharnais, viceroy of Italy. She often resided in Villa Pisani, in Strà, which allowed her to visit the thermal baths in Abano, near Padua, one of the most-frequented bath destinations for high-society women in the Veneto.

82 Courting Celebrity

Mr. *Letter*, captain of the engineers, who came to Pontelongo from time to time to make reports on the hydraulic system. He talked about it with his friend Cavalier Porro, who immediately sent someone to get the poem from me, so that he could deliver it himself to the princess. I immediately sent it to him in my own handwriting; but since it was embellished with various mythological allusions not too befitting the simplicity of a writer-shepherdess, the wise gentleman sent it back on the spot with a special carrier, writing that I should climb Parnassus again to pick plainer flowers. The funny thing is that the man who brought the Prefect's letter upon entering my home saw my sister, a pretty little blond, and thinking she was my maid, he asked her to alert her mistress that he had a very urgent letter for her, and asked her with which title he should address me. My sister shrugged, and answered smiling: "When you see her, you'll know how to do your duty without me providing the list of her titles." I wrote a new anacreontic which began

On the acidalian shore,

and early the following day I sent it to encounter its fate. The good princess enjoyed it with that kind benevolence that was one of her many qualities, and as soon as she arrived in Milan she sent me a generous present of 200 francs, accompanied by a nice letter, which for me was an even greater honour than the present she had the goodness to give me. Here is yet another consequence of Cavalier Porro's beautiful heart.

Some months before this happy incident various gentlemen and ladies arrived to admire the nice garden of Pontelongo. They were patricians, some from Venice and some from Udine; they were taking the baths of *Battaglia*[150] as a treat, and they had come to see that flowered place to entertain themselves. They knew my poetry, and as soon as they arrived they asked my father to see me. I did not put on airs, and I humbly introduced myself to that noble society who, as kind as they were to my verses, they were equally kind to their author, asking my father for the gift of his poetic progeny, so that they could take her for a day to a society lunch that had already been prepared at the *Battaglia*. My father agreed, going against my mother's opinion, who did not want to grant me permission. To her my father added: "If it is true that my daughter has so much talent, she will know to behave well," and to me: "Go, and bring honour to yourself with your verses and humility, which in your situation is a necessary virtue." I climbed into the coach with those Ladies, and once at the Battaglia, where we had a wonderful

---

150 Another thermal bath destination nearby Padua.

Angela Veronese 83

lunch, I made endless toasts praising one by one all those generous dining companions, who applauded me with kindness in words and favours; something that made me recall the nice times of the golden age of Augustus and Maecenas.[151]

Needless to say, during Lent in Pontelongo there were no holy oratorios for which I did not write encomiastic verses, exhorted by their composers, and the same goes for the sermons that I had almost never heard ... O poetic imagination, you are indeed fecund![152]

Four years had passed since my arrival in Pontelongo when I met a young man from Mantova with a pleasant build, attractive looks, a sincere soul, and a loving heart. The respect he professed for poetry, without even understanding poetry, rendered him dear to me. Poetry, ridiculed by those who have not received some basic education, instead roused in him some sort of devout esteem, like that shown towards things divine. He used to say he was sorry he couldn't understand it so that he could applaud it. My father, who loved lively young people very much, hearing him talk about Rome, Naples, Vienna (cities he had seen working as a courier for a very rich traveller), my father, I say, listened to him with a great deal of pleasure and often called me to listen to his curious narrations. I noticed that in my presence he stumbled in his speaking, which given my usual inclination made me laugh heartily, which made him stumble even more. One day my father proposed him to me as a husband saying: *I believe he is worthy of you because he seems as good as an angel; becoming his wife you will be able to read and write as much as you like. I want you to be happy. Marriage is nothing but a lottery; there are those who win and those who lose; everything depends on luck.* I gave some thought to his words; I thought that fathers do not live forever, and that in this age poetry is only rewarded with laurels, applause and thank yous; all things that lead one, if there is no other support, to end up [sleeping] on straw, like poor Anguillara, or in the charity ward like the famous Camoens.[153] I made up my mind and I married the young

---

151 Gaius Maecenas (70–8 BC) was an important Roman diplomat and patron of the arts. He is known for having supported a whole generation of Augustan poets including Virgil and Horace.

152 During religious festivities it was customary to compose musical works and deliver solemn sermons. Veronese here means that she wrote poems in praise of these works and their authors, and she points to the hypocrisy in her extolling works she often has not yet listened to.

153 Giovanni Andrea dell'Anguillara (1517–70) was an Italian Renaissance poet who lived a poor and miserable life, travelling throughout the Italian peninsula and beyond, struggling to secure patronage for his work. Luís de Camões (Lisbon 1524–80) is considered Portugal's greatest poet, and he led a very irregular and bohemian life.

84   Courting Celebrity

man from Mantua who, if he did not have other good qualities in my
eyes, he had that of sharing his birthplace with Virgil. I bid goodbye
to my family, to Pontelongo, and I moved into my groom's arms, who
took me to live in the learned city of Antenor [Padua]. I started to play
the role of wife without forgetting that of Apollo's daughter. I worked,
wrote, got bored, wrote again, got bored again. In the meantime, the
Cavalier Porro was passing through Padua, and he honoured my meagre marital home with a visit. Finding me busy cleaning up my numerous poetical compositions, he advised me to publish a new edition.
The advice was sincere, but the ways and the means to execute it were
missing, like Aesop's mouse, who had been advised to bell the cat. I
kept transcribing my poems in the hope that one day or another, fate
would smile on my efforts.

During that time the Udinese Count Antonio di Brazzà[154] arrived,
increasing the number of cultured and studious youths in Padua. His
objective was to learn the language of Homer and Virgil. Udine is not in
Japan, and so he had often heard talk of me and my verses, which he said
touched his heart. He came directly to my home, he introduced himself
very plainly, saying: *You are Aglaja and I am the count of Brazzà who wants
to meet you.* I observed his figure, which was tall, well-proportioned,
and slightly hunched over, typical of scholars. His expression had traits
of both dullness and vivaciousness, and these two opposites alternated
between delivering a shy compliment and speaking frankly. Poetry put
him in a good mood. Deep in his heart he was loving, his memory was
sharp, and he was full of knowledge. His character, leaning towards
melancholy, created a thousand fantasies in his fertile imagination. He
wanted all people to be just and sincere, and he said that bad people
were only a superfluous group, but necessary to make good people
stand out. The difficulty he had in pronunciation, since he was quite
the stutterer, made him quiet, sad and clumsy when he was in society;
however, he would become talkative, happy and fluent when he was
with friends. He was good-natured but obstinate beyond belief, passing
off this fault of his as the good trait of constancy. His friendship was as
pure as his heart, he was unable to deceive, but very likely to let himself
be deceived since he had too much good faith. He listened to my verses
with loyal satisfaction, and he begged me to let him come from time to
time to read me his, which were written with the most chaste affection,

---

154 Antonio di Brazzà (Udine 1792–1820) was a well-connected poet within the Italian Republic of Letters. His mother, Giulia Piccoli, presided over a lively salon in
Udine attended by the likes of the sculptor Antonio Canova, the astronomer Rog-
gero Boscovich, Ippolito Pindemonte, and Abbot Dalmistro.

like the muse who had inspired them in him, given that they all alluded to the death of one of his sisters whom he loved as much as himself, rather, as much as he loved his guardian angel. I went with him to pay a dutiful visit to the illustrious Mr. Girolamo Venanzio,[155] whom I knew from the time when the Cavalier Porro was Prefect, since he was one of his secretaries; I spoke to him about my manuscript, and how much I would relish being able to publish it eventually with Bettoni's press.[156] Mr. Venanzio, for whom being kind cost nothing, told me with a smile: *Bring me your manuscript and do not worry about anything else.* I remember that the count of Brazzà wanted to be with me the moment I gave it to him, and that he was enchanted by seeing, so unexpectedly, a Maecenas favourable to my Muse. Not much later the new edition came out and it was received well;[157] the generous editor gave me four hundred copies, a gesture that confirmed even more to me that the qualities of his heart were no less than his other many rare virtues. His bearing [Mr. Venanzio's] is attractive, and his features full of life, his voice seems to have been created by nature to express the sweetness of the Graces. Those who do not know him well get the impression at first that he is quite reserved in conversation, but whoever has conversed with him more than once cannot not recognize the great elegance of his manners. I believe that the main quality of his intelligence is deep understanding, cultivated through intense studying and the great knowledge thus acquired. He writes very elegantly both in verse and in prose, although he seems to dedicate more attention to the latter. This is proven by a Dissertation he recently published regarding the work that Italian writers who wish to write prose need to do. I really liked a simple comparison my sister made about him, when she came one day with me to pay him a visit; it is this: *Mr. Venanzio is so suave he reminds me of a millionette stem.*[158] Everybody knows this dear little plant for its delicate shape and sweet fragrance. Two years after this edition, a collector of anacreontic poems asked me for some poetic daughters of mine that had not been included in my last collection. I was obliging towards this kind person;

---

155 Girolamo Venanzio (1791–1872) was a writer, man of letters, and jurisconsult.
156 Nicolò Bettoni (Venice 1770–England 1842) was an important printer and entrepreneur. Veronese had published her first *Rime pastorali di Agliaja Anassillide* (Brescia, 1807) with him and will indeed publish her revised work *Rime pastorali di Aglaja Anassillide, edizione con aggiunte e correzioni* (Padua, 1817) with his press.
157 This is the 1817 edition referred to in the previous note.
158 She may be referring to a type of orchid, as certain kinds bear the name "millionette," or to mignonette, an elegant plant with greyish-green flowers and orange stamens, known for its delicious fragrance.

86 Courting Celebrity

and here you have the anacreontic Parnassus, rich with various illustrious poets, saving a small corner even for Aglaja Anassilide.[159]

Luck meanwhile, who used to smile on my plans from time to time, presented me with a new opportunity. Three years after becoming a wife, I met Arminio Luigi Carrer, a young man approaching twenty years of age.[160] Poetic fire shone in his lovely countenance, lighting up his whole soul. I later observed that the foundation of his character is sadness, which sometimes degenerates into excessive happiness. I have only seen him either excessively melancholic, or excessively happy; and what might seem strange, if he himself did not confess it many times in his poetry, is the observation that I myself made, that he is in a bad mood at parties and raucous social gatherings (which he rarely attends however), and happy whenever he is among very small circles of friends, one of the few consolations of his life. Gifted by nature with a fiery fantasy he is almost always immersed in deep meditations. Sometimes he appears inattentive and restless, like a Genius who wants to raise himself up to a better sphere. He is quite quirky in his opinions, among which his repulsion for the label of philosopher is strange, even though few people can, like him, discount adversity and bear injustice. Nobody can deny his incomparable loyalty, which is maybe one of his best qualities. I don't know if it has always been to his advantage, but I believe that nobody has ever heard a lie from his mouth, so much so that someone said, by way of example: *I wouldn't*

---

159 Although Veronese appeared in two important collections in 1818, which roughly corresponds to her stated timing – "two years after this [her 1817] edition" – here she most likely refers to *Parnaso de' poeti anacreontici*. Twenty-six of her poems were printed in the sixth volume of this nine-volume work, seven of which the editor remarks had never before been published. Her lyrics joined not only those of many of the poets she mentions in her autobiography (including Metastasio, Zappi, Frugoni, Pagani Cesa, Alfieri, Zacchiroli, Mazza, Di Brazza, Vittorelli, Monti, and Bandettini) but also those of Chiabrera, Rolli, and Parini, placing her among the most renowned poets of the day.

160 Luigi Carrer (1801–Venice 1850) was well known as a poet and literary critic. Attendees of Isabella Teotochi Albrizzi's salons acclaimed his tragic improvisations, and for a certain period he was called "Arminio," after the protagonist of a staged tragedy where he had proven himself a superb actor. In 1834 his *Ballads* became popular, and they offered the first Italian model of the Romantic ballad with historical and political themes. In *L'anello di sette gemme* (*The Ring with Seven Gems*, 1838) he narrates a fictional history of Venice through the lives of seven of the most famous Venetian women. In 1825 he became the director of Bettoni's *Stamperia della Minerva* in Padua. Carrer, however, is best remembered for his literary criticism and for publishing the first edition of Ugo Foscolo's correspondence. He would become one of Veronese's closest friends and supporters.

believe this even if Carrer said it. The bouts of bile, to which his star condemned him, would probably have made him do something drastic if Religion, which has always had a place in his beautiful heart, hadn't let him hear its consoling voice. I drew all these observations in part from his writings and in part from his honest conversations. Here is a stanza, as an example, from his very passionate Ode titled *The Meditation:*

> An ineffable desire to weep
> Drives me,
> Amidst the banquets and the jubilation
> Of the clamorous dances,
> [it is] Like fog, that at evening
> From the watery valleys
> Slowly rises, and
> Troubles the soul.

I remember that on that occasion I composed an anacreontic for the Correr-Zeno wedding in Venice, and I addressed it to Arminio, since he himself urged me to write it, and it is the one that begins:

> Who asks for my poems?
> Ah, is it you kind lad,
> Whom no one beats
> in the Ascrean games?[161]

My new edition procured me new acquaintances, among which I will always treasure that of Count Perolari-Malmignati who I met in the house of the very lovely and learned lady Countess Chiara Rosini née Petrobelli. This Count Perolari is adorned with talents, knowledge, and good taste in poetry, lively in spirit and heart, although on the surface he exhibits coldness and hesitance; he is prudent and sincere at once; very deserving of friends and of such a beautiful title.

I had already borne the respectable title of wife for about seven and a half years when *Nella* saw the light of the literary world; it is a romantic poem from the whimsical pen of Vittor Benzon, a very nice young man

---

161 Ascra was an ancient city in Boeotia, a region in central Greece. It rose on the sides of Mount Helicon, birthplace of the Greek poet Hesiod and sacred to the Muses.

88   Courting Celebrity

gifted with beautiful qualities of spirit and heart.[162] His conversation was learned, simple and highly enjoyable. His poetry seemed to be inspired by the Muses and written by the Graces, since he possessed the fire of the former and the elegance of the latter. His temperament, lively, bizarre, noble, serious and at the same time kind, was pleasurable for everyone who dealt with him familiarly. It appeared that nature and heaven had created him for friendship and for love. Ah! If only he had kept for his own advantage a portion of these two sweet feelings, which he so generously shared with others, we wouldn't have seen him leave the number of the living in the best years of his life, mourned by his friends for his good heart, by men of letters for his talents, and by women for his beauty since

Blond he was, and good looking and of nice appearance.[163]

I received his poem [*Nella*] from him as a gift, which I read and reread with sweet emotion, and for which I wrote the *canzoncina* that begins:

When the Graces formed
        Your sweet face
        They stole from April
        The roses and the lilies.

In the very placid calm of my married life I try to spend my days not being bored, taking advantage of Apollo's favour in the hours that remain after my household chores, writing verses, at times following the whims of my fervid imagination, other times writing of real things continuously offered by human happenings and situations, that is to say, births, deaths, marriages or the degrees of respectable or dear people. Everything makes me climb to Parnassus, tune up my cithara and sing

Among the Camene[164] and the sacred Ascrean swans
        [of] Tender loves and peaceful marriages.

---

162   Vittore Benzon (Venice 1779–1822) was a poet and actor. He was the son of the very famous and beautiful Venetian noblewoman and salonnière Marina Querini Benzon, who inspired Antonio Maria Lamberti's popular *canzonetta* "La biondina in gondoleta" (see note 138). Vittore Benzon met Lord Byron in the Venetian salons and published *Nella* in 1820, a long poem inspired by *Childe Harold* where he describes Venice's past glory and present decay through the eyes of an exiled nobleman.

163   Veronese here quotes Dante's description of King Manfred of Sicily, from *Purgatorio*, canto 3, v. 107: "Io mi volsi ver lui e guardail fiso: / biondo era e bello e di gentile aspetto, / ma l'un de' cigli un colpo avea diviso."

164   In Roman religion the Camenae were divinities of childbirth, waters, and springs. In Horace they become a source of poetic inspiration.

Angela Veronese 89

It is useless to repeat that I live happily enough, getting more and more used to the instability of fortune, which keeps enveloping me alternately in a vortex of annoyances, hopes, disasters, and consolations, but it never changes my cheerful disposition, which often makes me remember one of the few sonnets that I wrote to portray myself, where I say:

[...] for Poets the day is always serene.[165]

Not long ago, my anacreontic poems came to light dressed in the very elegant graces of the worthy philharmonic composer Giovanni Battista Perucchini, which would make me very proud, if I didn't know that this is a sin that bans humility, very necessary to Phoebus's followers.[166]

I don't have any more news about my life, at the moment, to offer to the public with my poetic and truthful colours. I am left only with the satisfaction of having brought this account happily to completion and with the sweet hope that it will not displease those who give me the courtesy of reading it at least once.

If there were then some kind soul who were to bother with wanting to complete my life narrative, once I have forever put down the cithara and have flown to the Eternal throne, I pray that they follow my example and be truthful. O Truth, you should inspire every writer, appearing among men adorned in your candid light, just as you reside among the Gods, and receiving homage from all the inhabitants of the earth, just as you receive crowns from all the celestial Geniuses. I very often hung the freshest garlands on your altar, and sacrificed my self-love to you; I listened to your voice without blushing; I understood your force without trembling, I admired you in others and defended you in myself; I will invoke you among men, and I will always adore you among the Gods. O Truth, loved by the just, hated by the guilty, profaned by flatterers, offended by writers, feared by women, extolled by men and punished by tyrants; spread wide your luminous veil and offer safe refuge to the information on the life of Aglaja Anassillide.

---

165 This line comes from a self-portrait poem Veronese included in her very first published collection (1804). We include the sonnet in the poems we have selected for translation, immediately following this translation of *Notizie*.

166 Giovan Battista Perucchini (Bergamo 1784–Venice 1870) was a poet, pianist, and composer, well connected in the Venetian world of music and letters. He was celebrated for his lively *ariette*, many in Venetian dialect, which became popular even in Parisian salons. The composition Veronese refers to is entitled *Sei ariette per canto e piano forte*; its frontispiece further states that the *ariette* are "composed and dedicated to the Countess Teresa Appony, born Countess Vogarola [sic]." Countess Nogarola was a famous salonnière and friend of Liszt and Chopin.

90 Courting Celebrity

Selected Poems by Angela Veronese

Following *Notizie*, the bulk of Veronese's book is taken up by the collection of 218 of her poems, appropriately titled *Versi*. She divides them into three categories: 79 "Amori" ("pastoral poems," titled only by number and primarily treating topics related to love), 124 "Poesie varie" ("various occasional poems," titled according to the person or event commemorated), and 15 "Epigrammi" ("epigrams," or shorter compositions on assorted subjects indicated by title).[1]

We have translated a representative sample of twenty-five of Veronese's poems, chosen for their clear autobiographical significance.[2] She mentions many in *Notizie*, and quotes a few of them directly, usually citing the first few lines. The lyrics we include that are not specifically referenced in *Notizie* nonetheless have obvious connections to her life story. Among these poems, for example, are those Veronese wrote on the deaths of her mentor Melchiorre Cesarotti, her father, and her husband; verses she wrote when visiting Petrarch's home in Arquà, and lyrics for particular friends, patrons, and leading women performers, such as Rosa Taddei and Giuditta Pasta. These tribute poems are eloquent indications of Veronese's activity in a dense system of society mingling and high-visibility mutual approbation.

Only three of our selected poems do not appear in the *Versi* section. Two of those poems are, however, remarked on in *Notizie*: her self-portrait sonnet and a sonnet written to her in a poetic exchange with Alessandro Pepoli. Both had appeared in her inaugural collection, *Varie poesie di Angela Veronese trivigiana* (1804), and thus reflect her youngest poetry-writing phase (a few additional compositions from that early publication also reappear in *Versi*). Pepoli's poem appears in Veronese's 1804 volume because poets commonly included in their individual collections both sides of the lyrical volleys in which they participated. The remaining poem, missing from *Versi* and unremarked in *Notizie*, constitutes the verses she wrote on the death of her spouse, which circulated in published form as a broadsheet. The only other lyric we offer by someone other than Veronese is Luigi Carrer's "poem-portrait" of her, written after her death. We place it at the very end of our volume, as an honorary tribute to her.

The poems are organized primarily in the order in which they appear in *Versi*, which generally reproduces the chronological sequence in which Veronese composed and/or published them. The order in which poems are referenced in *Notizie* does not correspond as faithfully. This might be expected, however, given the play between the autobiographer's memory and her various storytelling stimuli, resulting in a somewhat randomly sequenced recollection of past poetic production. In a footnote to each translated poem, we indicate where it appears in the *Versi* section of the original 1826 edition (we provide its page number in this manner: *Versi* x). For the three poems that do not appear in *Versi* we note their source. If the poem was also mentioned in *Notizie*, we add the appropriate page number of our translation (*Information* x).

As regards formatting, the poems in the original Italian have been transcribed exactly as or very close to how they appear on the printed page, in *Versi* or elsewhere (capital letters at the start of each line, stanza spacing, indenting, etc.). On occasion this has also meant replicating grammatical and spelling idiosyncrasies or errors, which we have flagged and explained where necessary.

The English translations have been rendered in prose, rather than attempting to reproduce the line structure and rhyme schemes of the poetry. We feel we can best communicate the meaning and sentiment of each lyric through a prose rendition, because trying to mimic the rhythms and rhymes of the originals would inevitably involve substantial losses on the side of content and nuance.

92   Courting Celebrity

Italian original
---

1   Sonetto

Ho il crine d'un color tra il biondo e il nero
Fronte ristretta e bruno occhio vivace
Che spesso accende l'amorosa face
Col vago balenar non mai severo.

Ho roseo il labbro cui del core il vero
Interno moto palesar non spiace
Non son del sesso mio la men loquace
Nè vanto grazie, o portamento altero.

D'una pudica fiamma ho acceso il seno
Non m'ingombra un umor torbido e mesto
Che per i Vati il dì sempre è sereno.

Il favellar scherzevole ma onesto,
Governa i [sic] sdegni miei modesto freno,
Simile all'altre donne ho tutto il resto.

2   Di Alessandro Pepoli, Sonetto

Onde vien questa voce? E qual d'intorno
Dolce mi suona inusitato canto?
Forse il canoro Condottier del giorno
Oggi vuol darmi d'ascoltarlo il vanto?

Certo quel volto è di beltà soggiorno;
Certo quel gorgheggiar vena è d'incanto;
Ma non de' rai diurni il capo adorno
Nè appesa, egli ha l'aurea faretra accanto.

Ah che veggo! Sei tu Donzella industre!
Sei tu che figlia del tuo stesso ingegno
Or m'intessi di carmi un serto illustre!

Sia del tuo dono la mia gioja il pegno
Sialo il vantar da te, Saffo trilustre,
Laudi che Apollo non arebbe a sdegno.

English translation

Self-Portrait Sonnet[3]

My hair is a colour between blond and black, my forehead narrow and my eyes dark brown and lively. A loving flame often lights them, in a sweet gaze that's never severe. I have rosy lips which do not dislike expressing the true feeling of my heart. I am not the least loquacious of my sex, nor do I flaunt charms, or an arrogant attitude. A chaste flame warms my bosom, I'm not encumbered by a murky, sad mood, because for Poets the day is always serene. My speaking is spirited but honest, and a modest restraint governs my upsets. All the rest of me is similar to other women.

Sonnet by Alessandro Pepoli[4]

From where does this voice come? And what kind of sweet, unusual song sounds around me? Could it be that today the melodious Chariot Driver of day wants to grant me the privilege of listening to him?[5] Surely that face is the site of beauty; surely that trilling is an enchanting flow; but his head is not adorned with daylight's rays; nor does the golden quiver hang near him. Ah! What do I see! It's you, industrious Damsel! It's you, daughter of your own genius,[6] who now weaves for me an illustrious tapestry of poems! May my joy be the reward for your gift; may it also be your right, fifteen-year-old Sappho, to boast of praises that Apollo would not disdain.

94   Courting Celebrity

3   XVIII

Praticel di fiori adorno,
   Sai perché ritorno a te?
   Quì il mio ben giurommi un giorno
   Puro amore, eterna fè.
Gli occhi azzurri in me fissando
   Dolcemente sospirò,
   E poi disse: il Ciel sa quando,
   Dori mia, ti rivedrò.
Quest'erbette e questi fiori
   Riveder ti piaccia ognor,
   Rammentando, o cara Dori,
   Che quì nacque il nostro amor.
Cari detti, ad ogni istante
   Di ripetervi godrò;
   Ah! ma senza il caro amante
   Infelice ognor sarò.

4   LXXIV

Ardea nell'aer tranquillo
   L'astro di Citerea,
   Sul praticel scendea
   Il mattutin umor;
Quand'io divota offrii
   Al Simulacro amato
   Del Nume faretrato
   Un canestrin di fior,
Gridando: o di Ciprigna[8]
   Cura soave e bella,
   Di fida pastorella
   I prieghi non sdegnar.
Son quella che sovente
   Il tuo bel nome invoco
   Qualor l'aonio foco
   Fa l'alma delirar.
Furia febbril e ria
   Strugge dei [del] cor l'amore,
   Il più gentil pastore,
   L'amabile Filen.

XVIII[7]

Little meadow adorned with flowers, do you know why I come back to you? Here one day my love swore pure love to me, and eternal faith. Staring at me with his blue eyes he sweetly sighed, and then said: Heaven only knows when I will see you again, my Dori. May you always enjoy seeing these grasses and these flowers, remembering, o dear Dori, that here our love was born. Treasured words, I will relish repeating you every moment; ah! but without my cherished lover I will always be unhappy.

LXXIV[9]

Cytherea's star was burning in the quiet sky, morning dew was dropping on the little meadow, when I devoutly offered a small basket of flowers to the beloved statue of the Archer God, pleading: Oh, lovely and beautiful object of Venus's attention,[10] do not disdain the pleading of a faithful shepherdess. I am the one who often invokes your beautiful name whenever Ionian fire makes my soul delirious. A feverish and powerful fury consumes the love of [my] heart, the most gentle shepherd, lovable Fileno. May the delicate roses return to his sweet face, may beautiful serenity return to his loving eyes. And on Gnido's altar, I will sacrifice a lamb to you, and I will decorate your statue with Acidalian[11] flowers. A dove flew down, messenger of beautiful peace … Ah! the consoling God heard my voice!

Tornino al caro volto
　　Le delicate rose,
　　Ritorni all'amorose
　　Pupille il bel seren.
E sull'altar di Gnido
　　Un'agna vò svenarti,
　　E il Simulacro ornarti
　　Con gli acidalj fior.
Nunzia di bella pace
　　Una colomba scese ...
　　Ah! la mia voce intese
　　Il Dio consolator!

5　Alla Principessa Augusta Amalia di Baviera

Sull'acidalio margine
　　Colse una rosa Amore
　　Del più gentil colore,
　　Del più soave odor.
E scrisse intorno a quella
　　Col suo divino strale:
　　«omaggio alla reale
　　»donna del sesso onor».
Apparve delle Grazie
　　La Grazia più vezzosa,
　　Tolse ad Amor la rosa,
　　E invano pianse Amor.
Al bagno fortunato
　　S'avvicinò la Diva ...
　　Eufrosine giuliva
　　Offrì ad Augusta il fior.

6　Ad Amarilli Etrusca (Teresa Bandettini)

Tu, avvezza al dolce suono
　　De la tua dolce lira,
　　Che tante grazie inspira
　　Quante ne richiede in sè,
Come soffrir potrai
　　I rozzi miei concenti,
　　In fra capanne e armenti
　　Appresi sol da me?

To Princess Augusta Amalia of Bavaria[12]

On the Acidalian shore[13] Love[14] picked a rose of the nicest colour and most delightful fragrance. And with his divine arrow he wrote for it: "An homage to the royal woman, honour of her sex." The prettiest of the Graces appeared, took the rose from Love, and Love cried in vain. The Goddess approached the privileged bath ... joyous Euphrosyne[15] offered the flower to Augusta.

To Amarilli Etrusca (Teresa Bandettini)[16]

You, who are used to the sweet sound of your sweet lyre, which inspires as many graces as it contains; how will you put up with my crude songs, which I learned all by myself amidst huts and flocks? Ah, if among the many gifts surrounding you that I admire, only one were to adorn my poor style! I would want to weave a crown of Ascrean flowers for you, as you are the loveliest muse of Helicon.[17]

98   Courting Celebrity

Ah! se dei tanti pregi,
   Ch'io miro a te d'intorno,
   Sol un rendesse adorno
   Il povero mio stil;
Vorrei di fiori ascrei
   A te formar corona,
   Che sei dell'Elicona
   La musa più gentil.

7   Il cimitero campestre

Circondato di cipressi
   V'è funereo praticello,
   E fra quelli folti e spessi
   Vi frappose il villanello
   Ginepretti, spini e sassi
   Per vietar al gregge i passi.

Il cancel che v'introduce
   S'apre verso l'occidente,
   E del Sol la scarsa luce
   Entra appena mestamente,
   Poiché il vieta una collina,
   Che si estolle a lui vicina.

Pochi fior di malva e cardo
   Azzurreggian qua e là sparsi,
   Quasi ignoti all'uman guardo,
   Né si vede colà alzarsi
   Bella rosa, o vago giglio
   Col Candor, col sen vermiglio.

All'intorno un ruscelletto
   Vi serpeggia muto e lento,
   Nè mai tenero augelletto
   Là gorgheggia il suo concento;
   Sol di notte augel ferale
   Ululando batte l'ale.

Nel sen cupo del recinto
   Si diffonde un sacro orrore;
   Là tra sassi posa estinto

The Country Cemetery[18]

Surrounded by cypresses there is a little burial meadow, and among those thick, dense trees the lowly farmer put small junipers, thorny thickets and rocks, to block the flocks' entry.

The entrance gate opens to the west, and the weak light of the sun barely enters, and sadly, since a hill rising up nearby impedes it.

Here and there a few bluish mallow and thistle flowers are scattered, almost unnoticed by human gaze. Nor do people see the beautiful rose there, rising with her red heart, nor the pretty lily, with its white candour.

A little stream snakes all around, slow and silent, and never does a tender bird warble his concert there; only at night do birds of prey flap their wings, howling.

In the dark heart of the enclosure there spreads a holy horror; there, among the rocks, more than one young shepherd lies, and strewn amidst ancestors and fathers, [lie] young children, wives and mothers.

Over there is Nice, who grew like a spring flower, over there is Fille, who shone like the evening star. Evil death respects neither virtue nor grace.

There perhaps I too will soon sleep the sleep of death, and crossing the river of oblivion, I will change my sad fate. Those who always live in strife do not feel the pain of dying.

Più d'un giovine pastore;
E confusi agli avi e ai padri
Fanciulletti, spose e madri.

Là v'è Nice, che crescea
  Come un fior di Primavera,
  Là v'è Fille che splendea
  Come l'astro della sera:
  Non rispetta morte ria
  Nè virtù nè leggiadria.

Là fra poco forse anch'io
  Dormirò sonno di morte,
  E varcando il fiume obblio
  Cangerò mia trista sorte.
  Chi ognor vive tra l'affanno
  Del morir non sente il danno.

8   In morte di Cesarotti

Bell'alba, che rallegri
  Il rio, l'erba, le frondi,
  Deh! fra le nubi ascondi
  Quel vivido rossor.
Non vedi come intorno
  Il rio, le frondi e l'erba
  Tutto vestigia serba
  D'insolito dolor.
Ah! di Meronte il fato
  Forse ti è ignoto ancora?
  Vestiti, o bell'Aurora,
  Di funebre pallor.
Così diss'io: ma intanto
  La Diva sorridea,
  Che in ciel baciato avea
  L'amabile cantor.

9   Per lo stesso soggetto

L'urna fatale è questa,
  Che di Meronte chiude
  Le gelid'ossa ignude,
  Ch'io vengo a salutar.

On the Death of Cesarotti[19]

Beautiful dawn, who cheers the stream, the grass, the trees, please!
Hide your vivid blushing behind the clouds. Don't you see how
around the stream, the trees and the grass, everything bears a vestige
of unusual pain? Ah! Meronte's fate is perhaps still unknown to you?[20]
Dress yourself, o beautiful Dawn, in funereal pallor. This is what I
said: but in the meantime, the Goddess smiled, because she had kissed
the lovely poet in the heavens.

On the Same Subject[22]

This is the fatal urn, which seals Meronte's naked icy bones, that I
come to greet. Hail, noble receptacle of his dear fragile [body], which
made Italy sparkle with its rays. As long as I live, I will consecrate
my grief to you, at every break of day I will scatter flowers upon you.

Salve, ricetto augusto
  Del caro fral di lui,[21]
  Che fea coi raggi sui
  Italia sfavillar.
A te, perfin ch'io viva,
  Sacrar vo' il mio dolore,
  Te ad ogni primo albore
  Io spargerò di fior.
Chi sa che l'alma bella,
  Se le fui cara un giorno,
  Qui non s'aggiri intorno
  Scossa dal mio dolor.

10 L' Arcadia
   Ad Arminio Luigi Carrer

   Ah! Che tranquilli e lieti
   Ama Febo i Poeti.
                    Bondi.

In qual letargo indegno
  Languisci, Arcadia mia?
  Formaro il tuo bel regno
  Amore e poesia;
  E di lauri t'ornaro
  Cristina e Sannazzaro.
Le sbigottite Muse
  Fuggon di Pindo in cima,
  E timide e confuse
  Negan l'aonia rima
  Ai sfortunati e lieti
  Italici poeti.
Il pregiudizio insano
  Vola di tetto in tetto,
  E accenna con la mano
  I titoli, il rispetto,
  E le tanto sognate
  Pergamene dorate.
All'umile virtude
  Fa il vizio oltraggi e danni,

I hope that that beautiful soul, if I once was dear to it, would roam nearby, moved by my pain.

Arcadia
To Arminio Luigi Carrer[23]

Ah! Phoebus loves poets to be tranquil and happy.
Bondi.[24]

In what kind of shameful lethargy do you languish, my Arcadia? Love and Poetry formed your beautiful kingdom and Cristina and Sannazzaro crowned you with laurels.[25] The astonished Muses flee to the top of Pindo, and timid and confused they keep Aonian poetry[26] away from the unfortunate and happy Italian poets. Unsound prejudice[27] flies from roof to roof, and gestures towards titles, respect, and the much-coveted golden parchment. Vice commits outrage and damage against humble Virtue, a torn veil covers her, and troubles assail her; while Phrynes and flatterers possess Italy's treasures.[28] Arminio, you who shine brightly among the first poets, with your sublime verses you spark a lightning flash in Arcadia that is a harbinger for us of its [Arcadia's] original value. Ah! Yes, my friend, let us sing of the old Arcadian glories, and of the ancient splendour, and of the many, many poetic crowns that embellished the head of victorious Rome.

Lacero vel la chiude,
La opprimono gli affanni;
E Frini e adulatori
Han gl'itali tesori.
Arminio, tu che splendi
Chiaro tra' vati primi,
Tu nell'Arcadia accendi
Coi carmi tuoi sublimi
Un lampo a noi foriero
Del suo valor primiero.
Ah! sì cantiamo, amico,
Gli arcadi prischi vanti,
Ed il fulgore antico,
E i tanti serti e tanti,
Onde fregiò la chioma
Alla vittrice Roma.

11 *A Vettore Benzon*
Pel suo poema: *Nella*.

Biondo era e bello, e di gentile aspetto. *Dante*.

Quando formar le Grazie
Il viso tuo gentil,
Involaro ad April
Le rose e i gigli.
E involaro i coralli
Alla Diva del mar,
Onde que' bei formar
Labbri vermigli.
Apolline del crine
Ti cede il biondo onor,
E tel cinge d'allor
Se il plettro tocchi,
Qualor di Nella fingi
I teneri sospir;
E ti brilla il desir
Nei languid'occhi.
Oh quante volte Amore
Che i mesti carmi udì
Sospeso impietosì
Sui vanni audaci![31]

To Vittore Benzon
For His Poem "Nella"[29]

He was blond and beautiful, and of noble aspect. *Dante*.[30]

When the Graces formed your sweet face, they stole from April the roses and lilies. And from the Goddess of the sea, they stole corals, with which to form those beautiful vermilion lips. Apollo forfeits to you the honour of blondest hair, and crowns it with laurel when you strum your lyre, whenever you imagine Nella's tender sighs, and desire glows in your languid eyes. Oh, how many times, on hearing your sad songs, did Love stop, suspended on his daring wings, and take pity? How many times has Venus come down from Olympus and, listening to you, forgotten Adonis's kisses![32]

Quante volte Ciprigna
   Dall'Olimpo calò,
   E in udirti scordò
   D'Adone i baci!

12 Il dono

Due vaghe tortorelle
   Donommi il mio pastore
   Dicendomi: d'Amore
   L'offerta non sdegnar.
Da queste imparerai
   La fedeltà più rara,
   E imparerai, mia cara,
   D'Amore a palpitar.
Le presi, e in loro imprimere
   Volea due caldi baci;
   Ma che? le penne audaci
   Repente all'aer spiegar.
Allor, ridendo, io dissi,
   Al dolce mio tesoro;
   Imparerò da loro
   La libertà a bramar.

13 A Vittorelli Per la sua Anacreontica

« Le rose che mi diede
Anacreonte in dono. »[34]

Perché d'Anacreonte—
   Sempre lodar le rose?
   Son forse più vezzose
   Per forma e per color?
Sbucciar ne vidi, oh quante!
   Sui nostri itali colli
   Così vermiglie e molli
   Da incoronarne Amor.
E tu di lei, cui Imene
   Oggi suoi nodi appresta,
   Brami di ornar la testa
   Solo d'argivi fior?

The Gift[33]

My shepherd gave me two beautiful doves, saying: do not disdain Love's offering. You will learn from them the rarest faithfulness, and you will learn, my dear, to tremble for Love. I took them and wanted to press two warm kisses upon them; But what? they suddenly spread their daring wings and took to the air. Laughing then, I said to my sweet dearest, what I will learn from them is to desire freedom.

To Vittorelli For His Anacreontic

"The roses that Anacreon gave me as a gift."[36]

Why always extol Anacreon's roses? Are they perhaps more beautiful in shape and colour? I've seen them blossom, oh so many! on our Italian hills, so red and soft, [enough] to crown Love with. And you [Vittorelli], yearn to adorn the head of the one for whom Hymen readies the nuptial knot today, with only Greek flowers?[37] Italy doesn't concede to Greece the flowers crowning her, just as you don't cede your laurels to Anacreon.[38]

108   Courting Celebrity

Non cede a Grecia Italia
   I fior della sua fronte,
   Come ad Anacreonte
   Non cedi tu l'allor.

14   Per mio Padre

« Quello ch'io cerco e non ritrovo in terra. » *Petr.*[35]

Allor che spiega Cintia
   Il placido splendor
   Men vò del genitor
   All'urna mesta.
Ed ho meco di mammole
   Ricolmo canestrin
   Raccolte sul mattin
   Nella foresta.
M'adombra un vel funereo
   Il crine, il volto, il sen,
   E fisso nel terren
   Lo sguardo tace.
Umil, devota, supplice
   Spargendo pianto e fior,
   Al caro genitor
   Imploro pace.

15   Per le nozze Correr-Zen

La prima rosa è questa
   Che spunta in Primavera,
   L'auretta lusinghiera
   Appena la baciò.
Dal suo spinoso cespo
   La colsi rugiadosa ...
   No, la più bella rosa
   Ancora non spuntò.
Così vermiglia e fresca,
   Così odorosa e pura,
   Le grazie ha di natura,
   I pregi dell'April.
Ad una vaga sposa
   Splendor del suol natio

For My Father[39]

"The one I search for and don't find on earth." *Petrarch*

At the hour when Cynthia unfurls her tranquil splendour[40] I go to my father's sad urn, and with me I have a little basket full of violets gathered this morning in the forest. A mourning veil shades my hair, face and bosom, and my gaze, fixed on the ground, is silent. Humble, devout, supplicant, scattering tears and flowers, I plead for peace for my dear father.

For the Correr-Zen Nuptials[41]

This is the first rose that blossoms in Spring; the gentle breeze has just kissed it. I pluck it, dewy, from its thorny branch ... No, a more beautiful rose has not blossomed yet. So rosy and fresh, so fragrant and pure, it has nature's graces, April's enchantments. To a beautiful bride, splendour of her native land, I want today to bring such a noble flower. It is true that blond-haired Hymen will adorn her breast with more delicate flowers on their happy dawns. But the gift of a rose does not offend the God; Love himself defends its simplicity.

Oggi recar voglio io
   Un fiore sì gentil.
È ver che il biondo Imene
   Sui fortunati albori
   Di più soavi fiori
   Il seno le ornerà:
Ma il dono d'una rosa
   Il Nume non offende,
   Lo stesso Amor difende
   La sua semplicità.

16   Ad Arminio – Luigi Carrer

Chi richiede i carmi miei?
   Ah! sei tu, gentil garzon,
   Che non hai sui gioghi[42] Ascrei
   Che [sic] ti vinca al paragon?
Venticello, che vezzeggia
   All'Aurora il biondo crin,
   Ruscelletto che serpeggia
   Fra le rose e i gelsomin;
No, non è così gentile,
   Sì piacevole non è,
   Come il nettar del tuo stile,
   E richiedi carmi a me?
Sulle fila armoniose
   Non sapesti tu cantar
   La canzone delle rose,
   Che le grazie t'inspirar?
Tu di Cintia che diffonde
   Modestissimo splendor
   Non cantasti? e la sua fronde
   Ti diè Febo e i mirti Amor.
E per gl'incliti Imenei,
   Di cui l'Adria altera va,
   Tu richiedi i carmi miei?
   Ed Apollo il soffrirà?
Loda tu la vergin bella,
   Che or s'accoppia al suo fedel,
   E d'Amor l'aurea facella,

To Arminio – Luigi Carrer[43]

Who asks for my poems? Ah! Is it you, kind lad, whom no one beats in the Ascrean games? The little breeze that ruffles Aurora's blond hair, the little brook that winds among the roses and the jasmine – no, they are not as delicate, not as pleasant, as the nectar of your style – and you ask *me* for poems? Weren't you able to sing, on the harmonious strings, the song of the roses that the Graces inspired in you? Didn't you once sing of Cynthia, who spreads such a very modest splendour? And Phoebus gave you his laurels[44] and Love his myrtle.[45] And for the illustrious marriage that makes Adria so proud,[46] you ask for my poems? And Apollo will suffer it? *You* give praises to the beautiful virgin, who now joins herself with her beloved; and to the golden flame of Love, and to Hymen's pink veil.[47] In the little laurel wood secretly I will hear you; I will enjoy repeating your song of love. I will offer a verdant crown to the lovely singer ... Love cedes the torch to you, and I cede to you the green honour.[48]

112 Courting Celebrity

E d'Imene il roseo vel.
Nel boschetto degli allori
Io furtiva t'udirò,
La canzone degli amori
Di ripetere godrò.
Offrirò serto vivace
All'amabile cantor ...
A te cede Amor la face,
Io ti cedo il verde onor.

17 Per celebre e bella Cantante

La vaga Citerea
Avea smarrito Amor,
Dolente il ripetea
Ai Numi ed ai pastor.
Un Silfo lusinghiero
Va della Diva ai piè,
Dicendo: il Nume arciero
Io ti dirò dov'è.
O Diva degli Amori,
Non piangere così;
La tenera Licori
È quella che il rapì.
Le grazie sue pudiche
Furtive l'adescar,
Questa novella Psiche
Lo fece innamorar.
S'aggira ognor vicino,
Qual ape intorno ai fior,
Al volto peregrino
Al labbro incantator.
Dagli Antenorei liti
Sa il Ciel quando verrà!
Son nodi a lui graditi
Il canto e la beltà.
Al terzo giro allora
Ciprigna ritornò,
Ma flebile talora
Tai detti replicò:
Dagli Antenorei liti [49]
Sa il Ciel quando verrà!

For a Famous and Beautiful Singer[50]

Beautiful Venus had lost Love, and in pain, she lamented repeatedly to the Gods and shepherds. An alluring Sylph[51] goes to the feet of the Goddess, saying: "I will tell you where the archer God is. Oh, Goddess of Love, don't cry so; tender Licori is the one who stole him. Her modest charms slyly ensnared him, and this new Psyche[52] made him fall in love. He circles [her] always, like a bee around a flower, around her lively face, her enchanting lips. Heaven knows when he will come back from Antenor's shores! Her song and her beauty are pleasurable bonds to him." After the third round Venus then returned,[53] but now she weakly repeated those lines: *Heaven knows when he will come back from Antenor's shores! Her song and her beauty are pleasurable bonds to him.*[54]

114   Courting Celebrity

Son nodi a lui graditi
Il canto e la beltà.

18   Per la celebre cantatrice Giuditta Pasta

Amabile usignolo,
   Che dal natio boschetto
   Il canto del diletto
   Fai dolce gorgheggiar,
Vola d'Euganea in seno,
   Ove la bella Irene
   Dalle notturne scene
   Fa l'alme innamorar.
Udrai com'ella scioglie
   Dal bel labbro di rosa
   La voce armoniosa
   Che ci accarezza il cor.
Ed imparar potrai
   Nuovi celesti modi,
   Onde cantar le lodi
   Di Venere e di Amor.

19   Alla Signora Contessa Isabella Teotocchi Albrizzi. Il fiore favorito.

Jeri all'aura mattutina
   S[p]iegò il seno un vago fior
   D'una forma peregrina,
   D'un bellissimo color.
Era il fiore favorito
   Che gli Amori accarezzar,
   Era il fiore più gradito
   Che le Grazie coltivar.
Più bel fior non vide Flora
   Sorger lieto al Sol d'April,
   E sul crine dell'Aurora
   Non v'è fiore più gentil.
Ogni Ninfa, ogni pastore
   Volea coglierlo, ma invan;
   Che vietollo il Dio d'Amore
   Con la voce e con la man.
Io dicea: propizj Dei,
   Se il bel fior potessi aver!

For the Famous Singer Giuditta Pasta[55]

Lovely nightingale, who from your native little wood make sweet warbling of pleasure's song, fly to the heart of Euganea,[56] where beautiful Irene, in nocturnal scenes, makes souls fall in love.[57] You will hear how she frees, from her pretty rose-like lips, the harmonious voice that caresses our hearts. And you will be able to learn new heavenly ways, by which to sing the praises of Venus and of Love.

To the Lady Countess Isabella Teotochi Albrizzi.
The Favoured Flower.[58]

Yesterday a fair flower, precious in shape and beautiful in colour, bared its breast to the morning air. It was the favoured flower, caressed by loving cherubs; it was the most cherished flower the Graces grew. Flora[60] never saw a more beautiful flower rise happily in the April sun, and in Aurora's hair there is no more noble flower. Every nymph, every shepherd wanted to pick it, but in vain; for the God of Love forbade it, with voice and hand. I said: Propitious Gods, if only I could have the beautiful flower! I would offer it to Isabella, but the archer God forbids it. Just as he heard that name Love plucked it saying: "May she who reigns over every heart have the favoured flower."

116   Courting Celebrity

A Isabella l'offrirei,
Ma lo vieta il Nume arcier.
Un tal nome appena udito
Lo spiccò dicendo Amor:
« Abbia il fiore favorito
Chi ha l'impero d'ogni cor ».

20   Nella casa del Petrarca in Arquà

Onor dei cigni ascrei,
Primo fra il Delio coro,
Di cui la cetra d'oro
Laura[59] risuona ancor;
La semplice Anassillide
Nata in campestre lido,
Offre al tuo casto nido
Un mazzolin di fior.
Accogli il picciol dono,
Il mio desir seconda,
Chiedo una sola fronda
Del tuo divino allor.

21   Alla Signora Clarina Mosconi.
Il serto delle Grazie.

Tessean le Grazie idalie,
Bellissima Clarina,
Sull'Alba porporina
Serto di vaghi fior.
Io lo credea di Venere
Il solito ornamento,
Che al divo portamento
Accresce lo splendor;
Ma m'ingannai: sull'Adige,
Altier del tuo natale,
D'un Zefiro sull'ale
Offriro[no] il bel lavor.
Alla tua fronte candida
Ora verdeggia intorno,
Di mille vezzi adorno
Ivi lo serba Amor.

In Petrarch's House in Arquà[61]

Honour of the Ascrean swans, first among the chorus of Delos, the one whose golden cithara still sounds "Laura" – simple Anassillide, born in the countryside, offers a small bouquet to your modest nest. Accept the little gift, satisfy my desire. I ask for only one frond from your divine laurel.

To Lady Clarina Mosconi. The Garland of the Graces.[62]

Beautiful Clarina, the Idalic Graces[63] were weaving a garland of pretty flowers at red-tinged dawn. I believed it to be Venus's usual ornament, which enhances the splendour of her stately bearing. But I was wrong: on the wings of a zephyr, on the Adige, proud to be your birthplace, they offered their beautiful handiwork.[64] It blossoms now upon your white forehead; adorned with a thousand charms Love keeps it there.

118 Courting Celebrity

22 Per la testa d'Elena posseduta dalla N.D. Contessa
Isabella Teotochi Albrizzi

Oh! quale in te traluce
  Viva d'Amor facella,
  Di Castore e Polluce
  Bellissima sorella.
La voluttà si trova
  In te al decoro unita;
  In te vivrà Canova
  Se diede a te la vita.

23 Alla Nobile Signora Contessa
Margherita Tassoni Brazzà-Morosini

Tu con la man che eguaglia
  D'Ebe l'eburneo seno
  M'offri d'industre maglia
  Bellissimo lavor.
Io grata al don gentile (*)
  Potessi offrirti almeno
  Oltre la cetra umile
  Tutti di Pindo i fior.

(*) Avea regalata all'Autrice una bellissima borsa

24 (Epigramma senza titolo)

Citerea gridava: aita,
Perché Amor l'avea ferita;
Imeneo, che il grido udì,
Corse tosto, e Amor fuggì.

25 In morte di suo marito Antonio Mantovani

Allor che il Sol dietro l'Esperio lito
Nasconde i raggi, ed al riposo appella,
Contemplo con dolor l'imagin bella
                    Di mio marito.

For the Head of Helen Owned by the Noblewoman Countess
Isabella Teotochi Albrizzi[65]

Oh! What a little flame shines through you, alive with Love, most
beautiful sister of Castor and Pollux.[66] In you sensuousness is united
with decorum; in you Canova will live on, seeing as he gave you life.

To the Noblewoman Countess
Margherita Tassoni Brazzà-Morosini[67]

You whose hand equals the ivory breast of Hebe, you offer me a
beautiful work of exquisite weaving. Grateful for the kind gift (*) I
wish I could at least offer you, in addition to the humble cithara, all of
Pindo's flowers.[68]

*She [the noblewoman to whom the poem is dedicated] had given the
author a beautiful purse

(Untitled epigram)[69]

Cytherea cried out: "Help!,"
As Love had wounded her;
Hymen, who heard the cry,
Quickly ran over, and Love fled.

On the Death of Her Husband Antonio Mantovani[70]

At the hour when the sun hides its rays behind the Western shore and
calls us to rest, I contemplate with pain my husband's beautiful image.

Veggo il ceruleo sguardo ed il sorriso,
Veggo la fronte sua specchio del core,
E la gaia sembianza ed il candore
                    Di paradiso.

Sempre il vagheggia l'occhio della mente,
Or lieto, or melanconico, or pensoso;
Nell'ora del passeggio o del riposo
                    Sempre è presente.

Ier di notte il sognai più fresco e bello
D'un sereno mattin di primavera:
Dormia tranquillo all'aura messaggera
                    Del dì novello.

Io per destarlo lo chiamava a nome
Inutilmente; il sonno era profondo:
Or gli baciava il labbro rubicondo
                    Ora le chiome.

– Amor non dorme;[71] svegliati – io dicea;
– Risplende il giorno nel suo pieno lume
Lascia, diletto mio, lascia le piume –.
                    Egli tacea.

Subito affanno fé balzarmi il core,
E mi destai di lagrime inondata,
Vedova, meschinella, desolata,
                    Nel mio dolore.

Oh quante volte di vederlo parmi
Assiso a me vicin mentre ch'io scrivo,
E cortese e gentil com'era vivo
                    Plaudir miei carmi!

Oh quante volte mi par ch'ei mi chiami
Or cara Aglaia, or sua diletta sposa!
Con la solita sua voce amorosa
                    Chieder s'io l'ami!

O cara voce, non t'udrò più mai
Soave consolar l'anima mia,
Da me scacciando con dolce malia
                    Gli affanni e i guai.

I see his sky-blue eyes and his smile, I see his forehead, mirror of his heart, and his happy look and the innocence of paradise.

My mind's eye always imagines him, now happy, now melancholic, now thoughtful. On my daily stroll, or at my rest time, he is always present.

Last night I dreamt of him, fresher and more beautiful than a calm spring morning; he slept peacefully, enveloped by the air that heralds the new day.

To wake him, I called his name, but in vain; his slumber was deep. Now I kissed his red lips, now his hair.

"Love, don't sleep; wake up," I said; "The day is resplendent in its full light. Leave, my love, leave the bed." He was silent.

Immediately worry made my heart jolt, and I woke awash with tears, a widow, miserable, desolate, in my pain.

Oh, how many times does it seem I see him sitting next to me while I write, and polite and kind as when he was alive, he applauds my poems!

Oh, how many times does it seem he is calling me, now dear Aglaia, now his lovely wife! With his usual loving voice asking if I love him!

O dear voice, I will never again hear you softly comfort my soul, driving worries and problems away from me with your sweet magic.

In his last moments of living he did not complain of his mortal pains; all his laments were over [leaving] his poor wife.

"Be in peace, my Aglaia," he used to say; "One day we will see each other in heaven; the body, not love, remains divided." And I would cry.

Oh my dear companion torn from my heart, descend into my dreams, descend and console me. I, unhappy, abandoned, and alone, cry and grieve.

Then fly back to your blessed realm, where you gaze upon immortal almighty God, where I will see you again, freed from my body, with a sigh.

Del viver suo negli ultimi momenti
Non si lagnò di sue mortali doglie;
Erano per la sua povera moglie
                Tutti i lamenti.

– Datti pace, mia Aglaia – egli dicea;
– Un dì ci rivedremo in paradiso;
il corpo, non l'amor, resta diviso –.
                Ed io piangea.

Oh rapito al mio sen caro compagno,
Scendi tra i sogni miei, scendi e consola
Me, che infelice, abbandonata e sola
                Piango e mi lagno.

Indi rivola al tuo beato empiro,
Ove vagheggi Dio sommo immortale,
Ove ti rivedrò sciolta dal frale
                Con un sospiro.

Notes to Selected Poems

1 In the 1826 volume: "Amori" (pp. 95–162); "Poesie varie" (pp. 163–284); "Epigrammi" (pp. 285–90).

2 The only other modern offering of Veronese's poems is provided by Manlio Pastore Stocchi. He includes the same twenty lyrics in his 1973 and 1997 editions of *Notizie* (seventeen from *Versi*, three from other sources). In his "Nota sul testo" for both volumes, however, he gives little rationale or criteria to explain his selection (*Notizie* [1973], 30; *Notizie* [1997], 19).

3 Veronese refers to and quotes a line from this sonnet at the very end of her autobiography: "my cheerful disposition ... makes me often remember one of the few sonnets that I wrote to portray myself" (*Information* 89). It had appeared in her debut collection of poetry: *Varie poesie di Angela Veronese trivigiana* (31); however, she does not include it in *Versi*. Including the self-portrait sonnet here shows Veronese's sense of herself at an early stage of her life, as well as her participation in the cultural trend of literary portraiture.

4 This sonnet is mentioned in *Notizie* as Count Pepoli's response to a sonnet Veronese had addressed to him, which she notes was her first-ever poetic production, composed when she was approximately fifteen years old (note his reference to her age in the final stanza). Veronese cites the first line of her lyric: "This man who comes on a golden chariot" (*Information* 55), but we have been unable to locate the composition. Like the self-portrait sonnet above, Pepoli's sonnet had appeared in Veronese's earliest edition (*Varie poesie* ... 87) but is not among the *Versi* poems.

5 Here Pepoli refers to Apollo, who, among other roles, presides over music, poetry, and light.

6 A reference to Veronese's autodidacticism.

7 *Versi* 106–7. We are not sure when this poem was first written or published. Carrer mentions it in his published eulogy for Veronese (11 Oct. 1847), where he states it was one of her poems that everyone knew and regularly sang.

8 "Ciprigna" was another name for Venus, indicating that she originated from the island of Cyprus.

9 *Versi* 157. According to *Notizie*, this was among Veronese's first published poems, an anacreontic written for Lindoro (Dr. Ghirlanda from Onigo). She claims it appeared in the Venice *Munitore* (*Information* 65). It was included in her first collection, *Varie poesie* ... ; however, the poem in this early edition is titled "Per la salute di Fileno," and the *Versi* version, while not titled, refers also to Fileno.

124   Courting Celebrity

10 Veronese appeals to Cupid, "object of Venus's attention"; she has just referred to him also as "the Archer God."

11 Legend has it that in the city of Orcomene in Boeotia there was a fountain named Acidalius (from the Greek word meaning "restlessness"), in which the Graces used to bathe. As Venus often appeared with the Graces, she took on the adjective *Acidalia*, indicating the strife and restlessness she frequently brought to lovers. This etiological explanation comes from a book Veronese might well have been familiar with, Abbot André de Claustre's popular *Dizionario mitologico, ovvero della favola, storico, poetico, simbolico, etc.* Twenty-five editions were published in France in 1745 and 1746, with twelve translated editions published in Italian between 1758 and 1793.

12 *Versi* 169–70. Veronese wrote this anacreontic to honour Princess Augusta Amalia of Bavaria on the occasion of her visit to the thermal baths of Abano, near Padua (*Information* 81–2).

13 The "Acidalian" shore evokes the fountain in Boeotia frequented by Venus and the Graces. See note 11 above.

14 "Love" here refers again to Cupid, Venus's offspring.

15 "The prettiest of the Graces" refers to Euphrosyne, and of the three Graces she traditionally represents joy.

16 *Versi* 187. In this encomiastic lyric to Teresa Bandettini, Veronese emphasizes her identity as an autodidact who grew up in an impoverished rural environment (*Information* 80, 96–7).

17 The reference to Ascra, ancient city on the slopes of Mount Helicon, evokes by extension the Georgic model of poetry. Here "a crown of Ascrean flowers" could, and likely did, represent a gift of multiple pastoral poems.

18 *Versi* 197–9. This poem was likely written around the time of Cesarotti's death (c. 1808), since Veronese includes it in *Versi* just before two compositions dealing directly with that sad event. It appeared again in the year of Veronese's death, in one of the *strenne* so popular in Northern Italy in the early nineteenth century, *L'Ape: Strenna per l'anno 1847* (Venice, G. Antonelli, 1847). Here Veronese's verses are in the company of those by other well-known poets, among them Luigi Carrer, Niccolò Tommaseo, and Francesco Dall'Ongaro. The lyric explicitly evokes the famous poem by Thomas Gray, *Elegy Written in a Country Churchyard* (1751), a composition whose dark tones foreshadowed the Gothic movement in Britain and influenced the Italian pre-Romantic period.

19 *Versi* 199. As evident in her autobiography, Veronese considered Melchiorre Cesarotti her most cherished mentor and dearest friend. This is the first of two poems that she writes upon his death.

20 Meronte was Cesarotti's moniker in Arcadia.

Angela Veronese 125

21 The word "frale" is a term usually used poetically to refer to the human body, in light of its transitory material status.

22 *Versi* 200.

23 *Versi* 201–2. In this poem Veronese calls upon Carrer to restore dignity to the reputation of Arcadian poetry. Near the end of the eighteenth century, with the rise of neoclassicism and early leanings towards Romanticism, pastoral poetry had begun to be perceived as inferior because it thrived on empty, bombastic, outdated forms. When Veronese wrote this poem, Arcadian poets were seen as shallow status seekers, sycophants, or worse. See "Contexts and Conclusions" for more on Arcadia and its literary practices.

24 This line derives from the poem "Nell'abolizione dei Gesuiti," written by Clemente Bondi (1742–1821).

25 These two figures are fundamentally associated with the "beautiful kingdom" of Arcadia. After renouncing her throne, Queen Christina of Sweden (1626–89) settled in Rome, where she gathered a literary circle that morphed after her death into the Academy of Arcadia. In his pastoral poem *Arcadia* (pub. 1504), Jacopo Sannazaro (1458–1530) set the paradigm for future representations of the idyllic pastoral land of Arcadia, influencing the literature of the sixteenth and seventeenth centuries.

26 The Aonian region, loosely corresponding to Boeotia, included Mount Helicon, sacred to Apollo and the Muses. The Pindus Mountain range extends across northern Greece.

27 "Unsound prejudice" (*pregiudizio insano*) refers to the sterile, single-minded ambition of some Arcadian poets, absorbed only in acquiring status reflected in titles, honours, and the official scrolls ("the golden parchment") of the *Diploma di arcade*, attesting to their membership in Arcadia.

28 Phryne (Frine) (c. 328 BC) was a very famous Athenian courtesan who had amassed incredible wealth. Veronese imagines a multitude of self-interested people like Phryne, who along with flatterers have obscured Italy's true literary worth.

29 *Versi* 205–6. Benzon's poem acquired some fame in his time (see *Information* 88), and Nella is the name of the female protagonist of the eponymous poem.

30 Dante Alighieri, *Purgatory* III, 107–8. The line refers to Manfred, king of Sicily (1232–66). Dante places him in Purgatory, amidst those who repented at the last moment.

31 "Vanni" is a poetic word denoting "wings."

32 According to Greek mythology, the goddess Aphrodite (Venus) was entranced with and managed eventually to seduce Adonis, a youth of incredible beauty.

33 *Versi* 235. This poem is mentioned in *Notizie* as having been admired by Memmo, and Veronese cites two lines from it (*Information* 69). It had also

126   Courting Celebrity

appeared much earlier in 1804 in *Varie poesie* ... (14). In each of its three appearances (*Varie poesie* ..., *Notizie*, and *Versi*), it has a slightly different lexicon.

34 This is a line from one of Vittorelli's anacreontics where he explicitly defines himself as Anacreon's poetic heir.

35 This is the second line of Petrarch's sonnet which begins "Levommi il mio penser in parte ov'era" (*Canzoniere* CCCII). The Petrarchan verse contains "quella" instead of "quello," since the poet-narrator was speaking of his beloved Laura, whose absence brought him great pain.

36 *Versi* 238. Veronese mentions writing some verses on the spur of the moment anticipating her first encounter with Vittorelli, but the few lines she recalls in *Notizie* do not appear in this poem (*Information* 63).

37 Veronese refers to a nuptial poem that Vittorelli wrote.

38 This last quatrain could be paraphrased as "Italy has no less poetic talent than Greece, just as you are not a lesser poet than Anacreon."

39 *Versi* 241–2. Elegiac poems in remembrance of deceased persons were a staple of occasional poetry. Moreover, Veronese's autobiography demonstrates her intense love and admiration for her father.

40 Cynthia is another name for Diana, goddess of the moon; thus Veronese evokes night-time and the growing light of the moon, fitting for this mournful context.

41 *Versi* 267. Poetic compositions written to celebrate a marriage, also known as epithalamia, were one of the most ubiquitous types of occasional poetry in the period. They were printed individually or often bound in small groupings (a booklet-style publication containing one poem each from several different poets) and circulated at the time of the marriage. Veronese composed numerous lyrics honouring marriages, and given that this union brought together two of the most prestigious Venetian families, it is understandable that she comments on it in *Notizie* (*Information* 87). While her mention of the Correr-Zen matrimony makes specific reference to a different nuptial poem she wrote for it, this one is an excellent example of the genre. It had first appeared in the 1819 booklet entitled *Per le faustissime nozze Correr-Zen, Rime raccolte da D.F.G.*. There its title is somewhat more elaborate: "La prima rosa d'Aprile. Alla sposa. Anacreontica di Aglaja Anasillide" ("The First Rose of April. To the Bride. Anacreontic by Aglaja Anasillide"); in a few places the *Versi* version has minutely different wording.

42 "Gioghi" is a variant spelling of "giochi" and refers here to poetry competitions.

43 *Versi* 268. This is another nuptial poem Veronese wrote for the Correr-Zen marriage in 1819. It speaks to her awareness of the power of networking, insofar as she says that she wrote it spurred by Luigi Carrer, who had

requested that she write verses for the occasion (*Information* 87). The version of this poem in the 1819 wedding booklet mentioned in the previous note bore this title: "To Arminio – Luigi Carrer / Aglaia Anassillide / Whom the Above-Named Had Asked to Write Verses for These Nuptials" ("Ad Arminio-Luigi Carrer / Aglaia Anassillide / A cui il suddetto avea chiesto versi per queste nozze"). The earlier publication has an extra stanza in the middle of the composition, eliminated for the poem's publication in *Versi*, and some other minor differences.

44 The laurel crown, symbol of poetic honour.

45 The myrtle is a symbol of love.

46 The "illustrious marriage" refers to the Correr-Zen nuptials, also exalted in the poem above.

47 Hymen refers to female anatomy and is also the name of the Greek god of marriage. Here it functions as an abstract reference to nuptials.

48 Again, the laurel wreath.

49 *Liti* is an old form for *lidi* (shores).

50 *Versi* 271–2. This poem sings the praises of the improviser, poet, and actress Rosa Taddei (1799–1869). It dramatizes her brilliance and talent by likening her to an innocent nymph (Licori) whose charms are powerful enough to draw Love (Cupid, the archer god) away from Venus. A common appellation for young women protagonists in pastoral literature, "Licori" is doubly significant here, as Taddei's Arcadian name was "Licori Partenopea." It is hard to know if Veronese also implies a particular person in Cupid, or if she points to fans of Taddei in general, who cannot tear themselves away from Padua (Antenor), where Taddei often performed. Taddei's collection of poems *Nuovi estemporanei* was published in 1826, the same year in which Veronese published *Versi ... Aggiuntevi le notizie.*

51 A Sylph was a mythological air spirit.

52 In Greek myth Psyche was a young woman of outstanding beauty and Love (Cupid) fell in love with her.

53 Ciprigna refers here to both Venus the goddess and Venus the planet; and the "third round" likely refers to the planet's orbit, with three equal to about two years.

54 We have duplicated the italics for these lines, although we are not exactly sure why they are printed this way. It may be that in emphasizing the repeated utterance Veronese intended to remind readers of opera performance and the experience of hearing a *da capo* aria, where pieces of the song are repeated multiple times.

55 *Versi* 276–7. Giuditta Pasta (1797–1865) was a famous opera soprano with an extensive vocal range. She debuted in Milan in 1815 and in the 1820s dramatically changed the features of Italian opera with her interpretation of different characters, including those *en travesti*. She sang in all the

128 Courting Celebrity

major opera houses in Italy as well as in Europe, with many star turns in Paris and London.

56 Ancient name for the region in north-eastern Italy that now comprises Veneto and Friuli.

57 This quatrain most likely references Pasta's singing in evening opera performances and possibly the specific genre of the nocturne, an introspective vocal piece often sung by the figures Irene and/or Nice. The mention of Irene might also signify Pasta's rendition of Vittorelli's famous "Anacreontics to Irene," as these verses were frequently set to music.

58 *Versi* 277–8. Isabella Teotochi Albrizzi is one of the first high-society Venetian patrons that Veronese mentions in *Notizie*. The anacreontic here is a perfect example of the customary poem of tribute to an important person, and in this case to a central player in the local cultural network. As she does in many similar compositions, Veronese places Teotochi Albrizzi in an idyllic pastoral context where she is duly venerated. The content of this lyric seems related to the lines from the epigram Veronese says she gave to the well-loved salonnière (and included in *Information* 56), but they appear to have been separate compositions.

59 As Petrarch himself did, Veronese is playing with the homophony of *Laura*, as the name of Petrarch's beloved, and *l'aura*, meaning "the air."

60 Flora is a symbol for nature, as she was the Roman goddess of flowers and spring.

61 *Versi* 279–80. Veronese wrote this lyric on the occasion of one of her several visits to the house outside Padua where the poet Petrarch lived the final four years of his life (1370–4). Precisely which visit prompted this composition is unknown. The earliest evidence of one of her poems praising Petrarch in connection with a visit to Arquà (probably in spring 1809, titled "Tributo a Petrarca") appears in the *Codice d'Arquà*. See also p. 135 note 14.

62 *Versi* 283–4. In *Notizie*, Veronese writes of having given this Anacreontic to Mosconi in tribute (*Information* 80).

63 The temple of Idalion on the island of Cyprus was dedicated to Venus, so here Veronese connects the Graces to the cult of Venus.

64 The Adige river runs through the north-eastern area of Italy and the city of Verona, birthplace of Clarina Mosconi.

65 *Versi* 289. This epigram celebrates the famous marble *Bust of Helen* that Antonio Canova sculpted in 1811 and gave to Teotochi Albrizzi as an homage to her beauty. The symbolism of the gift, representing ideal beauty, had stirred lots of gossip in Venice. Teotochi Albrizzi enjoyed a close relationship with Canova, one which spurred her to write *Opere di scultura e di plastica di Antonio Canova* (1809, 1821–4), multiple volumes

describing his works. Veronese's encomiastic poem is among numerous others written on this sculpture, including one by Lord Byron.

66 Castor and Pollux were twin brothers and demigods, siblings of Helen of Troy and Clytemnestra.

67 *Versi* 289. The poem speaks explicitly to the contemporary system of gift exchange. While poets like Veronese offered their written works as tokens of gratitude and praise, higher-placed figures, such as the countess here, could compensate their talented admirers with material rewards. In this case, Veronese's poem stands in for a thank-you note and of course, as further acknowledgment of her patron's magnanimity, wealth, and good taste.

68 Again, "all the flowers" on the beautiful Pindus Mountain range refers metaphorically to an abundant collection of poems (see note 17 above).

69 *Versi* 290. In her autobiography Veronese calls this "the naughtiest" of her epigrams and says it enjoyed multiple translations and wide renown. In fact, it was also included in a rhetoric handbook, as an example of a perfectly constructed epigram. *Information* 70.

70 This poem does not appear in *Versi* but circulated in pamphlet form in Padua in 1840. Pastore Stocchi includes it in both of his editions (1973, 173–6; 1997, 113–15).

71 "Amor, non dorme" equals "Amor, non dormir(e)," which is consistent with the conversation the poet-narrator dreams she is having with her apparently sleeping husband.

130   Courting Celebrity

Biography of Angela Veronese (1778–1847)

The following profile assembles the most complete and accurate biographical information on Angela Veronese as is possible, based on available documentation. Even so, knowledge gaps remain, and some dating is still uncertain. There are few sources with which to verify statements Veronese makes in *Notizie* in reference to her childhood and youth. This challenge is compounded by the fact of her humble origins, for which there are scanty records. Moreover, relying on information related by contemporaries who wrote about her is tricky, because for many, their knowledge of Veronese's life seems to have come predominantly from her own *Notizie*. Some commentary exists prior to the publication of her autobiography in 1826, but the majority of writing about her in or after that year reveals a disproportionate reliance on her memoirs.

This biography relies entirely on sources independent from the autobiography. On occasion, when data from *Notizie* is referenced, we distinguish it from documented knowledge and indicate the extent to which it can be corroborated. Because the sources here connect so explicitly to Veronese, *for this section only* we direct the reader to our "Bio-Bibliography for Angela Veronese," immediately following this biography (pp. 166–76). It contains the complete information on all documentary sources cited in text or in footnotes. It is organized by category (Books, Others' Works, Letters, etc.), and each group is then ordered chronologically. Where the same sources are referenced in any other part of our book, they will appear again in full in the General Bibliography.

Angela Veronese was born in the village of Biadene, northwest of Treviso, in 1778.[1] The events she narrates regarding her youth and early adulthood include seven family relocations within the Veneto region, dictated by her father's employment as a gardener for the estates of Venetian patricians. If we trust her chronology of the family transfers,

---

1   Veronese uses the older spelling "Biadine."

which culminate when she marries in 1814 and moves with her husband to Padua, she resided in the following places at the times indicated:

Biadene, birth to 1781? (0–3 years old)
Santa Bona, 1781?–1785? (3–7 years old)
Venice, 1785?–1787? (7–9 years old)
Santa Bona, 1787?–1789? (9–11 years old)
Terraglio Road, 1789?–1795? (11–17 years old)
Breda, 1795?–1805? (17–27 years old)
Biadene, 1805?–1810 (27–32 years old)
Pontelongo, 1810–14 (32–6 years old)
Padua, 1814–47 (36–68 years old/death)

The properties Veronese cites did in fact belong to the noble families she attaches to them: the Zenobios in Santa Bona and Venice, the Albrizzis on the Terraglio Road, the Spineda clan in Breda, the Brescia family in Biadene, and the Erizzos in Pontelongo. The many famous literary figures she says she encountered also circulated among these estates.

The first truly documentable data point in Veronese's life is the publication of her first collection of poems in 1804, *Varie poesie di Angela Veronese trivigiana* (Venice, Francesco Andreola). At this point she was twenty-six years old and living with her family on the Villa Spineda property in Breda. Veronese writes in *Notizie* that around the time of this initial volume she had also published a poem in the periodical *Il Monitore veneto*; we have been unable to verify her claim. She notes that in the period before the 1804 publication, and in particular during the years she lived on the Terraglio Road (from 11 to 17 years old) and in Breda (from 17 to 27 years old), she met and circulated with nobility and intellectuals including Count Alessandro Pepoli, Countess Isabella Teotochi Albrizzi, Ippolito Pindemonte, Ugo Foscolo, Jacopo Vittorelli, and Francesco Zacchiroli. The Venetian nobility spent summers at their countryside villas. It is likely that they would have taken notice of a local child prodigy, and Veronese's accounts of the social occasions where she claims to have mingled with such learned people are entirely plausible.

Veronese writes that Abbot Paolo Bernardi facilitated the publication of her 1804 collection and that around this time he also introduced her to his friends, the scholar Angelo Mazza and Melchiorre Cesarotti, famous professor of rhetoric and classical languages at the University of Padua. Author and critic Mario Pieri's diary entries around this time (1806) testify to her frequent associating with Cesarotti's coterie, as well

132 Courting Celebrity

as her contact with Isabella Teotochi Albrizzi.[2] Veronese and Cesarotti would develop a close relationship, in keeping with the latter's reputation as a generous mentor with young aspiring writers.[3] In fact, she was probably one of his last student protégés, given that Cesarotti died in 1808, only a few years after their meeting.

The supportive guidance Veronese received from Cesarotti emerges in several pieces of correspondence from these years. In an undated letter Cesarotti addresses her with the familiar *tu* form, references their regular meetings, chats about shared acquaintances, and offers an attentive critique of three of her poems (1807–8? [Cesarotti to Veronese, undated]). In early 1807 Cesarotti writes to the editor and typographer Nicolò Bettoni, revealing his instrumental role in the publishing of Veronese's second poetry collection. In this letter he thanks Bettoni for his willingness to print the work of "the real Sappho, daughter of nature and of the woods."[4] He observes that the poetry has yet to be transcribed, which suggests that Veronese (and possibly he) was editing it. Cesarotti also discusses the terms of the publishing agreement and certain financial details. In September of the same year Cesarotti writes to Veronese (1807 [Cesarotti to Veronese, September 24]). He assures his "dear Aglaja" that he is advertising her (apparently imminent) publication and pre-selling copies of it. He expresses his desire that she gain not only glory but also economic advantage from writing poetry, and he promises to help her forge further literary connections. He references Abbot Quirico Viviani and Count Urbano Pagani Cesa, exhorting her to accept the latter's hospitality.[5] He promises to send her a copy of

---

2 Pieri describes meeting Veronese for the first time, accompanied by Abbot Viviani: "'Here,' he [Viviani] said, 'the shepherdess of Treviso.' I then recognized her, since he had talked about her to me several times, and since I had also heard her mentioned by Isabella Albrizzi [...] She had been encouraged first by the Albrizzi family [...] She travels here and there with her abovementioned young friend [Viviani] paying visits to lettered men and women and poets, and especially to Cesarotti's friends [...]." 'Ecco,' prese egli a dirmi 'la Pastorella di Treviso.' Allora io la riconobbi, avendomene egli parlato più volte, e avendone anche udita menzione da Isabella Albrizzi [...] Fu sulle prime incoraggiata dalla famiglia Albrizzi ... Viaggia qua e là col detto giovane suo amico visitando letterati e poeti; e specialmente gli amici di Cesarotti." Pieri, "Mercoledì" 120.

3 On Cesarotti and his relationships with his students, see Chiancone; Savorgnan Cergneu di Brazzà 36–45.

4 "la vera Saffo figlia della natura e dei boschi," 1807 [Cesarotti to Bettoni, 28 February], 19.

5 Veronese had corresponded with Pagani Cesa in July of the same year. 1807 [Veronese to Pagani Cesa, 22 July], 9. In *Notizie* she mentions her sojourn at Pagani Cesa's spectacular garden villa near Belluno and affably describes the count.

his latest work, an epic poem entitled *Prònea*, as soon as he has received it from the press.

Indeed, Veronese's second collection appeared within the year: *Rime pastorali di Agliaja [sic] Anassillide* (Brescia, Nicolò Bettoni, 1807). Her adoption of the pastoral name "Aglaja Anassillide" in the title of her second poetry collection seems to signal Veronese's official entry into contemporary academic culture, wherein members of literary academies throughout the Italian peninsula customarily assumed identities as versifying shepherds and shepherdesses from an ancient and idyllic Arcadia. No record has yet been found of Veronese's induction into the flagship institution, the Arcadian Academy, founded in Rome and bolstered by nearly forty colonies in major Italian centres.[6] However, it is highly possible that she became a member of Arcadia by being admitted through one of its colonies, the records of which are less traceable.[7] Several works in subsequent years (e.g., poetry anthologies, histories, and encyclopedic works) name her as "Angela Veronese, among the Arcadians Aglaja Anassilide."[8] Furthermore, she was admitted to Rovereto's Accademia degli Agiati in 1813 and later works identify her as "Accademica tiberina."[9] The fact that Veronese and many others regularly used her Arcadian name in their communications with and about her suggests that she was accepted as a fully fledged participant in the academies and the Arcadian poetry movement.

---

6 The names Angela Veronese or Aglaja Anassillide do not appear in Custodiato Godard's *Catalogo degli Arcadi* (1794–1824, *Atti Arcadici* 5 and 6) or in *Atti Arcadici* 10. Nor are they found in A.M. Giorgetti's *Onomasticon* (*Gli Arcadi dal 1690 al 1800*). For more details on the Arcadian Academy, see "Contexts and Conclusions."

7 Unless a member was assigned an official role, colonies were under no obligation to communicate their members' names to Rome. We owe the information for this and the preceding note to Dr. Giovanna Rak, General Secretary of Arcadia, whom we thank wholeheartedly.

8 "Rime," *Parnaso de' poeti anacreontici* 113. Veronese's entry in Ginevra Canonici Fachini's biographical dictionary also cross-references her as follows: "Veronese, Angela, di Treviso. / Sotto il nome arcadico di Aglaja Anassilide" (256).

9 Her induction into the Rovereto Academy, founded in 1750, is recorded in *Memorie dell'I.R. Accademia ... degli Agiati in Rovereto* (542). The Accademia Tiberina was a much newer institution, founded in Rome in 1813, the same year in which Veronese entered the Rovereto Academy. While we do not know when she was officially accepted in the Roman association, examples of descriptions of her as a member include: "Anacreontica dell'Acc. Tib. Aglaja Anassillide," in *Versi per la statua di Albertino Mussato*, n.p.; and "Ad Aglaure Berica risposta di Aglaja Anassillide accademica tiberina," title of her lyric in *L'Apatista: Giornale d'istruzione Teatri e Varietà* [3]. The designation "Accademica tiberina" also appears on the frontispiece of Veronese's short novel *Eurosia* (1836).

134   Courting Celebrity

The debut of "Aglaja Anassillide" in the 1807 *Rime pastorali* points also to a greater confidence in her artistic skills, and perhaps a sense of new beginnings. The editor's note to this work (unnamed but probably Bettoni) states that the author disavows her earlier 1804 publication, given that she did not partake in editing it and because "many of those poems merited forgetting and others needed better correcting."[10] More than twenty years later, Veronese, remembering the 1804 publication in her *Notizie*, describes it as "a small collection of what had flowed too immaturely from my pen" (*Information* 65).

By 1807 she had fully entered the sanctioned circle of Cesarotti's friends and students. Among onlookers she had both enthusiasts and detractors. In the first group, Pieri had written: "She, with very little learning, and little reading, writes anacreontic poems full of delicacy and grace, very close to the feeling of those by Vittorelli. A short time ago she published a small volume of these compositions of hers, and she earned applause. But her unpublished things are more numerous, and in my opinion merit the attention of men of taste."[11] A less supportive observer, the literary historian Giannantonio Moschini, wondered if some of Veronese's advocates (Cesarotti *in primis*) had lost their mental acumen, given their sponsorship of her poetry. Her second collection was about to be produced by the same press publishing Monti's works and Foscolo's *Dei Sepolcri*. Moschini's negative comments, however, in print before her edition came out, paradoxically confirm Veronese's respectable writerly status, as they reveal she had captivated a number of followers:

> A tumult of literary admiration has arisen in Treviso around a few poems that have just recently come out, the work of the shepherdess Angiola Veronese. This does not bring great honour to that city's literature, it seems to me. In fact, if that young nymph of the Sile River has declaimed her

---

10   "Some of these poems that had escaped from the author's hands just as she had scribbled them down on paper were published in Venice in 1804 under the name *Angela Veronese*. Since she had no part in that edition, and since many of those poems deserved to be forgotten and others needed better correcting, she makes it a point to recognize as her own only those verses in the present edition." "Alcune di queste Canzonette sfuggite dalle mani dell'Autrice così come le avea gettate sulla carta, furono pubblicate in Venezia nel 1804 col nome d'*Angela Veronese*. Com'essa non ebbe veruna parte in quella edizione, e come molte di quelle Canzonette meritavano d'esser obbliate, e parte meglio corrette, così essa fa noto di non riconoscer per sue che le Rime nell'edizione presente." *Rime pastorali ...*, 1807, n.p.

11   "Ella, con pochissima educazione, e con poca lettura, scrive delle Canzoni Anacreontiche piene di delicatezza, e di leggiadria a un di presso sul gusto delle Vittorelliane. Stampò tempo fa un volumetto di questi suoi componimenti, ed ottenne plauso: ma le sue cose inedite sono in maggior numero, e meritano, a mio credere i suffragj degli uomini di gusto." Pieri, "Mercoledì" 120–1.

verses after a certain amount of study, then I don't see them as being so special as to strike such wonder. If, as some would have us believe, she has declaimed them without the least amount of study, then I don't know how those mythological references with which she builds her poetry entered her mind. I think though, that that fiery, irrational enthusiasm is already on the wane, and that those who now regret the blasphemous thought that Veronese's anacreontic verses surpass Vittorelli's, will also give up on making Bodoni's presses squeal to print the work of the Trevisan shepherdess.[12]

When Cesarotti died in 1808, Veronese was deeply affected.[13] Nevertheless, despite losing her famous mentor, her social and poetic life seems to have thrived. In 1810 her family moved again, to the Erizzo estate in Pontelongo near Padua, and Veronese kept busy with visits and the networking referred to by Pieri (see note 2 above). In *Notizie* she chronicles her stops at the homes of local nobility, longer stays at generous female patrons' homes, and other social engagements and trips around the Veneto area. One such outing, a visit with a group of literary friends to Petrarch's home in Arquà amidst the Euganean hills, was likely first undertaken in 1809, then again in 1812 and possibly again later.[14] Other notable people Veronese says she met in this

---

12 "Per poche poesie uscite in luce a questi ultimi giorni, lavoro della Pastorella Angiola Veronese, destossi in Trevigi un letterario tumulto di approvazione, il quale mi sembra che non torni a molto onore della letteratura di quella città. Di fatti se quella giovine ninfa del Sile dettò, dopo a qualche studio, le sue poesie, non trovo che abbiano in sé stesse tanti pregi da muovere stupore: che se ella dettolle, come alcuno farci credere vorrebbe, senza il menomo studio, non so come le siano entrate in mente quelle mitologiche cognizioni, onde fornì i poetici suoi lavori. Ma io credo già che vadasi scemando quel caldo irragionevole entusiasmo; e che pentendosi alcuni della poetica bestemmia che le Anacreontiche della Veronese superino quelle del Vittorelli, deporranno il pensiero di far che stridano i torchi del Bodoni per la impressione delle Poesie della Trivigiana Pastorella." Moschini 189–90.

13 In an 1808 letter to Francesco Fapanni, Angelo Dalmistro notes her distress. Serena, "Aglaia Anassillide" 102.

14 The excursion is confirmed by the inclusion of Veronese's sonnet in the published memorial album containing all the written acknowledgments (verses, tributes, signatures) penned on-site by visitors to the house in Arquà. Her undated contribution titled "Tributo al Petrarca, Anacreontica di Aglaja Anassillide" appears between others' poems dated "Feb. 1809" and "June 1809," so one can presume she was there in the spring of that year. A lyric by Veronese dated June 1812 ("Gentil Cigno d'Arquà") appears in another collection of poetic remembrances, *La casa ed il sepolcro in Arquà*. Evidence that Veronese might have made yet a third trip to Arquà occurs in Benassù Montanari's *Versi e prose*. Montanari's poem titled "In the *Album* of Arquà, revisited in the company of Countess Anna Mussato Farini, Aglaja Anassillide and Luigi Carrer" describes Veronese as "The warbling, gay, / satirical little Aglaja" ("La canora, la gaja, / satirichetta Aglaja"). See Montanari 574–5.

136   Courting Celebrity

period include the famous improviser Amarilli Etrusca (Teresa Bandettini), with whom she exchanged verses, and Clarina Mosconi, daughter of the Veronese salonnière Elisabetta Contarini Mosconi. She corresponded with various local figures and, as mentioned above, was admitted in 1813 as a member of the Accademia degli Agiati of Rovereto.

In or around 1814, Veronese married a man of her same social status, Antonio Mantovani, and moved with him to Padua. She was about thirty-six years old, and theirs was ostensibly a peaceful, happy union.[15] Marriage did not appear to prevent the poet from having a social life, and her publishing activity not only continued but increased. In the same year in which she wed, a selection of her poems was published (under her married name) in the collection *Il fiore de' nostri poeti Anacreontici* (1814). She was the only woman in a group of seven poets that included Pietro Metastasio, Paolo Rolli, and Jacopo Vittorelli, among the best poets in the genre.

Veronese continued to be successful in terms of her inclusion in prestigious poetry anthologies. Twenty-six of her anacreontic poems appeared in the ten-volume collection *Parnaso de' poeti anacreontici* (Venice, Picotti, 1818), lyrics, she claims in *Notizie*, that had never been published before. Moreover, she was one of very few women writers featured in the collection, among them Saffo, Teresa Bandettini, and Elisabetta Caminer Turra. Their work was printed alongside that of some of the most renowned Italian male poets across the ages, such as Ariosto, Tasso, Zappi, and Alfieri. Other fellow contributors were Veronese's friends, like Vittorelli, Mazza, and Pagani Cesa. The same year her verses appeared in a poetry booklet by Antonio di Brazzà.[16] Here her poems joined those of di Brazzà's mother, Giulia Piccoli-Brazzà, who ran a prominent literary salon in Udine. Yet another eloquent example of her visibility among outstanding poets is the 1822 collection *Florilegio Poetico-Moderno: Ossia scelta di poesie di 70 autori viventi*, published in Milan. Here Veronese appears with the likes of Bandettini, Ippolito Pindemonte, Vincenzo Monti, Alessandro Manzoni, Giacomo Leopardi, and Foscolo.

---

15 Though remarking some fourteen years after their marriage, Dall'Ongaro, for example, states in a quick descriptive sketch of Veronese in his diary that her husband is "proud of her" ("Sposa un sensale da Noli che n'è superbo"), entry dated 1828. See Brunetta 25. In his tribute published just after Veronese's passing, Carrer wrote, "her husband loved her steadfastly, and had a huge appreciation for her, almost unbelievable given the disparity of their minds" ("da [il marito] fu ricambiata di costante amore, e di stima quasi incredibile in tanta diversità di ingegno"). Carrer's eulogy first appeared in the daily *Gazzetta privilegiata di Venezia*, 11 October 1847; a reprint appeared in 1859. See Carrer, *A Emilio Morpurgo* 6.

16 See *Versi di Antonio di Brazzà* ... (1818). She had contributed earlier to another booklet assembled by di Brazzà; see "Rime," *Rime di Antonio di Brazzà*.

All the while, Veronese produced additional editions of her poetry collections, revising and recycling substantial portions from one to another. In 1817, for example, she issued a revised and augmented version of the 1807 *Rime pastorali*, and in 1819 she came out with *Alcune poesie pastorali edite ed inedite di Aglaja Anassillide*.

Concomitant with this anthological production, Veronese continued to be an assiduous composer of occasional poetry. She regularly wrote verses honouring all manner of significant life events, from the momentous to the banal (births and stillbirths, deaths, marriages, clerical vows, degree-taking, arrivals to town of important people, excursions to baths, devotion to family pets, her husband taking a trip, etc.). As was the custom, at least for the more noteworthy events, these compositions were usually printed in small booklet format (*opuscoletti*, or *plaquettes*) in the company of similar poems by peers. In some instances, however, an author's work was published individually. Veronese published this way several times – by way of example, to commemorate Antonio Canova's death her own collection of six poems was issued, *Fiori anacreontici sparsi sulla tomba di Canova* (1822).

As she proudly mentions towards the end of *Notizie*, Veronese seems to have made a mark in yet another sphere, that of music. The Venetian nobleman Giovanni Battista Perucchini (1784–1860) published *Sei ariette per canto e piano forte* (1824), salon vocal compositions dedicated to Countess Teresa Appony. Aglaja Anassillide is listed as "librettista," together with Francesco Saverio de Rogatis and di Brazzà. The following year Perucchini published *Ventiquattro ariette*, to lyrics written by Aglaja Anassillide, Vittorelli, Aurelio Bertola De' Giorgi, and de Rogatis.

In the same year in which she first collaborated with Perucchini, Veronese earned a biographical profile in Ginevra Canonici Fachini's *Prospetto biografico delle donne italiane rinomate in letteratura*. By this time, at the age of forty-six, Veronese appears to have established herself as one of the very few contemporary women writers regularly publishing in the Veneto region. Canonici Fachini's brief entry touched on certain aspects of her biography: it pointed to Abbot Bernardi, Abbot Viviani, and Cesarotti as her teachers, and it especially praised her lyrical anacreontic verses, which "have such harmony that, rendered in '*ariette* per musica,' they produce the most expressive effect."[17] Interestingly, it also stressed Veronese's fortitude in the face of her hard life and economic straits:

---

17 "Gentilezza d'immagini e sceltezza di stile s'ammirano ne' suoi versi, per lo più anacreontici, nei quali inoltre havvi tale armonia che, ridotti in ariette per musica, producono il più espressivo effetto" (Canonici Fachini 257).

138 Courting Celebrity

Endowed with admirable knowledge, she deserves the kindly consideration of a prestigious sponsor, who, rewarding her virtue, might promote
her to a more respectable position, and thus remove her from her harsh,
laborious life. But she is satisfied with her own life, and asks for nothing;
she spends her blessed days in poverty and obscurity, not complaining of
the injuries inflicted by adverse fortune.[18]

This 1824 mention of Veronese's "poverty" and "adverse fortune"
serves as a reminder that despite her apparent literary standing, she
still struggled to produce a viable income from her poetic output. The
sense of her economic need emanates from her words at the conclusion
of her autobiography, written only two years after Canonici Fachini's
profile and expressing a very similar sentiment: "I live happily enough,
getting more and more used to the instability of fortune, which keeps
enveloping me alternately in a vortex of annoyances, hopes, disasters,
and consolations, but it never changes my cheerful disposition" (89).[19]

Veronese's work reached Russia in 1825. Not only was an edition of
her poems published in Moscow, but also one of her sonnets was set
to music expressly for Princess Zenaida Aleksandrovna Volkonskaya
(1792–1862).[20] The Russian royal was herself a writer, poet, and salonnière, known by many as the "Corinna of the North," after the protagonist of Madame de Staël's novel.

Perhaps Veronese wrote her autobiography in 1826 buoyed by demand for her poetry outside of Italy. *Notizie* seems to have been her
first published prose writing and prefaced the poetry contained in the
whole volume, *Versi ... Aggiuntevi le notizie*. Her book would appear to
have been a commercial success, demonstrated by the long list of subscribers – i.e., those who "pre-purchased" the work – listed at the end
of the volume. But it must also be remembered that subscribers were

---

18 "Corredata di bel sapere, lo sguardo meriterebbe pietoso d'illustre mecenate che
   onorandone la virtù, la innalzasse a più decoroso posto, togliendola così all'aspra
   laboriosa sua vita: ma paga di se stessa nulla chiede e trae gli onorati suoi giorni
   nella ristrettezza e nella oscurità senza lagnarsi delle ingiurie della fortuna nemica"
   (Canonici Fachini 257).
19 "io vivo bastantemente felice, avvezzandomi sempre più alla instabilità della sorte,
   che non lascia di avvolgermi alternativamente in un vortice di noie, di speranze, di
   disastri e di consolazioni, non cangiando però mai il mio umore ridente."
20 *Rime Pastorali di Aglaja Anassillide*, 1825. Veronese's sonnet "O dolce amor di Zefiro," which had first appeared in her 1807 *Rime pastorali*, was set to music by the
   Spanish guitarist and composer Fernando Sor. It is not known if Sor's *Ariettina*
   was commissioned by the princess or produced as a gift for her. See *Ariettina/Con
   accompagnamento ... .*

more often than not subsidizers of publications, paying ahead of time to offset printing costs (Paoli, 27–37). Unlike modern practices of book consumption, they did not constitute a readership attracted to a book only once it had come out. As often happened, other readers borrowed the book from friends who had it.[21]

Reviews of her work, and in particular of the autobiographical section, the part that commanded the most attention, were mixed. From the pages of Giovan Pietro Vieusseux's influential Florentine journal *Antologia*, Niccolò Tommaseo complimented *Notizie* by sheer virtue of his extensive excerpting. He rationalized it, saying, "I will summarize her life narrative, because I believe readers can draw both instruction and pleasure from it, provided it is taken as a literary example from the Veneto provinces."[22] At the same time he bemoaned its author's spotty literary education, outdated attachment to pastoral literary models, and lack of patriotic commitment ("Versi di Aglaia" 59). Defendente Sacchi underscored the educational value of *Notizie* for women thanks to the genuinely sincere feelings it communicated but also pointed out its limitations next to autobiographies by certain French women contemporaries ("Aglaja Anassilide").

After publishing her 1826 collection-cum-autobiography, Veronese continued to work steadily, writing and publishing. Between 1826 and her death in 1847 her lyrics or prose appeared in at least forty publications, frequently side by side with eminent poets and writers. Much of her output consisted of occasional verse, sometimes printed in single-author *opuscoli*, but often in booklets joining other fellow poets. She appeared in numerous anthologies of women poets, literary histories and compendiums, and specialty publications such as *strenne* (elegant collections of prose and poems printed for the Christmas/New Year's season). A witty epigram she claimed to have created when she lived in Breda, "Citerea gridò aita," achieved some celebrity of its own: it was printed in various collections, translated into several languages, and eventually selected for inclusion in a manual of rhetoric, serving as a model epigram.[23]

---

21 Such as Maria Petrettini, a writer from Corfù and student of Cesarotti. A letter Carrer wrote to Petrettini indicates that he sent her Veronese's book after she had expressed a desire to read it. See 1827 [Luigi Carrer to Maria Petrettini, 3 May].

22 "Io compendierò le notizie della sua vita, perché credo che i lettori ne possan trarre e istruzione e diletto, quando vogliano considerarle come un pezzo di statistica letteraria delle provincie venete." "Versi di Aglaia" 57–8.

23 Known by its first line – "Cytherea cried out: 'Help!'" – the clever and somewhat salacious quatrain had appeared in 1822 in the *Florilegio Poetico-Moderno* anthology. It went on to be featured in Silvestro Bianco's didactic manual *Corso intero di eloquenza* ... .

140   Courting Celebrity

Veronese's poetry also continued to be set to music. In 1840 her *arietta L'onda* (*The Wave*) was orchestrated and published by voice teacher and opera composer Nicola Vaccai.[24] Several other musical versions of her lyrics seem to have not yet been catalogued.[25]

Whether by her married surname or her Arcadian persona, Veronese had become a known figure in Northern Italy. In 1834 a reviewer of a poetry collection wrote in a major Milanese periodical, "And last comes one of the usual so-called anacreontic poems of Aglaja Anassillide, who needs only to be mentioned for everybody to recognize her name."[26] When Vittorelli died in 1835, a Venetian weekly commemorated him by featuring a poem by Aglaure Berica praising the poetic gifts of Veronese.[27] The short paragraph preceding "A canzonetta by Aglaure Berica to Aglaia Anassillide" stated, "It seems both women poets have inherited from that poet of the Graces [Vittorelli] delicacy in thought and elegance in style."[28] The poem acknowledged Veronese's love and admiration for Vittorelli and concluded with the hope that just as she mourned and lauded him, he likewise would sing her praises from the great beyond.

Eventually Veronese the poet expanded her repertoire, venturing into fiction. She published the short novel *Eurosia* in 1836. Contemporary reviewers of the tragic love story noticed its novelty, especially in its plain style and the refreshing realism of its characters and their country environment.[29] A year later Veronese played further with genres, publishing a short, folksy, rhyming narrative, *Le due gobbe*.[30]

---

24 "L'onda: Arietta posta in musica dal maestro Vaccaj; parole di Aglaja Anasillide." See *Dodici ariette ...*

25 For example, the unpublished musical composition of Veronese's "Praticel di fiori adorno" (as "La rimembranza del giuramento") by opera composer Luigi Ricci (1805–59), and another by Alberto Giovannini titled "Arcadia: Melodia" (Milan, Stabilimento G. Ricordi).

26 "Viene per ultima una delle solite così dette anacreontiche di Aglaja Anassillide la qual basta annunziare perché tutti conoscano." Anonymous review (possibly by Tommaseo) of her 1833 composition *In morte d'un fanciullo*; see Anonymous (signed X), *Biblioteca italiana.*

27 "Aglaure Berica" is clearly an Arcadian pastoral name, but we cannot determine who hides behind it.

28 "stampiamo qui una canzonetta di Aglaure Berica ad Aglaia Anassillide, alle quali quel poeta delle Grazie pare abbia lasciato la gentilezza dei pensieri e la concinnità dello stile." The last two quatrains read as follows: "E conoscerà dell'emula / La cara voce il Vate, / Ch'oltre alle stelle aurate / Il canto ascreo sen va; / E desta al suono armonico / La sua virtù primiera, / Là sulla terza spera / Di Aglaia ei canterà." Berica, "Canzonetta."

29 "Eurosia, novella di Aglaja Anasillide," *Il gondoliere. Giornale di scienze ...*, 137–8.

30 Veronese's text was illustrated with engravings by Caterina Piotti-Pirola.

Much of Veronese's enterprise in these years was supported and sustained by her close friendship with poet and writer Luigi Carrer (1801–50). They had met in 1817 and their alliance would last for the rest of her life.[31] Although he was twenty-three years her junior, their interest in each other's work proved a highly productive influence on her literary output. Carrer introduced Veronese to many key intellectuals and authors, men and women. For some of them Veronese then became the conduit to yet other valuable contacts.[32] Carrer advocated for her, endorsing and circulating her works, and they often published in the same collections. Later critics attributed Veronese's openness to Romantic trends to Carrer's influence.

In 1840 Antonio Mantovani passed away, as testified by the publication of Veronese's poem "On the Death of Her Husband" ("In morte del suo marito"). At this point she was sixty-two years old, and her poetic publication was beginning to decline. However, signs of her solid reputation were still in evidence. That same year Tommaseo included a profile of Veronese in the first edition of his *Dizionario estetico* (1840). Although the entry repeats much of what he had written eleven years earlier in his original review of *Versi ... Aggiuntevi le notizie* (including a pared-down version of *Notizie* and the same previous evaluations of her poetry), the fact that he is still making recommendations implies that Veronese is still active and that critics expect her continued production:

Aglaja Anassillide's poems have been seconded by famous men, awarded prizes by princes. The strengths of her poetry are its candour, ease, sweetness, and at times a certain delicacy, that would be more meaningful were her images less mythological, and her subjects more worthy of poetic expression. But the good Aglaja deepens our appreciation for every person and everything she extols, with a truly modest generosity ... We advise her to try her hand treating moral subjects with popular singable melodies, with her usual spontaneity and candour, because she has already taken too much advantage of the names of Love, Hymen, Apollo and Astrea.[33]

---

31 Carrer notes at the time of Veronese's death (1847) that they had known one another for nearly thirty years. *A Emilio Morpurgo* 7.

32 Dall'Ongaro, for example, writes in his diary after meeting Veronese: "Mi è fatta conoscere dal Carrer. Ella mi fa conoscere la Mussato [...] Visita in casa d'Aglaja. Recita dell'ode *All'amica ideale* [...]." Brunetta 25.

33 "Le poesie d'Aglaja Anassillide furono approvate da uomini celebri, premiate da principi. I lor pregi sono l'evidenza, la facilità, la dolcezza, e talvolta una certa delicatezza, che sarebbe più cara se meno mitologiche fossero le immagini; e più

142   Courting Celebrity

In 1842 Veronese counts among the writers showcased in a fairly exhaustive bibliographic encyclopedia of Italian women authors, compiled by Pietro Leopoldo Ferri. She wrote a third prose fiction work, the novella *Adelaide, fatto vero*, which appeared in the 1844 *Strenna triestina*. Once again Veronese is one of very few women featured among the publication's majority male contributors. Authors are announced on the frontispiece of the volume by way of an illustration, wherein their names are arranged in the shape of an amphora. The name Aglaja Anassillide constitutes the pedestal of the vessel, together with those of Carrer and Francesco Dall'Ongaro (see figs. 2 and 3).

According to Carrer, despite the challenges of the last years of her life, among them loneliness and physical suffering including the loss of eyesight, Veronese still had good friends and admirers who offered their support.[34] Veronese died on October 8, 1847. Carrer's printed eulogy, published three days after her passing, begins by mentioning the popularity of her *canzoncine*: "Who in our provinces has not heard, at least once, talk of Aglaja Anassillide? Who has not heard sung, or sung him or herself 'Praticel di fiori adorno' – 'O Dafni, o di questa anima' – 'Vieni a Dori che ti attende,' or another of those *canzoncine* that she composed with unmatched feeling and spontaneity?"[35] Carrer went on to note that Veronese was also well-known far beyond the Venetian provinces. Music had helped spread her lyrics, and her poetry and editions had been printed in places such as Paris and St. Petersburg: "The poor shepherdess of the Sile [River] sent her verses from one end of Europe to the other."[36] Carrer commended Veronese's respect for both her

---

degni della poesia gli argomenti. Ma la buona Aglaja profonde ad ogni persona e cosa le lodi con una generosità veramente modesta ... Noi la consigliamo a tentare sopra argomenti morali qualche cantilena popolare con l'usata sua spontaneità ed evidenza; chè troppo ell'ha già approfittato de' nomi d'Amore, d'Imene, d'Apollo e d'Astrea." Tommaseo, "Anassillide (Aglaia)."

34 "sopravvenuti gl'incomodi dell'età grave, e perduto quasi che interamente il vedere, ... non le mancarono amici ed ammiratori, che concorsero fervorosi a conservarla nelle abitudini consuete, e a renderle meno amara la solitudine e la vecchiaja." Carrer, *A Emilio Morpurgo* 7.

35 "Chi nelle nostre province non ha udito parlare alcuna volta di Aglaja Anassillide? Chi non ha udito alcuna volta cantare, o cantarellato egli stesso: *Praticel di fiori adorno. – O Dafni, o di questa anima. – Vieni a Dori che ti attende*, o qualche altra delle canzoncine da lei composte con affetto e spontaneità insuperabili?" Carrer, *A Emilio Morpurgo* 5.

36 "La povera pastorella del Sile mandava i suoi versi da un capo all'altro d'Europa." Carrer, *A Emilio Morpurgo* 6. As an example, four of Veronese's compositions ("Praticel di fiori adorno" [titled, however, as "La rimembranza del giuramento"], "In morte di Marietta Bizzarro Tarma," "I due contadinelli," and "Le due gobbe") had appeared in a volume published in Paris. See "Rime," *Parnaso Italiano*.

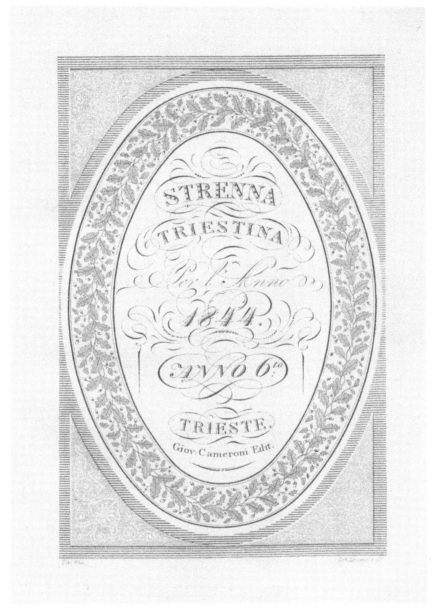

Fig. 2. Frontispiece of the 1844 issue of the annual literary almanac *Strenna triestina*. Permission granted from the National Library of Austria, ONB Vienna: 5161-B.1844.

144 Courting Celebrity

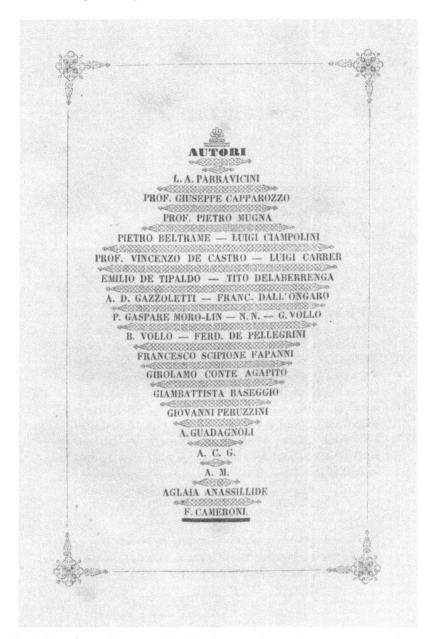

Fig. 3. List of contributors to the 1844 *Strenna triestina*. Permission granted from the National Library of Austria, ONB Vienna: 5161-B.1844.

father and her husband; he praised her autodidacticism and her 1826 autobiography, composed with "cleverness and singular ingenuity."[37] Above all, however, his tribute emphasized her qualities of simplicity and humility. He wrote that they distinguished her from glory-seeking poets, helped her withstand life's hardships, and, most importantly, enriched her poetic works:

> Aglaja's real happiness came from her good soul and from the unswerving simplicity of her ways, which her *canzoncine* faithfully illustrate ... For me at this moment these few words of praise are enough, and I hope no one will think they are exaggerated, and maybe some will think they are less than what is due her. But this is what grief demanded, the grief with which Aglaja should be honoured, among gentle souls, rather than by grandiose praises even if deserved, though today they are too often abused.[38]

---

37 "con arguzia e ingenuità singolari." Carrer, *A Emilio Morpurgo* 7.

38 "La felicità vera dell'Aglaja le venne dall'animo buono e dalla immutabile semplicità de' costumi, di cui le sue canzoncine son fedele ritratto." [...] "A me per ora è bastato questo cenno di lode, che a nessuno, spero, parrà esagerata, e forse a taluno parca sopra il dovere. Ma così comandava il dolore, col quale dalle anime tutte gentili vuol essere onorata la buona Aglaja più che con elogii pomposi, quand'anche giusti, oggimai troppo spesso abusati." Carrer, *A Emilio Morpurgo* 6, 8.

146   Courting Celebrity

Bio-Bibliography for Angela Veronese (works listed in chronological order)

BOOKS and BOOKLETS, authored or edited exclusively by Veronese, including multiple editions

Varie poesie di Angela Veronese trivigiana. Venice, Francesco Andreola, 1804.
Rime pastorali di Agliaja Anassillide. Brescia, Nicolò Bettoni, 1807.
Rime pastorali di Aglaja Anassillide: Con aggiunte e correzioni. Padua, Bettoni e Compagno, 1817.
Alcune poesie pastorali edite ed inedite di Aglaja Anassillide. Venice, co' Tipi Picottiani, 1819.
Fiori anacreontici, sparsi sulla tomba di Canova, da Aglaja Anassillide. Udine, Fratelli Mattiuzzi-Tipografia Pecile, 1822.
Anacreontiche in morte di Odorica Casati nata Candido. Venice, co' Tipi Picottiani, 1823.
Rime pastorali di Aglaja Anassillide. Moscow, nella Stamperia di Augusto Semen, Stamperia Dell'Accademia Imper. Medico-Chirurgica, 1825.
Due anacreontiche di Aglaja Anassillide per le nozze Crescini-Meneghini. Padua, Crescini, 1826.
Versi di Aglaja Anassillide aggiuntevi le notizie della sua vita scritte da lei medesima. Padua, Crescini, 1826.
Eurosia: Novella di Aglaja Anassillide Accademica Tiberina. Milan, coi Tipi di Santo Bravetta, 1836.
La ghirlanda nuziale: Per le nozze Mainardi-Valvasori. Padua, Tipografia Cartallier, 1836.
Veronese, Angela, editor. *Fiori, sparsi sulla tomba del degno parroco Gio: Battista Calissan inaffiati dal pianto de' suoi affettuosi parrocchiani.* Padua, Crescini, 1836.
L'onda. Arietta posta in musica dal maestro Vaccaj, parole di Aglaja Anassillide. Milan, G. Ricordi, 1840.
In morte di suo marito Antonio Mantovani Aglaja Anasillide. Padua, Dalla Tipografia Angelo Sicca, 1840.
Notizie della sua vita scritte da lei medesima: Rime scelte. Edited by Manlio Pastore Stocchi, Le Monnier, 1973.
Notizie della sua vita scritte da lei medesima: Versi scelti. Edited by Manlio Pastore Stocchi, Hefti, 1997.
Notizie della sua vita scritte da lei medesima. Edited by Manlio Pastore Stocchi, (anastatic reprint of 1973 edition, without poems), Biblioteca Comunale Breda di Piave, 2003.
Eurosia. Edited by Patrizia Zambon and Marta Poloni, Poligrafo, 2013.

OTHERS' WORKS (*Veronese's contributions to collections, anthologies, strenne, periodicals, and other works*)

"Tributo al Petrarca, Anacreontica di Aglaja Anassillide." *Il codice di Arquà*, Padua, Bettoni, 1810, p. 106.

"Poesie." *Per le illustri nozze Seminati e Maffeis, Poesie*, Bergamo, Natali, 1813.

"Anacreontiche." *Il Fiore de' nostri poeti anacreontici*, Venice, Tipografia Picotti, 1814, pp. 7–19.

"Rime." *Rime di Antonio di Brazzà, in morte di Lauretta di Brazzà*, Venice, Picotti, 1816.

"Anacreontica." *Per le faustissime nozze Dario-Paolucci Pujati*, Venice, Tipografia Alvisopoli, 1818, p. 31.

"Rime." *Parnaso de' poeti anacreontici*, vol. 6, Venice, Presso Giuseppe Orlandelli, Tipografia Picotti, 1818, pp. 111–48.

"La morte di S. Antonio"; "Brevi notizie della vita di Lauretta di Brazzà scritte dalla celebre Aglaja Anassillide"; "Rime di Aglaja Anassillide e di Giulia Co. Piccoli di Brazzà sullo stesso argomento." *Versi di Antonio di Brazzà, patrizio udinese, Parte seconda: Rime sacre e funeree*, Venice, co' Tipi Picottiani, 1818, pp. 8–9, pp. 23–5, pp. 55–66.

"Anacreontica." *Fiori poetici al Petrarca*, Padua, Per Valentino Crescini, 1819, p. 20.

"La prima rosa d'Aprile: Anacreontica"; "Ad Arminio Luigi Carrer." *Per le faustissime nozze Correr-Zen, Rime raccolte da D.F.G.*, Venice, Tipografia Picotti, 1819.

"Ode." *Per l'ingresso del Vescovo di Concordia: Versi*, Padua, alla Minerva, 1820.

"Rime." *Per le nozze Barisan-Foramitti*, Udine, Vendrame, 1820.

"Agli sposi." *Per le faustissime nozze Braida-Soranzo*, Udine, Liberale Vendrame, 1820.

"Il Lamento, Canzonetta"; "Epigramma." *Florilegio Poetico-Moderno: Ossia scelta di poesie di settanta autori viventi*, vol. 2, *Appendice*, Milan, Dalla società tipografica dei classici Italiani, 1822, pp. 240–2.

"La ghirlanda: Anacreontica." *Biblioteca canoviana, ossia raccolta delle migliori prose ... in morte di Antonio Canova*, vol. 1, Venice, Parolari, 1823, p. 127.

"Mentre sei da me lontano"; "O cetra, o cetra" (poesie musicate). *Sei ariette per canto e piano forte*, by Giovanni Battista Perucchini, Milan, Luigi Scotti, 1824.

"Poesie musicate." *Ventiquattro ariette per canto e pianoforte*, by Giovanni Battista Perucchini, Milan, Luigi Scotti, 1825.

"O dolce amor di Zefiro" (poesia musicata). *Ariettina/Con accompagnamento di Piano forte/Composta/e Dedicata a S. Eccell.a La Sign.a Principessa Zenaida Volkonsky/da/Ferdinando Sor*, by Fernando Sor, [Moscow?], 1825, music manuscript, Houghton Library, Harvard University.

"Versi." *Per le nozze Florio-Mattioli*, Udine, pei Fratelli Mattiuzzi, Tipografia Pecile, 1825.

148   Courting Celebrity

"Versi." *Rime e Prose di alcuni Cinofili Vicentini, e di altri illustri italiani*, edited by Gio. Bettin Roselli, Venice, Tipografia di Alvisopoli, 1826, pp. 172–5.

"Versi." *Per le faustissime nozze Freschi-Del Bon*, Udine, pei Fratelli Mattiuzzi, Tipografia Pecile, 1827.

"Poesie." *Le rose: Poesie varie*, Padua, Crescini, 1827.

"Gentil Cigno d'Arquà." *La casa ed il sepolcro in Arquà*, edited by Floriano Caldani, Venice, Gattei, 1827, p. 16.

"Anacreontica." *Per la statua di Melchior Cesarotti eretta nel Prato della Valle: Poesie*, Padua, Crescini, 1827, p. 44.

"Citerea gridava: Aita." *Corso intero di eloquenza generale e particolare …*, edited by Silvestro Bianco, vol. 3, Naples, Tipografia nella pietà de' turchini, 1828, p. 20.

"O dolce amor di zefiro." *Le rose: Poesie varie*, edited by Pietro Leopoldo Ferri, Padua, Crescini, 1828, pp. 25–6.

"Versi in sua risposta alludendo alla tomba di Angela Calderari Brisighella, cugina dell'autore." *Del cimitero di Berga: Carme di Gio. Bettin Roselli*, Venice, Alvisopoli, 1828, p. 39.

"Rime." *Parnaso de' poeti anacreontici*, 2nd ed., vol. 10, edited by Giuseppe Orlandelli, Venice, 1829, pp. 41–61.

"Poesie." *All'illustre giureconsulto Antonio Piazza nelle auspicate nozze di sua nipote Eloisa … questi di tanti encomi … dedica Francesco Secondo Beggiato … [Serto di fiori poetici colti nel codice Della Torre di Vanzo]*, Padua, Seminario, 1831.

"Anacreontiche." *Poesie di Rimatrici Viventi*, edited by Nicolò Biscaccia, Venice, 1832.

"Anacreontica." *Versi per la statua di Albertino Mussato*, edited by Anna Mussato Farini, Venice, Andrea Santini e figlio, 1832.

"Anacreontica." *In morte d'un fanciullo*, Udine, Tipografia Vendrame, 1833.

"Ad un amico poeta per un suo inno sul romanticismo, per pericolo corso in un occhio: Alla contessa Antonietta Pola Albrizzi." *Ricordo d'amicizia per l'anno 1834 alle belle arti di Milano*, Milan, Per Giuseppe Crespi e C., 1833.

"Gaspara Stampa: Ode." *Non ti scordar di me: Strenna pel capo d'anno ovvero pei giorni onomastici MDCCCXXXIV*, Milan, Presso Pietro e Giuseppe Vallardi, 1834.

"Alla concordia"; "Ode, Alla signora Isidora Gioelli"; "Ode"; "Scherzo per il disegno d'una colomba." *Non ti scordar di me: Strenna pel capo d'anno ovvero pei giorni onomastici MDCCCXXXV*, Milan, Presso Pietro e Giuseppe Vallardi, 1834.

"Ode: Invito alle Grazie alla Tomba di Canova." *L'Ape: Strenna pel capo d'anno 1835*, edited by G.B. Fontana, Padua, Tipografia Cartallier, 1834, pp. 12–13.

"Ode." *In morte di Antonietta Trevisan-Gabardi*, Padua, Tipografia Cartallier, 1835.

"Ad Aglaure Berica risposta di Aglaja Anassillide accademica tiberina." *L'Apatista: Giornale d'istruzione Teatri e Varietà*, vol. (anno) 2, no. 33, Venice, Lampato, 1835, [p. 3].

"Pel dono d'una rosa bianca: Versi al bello e vivace fanciullo E.F." *L'Ape: Strenna pel capo d'anno 1836*, anno 11, edited by G.B. Fontana, Verona, Tipografia del Gab. Lett. di A. Testori, 1836, pp. 28–9.

"Rime varie." *Poesie e prose scelte di donne italiane del secolo XIX*, edited by Giuseppe Vedova, Milan, Tipografia e libreria Pirotta e C., 1836–7.

"Rime." *Non ti scordar di me*, no. 3, 4 (*strenna*), Milan, Vallardi, [1836?].

"Le due gobbe"; "Alla colta e gentile Anna Fadinelli nata Lugo." *Strenna femminile italiana per l'anno 1837*, anno 1, edited by Opprandino Arrivabene, Milan, Paolo Ripamonti Carpano, Tipografia Bonfanti, 1837, p. 41, pp. 59–63.

"Il fior di zucca"; "A nobil giovinetta che visitò e pianse su la tomba di Canova"; "Ad un'amica pel dono di un capretto." *Strenna femminile italiana per l'anno 1838*, anno 2, edited by Opprandino Arrivabene, Milan, Paolo Ripamonti Carpano, Tipografia Guglielmini e Redaelli, 1837.

"Imitazione d'un'antica ballata francese"; "Le bizzarrie della fantasia: A Luigi Carrer"; "A Monsignor Carlo Emmanuele Muzzarelli a Roma"; "Per un regalo di fagiuoli ad un'amica"; "Scherzo"; "Ad un'amica che parte per la campagna." *Strenna femminile italiana per l'anno 1839*, anno 3, edited by Giambattista Cremonesi, Milan, Paolo Ripamonti Carpano, Tipografia Pogliani, 1838.

"Sestine." *In morte di Diodata Saluzzo-Roero di Revello, Serto femminile*, Torino, Tipografia Baglioni e Co., 1840.

Poesie musicate. *Dodici ariette per camera in chiave di violino [con l'accompagnamento di pianoforte]: Per l'insegnamento del bel canto italiano/ composte dal maestro Nicola Vaccaj*, Milan, G. Ricordi, 1840.

"Anacreontica: Ad Annetta Alberti Genovese F. V." [1839–40?].

"Elegia dedicata al Cavaliere Paravia in morte della madre." 1840.

"Rime." *Parnaso Italiano: Poeti italiani contemporanei, maggiori e minori … seguiti da un saggio di rime di poetesse italiane antiche e moderne*, edited by A. Ronna, Paris, Baudry, Libreria Europea, 1843, pp. 1090–2.

"Adelaide: Fatto vero." *Strenna Triestina per l'Anno 1844*, anno 6, edited by Giov. Cameroni, Trieste, 1844, pp. 73–5.

"Giove da cielo intese"; "Ad un antico platano"; "A Jacopo Vittorelli per la sua anacreontica"; "La cetra"; "Le Grazie"; "Ninfe tradite"; "Citerea gridava: Aita." *Poesie scelte d'italiani viventi*, Venice, Girolamo Tasso, 1844.

"Alla sposa." *Per le nozze De Prà-Zannini*, Venice, Alvisopoli, 1845, p. 19.

"Il cimitero campestre." *L'Ape: Strenna per l'anno 1847*, Venice, G. Antonelli, 1847, pp. 97–9.

"Le due gobbe: Novella." *Gemme o Collezione di poetesse italiane antiche e moderne dal 1290 al 1855*, Naples, Stabilimento tipografico-litografico dell'Ateneo, 1855.

150   Courting Celebrity

LETTERS (from/to or referencing Veronese)

1807–8? [Cesarotti to Veronese, undated]. "XXXIV. Ad Aglaja Anassillide."
Dell'epistolario di Melchiorre Cesarotti, tome 5, *Opere dell'abate Melchior Cesarotti padovano*, vol. 39, Pisa, Niccolò Capurro, 1813, pp. 58–60.

1807 [Cesarotti to Bettoni, 28 Feb.]. "XXI. Il Professore Melchiorre Cesarotti." *Copia di lettere scritte al tipografo Nicolò Bettoni*, Milan, Bettoni, 1830, pp. 19–20.

1807 [Veronese to Pagani Cesa, 22 July]. Augusto Serena. *Rapsodie pedantesche*, Treviso, Turazza, 1908, p. 9.

1807 [Cesarotti to Veronese, 24 Sept.]. "Lettera di Cesarotti ad Aglaja Anassillide." *Nozze di Briseghella Angelina e Antonio Massaria*, edited by Luigi Chiminelli, Bassano del Grappa, Tipografia Sante Pozzato, 1881.

1808 [Angelo Dalmistro to Francesco Fapanni, date unknown]. Augusto Serena, "Aglaia Anassillide," *Appunti letterari*, Rome, Forgani & C., 1903, pp. 102–3.

1813 [Veronese to ?, 28 Jan.]. Lettera da Pontelungo. Signed ms., (referenced in) *Catalogo della collezione di autografi di mons: Cesare Taggiasco*, Rome, Tipografia Eredi Botta, 1887, p. 78.*

1813 [Veronese to Zacchiroli, 26 Feb.]. "All'onoratissimo Signore Francesco Zacchiroli, Vice-prefetto di Conegliano." Ms., Biblioteca Civica di Padova, sezione storica.*

1827 [Carrer to Maria Petrettini, 3 May]. "Di Luigi Carrer. XIII." *Lettere inedite di ... a Maria Petrettini*, Padua, A. Bianchi, 1852, p. 21.

1827 [Carrer to Maria Petrettini, 18 May]. "Di Luigi Carrer. XIV." *Lettere inedite di ... a Maria Petrettini*, Padua, A. Bianchi, 1852, pp. 22–3.

1834 [Carrer to Veronese, 6 Mar.]. "Alla carissima Aglaja." Ms., Biblioteca Comunale Labronica di Livorno, Villa Fabbricotti, Autografo-teca Bastogi.*

1837? [Francesco Dall'Ongaro to Veronese, 2 Sept.]. Ms., Biblioteca Civica di Padova, mss. autografi, fascicolo 2283 (Pastore Stocchi gives 1837 as likely year).*

*cited in Zambon and Poloni, eds., *Eurosia*, pp. 149–50.

Biographical and/or Critical Treatments and Other Mentions, in Chronological Order

Pieri, Mario. "Mercoledì: 3 settembre 1806"; "Venerdì: 5 settembre 1806." *Memorie* (1804–11), edited by Roberta Masini, Rome, Bulzoni, 2003, pp. 120–1. (diary, AV mentioned in two consecutive entries)

Moschini, Giannantonio. *Della letteratura veneziana dal secolo diciottesimo fino a' giorni nostri*. Tomo 1, Venice, Palese, 1806, pp. 189–90. (literary history, brief remarks on AV)

Orlandelli, Giuseppe. "Di Angela Veronese fra gli Arcadi Aglaja Anassillide." *Parnaso de' poeti anacreontici*, edited by Orlandelli, 1818, pp. 147–8. (anthology, brief remarks on AV following her poems)

Canonici Fachini, Ginevra. "Veronese, Angela, di Treviso." *Prospetto biografico delle donne italiane rinomate in letteratura dal secolo decimoquarto fino a' giorni nostri*, Venice, Alvisopoli, 1824, pp. 256–7. (biographical catalogue of renowned Italian women, entry on AV)

Tommaseo, Niccolò (signed K.X.Y.). "Versi di Aglaia Anassillide: Aggiuntevi le notizie della sua vita scritte da lei medesima." *Antologia, Aprile*, vol. 100, 1829, pp. 57–63. (literary journal, review of AV's 1826 volume)

Stella, Luigi. Letter to Giacomo Leopardi, 2 Apr. 1829. *Nuovi documenti intorno alla vita e agli scritti di Giacomo Leopardi*, edited by Giuseppe Piergili, Florence, Le Monnier, 1882, p. 223. (letter, consideration of AV's inclusion in proposed women's poetry anthology)

Sacchi, Defendente. "Aglaja Anassilide." *Varietà letterarie, o Saggi intorno alle costumanze alle arti agli uomini e alle donne illustri d'Italia del secolo presente*, Milan, Stella e figli, 1832, pp. 61–6. (literary history, literary/biographical profile of AV, including review of her 1826 volume)

Anonymous (signed T). Review of *Ricordo d'amicizia per l'anno 1834 alle belle arti di Milano*. *L'Eco, Giornale di Scienze, Lettere, Arti, Mode, e Teatri*. Anno 7, no. 1, 1834, p. 3. (periodical, mention of AV's poems)

Anonymous (signed X). *Biblioteca italiana: Ossia giornale di letteratura, scienze ed arti*. Milan, vol. 75, 1834, p. 71. (literary journal, editor's comment on AV's contribution to the 1833 opuscolo *In morte d'un fanciullo*)

Maffei, Giuseppe. "Digressione sulle donne celebri." Cap. XV, *Storia della letteratura italiana dall'origine della nostra lingua ai nostri giorni*, Florence, Felice Le Monnier, 1835, p. 452. (literary history, mention of AV)

Berica, Aglaure. "Canzonetta: Ahimè, discese al tumulo ..." *L'Apatista: Giornale d'istruzione Teatri e Varietà*, anno 2, 20 July, no. 26, Venice, Lampato, 1835. (periodical, poem on occasion of Vittorelli's death, praising AV's talents)

Biblioteca italiana: Ossia giornale di letteratura, scienze ed arti. Vol. 84, Milan, 1836, p. 141. (literary journal, AV mentioned with other writers contributing to almanacs)

"Eurosia, novella di Aglaja Anasillide." *Il Gondoliere, giornale di scienze, lettere, arti, mode e teatri*, edited by Luigi Carrer, 30 Apr., anno 4, no. 35, 1836, pp. 137–8. (periodical, positive review of AV's novella *Eurosia*)

Bibliografia italiana ossia Elenco generale delle opere d'ogni specie e d'ogni lingua stampate in Italia e delle italiane pubblicate all'estero. Anno 5, Milan, Stella e figlio, 1839, p. 742. (bibliography, entry on AV)

Tommaseo, Niccolò. "Anassillide (Aglaia)." *Dizionario estetico di N. Tommaseo: Di nuovi scritti di N. Tommaseo*, vol. 3, Venice, co' Tipi del Gondoliere, 1840, pp. 9–12. (literary history, entry on AV)

Ferri, Pietro Leopoldo. "Veronese-Mantovani, Angela, di Treviso." *Biblioteca femminile italiana raccolta, posseduta e descritta dal conte Pietro Leopoldo Ferri Padovano*, Padua, Crescini, 1842, pp. 381–4. (catalogue, bibliography of AV's works)

152 Courting Celebrity

Guerrieri, Anselmo. "Delle poetesse contemporanee." *Rivista Europea giornale di scienze morali, letteratura ed arti*, Jan., Milan, Redaelli, 1846, pp. 26–54. (periodical, mentioned as "la Mantovani" among other women poets, pp. 39 and 45)

Carrer, Luigi. *Gazzetta Privilegiata di Venezia, Appendice*, 11 Oct. 1847. (periodical, printed eulogy for AV)

Pieri, Mario. *Della vita di Mario Pieri Corcirese: Scritta da lui medesimo*. Vol. 1, Florence, Le Monnier, 1850, pp. 141–2. (autobiography, detailed mention of AV)

Tommaseo, Niccolò. "Anassillide, Aglaia." *Dizionario estetico di Niccolò Tommaseo, Parte Moderna*, vol. 2, Milan, Per Giuseppe Reina, co' Tipi Bernardoni, 1853, pp. 8–9. (literary history, entry on AV)

Montanari, Bennassù. "In lieto estivo giorno." *Versi e prose di Bennassù Montanari Veronese*, vol. 2, Verona, Antonelli, 1854, pp. 374–5. (anthology, poem mentioning Veronese)

Weller, Emil. *Index Pseudonymorum: Wortterbuch der pseudonymen*. Leipzig, Verlag von Falcke and Rossler, 1856, p. 3. (catalogue of pseudonyms, AV listed)

Carrer, Luigi. *A Emilio Morpurgo giurisperito e poeta nel giorno della sua laurea: Uno schizzo biografico di Aglaja Anassillide scritto da Luigi Carrer per sentimento d'amicizia*. Padua, Prosperini, 1859, pp. 5–8. (celebratory booklet, reprint of Carrer's 1847 eulogy of AV)

Carrer, Luigi. "Ad Aglaja Anassilide." *Lettere di illustri italiani con alcune poesie inedite di L. Carrer*, edited by Nicolò Brandis, Venice, Antonelli, 1866, p. 25. (anthology, poem to AV)

Bergamo o sia Notizie patrie: Almanacco scientifico letterario. Bergamo, Vittore Pagnoncelli, anno 7, serie 5, 1866, pp. 132–3. (almanac, mention of AV in relation to Paolina Secco Suardi [Lesbia Cidonia])

Codemo Gerstenbrand, Luigia. *Fronde e fiori del Veneto letterario in questo secolo: Racconti biografici*. Venice, Giuseppe Cecchini, 1872, pp. 78–9. (literary-biographical sketches, short entry on AV)

Greco, Oscar. "Veronese-Mantovani Angela." *Bibliografia femminile italiana del XIX secolo per Oscar Greco*, Venice, presso i principali librai d'Italia, Mondovì, Tipografia Issoglio, 1875, pp. 500–2. (bibliography, short article on AV preceding her entry)

Bustelli, Giuseppe. *Scritti di*. Salerno, Tipografia Nazionale, 1878, p. 307. (anthology, anecdote relating discussion between AV and Foscolo on Sappho)

Nani Mocenigo, Filippo. "Scrittrici veneziane del XIX." *Ateneo Veneto, Rivista mensile di scienze, lettere ed arti*, vol. 1, nos. 5–6, Venice, M. Fontana, 1887, pp. 356–8. (essay on nineteenth-century Venetian women writers, mention of AV)

Cipollini, Antonio. *Saffo*. Milan, Dumolard Editori, 1890, pp. 81, 388–9. (bibliographic study, relates anecdote about AV and Foscolo and cites AV as one among modern Sapphos)

Sartorio, Guido. *Luigi Carrer*. Dante Alighieri, 1900, p. 32. (biography, AV mentioned as close friend of Carrer)

Memorie dell'I.R. Accademia di Scienze, Lettere ed Arti degli Agiati in Rovereto. Grigoletti, 1901, p. 542. (documentary history, record of AV's induction into academy)

Nani Mocenigo, Filippo. "Scrittrici veneziane (cap. VII)." *Della letteratura italiana del secolo 19: notizie ed appunti*, L. Merlo, 1901, pp. 478–82. (essay on nineteenth-century Venetian women writers, mention of AV)

Serena, Augusto. "Aglaia Anassillide." *Appunti letterari*, Tipografia Forzani & Co., 1903, pp. 97–107. (literary essays, essay on AV)

Serena, Augusto. *Rapsodie pedantesche*. Turazza, 1908, p. 9. (essay on AV)

Mazzoni, Guido. *Storia letteraria d'Italia*. Vallardi, 1913, p. 773. (literary history, mention of AV in relation to literary fashions)

Carducci, Giosuè. *Bozzetti e scherme*. Nicola Zanichelli, 1920, p. 380. (essay collection, entry on AV)

Pastore Stocchi, Manlio. Introduction. *Notizie della sua vita scritte da lei medesima: Rime scelte* by Angela Veronese, edited by Pastore Stocchi, Le Monnier, 1973, pp. 9–27. (edition of AV's autobiography, introductory section)

Fubini, Mario. Review of *Angela Veronese, Notizie della sua vita scritte da lei medesima: Rime scelte*, edited by Manlio Pastore Stocchi, *Giornale storico della letteratura italiana*, vol. 150, no. 472, 1973, pp. 626–8. (review of Pastore Stocchi's 1973 edition of AV's *Notizie*)

Costa-Zalessow, Natalia. "Angela Veronese (Aglaia Anassillide) 1779–1847." *Scrittrici italiane dal XIII al XX secolo*. Longo, 1982, pp. 193–7. (literary history, entry on AV)

Auzzas, Ginetta. "Ricordi personali e memoria del Veneto." *Storia della cultura veneta*, vol. 6, *Dall'età napoleonica alla prima guerra mondiale*, edited by Girolamo Arnaldi and Manlio Pastore Stocchi, Neri Pozza, 1986, pp. 289–91. (literary history, section on AV)

Bassi, Elena, and Lina Urban Padoan. *Canova e gli Albrizzi: Tra ridotti e dimore di campagna del tempo*. Scheiwiller, 1989, pp. 7–69. (essay, brief mention of AV)

Pastega, Giovanna. "Angela Veronese (Aglaia Anassillide)." *Le stanze ritrovate: Antologia di scrittrici venete dal Quattrocento al Novecento*, edited by Antonia Arslan et al., Eidos, 1991, pp. 151–62. (literary history, entry on AV)

Pastega, Giovanna. "Angela Veronese (Aglaia Anassillide)." *Le stanze ritrovate: Antologia di scrittrici venete dal Quattrocento al Novecento*, [2nd ed.?], edited by Antonia Arslan et al., Eidos, [1994?], pp. 151–62. (literary history, entry on AV)

Pastore Stocchi, Manlio. Introduction. *Notizie della sua vita scritte da lei medesima: Versi scelti*, by Angela Veronese, edited by Pastore Stocchi, Hefti, 1997, pp. 9–19. (edition of AV's autobiography, introductory section)

154   Courting Celebrity

Arslan, Antonia. "Dame, salotti e scrittura nel Veneto del tardo Settecento." *Gentildonne artiste intellettuali al tramonto della Serenissima*, edited by Elsie Arnold and Antonia Arslan, Eidos, 1998, pp. 9–16. (literary history, mention of AV)

Chemello, Adriana, and Luisa Ricaldone. *Geografie e genealogie letterarie: Erudite, biografe, croniste, narratrici, épistoloières, utopiste tra Settecento e Ottocento.* Il Poligrafo, 2000, p. 24. (scholarly essay collection, mention of AV)

Zambon, Patrizia. "Scrittura d'autrice a Padova dall'Otto al Novecento: Angela Veronese, Erminia Fuà, Vittoria Aganoor, Paola Drigo." *Il filo del racconto: Letteratura in prosa dell'Otto/Novecento*, Edizioni dell'Orso, 2004, pp. 145–52. (literary history, short section on AV)

"Angela Veronese." *Le autrici della letteratura italiana: Bibliografia dell'Otto/ Novecento*, edited by Patrizia Zambon, Università degli Studi di Padova, Apr. 2005, http://www.maldura.unipd.it/italianistica/ALI/veronese.html. Accessed 11 Nov. 2020. (digital catalogue, summary bibliography)

Pietrogrande, Antonella. "Veronese Angela." *Atlante del giardino italiano 1750– 1940*, edited by Vincenzo Cazzato, vol. 1, Italia Settentrionale, Rome, Istituto Poligrafico e Zecca dello Stato, Libreria dello Stato, 2009, pp. 420–1. (history, biographical profile)

Brugnera, Michela. "Angela Veronese." *Donne venete di Treviso, Padova e Venezia, fra storia e leggenda*, Kindle ed., Editrice Manuzio 2.0, 2010. (literary history, entry on AV)

Brunetta, Manuela. *Francesco Dall'Ongaro: Un giornalista rivoluzionario nel Risorgimento.* 2011. Università Ca' Foscari Venezia, PhD dissertation. (doctoral thesis, mention of AV)

Zambon, Patrizia, and Marta Poloni, editors. *Eurosia* by Angela Veronese, Padua, Poligrafo, 2013, pp. 11–25, 27–57, 133–46. (critical analysis in edition of AV's *Eurosia*)

Favaro, Francesca. "In forma di fiore … Le Rime pastorali di Angela Veronese come intreccio di generi letterari." *I cantieri dell'italianistica*, Atti del XVIII Congresso ADI, 2016, pp. 1–12. (scholarly essay, analysis of AV's poems)

Zan Cabot, Aria. *The Making of Women's Autobiography in Eighteenth-Century Italy.* 2016. University of Wisconsin-Madison, PhD dissertation, pp. 263–301. (doctoral thesis, chapter on AV)

Sartori, Andrea. "Re avvelenati, regine sonnambule, streghe e pietosi assassini: La scrittura e la differenza di Angela Veronese (1778–1847)." *Desde los márgenes: Narraciones y representaciones femeninas*, edited by Daniele Cerrato, Benilde Ediciones, 2017, pp. 205–15. (scholarly collection, essay on AV)

Favaro, Francesca. "Sulle *Rime pastorali* di Angela Veronese." *Tra mito e storia antica, socialità e arte, esperienze di letteratura sette-ottocentesche in Italia*, Aracne, 2018, pp. 97–113. (scholarly essay collection, chapter on AV)

Teresa Bandettini

Brief Introduction to Teresa Bandettini's "Autobiografia"

Teresa Bandettini's manuscript autobiography is a useful coeval document for the elucidation of Angela Veronese's work. As a material literary artefact on its own, however, it presents some unanswered questions. One of the significant differences between the two autobiographies is the fact that Veronese published hers, at a very active period in her writing career, while Bandettini's remained in manuscript form, even though she lived another twelve years and was highly productive in that time. "Autobiografia" would not be published until the end of the twentieth century.[1] In addition, Bandettini's is an incomplete narrative. She stops her story in about 1789, at the time of her marriage and the birth of her first child. Since she was penning it in 1825, why did she not finish recounting the intervening thirty-six years and publish the manuscript during her lifetime? She was sixty-two years old when she wrote it and had already published a great deal. What's more, she opens her text with a rather vehement expression of her wish to correct patently false versions of her life with the truth:

> Since I have had many, many times to tolerate reading my name in not a few pages and find myself there not as I am but as it has pleased this or that writer of my life to make me, I have resolved to write these memoirs, and give my own account of myself, of my birth, my customs,

---

1 The first and only complete edition to date can be found in the appendix in Di Ricco 229–46. Partial versions were printed in 1837 and 1904; see Crivelli, *La donzelletta* 144fn47 and "Le memorie smarrite."

156   Courting Celebrity

my studies – with that very honesty of mine, a quality that no one that I have ever known has ever contested. (175, our translation)[2]

One would expect that she would have desired publication. During the twelve years she lived after drafting her manuscript, Bandettini published approximately fifteen more works, among them a tragedy, a multi-volume collection of her poems, and many individual lyrical compositions.[3] It appears that she would have had ample opportunity to see her autobiography in print as well.

Bandettini's case becomes more complicated given that, in addition to her first-person autobiography, she also wrote a second autobiographical manuscript in the third person. Di Ricco labels this document "Traccia" ("Outline"), and we will use that nomenclature here as well. The "Traccia" recounts much more of Bandettini's life – an additional thirty years in fact, covering events up to 1820, which suggests the general time of its composition.[4] Paradoxically, however, it is much shorter than the first-person autobiography, which ended at the point of Bandettini's marriage in 1789. The briefer "Traccia" presents Bandettini's life in a more succinct, summary form, citing the same facts of the first-person text, minus explanatory background and commentary. Like its counterpart, it was never published at the time and has not been published to this day.

Scholars have offered various explanations for the creation of the "Traccia."[5] The most convincing hypothesis derives from details in

---

2 "Giacché più e più volte, ho dovuto sofferire di leggere in non pochi fogli il mio nome ed ivi trovarmi non qual sono ma qual è piaciuto farmi essere a questo, o a quello scrittore della mia vita, ho risoluto scrivere queste memorie, e dare io stessa conto di me."

3 See our "Biography of Teresa Bandettini" section below for more information on her life and numerous publications.

4 Di Ricco assumes that the "Traccia" was composed in the same year as the dated "Autobiografia," 1825 – although it only bears the date of 12 August.

5 Di Ricco proposes that the "Traccia" was meant to serve as a guiding sketch for the first-person narrative (89). Caspani Menghini defines it as an "Appendix" (*Appendice*) to the autobiography, *L'estro di Amarilli* [dissertation] 434–5. Zan Cabot floats the possibility that it might have been intended to stand on its own (as an alternate or in lieu of the first-person version?), benefitting from the extra authority of third-person presentation, as several respected authors, Vico for example, had done before (227).

Bandettini's correspondence, which strongly suggest she composed it to meet the request of a friend and/or editor in the process of preparing a biographical compilation of women writers (such as that by Canonici Fachini) or possibly a poetry collection. In the latter case, a concise, third-person biographical treatment would have served as an introduction to the lyrics of a given poet.[6] It is furthermore highly probable that the "Autobiografia" grew out of the "Traccia" – that is, that after writing the "Traccia," Bandettini decided to expand on its content and compose a more fleshed-out version of her life, that which we now possess as the incomplete "Autobiografia." Where the "Traccia" fits the convention of life narrative as *cursus studiorum*, the "Autobiografia" tells a more discursive, interpretative story and is thus more generically similar to Veronese's *Notizie*. For these reasons we have excluded the "Traccia" from our discussion, juxtaposing Veronese's text solely with Bandettini's first-person "Autobiografia."

One still faces a small tangle of questions. Did Bandettini intend to continue writing her life story, filling in the remaining years? If she envisioned printing, what were her precise hopes for the published work? Veronese deliberately packaged her life narrative together with and preceding a series of poems, and her prose content consistently evokes the poetic products that follow. Bandettini's manuscript "Autobiografia," in its extant form, does not gesture so overtly to her printed work. Still, its content is illuminating – keeping it in the background of our study reveals the singular moves and distinguishing contours of Veronese's tale of herself.

---

6 The archives bear out the practice of editors of collections requesting supporting material, such as biographical profiles, from the contributing authors themselves. An unpublished third-person autobiographical sketch of Giustina Renier Michiel, for example, has been found, along with similar examples for other well-known cultured women at the time.

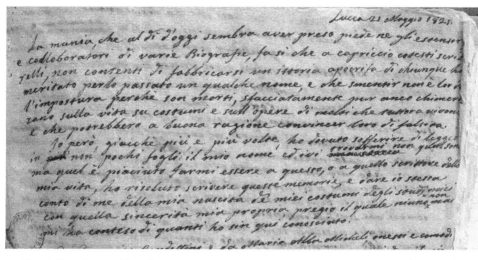

Fig. 4. First lines of Bandettini's autobiographical manuscript.

"Autobiografia"

Lucca 21 maggio 1825

La mania, che al dì d'oggi sembra aver preso piede ne gli estensori e collaboratori di varie Biografie, fa sì che a capriccio cotesti scrittorelli, non contenti di fabbricarsi un istoria apocrifa di chiunque ha meritato per lo passato un qualche nome, e che smentir non è lor dato l'impostura perché son morti, sfacciatamente pur anco chimerizzano sulla vita su costumi e sull'opere di molti che tuttora vivono e che potrebbero a buona ragione convincer loro di falsita.

Io però, giacché più e più volte, ho dovuto sofferire di leggere in non pochi fogli il mio nome ed ivi trovarmi non qual sono ma quel è piaciuto farmi essere a questo, o a quello scrittore della mia vita, ho risoluto scrivere queste memorie, e dare io stessa conto di me della mia nascita de' miei costumi degli studj miei con quella sincerità mia propria pregio il quale niuno non mai mi ha conteso di quanti ho sin qui conosciuto.

Da Domenico Bandettini, e da Maria Alba Micheli, onesti e comodi cittadini, nacqui in Lucca nell'anno 1770. Pochi giorni dopo il mio nascimento s'infermò mio padre di mortal malattia per cui dovette soccombre. Facil cosa è figurarsi la desolazione della mia povera madre rimasta vedova con una famiglia composta d'un maschio e di tre femmine! L'eccessivo dolore ch'ella risentì per tanta perdità fece sì ch'ella si trovasse costretta a darmi, acciò mi nudrisse ad una contadina fittuaria della nostra famiglia, giacché Ella perduto aveva il latte nè poteva alimentarmi. Non molto tempo però mi sofferse da lei lontana; ultimo frutto del più tenero amor cogniugale, tosto che mercè i rimedj indicati a tal uopo, e più cred'io per la religiosa sua rassegnazione, riacquistato ebbe il potere d'allattarmi, non tardò un istante a richiamarmi dalla villa e ripormi al suo seno. Qui cominciano le disgrazie e il deperimento delle sostanze della nostra casa. I tutori nominati da mio padre nella minorità di Giuseppe mio fratello, e nostra, onde sodisfare un debito incontrato da mio padre, per una tal pagheria, vendettero alcuni pezzi di terra d'un valore molto superiore a quello, che si richiedeva per saldarlo. Niuno loro chiamò mai a render conto; e che far poteva una povera vedova più occupata dal suo dolore, che d'ogni altra cosa? I fratelli di mio padre, e miei zij, vagheggiavano ciò che a noi rimaneva, e quasi che prevedessero che un giorno o l'altro a loro tornar dovessero i livelli ed i fedecommissi sostenuti soltanto da mio fratello, davano ogni cura d'interpretare e dissotterrare contratti testamenti vendite e simili cose per essere a portata, caso che Giuseppe mancasse, di spogliarne. Mio fratello intanto uscito di minorità giovine e d'animo generoso, e bollente circondato da persone, che sotto titolo d'amicizia a

160   Courting Celebrity

spese sue vivevano allegramente abusando della sua inesperienza così che lo disviarono dal buon cammino, e gli fecero contrarre non pochi debiti, e prendere somme ad usura. A lungo andar non poteva, ch'ei non si trovasse in estrema ristrettezza, colpa non tanto la naturale sua prodigalità quanto i cattivi consigli degli indegni suoi compagni, che lo traevano in rovina. Onde sottrarsi all'istanze de' suoi creditori, e per non rimanere esposto all'umiliazione di dovere, sodisfacendoli, ridursi ad ecominizzare pensò d'abbandonare la casa paterna e la patria. Descriver non posso il rammarico della mia povera madre, essendo io tuttavia lattante, per questo novo colpo a lei portato da un figlio che amava teneramente e che si figurava sprovvisto in paesi stranieri di que' comodi che sin dall'infanzia era stato avvezzo. Allor si fu che alla meglio possibile tentò rimediare al discapito che portato aveva alla famiglia mio fratello restringendosi nella domestica economia in modo che sapea più di miseria che d'altro.

In mezzo a quest'[ ], er'io da lei allevata, con ogni cura, perché com'ella mi diceva più volte, er io l'unica sua consolazione. Le mie sorelle pur anco, di me molto d'età maggiore, non si saziavano di carezzarmi, così ch'io tosto che incominciai a balbettare vedendomi tanto cara alla nostra famigliuola mi credeva esser qual cosa di grande. Cresceva intanto e a misura ch'io cresceva si sviluppava in me un vivo desiderio d'imparare e una curiosità inestinguibile; tal che frequentissime erano le inchieste mie sopra ogni obbietto, e talvolta tanto sottili, che mia Madre, che da me sempre veniva consultata ben sovente si trovava costretta a non sapere, adaguatamente rispondermi. Il genio però della madre mia portato alla lettura, e il vederla io in tutte l'ore che rubar poteva al lavoro leggere assiduamente svegliava in me la brama di saper leggere, e quindi l'esempj ch'ella mi raccontava di persone devote a Dio, le canzoni spirituali alle quali cantando qualche volta si piaceva alternare con altre storie in ottava rima, come quella di Paris e Vienna di S: Cristoforo e a queste altre simili, giacché ne sapeva a mente moltissime facevan sì che io estatica l'ascoltassi, e sovente pregando, o piangendo l'importunassi invitandola a raccontarmi alcuna delle tante storie, e novelle, ch'ella sapeva. Per ottener però tal grazia d'uopo mi era ripetere devote orazioni e non pochi passi del catechismo e della dottrina cristiana. Purch'ella consentisse a cantarmi un istoria in ottava rima, o una canzonetta in altri versi tutto otteneva da me. Ella fu che m'insegnò a conoscer le lettere sulla Santa Croce dicendomi: ove tu giunga a compitare potrai da te stessa appagare la tua curiosità e leggere tutti i libri, che sono in quella scansia. Ciò dicendo mi accennava alcuni volumi ch'ivi mio fratello aveva riposti. Chi il crederebbe? nell'età di cinque anni, e forse meno io leggeva speditamente senza avere appreso a congiunger le lettere con alcun metodo; ciò sembra a me pur anco impossibile, ma pure è vero ond'io giurar posso di non avere avuto altro maestro, che me stessa. Proprietaria de libri di mio fratello trovai in esso scaffale e il leggendario de' santi, e l'opere di Metastasio e alcune commedie del Goldoni e un Dante e un Petrarca e un Tasso ed altri libercoli o superiori al mio intendimento, o non di mio genio. Fra questi però vi erano le favole d'Esopo. Come restai avvilita allorché credendo poter come gli altri legger pur anco queste, a non intender sillaba? corsi al solito da mia Madre, ella rindendo [sic], poi che inteso ebbe il motivo del mio cruccio, mi disse; come vuoi capire questo libretto se è scritto in Latino? Quel latino, e quel libretto mi facevano perdere molt'ore e mi ostinava a interpretarne il senso, cosiché bramato avrei che alcuno m'insegnasse il latino ma niuna persona frequentava la nostra casa atta ad appagar le mie brame. Il povero Esopo adunque, e la regia Parnassi Cicerone e la grammatica del Poretti rimasero obbliate in un cantuccio perché io era in collera con quel latino che non poteva intendere quantunque mi ci fossi instillata più e più giorni il mio piccol cervello. La Poesia però mi piaceva sopra tutto e in modo da dimenticare persino la merenda, e spesse volte tant'era assorta in ciò che leggeva, che non udiva le replicate chiamate di mia madre e delle mie sorelle che m'invitavano al nostro parco desinare cosiché loro era forza condurmivi. Ma io non lasciava però il mio libro, che aperto al mio fianco fissava i miei sguardi, e leggendo a un tempo, e mangiando, non vedeva il momento di potere senza interruzione riprendere la mia lettura. Ma per imitare quel numero che i versi mi davano all'orecchio mi posi a scrivere, non avendo altro esempio che quello de' libri stampati, stampatello. Chi sa quali saranno state le lettere da me usate? ma io le intendeva e ciò bastava, perché io, aveva ora ad'imitazione de' ritmi del Petrarca componessi canzoni ballate, e sonetti ed ora certe dette da me commedie in versi martelliani servendomi di guida il Goldoni, come pur anco cantate dietro la lettura del Metastasio. Di ciò non contenta sull'aria di questa, o di quella canzonetta, che udiva cantar per la strada, vi adattava all'improvviso versi di mia invenzione con gran sorpresa di mia Madre la quale era sempre il subbietto delle mie rime. Ella per mia fortuna sapeva pur anco improvvisare in ottava rima, né sempre si ricusava a rispondermi quand'io la invitava a cantare. Questo era il miglior dono, che potesse farmi, poiché anteponeva ad ogni divertimento il piacere di improvvisare. Con questa facilità di far versi, e con l'assidua lettura di quanti libri mi venivano alle mani, e più con l'ajuto d'un vecchio, amico di casa, il quale era maestro di ballo, così detto da sala, che me ne procurava, io acquistava di giorno in giorno non poche cognizioni. La storia sacra che quel buon uomo mi fece avere, fu da me letta e riletta e posto in versi il sacrificio d'Isacco per cui più volte dovetti piangere. Ebbi per suo mezzo pur anco un dizionario delle favole, e un non so qual ristretto della storia Romana. Dotata com'era d'una memoria felicissima ciò ch'io leggeva mi rimaneva in essa scolpito. Non so poi dire chi m'inspirasse, se ascriver non si voglia a fortuna quel gusto, che che mi portava a scegliere fra il buona l'ottimo, e farne serbo nella mente. Ma una così assidua applicazione in età così tenera, ch'io teneva per trastullo, non poteva far sì che non nuocesse sopra il mio fisico. Io dimagrava a vista d'occhio, un continovo mal di testa ch'io dissimulava per non tralasciare i miei studj, mi rendeva tal volta inabile a reggermi in piedi. Mia Madre sollecita della mia salute referendo tutto al mio troppo leggere e scrivere, un tal giorno non solo severamente mi riprese ma ciò che fu peggio mi tolse i libri chiudendoli in una vecchia cassa e il calamajo nascose non so dove. Toccava allora i miei sette anni, ond'ella mi diceva, che tempo era d'applicarmi a lavori donneschi e lasciar da banda que' *libracci*, poiché le donne devono consacrarsi a questi soltanto. Io amava mia Madre teneramente e il vederla per la prima volta meco sdegnata mi mortificò a segno, che piansi un intero giorno. La mia buona sorella Maddalena venne a consolarmi, era questa di noi tutte maggiore d'età, le sue carezze la promessa di riconcigliarmi con mia madre mi calmò alquanto, e quell'istessa sera fu fatta la pace. Ma allorché mi ritirai nella cameretta da me occupata e dall'altra mia sorella Margherita, e che non trovai sotto il capezzale come aveva in uso un qualche libro, oh come mi rattristai! Spogliata da mia sorella, e posta a letto finsi subito dormire, ed ella appena al mio fianco coricata si adormentò tranquillamente. Io piangeva sommessamente mentre, che andava divisando il modo di ritrovar, se non libri, almeno con che scrivere ciò che aveva imparato e comporre alcuna cosa di mia invenzione, ma niun mezzo mi si affacciava alla mente. Così passai quella notte parte vegliando e parte sognando, libri carta, e calamajo, tanto era affetta da tale idea. Era quaresima, e poiché obbligata era a fare la mia prima confessione mia Madre mi mandava all'esame accompagnata da una vecchia serva. Qui trovava qualche pascolo la mia ambizione. Io era distinta dall'ottimo sacerdote che vi presiedeva perché non mai m'interrogava, il che faceva sovente, che io non rispondessi in modo da sodisfarlo. Ciò mi attraeva l'invidia dell'altre fanciulle toltone una nomata Oliva la quale sempre si poneva al mio fianco, poiché io, se la vedeva imbarazzata l'ajutava a rispondere all'inchieste del sacerdote. Strinsi con lei amicizia ed acquistando la sua confidenza la pregai a portarmi un qualche foglio di carta da scrivere. Ella il giorno dopo me ne portò cinque o sei fogli dicendomi: che quando avessi terminata quella me ne avrebbe data dell'altra stante che suo fratello ne portava molta a casa la quale serviva loro ad accendere il fuoco. In effetto la carta era quasi straccia, ma che perciò a me parve possedere un tesoro. Perché nel tornare ch'io faceva mia madre non vedesse quella benedetta carta ch'io m'era procurata, pregai la vecchia Caterina a porsela in seno ed a riporla sotto il saccone del mio letto, ella mi compiacque e tenne il segreto. Intanto mia Madre m'insegnava a far le calze, e mi prefiggeva il numero delle costure, che doveva compiere avanti di darmi *festa*. Però quant'io mostrava attitudine ad apprendere, e a concepire tutto ciò che appartiene alle belle lettere, sempre relativamente alla mia età, e alle cognizioni da me acquistate, tanto era goffa e disattenta nel lavoro, e senza il secreto ajuto della maggior mia sorella che vedendomi ingrugnata adempiva il compito a me assegnato, ben sovente avrei dovuto perdere tutto il giorno per giungere a terminare quelle poche costure. Così non era del ballo in esso i riusciva per la sveltezza e l'agilità della piccola mia persona, tal che il vecchio, maestro di ballo, molto se ne lodava, non così io di lui perché vietandonegli mia madre, più non mi portava alcun libro. Ciò non ostante io, se non volumi, aveva trovato il modo di leggere impiegando i pochi soldi che mi dava mia madre per comprarmi de dolcj, in quelle leggende in ottava rima, che al prezzo d'un soldo si vendono da libraj mentre che andava all'esame; Giosafat e il fior di virtù così con esse furono da me posti sotto il saccone in compagnia della carta che fin qui rimasta era inoperosa. In questo mezzo, che io ad altro non pensava che al modo di potere scrivere mi venne fatto di trovare in un armarietto una guastadetta in cui pareva esservi dello inchiostro, che scoperta! ma ella era vôta. Con tutto ciò io me ne resi padrona, vi posi dell'acqua, e quindi la nascosi sotto l'altarino che eretto aveva nella mia camera raccomandandola, con puerile semplicità, alla SS: Vergine. La sera allorché tutte noi fummo ivi riunite a recitare il rosario, oh com'io tremava, che venisse scoperta l'ampolla ivi da me riposta! ma tutto andò a seconda de' miei desiderj, ond'io lo tenni a miracolo. Con quell'acqua imbevuta del sedimento dello inchiostro giunsi a scrivere servendomi a tal uopo di penna uno stecco, e di calamajo un guiscio d'ovo. Ciò faceva sempre che l'opportunità mi si presentava servendomi di scrittojo quella stessa cassa che conteneva i miei libri su cui ritta in piedi dettava versi con somma mia sodisfazione. Sopravvennero intanto i giorni di pasqua ed io dovetti confessarmi ed accusarmi al Padre Papera Agostignano direttore spirituale di tutte noi, il fallo che mi gravava la coscienza per aver contravenuto al comando di mia Madre. Egli mi sgridò sollennemente ond'io rossa rossa e piangente uscj dal confessionale in cui entrarono le mie sorelle, e quindi mia Madre. Il risultamento però della mia confessione fu ben diverso da quello, che mi attendeva; io tornai in possesso di tutti i miei libri, che disposi in ordine nella loro scansia ed ebbi la permissione d'impiegare l'ore concesso al divertimento in quel modo che più mi gradisse. Venne alcuni giorni dopo quel buon padre a trovarne, e mi fece più carezze del solito. Volle vedere ciò che io scriveva ma non giungendo a capire le abbreviature, ch'io sola intendeva, m'interrogava sopra varj punti della storia sacra e della profana non meno che della mitologia. Trovandomi instruita più che la mia età nol comportava maravigliò e vôlto a mia Madre; questa fanciulletta, disse accenna dover essere un altra Corilla; era Corilla in que' tempi in gran fama benché non ancora coronata in Campidoglio. Da quel giorno in poi più non fui contrariata, e permesso mi fu, dopo il lavoro, far uso del tempo come più mi piaceva; io però ne abusava giacché quando per la sopravveniente sera più non poteva leggere e molto meno scrivere, figurava di tenzonare con un emulo in ottava rima ponendomi in un canto della mia camera e quindi saltando nell'altro opposto, rispondeva alla proposta da me fatta in prima. La notte pur anco quando luceva la luna era da me spesa a leggere, e quando no, a riandare in mente ciò che aveva letto. Così passarono questi miei primi anni sin che mio fratello che preso avea servizio nella truppa di Napoli distaccato a Pescara finì ivi i suoi giorni. La nuova della sua morte avanzata a mia Madre per lettera da Don Daniele Osolivane colonnello del reggimento, pose la desolazione in casa nostra ed io ancorché non mai conosciuto avessi questo mio fratello, lo piansi amaramente non per altro, che per vedere che mia Madre piangeva a calde lacrime richiamando suo figlio. È certo però che mio fratello era traviato ma non cattivo. Egli al letto della morte pentito de suoi trascorsi, supplicato aveva il suo colonello d'istruire secretamente mia Madre prevedendo, che se gli zij giungevano a sapere ch'egli cessato avesse di vivere, noi tutte verrebbemo spogliate, e rendute miserabili dalla loro avarizia.

Ma che non tentano mai gli uomini allorché tratti da un sordido interesse credono di potere aumentare la loro fortuna? Venne a notizia di costoro, che mia Madre non rimetteva più alcuna somma a Napoli diretta a Giuseppe. Sospettarono tosto e scrissero al reggimento, ma niuna risposta ottennero. Così passarono ben tre anni senza che conseguir potessero certezza della morte di mio fratello. Dir poi non so in qual modo né quai mezzi usarono, so che alfine lor fu fatto di procacciarsi la sua fede mortuaria, e da quell'istante ne intentarono una lite che ci ridusse in estremo bisogno. La mia maggior sorella Maddalena non si ritrovò però in queste ristrettezze: bella com'ell'era, sposato aveva un giovane non meno civile che di comodo stato, e felice dir si poteva perché amata dalla famiglia Giannini in cui era entrata sopportar non doveva le molestie a cui giornalmente eravamo esposte per la barbarie d'uno fra gli altri de' cognati di mia Madre, di cui taccio il nome, il quale si piaceva di venire fino in casa nostra ad insultarla e minacciar noi di strapparne dalle braccia materne e chiuderci in un ritiro.

Allora si fu che la mia povera Madre credette poter dare orecchio alle insinuazione del nostro Maestro di ballo, che le prometteva in poco tempo di far di me una brava ballerina particolarmente perché mostrava più attitudine al ballo di quello, che ne avesse mia sorella essendo maggiore di me di dieci od undici anni, ed inconsequenza men atta a farsi distinguere in tal carriera. Con tutto ciò Ella si diede a studiare tal professione indefessamente, ed io riflettendo che poteva migliorare la sorte di mia madre, e torla alla persecuzione de' suoi cognati, ne seguiva l'esempio. Non è però, che abbandonassi la lettura, per la quale il solo mio genio mi fu guida a farmi apprezzare in singolar modo la divina commedia di Dante. In molti libri scontrati avea de' passi di cotesto insigne poeta; possedeva il libro tanto decantato, ma allorché volli occuparmi di lui mi parve alla prima rozzo ed espro spesso initelligibile, così che mi cadde più volte il libro delle mani. Ciò far non dee meraviglia; usata all'armonia, e alla facilità del Metastasio, aspri i versi ed oscuri parere a me dovevano del più grande de' poeti; pure quell' istessa asprezza agguzzava in me l'appetito di intenderlo, tal che giunsi, non solo a far d'esso la mia prediletta lettura ma sino a trascriverne gli alti concetti, e farne una specie di analisi come far soleva d'ogni libro che degno credessi di tal mia fatica. Intanto di giorno in giorno crescevano i bisogni della nostra povera famigliuola. Le terre di nostra ragione, per quella maledetta lite, erano sequestrate, e scarsi gli alimenti che ci venivano somministrati e questi ancora forz'era tal volta convertire in denari onde pagare, e messi, e citazioni, e procuratori, e cent'altre divolerie. La providenza soltanto cangiar poteva la nostra trista situazione e questa non mancò di soccorrer noi e di procurarci uno scampo. Venni scritturata pel Teatro di Bastia in Corsica in qualità di prima ballerina, e mia sorella di terza. Colà giunta mi trovai avere a compagno Adamo Fabroni giovane studiosissimo, e quello stesso che poscia impiegato nella R. galleria di Firenze scrisse varie opere di fisica naturale e fra queste una, che tratta dell'Ariete gutterato. Un tal compagno la mia gioventù, l'intelligenza, che poneva in tutto ciò, che doveva rappresentare, e quella lodevole ambizione, che sempre mi ha portato a farmi sopra l'altri distingure, mi conciliarono, non solo gli applausi degli spettatori, per lo più francesi, ma quelli del Generale Marboeuf, e delle dame che lo circondavano, giacché egli teneva una specie di corte. Qui appresi al solito senz'altro maestro, il francese; non così il latino, che uopo mi fu imparare d'esso i primi rudimenti da un prete genovese nomato Givammaria Elena. Egli m'insegnò a scrivere,

166 Courting Celebrity

e voleva istruirmi nell'aritmetica, ma purtroppo debbo dire che non giunsi mai a fare una somma esatta tant'era l'avversione che aveva a questa sorta di studio, avversione che nell'età in cui sono non ho potuto superare talché ignorantissima riguardo a ciò mi confesso.

L'applausi che prodigati mi erano in teatro per l'intelligenza che poneva in tutto ciò che doveva rappresentare, e quelli, che riscuoteva nelle private conversazioni pel mio spirito, e la cultura che senza ostentazione manifestava, procurato mi avevano l'attenzione del generale e degli ufiziali del suo stato maggiore così che volendo questi signori recitare la Morte di Cesare di Voltaire, e quindi per intermezzo il Pigmmalione volle il Generale ch'io facessi la statua di Galatea. Non saprei dire qual fosse il merito, che io ponessi nel disimpegnarmi da una parte che altro far non dee che a poco a poco animarsi, so soltanto, che le congratulazioni furono infinite, e che la *bella Galatea*, così dicevano essi, superato aveva la comune aspettazione. Più volte si replicò e il Cesare ed i Pigmmalione, e sempre accolto fu questo intermezzo con trasporto: era un francese, che recitava, francesi gli spettatori qual meraviglia se tanto incontrava il lor genio! chi non sa fino a qual segno questa nazione è entusiasta? Un anno e più dimorai in Bastia ed ebbi campo d'instruirmi vie maggiormente nel ballo pantomimico, poiché quasi ogni sera si cambiava rappresentazione, e moltissimi balli serj e di mezzo carattere dovetti imparare ed eseguire avendo mutato nel corso dell'anno quattro compagni fra quali un francese, che pose in iscena più balli eroici. Terminato questo lungo corso e tornata a Lucca venni ricercata pel teatro di Firenze e qui pure per prima ballerina.

Non fu dissimile la fortuna, che incontrai in Firenze da quella di Bastia. Si veniva al Teatro di via del Cocomero per applaudire alla prima Ballerina ed io animata dagli encomj e dal sapermi ben vista poneva ogni studio a meritarmi la grazia d'un pubblico tanto per me ben prevenuto. Quì ebbi l'opportunità di conoscere, poiché stava nell'istessa casa, un vecchissimo letterato di nome Martinelli. La sua grave età lo costringeva a stare sopra una sedia a rote avendo perduto l'uso delle gambe; non così della testa, che conservava sana, e freschissima la mente. Chi crederebbe, che una giovinetta qual io mi era corteggiata applaudita, e circondata da più adoratori preferisse la conversazione del nonagenario Martinelli ad ogni altra meno instruttiva? In effetto io passava la più parte del mio tempo, e sempre che le teatrali occupazioni me lo permettevano, ad ascoltare e de' suoi viaggi, e degli usi d'Inghilterra in cui, dimorato egli aveva lungamente, la prolissa narrazione, e ciò che più mi allettava la critica de' letterati ch'egli aveva conosciuti, e il giudizio, che riscontrato ho sanissimo, dell'opere degli scrittori antichi, e moderni ond'io prendessi da lui norma a tener loro in quel conto che meritano senza prevenzione. Tale scuola mi servì a rendermi più accorta, e meno idolatra d'alcuni autori, e in particolar modo di Metastasio che era in que' giorni in fama grandissima.

Da Firenze passai a Bologna sempre col grado di prima ballerina. E qui pure prendono abbaglio i Biografi, che scrissero di me dicendo, che non riusciva in tal arte. È vero ch'io mal volentieri l'esercitava perché mi toglieva a miei diletti studj ma è vero altresì ch'io spronata sempre dal desiderio di primeggiare in tutto, non avrei sofferto rimanermi inconsiderata. Il medico del teatro era un giovine studiosissimo di carattere serio, così che motteggiato veniva da' miei compagni che lo chiamavano il *filosofo* e tale era Tarsizio Riviera, ma in senso contrario di quello che veniva denominato da quegli sciocchi. Un lieve incomodo prodotto in me dall'aria acuta di Bologna me lo avvicinò onde curarmi. Egli maravigliò trovando in me una fanciulla dotata di molte cognizioni né cessò da quel punto di frequentarmi con assiduità.

Per porsi egli al disopra della critica de' suoi conoscenti che disapporavano, ch'egli corteggiasse una ballerina, m'introdusse nelle case di sua clientela, e qui cominciai a farmi conoscere per improvvisatrice cantando versi su gli argomenti che mi venivano proposti. Non però sempre riusciva loro di farmi improvvisare, ove che l'udienza fosse numerosa, ma in ristretto crocchio non mai mi ricusava. Godeva il Riviera delle lodi, che impartite mi venivano sembrandogli che in lui ritornassero. Egli forse mi amava, ma l'austerità de' suoi principj lo trattennero di farmene la confessione, ed io timida com'era non mai osai mostrargli altro sentimento, che quello d'una rispettosa amicizia. I nostri giornalieri trattenimenti nulla avevano di frivolo. La lettura di Dante preferita era da lui ad ogni altra ed essendo egli peritissimo nella fisica mi spiegava varj fenomeni che giovarmi potevano quando proposti mi venissero per tema di canto estemporaneo. Così in compagnia ad esclusione d'ogni altro, di questo costumato e dotto giovine, passai con profitto il tempo della mia dimora in Bologna né mi accorsi d'aver per lui concepito un sentimento più caldo che quello dell'amicizia se non allor quando dovetti lasciarlo per portarmi a Venezia essendo *scritturata* pel teatro di San Benedetto per prima Ballerina.

Pure il nostro congedo non ebbe nulla di tenero, la soggezione ch'io aveva di mia madre bastò a contener le mie lacrime, e il serio contegno del mio dottore fece sì ch'io ne imitassi l'esempio.

Giunta in Venezia invano voleva dissimulare a me stessa il dispiacere che provava di trovarmi lontana da Bologna. L'ore ch'ivi impiegava in compagnia del Riviera lunghissime le trovava a Venezia. Buon per me che le prove de Balli l'aspetto di quella gran capitale i costumi, e il grazioso dialetto degli abitanti, ch'erano in que' giorni felicissimi,

168 Courting Celebrity

giunsero a distrarmi e a rendermi la bramata tranquillità, giacché rinfacciava a me stessa la mia debolezza ove che ostinata mi fossi ad amare, chi a me non pensava. Nel tempo delle prove, che lunghissim'era in cui le prime parti rimangano in ozio e il più viene impiegato ad instruire il corpo del ballo, che così chiamati vengono i figuranti ed i ballerini di concerto, io usava per non anojarmi portar meco un libro e appartata dagli altri leggere sin tanto che a me non toccasse venire in iscena. Un giorno mentre ch'io era intenta alla mia favorita lettura di Dante una maschera dietro me senza ch'io me ne accorgessi fissando gli occhi sul mio libro: cospetto, gridò: voi leggete Dante? l'intendete poi? mi voltai spaventata, e quindi offesa dalla villana dimanda che piccava il mio amor proprio, credo intenderlo risposi, e per ciò lo leggo. Era questa maschera Giovanni Pindemonte noto non meno per le sue Tragedie che pel suo bizzarro umore. Egli mandò in burla scusandosi l'imprudenza, che aveva commessa dicendo: ch'era io la prima giovinetta e quel che più ballerina, che si dilettasse di tale *oscura Commedia* prese meco a far conversazione ed io m'industriai di mostrargli che digiuna non era di cognizioni né straniera nella provincia delle belle lettere così che ne rimase incantato. Egli mi accompagnò a casa e chiese la permissione di venire la sera a ritrovarmi. Io conosceva questo Pindemonte di fama per aver letta la tragedia sua de Baccanali, onde con piacere gli accordai ciò ch'egli mi chiedeva. Non mancò all'appuntamento, parlò molto d'altre tragedie da lui composte che non erano a mia cognizione mi recitò alcuni suoi sonetti e satire e varj epigrammi. Cosa singolare mi parve il sentirlo tartagliare mentre, che parlava conversando e non mai cincischiar parola allorché declamava. Pure era così; e chi conobbe questo Pindemonte può meco asseverarlo. Avendogli io detto che sapeva io pure far qualche verso all'improvviso, poiché egli di ciò si vantava, volle tosto farne la prova invitandomi con un'ottava a cui risposi in modo da lui non atteso, così che trasportato da quel suo entusiasmo s'alzò per abbracciarmi. Spiacque a me, e a mia madre tal atto, che s'interpose ed ei in sè rivenuto volto a lei: e come soffrite gridava, che vostra figlia con tanto ingegno e una così facil vena d'improvvisare confusa vada con una sorta di donne ch'altro non sanno che vendere i loro favori al più offerente? La risposta che mia Madre gli diede fu: che le circostanze nostre avevan voluto così, e che per farsi distinguere in qualunque aspetto che le persone si mostrino basta operare onestamente. Non replicò il Pindemonte ma riprese a cantare ed io a rispondere finché stanco ed io sazia di versi si licenziò esclamando: chi l'avrebbe creduto? tanta cultura, tante cognizioni, e in una ballerina? Bastò la conoscenza di questo signore a farmi cognita al pubblico più culto di Venezia. La prima volta che comparij sulle scene di San Benedetto fui salutata per poetessa, e sempre udiva ripetere «brava la Poetessa» questo grido oh come giungeva a me caro! Introdotta, e a gara chiamata nelle più nobili società che in que' giorni vantava Venezia, ivi improvvisava, e Pindemonte era sempre il mio competitore. I sonetti chiamati sillaboni, che proposti in tali adunanze venivano, riuscivano quasi sempre que' che io faceva i migliori degli altri, poiché il Pindemonte tali li giudicava stracciando i suoi; può anco darsi, che talvolta usasse così per non soverchiarmi. Ma la consuetudine di vedermi frequentemente, o il capriccio reso lo avevano di me appassionato, così che credetti bene prender seco una tal aria di sussieguo onde avertirlo che quanto io lo apprezzava pel suo ingegno altrettanto disapprovava la sua maniera libera di parlare, e molto meno il fine indiretto con cui ora con le lacrime, e più spesso prorompendo in minaccie incessantemente mi assediava, ma il mio serio contegno anzi che disgustarlo vieppiù irritava il suo amor proprio. Lusingandosi, ch'altro non fosse che una astuzia il novo modo con cui riceveva le sue visite, onde profittare della sua debolezza, e migliorare la mia fortuna; venne ad offerirmi quanto avessi potuto chiedergli e ch'egli stato fosse in caso di prodigarmi. Questa bassa proposizione, che me poneva a livello di non poche Donne di Teatro terminò per rendermelo odioso, e da quel giorno chiusa fu la mia porta or con l'uno or con l'altro pretesto al Pindemonte.

Lo incontrava però di frequente ne' casini delle gentil donne che praticare io soleva e quì sopportar mi era forza le sue lagnanze e rispondere spesso in versi all'accuse ch'egli mi dava di barbara di crudele di tiranna d'ingrata e simili altri nomi dagli amanti usati che sfortunati, e non corrisposti si dicono. Le scene ch'egli faceva divertivano la conversazione, ma a me cagionavano imbarazzo perché alcuna fra quelle gentildonne d'allegro umore metteva in ridicolo la severità, con che trattava il povero *Zannetto* fino a farlo impazzare. Per tormi l'occasione di trovarmi con lui mi sottrassi da tutti i casini ne' quali sapeva ch'egli frequentava, e rispondeva a gl'inviti sempre allegando pretesti atti a disimpegnarmi. Uno di questi, e che mi valse era il dovere io andare ad improvvisare al corpo diplomatico che così si chiamava la conversazione de'varj ministri dell'estere potenze residenti in Venezia. Qui era sicura che il mio persecutore non avrei scontrato giacché niun senatore non che por piede in quel loco non poteva ne meno senza delitto trovarsi ove fosse uno di questi ambasciadori.

In questo mezzo contrassi conoscenza con l'Abate Fortis cognito alla repubblica letteraria per le sue opere di storia naturale. Non so se per caso, o appostatamente venne ad occupare con un Signor conte da Perago un'appartamento nella casa stessa da me abitata. Egli a me si presentò con franchezza offerendomi la sua amicizia, e la sua assistenza onde coltivare il mio ingegno. Più accorto del Pindemonte, altro non mi manifestava, che zelo vivissimo di togliermi dal Teatro, e di procurarmi per mezzo delle mie letterarie fatiche un'onorevole sussistenza. Egli traduceva l'opere di Monsieur de Bouffon ed a me cominciò per commettere la versione de pezzi ch'erano più a portata della mia intelligenza. Mi faceva pur anco far l'estratto de' libri, che venivano pubblicati, e ch'egli riportava sopra il giornale di Vicenza. Ciò serviva a mia instruzione, e diretta da lui a formare quel gusto, che figlio di una sana critica di raro, o non mai s'inganna. La consuetudine mi rendeva di giorno in giorno più caro quest'uomo ch'esser poteva per me pericoloso senza l'accortezza della mia buona e previdente Madre. L'età sua, che oltrepassava il mezzo secolo, la calva sua testa già canuta e il zoppicar, che faceva allor che camminava, non erano a gli occhi miei difetti a confronto della eloquenza con cui condiva ogni suo discorso e del modo con che insinuarsi sapeva nell'animo mio. Egli si era espresso d'amarmi qual padre ma pur troppo d'un altro amore e ferventissimo mi amava, ed io senza accorgermi concepito aveva per lui un misto di rispetto e di tenerezza ch'io credeva effetto soltanto di gratitudine. Di ciò accortasi mia Madre ringraziava un giorno il Fortis delle cure ch'egli si era dato per me, e lo pregava a non volere più darsi l'incomodo di por piede nelle nostre stanze; mia sorella pur anco faceva ad esso la medesima intimazione, e più bruscamente. Allora si fu ch'io conobbi il carattere impetuoso di questo Fortis. Egli non seppe contenersi proruppe in espressioni poco misurate contro mia madre e contro mia sorella disse loro ciò, che la passione gli pose in bocca accusandole di voler esse la mia rovina, e far di me un indegno traffico vivendo a spese del mio disonore. Ciò bastò perché io mi unissi a mia Madre e che nella collera, che in me destata aveva gli dichiarassi altamente che da quel momento contar doveva d'aver perduta per sempre la mia stima poiché mostrava scopertamente in qual conto ne teneva. Trovandosi egli contro la sua aspettazione da me ripreso partì rovesciando, e seggiole e tavolini e si rinchiuse nelle sue camere gridando come un indemoniato. Questa scena mi fece piangere non poco né dir saprei se più mi dolesse poiché ritornata fu la calma nella nostra famiglia per l'oltraggio che ricevuto avevamo dal Fortis, o dall'esser costretta a rinunziare poichè così esigeva il mio onore, a lui per sempre. Egli in quel giorno stesso lasciò Venezia, e si diresse a Vicenza. La buona mia Madre con dolcezza e la mia sorella aspramente, mi facevano a gara riflettere sulla condotta artifiziosa che meco tenuta aveva il Fortis onde sedurmi ed io seco loro ne conveniva ma internamente non ne era persuasa. Io mi trovava senza direzione ora che ne aveva più duopo perché raccolte aveva alcune mie poesie giovanili e per consiglio del Fortis incominciata n'era la stampa.

Chi mi assisteva in tale impresa? chi mi correggeva i fogli impressi? Un certo abate Pastore se ne prese l'incarico. Ma egli mal sodisfece a tal impegno. Vennero in luce queste poesie e ne ebbi un maraviglioso spaccio, ma io fin d'allora non ne fui contenta. Terminò intanto il carnevale ed io, e mia sorella fummo nuovamente scritturate per la stagione dell'ascensione. Libera io la quaresima quasi fino alla metà sua da ogni incombenza teatrale, tutta mi dedicai allo studio; quando avendo io fatto tenere al Fortis tutti i libri che erano rimasti presso di me tosto che seppi sicuramente essere egli a Padova, e l'incomplete mie traduzioni di Bouffon, egli per mezzo di un conte di cui taccio il nome avendo fatta una tragica fine, mi fece avere l'Ossian del Cesarotti raccomandandomene la lettura ed in particolar modo del primo tomo; l'edizione era quella di Padova. Tacqui a mia Madre e alla mia sorella che quell'opera mi venisse d'altra mano che da quella del Conte il quale nelle rare visite che di quando in quando mi faceva mi dimandava sempre come mi piaceva l'Ossian? la mia risposta era *moltissimo*; egli sorrideva ed io non sapeva il perché. Ma una sera, che per la quarta volta rileggeva Ossian mi accorsi, che l'ultimo foglio era attaccato alla coperta volli staccarlo e lievemente mi riuscì, ma altro foglio pur anco vi era e sott'esso un non so che di prominente staccai pur questo, ed allora trovai con mia sorpresa una lettera dell'Abate Fortis a me diretta di cui non mi era ignoto il carattere. Questa conteva [conteneva] e lagnanze sul poco conto che di lui mostrava fare ed invettive poco misurate contro la mia sorella e la Madre mia concludeva alfine ch'egli voleva il mio bene togliendomi dal Teatro e procurarmi uno stato conveniente in cui brillar potesse il mio ingegno, che il Conte ... che dato mi aveva l'Ossian mi avrebbe agevolata la fuga, e ch'egli condotta mi avrebbe a Bologna e di la a Parma nel convento dell'Orosoline; Che riflettessi al disonore ch'io faceva a me stessa essendo accomunata con gente che *pensano con le gambe* onde non esitare un istante ad accettare la sua proposizione. Questa lettera mi pose in gran pensiero ma ancorché giovane pure mi parve in essa ravvisare il linguaggio della seduzione, e cominciai a diffidare dell'onestà d'un uomo, che mi consigliava una fuga strappandomi dalle braccia materne ed esponendomi alla giusta critica de miei conoscenti. Iddio senz'altro m'inspirò di resistere a questa tentazione onde l'amore ch'io portava alla mia ottima madre superò di gran lunga quello, che sentivo aveva pel Fortis fondato sulla stima che di lui già faceva, e che ora cedeva sul dubbio ch'altro egli fosse di quello che fino a quel punto me l'era figurato. Confesso però che mi costò non poco il vincermi, ma fatta fermissima risoluzione di rigettare un progetto, che renduta mi avrebbe colpevole, colsi la prima opportunità che mi si offerse per dire al Conte, ch'io mi maravigliava che Fortis troncato non avesse meco

172   Courting Celebrity

ogni comunicazione e che servito si fosse del pretesto d'un libro per mandarmi una lettera, che mi riempiva di confusione. Il conte anzi che prendere sul serio le mie rimostranze le volse in burla e cominciò a motteggiarmi tacciandomi di pregiudicata e non da giovane di spirito. Quindi se tanto, mi disse sete delicata e dedita alla superstiziose massime de' nostri vecchi, perché non accettate il convento, che vi offre il nostro amico? Perché, risposi, non devo, e non voglio esformi a pentimento, che tardo sarebbe dopo aver dato un passo inconsiderato. Quì terminò la nostra conversazione, ed egli non prolungò più la sua visita se non che per congedarsi da noi dicendo che andava a Padova.

Fu mia cura d'abbruciar la lettera che posta mi aveva in tanta agitazione; ciò fatto mi parve d'esser sollevata da un gran peso. Tornata a Bologna e preso alloggio in casa di certe Femine Spagnuole contrassi conoscenza con l'ex Gesuita Colomas sacerdote integerrimo e parimente dotto. A lui leggeva i miei componimenti e delle sue critiche ne faceva serbo in mente onde non cadere nuovamente in errore. Intanto mi venne composto per la solennità del Corpus Domini un sonetto da cui ripeto la mia fama poetica. Era in uso in que' tempi, e forse lo è ancora, attaccare i sonetti per le ricorrenti feste nei lochi più frequentati ai muri e alle colonne de portici. Il mio sonetto fu veduto dal Senatore Lodovico Savioli, autore delle bellissime anacreontiche, così che gli venne voglia di conoscermi personalmente.

L'annunziarsi in mia casa per quel ch'egli era bastò perché io l'accogliessi con particolare distinzione. Da quel punto egli mi fece padrona della sua Libreria e mi procurò la conoscenza d'altre persone di distinto merito per nascita e per cultura. Fui ancor accettata nell'accademia de' Fervidi di cui il Principe era il Senatore Aldovrandi.

Già da qualche tempo aggregata all'Arcadia, ed alla Colonia Vatrenia d'Imola ed a Filoponi di Cesena andava con giovenile esultanza fregiata del nome di Amarilli Etrusca. Ma ciò benché per me fosse gran cosa, non sarebbe bastato a' miei giornalieri bisogni. Qui pure la providenza non abbandonò né me, né la mia famiglia. Si faceva un giornale in Bologna, fui pur anco fra i redattori, ed in oltre tradussi e posi in versi molte opere francesi e non poche in prosa. Ciò mi portava un modico guadagno, che con l'economia di mia Madre valeva a mantener noi tutte in una onesta indipendenza. In questo mezzo composi il poemetto della Morte d'Adone. Il Savioli lo fece stampare a sue spese in Modena perché in Bologna non vollero licenziarlo, in odio cred'io di quello del Marino. Quest'operetta risente la sollecitudine con cui lo composi quasi all'improvviso, e di quelle negligenze, che in età più matura non mi sarei perdonata. Lo spaccio che feci del mio Poemetto mi pose in miglior situazione così ché, non accettai la scrittura di Modena insieme con la mia Sorella, ed il carnevale lo passammo in Bologna ov'io trovava tutto il mio pascolo ne' miei diletti studj. In questa stagione al teatro Casali venne per primo grottesco il giovine Pietro Landucci Lucchese. Avendo egli con noi la patria comune, cominciò a frequentare la nostra casa. I suoi modi civili perché educato in Parma sotto la protezione del Marchese Buonvisi di Lucca, e l'onestà de' suoi costumi gli conciliarono l'affetto di tutta la nostra famiglia e più quello di mia Madre. Il giovane non ne abbusava anzi mostrava rispettarla consigliandosi seco e valendosi de' suoi suggerimenti. La conversazione del Landucci era spiritosa e sparsa di quegli arguti sali che fanno ridere senza farne arrossire. Qual maraviglia che io usata a trattenermi con vecchi letterati in serj ed eruditi ragionamenti per cui di giorno in giorno acquistava mercè l'insegnamenti loro nuove cognizioni, givinetta non risentissi una certa tendenza ad amarlo? Ma egli ugualmente trattava me, che mia sorella ed alcuna volta pareva usarle più attenzioni. Questa sua indifferenza piccava il mio amor proprio; lo specchio mi diceva ch'io era più bella e più giovane di mia Sorella, oltre ciò ch'era poetessa, e che aveva stampato, in una testa come la mia in quel tempo esaltata questo pregio ne superava ogni altro. Con quello orgoglio che desta in noi la propria conoscenza mi diedi a non curare il Landucci, ed allora che veniva a visitarci io era sempre occupata a leggere o a scrivere. Con tutto ciò egli aveva preso loco nel mio cuore, né a lui fu dato di dissimulare più lungamente. Sapendo che mia Madre aveva per lui una decisa inclinazione osò richiederle la mia mano; si scusò ella dicendogli ch'io era tutta aliena dal matrimonio perché appassionatissima per la poesia. Insistette ciò nullameno il Landucci pregandola a volermi interrogare su questo proposito e per viepiù impegnare mia Madre a favorirlo le fece modestamente sentire ch'egli poteva mantenermi con l'abilità sua nel ballo, e con la speranza che il suo protettore Mse [Marchese] Buonvisi data gli aveva, di lasciargli alla sua morte un commodo stato. Il risultamento di tal colloquio fu che una mattina mentre mia Sorella attendeva alle faccende domestiche e ch'io m'era posta al tavolino per tradurre, non so che cosa, mia Madre senz'altri preamboli mi disse: Teresa ti piace il Landucci? a questa domanda inaspettata mi feci rossa rossa in viso, intanto ch'ella fissando su me i suoi grand'occhi neri che l'età non aveva resi meno scintillanti, attendeva la mia risposta. Ma doveva aspettarla un pezzo, tanto io era confusa! Allora prendend'Ella un contegno più serio orsù replicò: sii meco sincera; se non mi hai sin qui celato nulla di ciò che passava nel tuo cuore io voglio che ancora questa volta ti spieghi meco liberamente. Non so in qual modo mi espressi, però ella intese ch'io amava il Landucci, ma, soggiunsi, credendolo invaghito di mia sorella quì non si tratta di tua sorella, ma di te.

174 Courting Celebrity

Sentimi Teresa; la mia età e più i disgusti da me sofferti possono abbreviar la mia vita; tu sei giovine e con tutto lo studio che fatto hai su libri non conosci gli uomini. Tu hai d'uopo di chi ti protegga Landucci ti chiede a sposa non dico che questo partito sia buonissimo ma pure ha i suoi vantaggi. Il giovine è onesto eccellente nella sua professione ha una non dubbia speranza di potere un giorno dar le spalle al Teatro e vivere tranquillamente in oltre e [è] dotato d'un cuore fatto per apprezzarti. Sentimi: io ti vedrei mal volentieri congiunta ad un uomo nobile di nascita perché temerei che un giorno pentito non facesse di te niun conto, onde tu non potendo conversare né co' tuoi uguali né con quelli di tuo marito, saresti costretta a piangere lungamente. Il giovine che ti richiede è tuo pari [ ] io lo stimo atto a renderti felice, pensaci: e così dicendo mi lasciò confusa talmente che sarebbe più facile ad imaginar, che ad esprimere. È certo ch'io era destinata ad essere moglie del Landucci. Le nostre nozze furono fatte con la benedizione dell'ottima mia Madre così chè non mai doverti pentirmene. Si fece tutta una famiglia il mio sposo non ismentì il suo carattere riconoscente. Amava me con trasporto, aveva per mia Madre il rispetto e la tenerezza d'un figlio, e per mia sorella l'affezione d'un fratello. Così passarono ben due mesi in seno alla domestica tranquillità, quand'io principiai a sentire l'incomodi della gravidanza. Mia Madre se ne accorse prima di tutti. Ed ecco prodigarmi le sue cure; ma con tutto ciò io non poteva più sodisfare all'impegno preso di tradurre e di fare articoli sul giornale letterario.

"Autobiography"[1]

The mania that nowadays seems to have taken root in the writers of and collaborators on various biographies, is such that these scribblers at their whim, and not content with conjuring an apocryphal story about whoever has merited some past fame, and given that they are dead they cannot make libel charges, impudently fantasticate even on the lives, ways and works of many others who are still alive and could with good reason demonstrate their falsehood.

I, on the other hand, since I have had many, many times to tolerate reading my name in not a few pages and find myself there not as I am but as it has pleased this or that writer of my life to make me, I have resolved to write these memoirs, and give my own account of myself, of my birth, my customs, my studies – with that very honesty of mine, a quality that no one that I have ever known has ever contested.

I was born in Lucca, in the year 1770, to Domenico Bandettini and Maria Alba Micheli, upstanding and well-to-do citizens.[2] A few days after my birth my father fell ill with a deadly disease to which he had to surrender.[3] It's easy to imagine my poor mother's desolation, being left a widow with a family made up of one son and three daughters! The overwhelming grief she felt for such a loss constrained her to give me to one of our family's tenant farm women to be breastfed, because she had lost her milk and could not feed me. However, she didn't tolerate me being far from her for very long; I was the last fruit of the most tender conjugal love. As soon as she regained the ability to breastfeed me, thanks to the remedies indicated for that purpose, and more, I believe, thanks to her religious acceptance, she didn't delay for a second to reclaim me from the farmhouse and put me again on her bosom. The troubles and the depletion of our family's wealth begin here. The guardians my father appointed, given my brother Giuseppe's and my sisters' and my being underage, sold some pieces of our land to pay off one of my father's debts and they sold land of a value much higher than that needed to pay the debt.[4] No one ever held them to account for it, and what could a poor widow do, as she was more wrapped up in her sorrow than in anything

---

1 We have replicated the long, unbroken paragraphs just as they appear in the original manuscript.
2 The actual year of Bandettini's birth was 1763, as indicated by church records; biographers use this date.
3 Again, parish documents show that her father did not die until she was seven years old, in 1770 – this may account for the mistaken birth year in the autobiography.
4 She implies that they took in much less money than what the sale should have yielded.

176   Courting Celebrity

else? My father's brothers, my uncles, aspired to our remaining wealth, and almost as if they foresaw that one day or another they would get back the properties and the income currently only in my brother's name, took every pain to interpret and dig up contracts, wills, sales records and similar things, to have them handy, so that if Giuseppe were to die, they could strip everything from us.[5] My brother in the meantime reached the age of majority and became a generous and spirited young man. He was surrounded by people that, in the guise of friendship, lived comfortably at his expense, taking advantage of his inexperience such that they led him astray from the right path. They made him incur not a few debts and take out high-interest loans. It wasn't long before he found himself in dire straits, not so much the fault of his natural generosity as that of the bad advice from his unworthy friends who brought him to ruin. To escape the demands of his creditors and not to be exposed to the humiliation of cutting back his expenses so as to pay them off, he decided to abandon his paternal home and his country. I cannot describe my poor mother's regret, as I was still an infant, over this new blow from her son who she loved tenderly, and who she imagined in foreign lands deprived of those comforts he had been used to since childhood. It was at that point then that she tried her best to remedy the damage my brother had brought upon the family by cutting back on household expenses to the point of misery more than anything else.

In the middle of this [ ], I was raised by her with every care, because as she said many times to me, I was her only consolation. My sisters as well, who were much older than me, didn't tire of spoiling me, so that as soon as I started to blabber, seeing myself so special to our little family I thought I was someone very important. I was growing in the meantime, and with my growing there developed in me an ardent desire to learn and an inextinguishable curiosity; so much so that my questions about any sort of thing were very frequent and sometimes so subtle that my mother, who I always consulted, very often found herself not knowing how to answer me adequately. My mother's inclination, however, was for reading, and since I saw her reading assiduously in whatever time she could steal from her chores, there awoke in me the desire to learn how to read; the stories she recounted to me of the devout, the spiritual songs she sometimes liked to sing, alternating them with other stories in rhyming octaves, like that of Paris and Vienne, and of Saint Christopher and others similar to these, since she knew many by heart,

---

5   Tuscan succession laws for the most part followed the patrilineal pattern by which patrimony was bequeathed only to male heirs; the financial fate of widows and children was left to the judgment of the inheritors.

made me listen to her enraptured and often pleading or crying I annoyed her asking her to tell me one of those many tales and stories that she knew.[6] However, to obtain such a treat, I had to recite devout prayers and not a few sections of the catechism and Christian doctrine. She could obtain everything from me as long as she consented to sing me a story in *ottava rima* or a little song in other verses. It was she who taught me how to recognize the letters on the Holy Cross, saying: Once you learn to spell you will be able to satisfy your curiosity by yourself and read all the books on that shelf. Saying this she pointed to some volumes that my brother had put there. Who would believe it? At the age of five, and maybe less, I was reading quickly without having learned how to connect letters through any system; this seems impossible even to me, but it is really true and I can swear that I had no other teacher but myself. As the owner of my brother's books, I found on that shelf the Legends of the Saints, Metastasio's works, and some Goldoni comedies, and a book by Dante and one by Petrarch, one by Tasso and other lesser books, either superior to my understanding or not to my liking. However, among these there were Aesop's fables. How dejected was I when, believing I could read this just as the others, I could not understand one syllable? I ran to my mother as usual, and after she learned the reason for my distress, she told me, laughing, How do you expect to read this little book if it is written in Latin? That Latin, and that little book, made me waste many hours and I stubbornly tried to interpret its meaning, such that I would have liked someone to teach me Latin but no one who regularly visited our house was able to satisfy my desires. Poor Aesop, therefore, and the royal Parnassi, Cicero, and Poretti's grammar were left forgotten in a little corner, because I was angry with that Latin that I couldn't understand, even though I had applied my little brain to it for many days.[7] I liked poetry above all,

---

6 "Stories in rhyming octaves" refers to narrative poems composed using *ottava rima*: eight-line stanzas with a specific rhyme scheme, usually *ababab cc*. Ottava rima replaced the rhyming chain tercet (*terzina Dantesca*) as the standard metre for popular Italian poetry; it became the canonical form especially for Italian renditions of the heroic or chivalric romance genre, be they original compositions or translations. The French romance Bandettini cites, *Paris et Vienne* by Pierre de La Cépède (1432), is one such example.

7 *Aesop's Fables*, or *Aesopica*, originated in Greek manuscripts and circulated in Latin editions for a long time even after its translation into European vernaculars; *Regia Parnassi* was a Latin work that served as a combination dictionary/rhetoric manual/thesaurus for writers, containing synonyms, epithets, common prolegomena, paraphrases, etc.; "Poretti's grammar" refers to one of several popular textbooks on Latin grammar by Ferdinando Porretti, published in Padua throughout the century.

178   Courting Celebrity

however, and in such a way that I would even forget about food, and often I was so absorbed in what I was reading that I did not hear my mother's and sisters' repeated calls inviting me to our meagre meal, so that they had to come and bring me there. But I wouldn't leave my book, which open by my side held my gaze, and reading and eating at the same time I couldn't wait for the moment when I would return to my reading without interruption. To imitate the rhythm that the verses beat in my ear I started to write printed letters, not having any other example than that of books. Who knows what the letters I used were? But I understood them, and that was enough, because now, imitating Petrarch's rhythms, I composed ballads, sonnets and certain compositions I called Martellian comedies, using Goldoni as a model, and I also wrote songs after reading Metastasio.[8] Not satisfied with all of this, I improvised verses of my own invention adapting them to the aria of this or that *canzonetta* I heard sung on the street to the great surprise of my mother who was always the subject of my compositions.[9] Lucky for me she also knew how to improvise in *ottava rima*, and she didn't always deny me when I invited her to sing. This was the best gift she could give me, since I put the pleasure of improvising before every amusement. With this ability to create verses and with my constant reading of those books that fell into my hands, and also with the help of an old family friend, who was a dance master, the ballroom kind, and who procured some books for me, I acquired day by day not a little knowledge. I read and reread the sacred history that that good man got for me, and put into verse the sacrifice of Isaac over which I cried many times. Through him I also obtained a fairy tale collection and I don't know what sort of summary of Roman history. Gifted as I was of a very good memory what I read remained engraved in it. I don't know what was inspiring in me, unless one wants to ascribe it to chance, that taste that led me to choose the best from the good and preserve it in my mind. But at such a tender age, such an arduous effort, which I considered a pastime, couldn't not harm my body. I rapidly lost weight, and a continuous headache, which I hid so as to not neglect my studies, left

---

8   Martellian comedies were plays written in the particular form known as martellian, or alexandrine, verse: rhyming couplets, with each line composed of two six-syllable half-lines; its name derives from the Bolognese dramaturg Pier Iacopo Martello (1665–1727), who exalted this French form in the seventeenth century.

9   "Aria" refers here to the musical melody, or "air," of a song; *canzonetta* indicates a popular song or music that plays like a song (light in style, refrain, emphatic cadence, etc.). Since opera was such a big part of culture at the time, Bandettini could have been hearing passers-by singing or humming arias from actual operas as well as other well-loved songs and tunes. See also p. 63 note 83.

me at times unable to stand. My mother, attentive to my health and blaming everything on my excessive reading and writing, one day not only severely scolded me but what was worse she took away my books, locking them in an old chest, and hid the inkwell I don't know where. I was then barely seven years old, and she told me that it was time to focus on women's work and put aside those wicked books, because women must dedicate themselves only to this. I loved my mother tenderly and to see her angry with me for the first time humiliated me so much that I cried for a whole day. My good sister Maddalena came to console me, she was the eldest of us all, and her caresses, her promise to reconcile me with my mother, calmed me very much, and that same evening we made peace. But when I retreated to the little bedroom occupied by me and my other sister Margherita, and did not find some books under the bed as usual, oh how sad I became! Undressed by my sister, and put to bed, I right away pretended to sleep, and as soon as she lay by my side she fell peacefully asleep. I cried softly, while also trying to devise a way to find, if not books, at least something with which to write what I had learned and to compose something of my invention, but nothing came to mind. So I spent the night partly awake, and partly dreaming of books, paper, and inkwell, I was so affected by that idea. It was Lent, and since I had to make my first confession my mother sent me to the exam accompanied by an old servant-woman. Here my ambition found some nourishment. I was singled out by the very good priest that led us, because there wasn't one time he didn't question me, which he did often, when I didn't answer to his satisfaction. This provoked the envy of the other girls, except for one, named Oliva, who was always at my side, because, if I saw her in difficulty I would help her answer the priest's questions. I made friends with her and having earned her trust I asked her to bring me some sheets of writing paper. The next day she brought me five or six sheets, saying that when I finished with those she would bring me others, because her brother brought home many that they used to light the fire. The paper was basically wastepaper, but what the heck! I thought I had a treasure. So that on my return my mother didn't see that blessed paper that I had procured, I pleaded with old Caterina to put it in her bodice and put it under my mattress, she indulged me and kept the secret. In the meantime my mother was teaching me to knit socks, and she would establish how much knitting I had to do before allowing me free time. However, as much as I showed an aptitude to learn, and understand everything that belongs to literature, always in keeping with my age and with the knowledge I had acquired, I was equally clumsy and inattentive in that work, and without the secret help of my eldest sister who, seeing me

180 Courting Celebrity

upset, would finish my assigned task, I would have very often lost the whole day getting to the end of that little bit of knitting. This was not the case for dancing, where I excelled for the speed and agility of my small frame, so much so that the old dance master praised himself a lot, but I didn't praise him, because he no longer brought me any books since my mother had forbidden it. Nevertheless, if not books, I had found a way to read using the little money that my mother gave me to buy sweets with, buying those legends in *ottava rima* that booksellers sell for only a coin, on the way to my catechism lesson. I put the *Life of Josafat* and the *Fior di Virtù* under my mattress together with the sheets of paper that had not been fruitful.[10] During this time, when I thought of nothing but finding a way to write, in a cupboard I found a vial which seemed to have ink in it, what a discovery! But it was empty. Despite this I took it, put water in it, and then hid it under the little shrine that I had built in my room, entrusting it with childish naivety to the Holy Virgin. In the evening when we were all gathered there to recite the rosary, oh how I trembled, fearing the vial I had hidden would be discovered! But everything went according to my desires, so that I considered it a miracle. With that water soaked with the dregs of ink I managed to write using a stick for a pen, and for an inkwell, an eggshell. I wrote any time I had the opportunity, using as a desk that same chest that contained my books, on which I stood to improvise my verses to my great pleasure. In the meantime the Easter festivities were approaching and I had to make my confession to the Augustinian priest Papera, our spiritual director, and tell him the sin that weighed on my conscience for having gone against my mother's orders. He scolded me sternly, to the point that I exited, beet-red and crying, from the confessional into which my sisters, and then my mother, entered. The result of my confession was much different than what I expected, however: I came back into possession of all my books, and I arranged them in order on their shelf, and had permission to use the hours allowed for fun in whatever way I most enjoyed. A few days later that good father came to see us, and he was nicer to me than usual. He wanted to see what I was writing, but not being able to understand the abbreviations, that I alone comprehended, he questioned me on various points of sacred and profane history no less than on mythology. Finding me knowledgeable beyond my years he was awed and said to my mother: This little girl, he said, gives signs of becoming another Corilla; Corilla was very

---

10 These two popular edifying works are also mentioned in Veronese's autobiography, see p. 52 note 46.

famous in those days, even if not yet crowned in the Campidoglio.[11] From that day on I was not opposed anymore, and I was permitted, after my work, to use the time as I liked best; I was overdoing it, however, since when evening fell and I could not read and even less write, I pretended I was competing with a peer in *ottava rima*, standing in a corner of my room and then jumping over to the opposite corner, responding to the opening verse I had made first. Even night-time, when the moon shone, was spent reading, and when I didn't read, going over in my mind what I had read. In this way my first years passed, until my brother who had entered the service in the Naples contingent, and was stationed in Pescara, ended his days there. The news of his death came to my Mother by way of a letter from Don Daniele Osolivane, colonel of the regiment, and brought desolation to our home and even though I had never known this brother, I cried bitterly if for no reason than seeing my Mother cry hot tears, calling out for her son. It was certain that my brother was led astray but he was not bad. On his deathbed, repentant for his past deeds, he had begged his colonel to secretly instruct my Mother, foreseeing that if the uncles came to know that he had died, all of us would be stripped of our possessions and made miserable by their avarice.

But what won't men try when motivated by a base drive for profit they think they are able to increase their fortune? They came to find out that my Mother no longer sent any money to Giuseppe in Naples. They were immediately suspicious and wrote to the regiment, but obtained no response. Thus a good three years passed without them being able to be certain of my brother's death. I don't know then in what way or what means they used, I know that finally they were able to get his death certificate and from that moment on they started a fight in court that reduced us to extreme need. My eldest sister Maddalena did not find herself in these straits, however: beautiful as she was, she had married a young man no less courteous than well-off, and could call herself happy as she was loved by the Giannini family into which she had entered; and she did not have to put up with the harassment to which we were exposed daily by the barbaric behaviour of one among my Mother's brothers-in-law, whose name I will not say and who liked to come to our house to insult her and threaten that he would rip us from our mother's arms and lock us up in a convent.

It was then that my poor Mother believed she should listen to our dance master's hints, who promised her that in a short time he could

---

11 See "Contexts and Conclusions" for remarks on Corilla Olimpica, the eighteenth-century poet-improviser and celebrity.

182 Courting Celebrity

make me a good ballerina especially because I exhibited more aptitude for dance than my sister, being older than me by ten or eleven years, and consequently less suited to distinguishing herself in such a career. Despite this she gave herself over to studying that profession untiringly, and reflecting that I could improve my mother's fate and free her from the persecution of her brothers-in-law, I followed her example. I did not abandon reading, however, for which my only guide was my inclination, which made me appreciate in a singular way Dante's *Divine Comedy*. I had encountered in many books excerpts of this renowned poet; I owned the so-extolled book but when I wanted to focus on him he seemed at first rough and harsh, often unintelligible, so that frequently the book fell from my hands. This shouldn't surprise; as I was used to Metastasio's harmony and smoothness, the verses of the greatest of poets had to seem harsh and obscure to me. And yet that same harshness whetted my appetite to understand him, so that it not only became my favourite reading, but I even transcribed its lofty ideas, and made a kind of analysis like I used to for every book that I thought worthy of my effort. Meanwhile, day by day, the needs of our poor little family grew. The lands that belonged to us, because of that damn court battle, were sequestered, and the food allocated to us was scarce. And sometimes we had to exchange it for money in order to pay couriers, fines, and lawyers and a hundred other nuisances. Only providence could change our sad situation and it didn't fail to help us and offer us a way out. I was engaged by the Teatro di Bastia in Corsica as prima ballerina, and my sister as third.[12] Once I arrived there I had

---

12 The port city of Bastia is on the northeast coast of the island of Corsica, which came under French rule in 1768 with the Treaty of Versailles. Its theatre dates to 1772, constructed under the governor General Louis Charles René de Marbeuf, and therefore would have been quite new when Bandettini entered its dance company around 1778.

   Bandettini would spend about twelve years (c. 1778–90) working as a professional ballet dancer in the major theatres of Northern Italian cities. At this time ballet was a highly regarded element of the operatic entertainment whole: after each of the three acts of the *dramma per musica* an individual ballet was staged. Each theatre had its own ballet company, which consisted of roughly twenty to thirty dancers, divided between the regular performers essential to the performance (*ballerini*) and the supplemental "extras" brought on stage for scenes requiring crowds (*figuranti*). When Bandettini states she was initially employed as *prima ballerina* while her sister was *terza*, she refers to the ranking system that distinguished her as one of the best and therefore principal dancers. Like their singing counterparts, dancers also were classified by role, or *parte*: serious (*serio*), semi-serious or mid-range between nobility and populace (*di mezzo carattere*), or comic (*grottesco*). When she notes later in her text that Pietro Landucci played *il primo grottesco*, Bandettini references both his

Adamo Fabroni as partner, an extremely studious young man, and the same man who, employed later by the Royal Gallery of Florence, wrote various works of natural physics and among them one that deals with the *Ariete gutterato*.[13] Such a partner, my youth, the intelligence that I put in everything I performed, and that praiseworthy ambition that always led me to distinguish myself above others, granted me not only applause from the spectators, who were mostly French, but also from General Marboeuf and the Ladies who surrounded him since he held a kind of court.[14] Here I learned French, as usual without a teacher; it wasn't the same with Latin, whose basics I had to learn from a Genovese priest named Givammaria [Giovanmaria] Elena. He taught me to write [in Latin] and wanted to teach me arithmetic, but, unfortunately, I must say that I was never able to do precise addition such was the aversion

---

high skill and the kind of character – perhaps clownish peasant or foolish foreigner – he would have regularly enacted.

Ballets varied in genre: the French tended to prefer serious, or heroic, ballets and a more contained, formal style of dancing, while Italians leaned towards a more diverse roster, including semi-serious and comic ballets, and made use of much more expressive, acrobatic physical modes. Bandettini's remarks on the prevalence of pantomime ballet, a genre of performance that rose to prominence in the eighteenth century, suggest her skills in using the body to narrate stories or characters. Her talents here easily would have enhanced her capabilities as an improviser-poet. (A particularly Italian area of dance expertise, this miming penchant may recall the popular "attitudes," or tableaux vivants, performed by Lady Hamilton for elite audiences in Naples at precisely the same time.)

Finally, the ballet season reflected the opera season, itself conditioned by the religious calendar. The definitive theatre period was during Carnival, roughly from 26 December to Shrove Tuesday and the start of Lent. This was preceded by a fall performance season (October–November) and followed by a spring offering that might fill any part of the window from Easter to the Feast of the Ascension (Bandettini refers to it here as the Ascension Fair, a multiday festivity), usually falling sometime in May.

13   Adamo Fabbroni (1748–1816) was an important Florentine intellectual, known, as was his more famous brother Giovanni, mainly for works on innovative agricultural theory and practice. Bandettini apparently knew Fabbroni in his earlier years – in the 1760s–70s he had fought in Corsica for the French under General Marbeuf (see note 14 below) and his involvement in the dance world resulted in his writing *Dissertation on Dance* (unpublished, 1775). His second great passion after agronomy was antiquarianism, and *Ariete gutterato* (Florence, 1792) refers to his study of a famous ancient black marble sculpture of a ram's head, held in the Royal Gallery of Florence.

14   The French army general Louis Charles René de Marbeuf (1712–86) was active in annexing Corsica to France in the 1760s. While he lived on and governed the island, he developed close relations with the Bonaparte family, serving Napoleon for a time as protector.

184   Courting Celebrity

I felt for this sort of study, aversion that at my age now I haven't yet overcome, so that I confess I am very ignorant on this topic.

The abundant applause I received in the theatre for the intelligence I put into everything I performed, I also earned in the *conversazioni* for my wit; they, together with the culture that I exhibited minus all ostentation, had procured me the attention of the general and the high-ranking officers in his group. As those gentlemen wanted to perform Voltaire's *Death of Caesar* and then *Pygmalion* for the intermezzo, the General wanted me to play the statue of Galatea.[15] I can't say with what talent I managed to make this role work, one that has nothing to do but come to life bit by bit, I only know that I received infinite congratulations and that the "beautiful Galatea," that's what they said, had surpassed general expectations. *Caesar* and *Pygmalion* were performed numerous times, and this intermezzo was always received with great enthusiasm: the actor was a Frenchman and the spectators were French, so no wonder it pleased them so much! Who doesn't know how enthusiastic this nation can be? I lived in Bastia more than a year and I was able to learn a great deal more about pantomime dance, since almost every evening the theatre offering changed and I had to learn and execute a great many ballets, serious and *mezzo carattere*, having changed four dance partners in the course of the year, among which a French one, who performed many heroic ballets. When this long time was completed and I returned to Lucca I was sought after by the Florence theatre and here too as prima ballerina.

The good fortune I met in Florence was not dissimilar from that in Bastia. People came to the Theatre in Via del Cocomero to applaud the prima ballerina and enlivened by the praise and by knowing I was well-liked I put everything into earning the good graces of audiences so well disposed towards me. Here I had the opportunity to meet, since he lodged in the same house, a very old man of letters named Martinelli.[16] His advanced age restricted him to a wheelchair since he had lost the

---

15 It was customary to include separate spectacles between acts in the two most-attended eighteenth-century theatre genres, spoken tragedy and heroic opera (*opera seria*). Such performances between acts would have been either low-budget, farcical spoken comedies, called intermezzos (*intermezzi*), or ballets (*balli*). With time, dance quickly surpassed the former in its appeal to audiences, thus it's very possible that Bandettini refers to a ballet titled *Pygmalion* here, even as she uses the term "intermezzo." Her "playing" the statue of Galatea points again to the practice of pantomime ballet. See note 12 above.

16 Vincenzo Martinelli (1702–85) was a Tuscan writer and adventurer who lived nearly thirty years in London before returning to Italy. He published a number of works on England covering its history, government, and colonies.

Teresa Bandettini   185

use of his legs; not so with his head, which was healthy with a very sharp mind. Who would believe it, that a young woman like me who was courted, applauded, and surrounded by many adorers preferred conversation with the nonagenarian Martinelli to any other less educational talk? In fact, I spent most of my time, and always if my theatre work allowed me, listening to his travels, and about customs in England, where he had lived a long time, and his long stories. What I liked best were the critical opinions of the literary figures he had known, and his evaluations of the works of ancient and modern writers, which I found very apt, and thus I absorbed his rule of judging these writers without bias, according to their merit. Such a school served me by making me more discerning and less idolizing of some authors, and especially of Metastasio who was very famous in those days.

From Florence I went to Bologna still with the rank of prima ballerina. And here the biographers make a mistake, those who write of me saying that I did not do well in that profession. It's true that I practised it unhappily, because it took me away from my beloved studies, but it is equally true that I was always spurred by the desire to be the top in everything, and I would not have tolerated being overlooked. The theatre doctor was an extremely studious young man of serious character, so much so that he was teased by my companions, they called him the philosopher and such was Tarsizio Riviera, but in a sense contrary to the one those fools meant.[17] A slight illness brought on by the cold air in Bologna made me approach him to be treated. He marvelled at finding in me a young girl gifted with much knowledge and from that point didn't cease to visit me regularly.

To lift himself above the criticism of those people he knew who disapproved that he was courting a ballerina, he introduced me in the homes of his clients, and here I began to make myself known as an improviser, singing verses on topics proposed to me. However, when the audience was large they didn't always succeed at having me improvise; but in a limited gathering I never refused. Riviera enjoyed the praises I received, as if they were meant for him. He may have loved me, but his austere principles kept him from confessing it, and as timid as I was I never dared show him any other sentiment than that of respectful friendship. Our daily meetings had nothing frivolous about them. He

---

17 The French were the first to use *philosophe* to denote an intellectual who embraced progressive thinking in the eighteenth century. For factions who disagreed with the ideas or approaches of such reform-minded freethinkers, the term "philosopher" would have been pejorative.

186   Courting Celebrity

preferred reading Dante to all others, and being an expert in physics he explained various phenomena to me that could be useful to me when proposed as topics for improvised versifying. Thus, in the exclusive company of this well-mannered and intellectual young man, I profited from my time residing in Bologna and I wasn't aware of having felt for him any feeling warmer than that of friendship, except for the moment when I had to leave him to go to Venice, being engaged by the San Benedetto Theatre as prima ballerina.[18]

And yet there was nothing tender about our leave-taking, the intimidation I felt from my mother was enough to keep my tears in check, and my doctor's serious demeanour was such that I imitated his example.

Once I was in Venice it was useless to try and hide from myself the sorrow I felt finding myself far from Bologna. The hours I used to spend in Riviera's company seemed very long in Venice. It was good for me that the ballet rehearsals, the feel of that great capital, the customs and the lovely dialect of the inhabitants, who in those days were very happy, managed to distract me and give me back my yearned-for peace, given that I reproached myself for my weakness if I kept on stubbornly loving someone who didn't think about me. During the rehearsals, which were very long as the principal roles stayed idle and the majority of time was spent teaching the main ballet corps, this is what the extras and the concert dancers were called, to not be bored I used take a book with me and read, separated from the others, until it was my turn to go on stage. One day while I was intent on my favourite Dante reading, a mask who was behind me and staring at my book without me realizing shouted: "Goodness! You read Dante? And do you even understand him?"[19] I turned, frightened, and then offended by the rude question which hurt my self-love, I answered: "I believe I understand him. And that's why I read him."[20] This mask was Giovanni Pindemonte, known no less for his tragedies than for his bizarre moods.[21] He made a joke of it, excusing his imprudence, saying that I was the first young girl and even more so a ballerina, who enjoyed

---

18 Inaugurated in 1755, the Teatro San Benedetto was Venice's most prominent theatre for opera (*opera seria*) and ballet in the eighteenth century.

19 "Mask" is used here synecdochically, to refer to someone, a backstage bystander in this case, wearing the typical Venetian face covering, used especially by patricians who wished to conceal their identity while out in public.

20 On self-love, see p. 65 note 90.

21 Giovanni Pindemonte (1751–1812) was Ippolito Pindemonte's older brother and a writer himself. He was politically engaged, and for his republican ideas he was exiled in France for a while. He wrote twelve historical tragedies following Alfieri's model.

such a dark Comedy. He took up a conversation with me and I worked hard to show him that I was not empty of knowledge nor a foreigner in the province of literature, and he was enchanted. He walked me home and asked permission to come in the evening to see me. I knew of this Pindemonte by way of his fame, for having read his tragedy on the Bacchanals, thus I granted him what he asked for with pleasure.[22] He didn't miss our appointment, he talked a lot about other tragedies he had composed that were not known to me, he recited some of his sonnets and satires and various epigrams. It was strange that I thought I heard him stutter while he was conversing and never fumble a word while he was declaiming. And yet it was like this; and whoever knew this Pindemonte would agree with me. Having told him that I too knew how to improvise a verse or two, given that he boasted about his skill in this, he immediately wanted to test me, inviting me with an octave which I answered in a way he hadn't expected; and moved by his enthusiasm he rose to embrace me.[23] This move displeased me and my mother, who put herself between us, and he came to his senses and said to her: "How do you stand it," he shouted, "that your daughter with so much talent and such a natural gift for improvising mingles with the kind of women who know nothing but how to sell their favours to the highest offer?" My mother's response to him was: that our circumstances necessitated this, and to distinguish oneself in whatever role one has in society, it's enough to act virtuously. Pindemonte didn't reply but took up versifying again, with me responding until, with him tired and me sated with verses, he took his leave exclaiming: "Who would have believed it? So much culture, so much knowledge, and in a ballerina?" My acquaintance with this man was enough to have me known by the most cultivated public in Venice. The first time I appeared on the stage at the San Benedetto I was greeted as poet, and I always heard them repeat: "Brava to the poetess!" This shout, oh how much it meant to me! I was introduced to, and people competed to invite me to, the most noble circles that Venice vaunted in those days; there I would improvise, and Pindemonte was always my rival. The sonnets called *sillaboni* that were proposed in such gatherings, I almost always ended up fashioning the best ones, seeing as Pindemonte judged them thus, ripping up his own; it might also have been that he sometimes acted like this to not overshadow

---

22 *I Baccanali*, staged at the San Grisostomo Theatre in 1787 and published in Florence the next year.

23 Bandettini no doubt "answered" his octave with her own extemporized octave – see our "Contexts and Conclusions" for information on the practice of improvised poetry between two competitors.

188 Courting Celebrity

me.[24] But the habit of seeing me frequently, or caprice, made him obsessed with me, such that I thought it well to put on an air of detachment around him, to alert him that however much I appreciated him for his talent, I equally disapproved of his free way of speaking, and I approved even less the ulterior motive for which he assailed me incessantly, either with tears or more often erupting in threats. But instead of turning him off, my serious demeanour fired up his self-love even more. Flattering himself that the new way in which I received his visits was nothing more than a trick by which to profit from his weakness and improve my fortune, he came to me, to offer whatever I might have asked him for, that he was capable of giving. This base proffering, which put me at the level of not a few women of the theatre, ended up making him hateful to me, and from that day on my door was closed, via one excuse or another, to Pindemonte.

I ran into him often, however, in the *casini* of the noblewomen I frequented, and here I had to put up with his complaining and I often had to answer in verses to his accusations that I was a barbaric, cruel, tyrannical, ungrateful woman, and other similar names used by lovers who call themselves unlucky and unrequited.[25] His scenes entertained the *conversazione*, but they caused me embarrassment, because some among those good-humoured ladies ridiculed the severity with which I treated poor *Zannetto*, a severity enough to make him go crazy. To avoid finding myself with him I withdrew from all the *casini* I knew he frequented, and replied to invitations always attaching excuses that would disencumber me. One of these invitations that was of value to me was to go and improvise to the diplomatic corps, as they then called the *conversazione* of the various ministers of foreign powers residing in Venice. Here I was sure I would not run into my persecutor, since no senator would set foot in such a place, nor could he be in the vicinity of one of these ambassadors without committing a crime.[26]

In this period, I made the acquaintance of Abbot Fortis, known to the Republic of Letters for his works on natural history.[27] I don't know

---

24 The *sillabone* type of sonnet probably refers to a beefed-up version of a regular sonnet – possibly a composition with a greater number of lines than the normative fourteen, or with lines of more than the usual eleven syllables.

25 On *casini*, see p. 68 note 102.

26 By law, Venetian noblemen serving the Republic could not frequent foreign ambassadors in private social gatherings.

27 Alberto Fortis (Padua 1741–Bologna 1803) was a poet, travel writer, naturalist, geologist, and journalist – a key figure in eighteenth-century scientific and literary spheres. He is most famous for his *Viaggi in Dalmazia* (*Travels into Dalmatia*; 1774) but was also very active in the periodical press, working with Domenico Caminer and his daughter Elisabetta on their well-known periodical, published first in Venice, then moved to Vicenza: *Il giornale enciclopedico* (1774–81), later *Nuovo giornale enciclopedico* (1783–90).

if by chance or on purpose he took up residence with a Count from Perago in an apartment in the same house I lived in. He introduced himself to me directly, offering me his friendship and his help whereby I could nurture my literary talent. More shrewd than Pindemonte, he proposed nothing beyond heartfelt desire to get me out of the theatre, and to help me earn an honourable living by means of my literary efforts. He was then translating the works of Monsieur Buffon and he began to commission me to translate the passages that most suited my ability.[28] He also had me write summaries of newly published books, which he printed in the literary journal of Vicenza.[29] This work served as my instruction, and guided by him I developed taste – the kind that, being the offspring of sound critical judgment, rarely or never makes a mistake. Our familiarity made this man dearer to me day by day, a man who could be dangerous for me if not for the watchfulness of my good and far-seeing Mother. His age, which exceeded a half-century, his bald, already white head, and his limp when he walked, were not defects to my eyes next to the eloquence with which he peppered every one of his speeches, and the way he knew how to sneak into my soul. He had said he loved me like a father, but unfortunately he loved me with another kind of love, most fervently, and I without realizing it had conceived for him a mix of respect and tenderness that I thought was only a result of my gratitude. Once my Mother realized it, in thanking Fortis one day for the care he had taken with me she asked him to not inconvenience himself by setting foot any more in our house; my sister also indicated as much to him, and more brusquely. Thus it was that I came to know the impetuous character of this Fortis. He couldn't restrain himself and erupted in hardly measured expressions against my mother and sister. He said things that passion put in his mouth, accusing them of wanting my ruin, and of using me in shady dealings, living off of my dishonour. That was enough to align me with my Mother, and in the anger he had aroused in me, I declared loftily to him that from that moment on he

---

28 Georges-Louis Leclerc de Buffon (1707–88) was a French naturalist and one of the most significant scientists of the Enlightenment period. His works were as well regarded as those of the top thinkers of the time, such as Montesquieu, Rousseau, and Voltaire. Admitted to the most prestigious European scientific societies and academies, Buffon is most known for his thirty-six-volume *Natural History* (*Histoire naturelle*, 1749–88) which influenced biologists, evolutionists, and philosophers for centuries afterwards.

29 Given the likely time in which Bandettini met Fortis in Venice, the literary journal she contributed to would have been *Il Nuovo giornale enciclopedico* (see note 27 above). These types of periodicals dedicated a substantial portion of their content to summations and reviews of newly published works.

190   Courting Celebrity

should count on having forever lost my esteem, as he had shown openly
how much he valued it. Finding himself unexpectedly scolded by me,
he departed, knocking over chairs and tables and locked himself in his
rooms shouting as if he were possessed by the devil. This scene made
me cry no small amount, and I couldn't say, once calm was restored to
our family, if I hurt more for the abuse we had received from Fortis or
from being forced to give him up forever – as my honour demanded.
He left Venice that same day, and headed to Vicenza. My good mother,
with her sweetness, and my sister, with bitterness, competed to make
me see the dishonest behaviour Fortis had used in order to seduce me,
and I agreed with them, but on the inside I was not persuaded. I found
myself disoriented now that I had more need of him, because I had assembled some of my youthful poems and on Fortis's advice they were
in the process of being printed. Who would help me in such an enterprise? Who would correct the first proofs? A certain Abbot Pastore took
on the task. But he met such a task poorly. These poems saw print and
I enjoyed their widespread distribution, but I was not happy with them
from the start. Carnival ended in the meantime, and my sister and I
were again engaged for the theatre season of the Ascension.[30] Freed
thus from every theatre obligation until almost halfway through the
Lenten period, I dedicated myself wholly to my studies. As soon as
I knew he [Fortis] was definitely in Padua, I gave back to him all the
books that had been left with me, including my incomplete translations
of Buffon, and he, by means of a Count whose name I will not say since
he met a tragic end, sent me Cesarotti's *Ossian*, recommending that I
read it, especially the first volume.[31] It was the Padua edition. I did not
tell my mother and sister that that book came to me from anyone other
than the Count, who, visiting me only every so often, always asked me
how I liked *Ossian*. My answer was "very much"; he would smile and
I didn't know why. But one evening, as I was reading *Ossian* for the
fourth time, I noticed that the last page was stuck to the cover. I went
to detach it and easily managed, but another sheet of paper was there
and under it, another thing stuck out and I detached this too, and to my
surprise I found a letter to me from Abbot Fortis, whose writing was
not unknown to me. This letter contained complaints on how I held
him in low account and unrestrained invectives against my sister and

---

30 The stage season associated with the holy festival of the Ascension would not com-
    mence until after Lent; thus in the next line Bandettini refers to a partial break from
    ballet rehearsals, which presumably restarted midway through the Lenten period in
    anticipation of the Ascension theatre cycle.
31 On Melchiorre Cesarotti and his famous translation of *Ossian*, see p. 39 note 2.

my mother. He finally concluded saying that he wanted the best for me by removing me from the theatre, and arranging a suitable situation for me where my genius could shine, that the Count ... who had given me the *Ossian* would facilitate my flight, and he would take me to Bologna and from there to Parma to the Ursuline convent. That I should think about the dishonour I brought to myself being associated with people who *think with their legs*, and thus to not hesitate an instant in accepting his proposition. This letter put me in a very worried state, but at the same time, even though I was young, I still thought I sensed the language of seduction and I started to distrust the honesty of a man who advised a flight that would rip me from my mother's arms and expose me to the rightful criticism of those who knew me. God no doubt inspired me to resist this temptation, given that the love I had for my wonderful mother greatly surpassed that which I had felt for Fortis, itself founded on the esteem in which I then held him, but that now gave way to the doubt that he was different from what I had imagined him to be up to that point. I confess however that it cost me no little energy to convince myself, but once I made an ironclad resolution to reject a plan that would have proved me guilty, I grabbed the first opportunity I had to say to the Count that I was surprised that Fortis had not cut off all communication with me and that he had used the pretext of a book to send me a letter, one that filled me with confusion. The Count, instead of taking my remonstrances seriously, made fun of them and began to tease me, accusing me of being close-minded and not a witty young woman. "So," he said, "if you are so very delicate and attached to the superstitious maxims of our old folk, why don't you accept the convent that our friend offers you?" "Because," I answered, "I don't have to, and I don't want to risk regret, which would come too late after having taken an ill-considered step." Our conversation ended here, and he didn't extend his visit any longer except to take his leave of us, saying he was going to Padua.

I took care to burn the letter that had put me in such an agitated state; having done so I felt a great weight lift from me. Back in Bologna and lodging at the home of some Spanish women I met the ex-Jesuit Colomas, a very upstanding and equally erudite priest.[32] I read my poetic compositions to him and took a mental note of his critiques so as not to fall again in error. Meanwhile I composed a sonnet for the solemn feast

---

32 When the Jesuit order was suppressed in the late 1700s, many in the order fled to Italy, where specific cities had been authorized to house clerics from particular countries; Bologna took in Jesuits from Spain.

192   Courting Celebrity

of Corpus Christi, a sonnet that redoubles my poetic renown. It was the custom in those days, and maybe it still is, to attach sonnets for the traditional feast days to the walls and the portico columns of the most frequented locations. My sonnet was seen by Senator Ludovico Savioli, author of the most beautiful anacreontics, and thus he wished to meet me personally.[33]

Announcing himself at my home with his title was enough to have me welcome him with particular distinction. From that point on he entrusted me with his book collection and arranged my meeting other people of distinguished worth, by birth and culture. I was even accepted into the Academy of the Fervidi, whose Prince was Senator Aldovrandi.[34]

For some time I had already been a member of Arcadia, and of the colony of Vatrenia d'Imola, and among the Filoponis of Cesena I bore the name Amarilli Etrusca with youthful joy.[35] But even though that was a big deal for me, it was not enough for my daily needs. And yet here providence did not abandon me, nor my family. There was a journal in Bologna, and I was even among its editors, and I also translated and put many French works into verse and quite a few in prose.[36] This brought me a moderate income, that together with my mother's economizing was enough to keep all of us honestly independent. In this time I wrote the short epic poem on the death of Adonis.[37] Savioli had it printed at his expense in Modena because in Bologna they didn't want to permit it, I think out of hatred for Marino's work. This small work of mine suffers from the speed in which I drafted it, as if improvised, and also from sloppiness that my more mature self would not have forgiven. The sales of my short

---

33 The Bolognese statesman, historian, and poet Ludovico Savioli was one of Bandettini's arch supporters, introducing her to many important figures and helping her publish. Veronese also mentions him in *Notizie* (*Information* 56).
34 The Academy of the Fervidi was one of several institutions in Bologna that gathered artists, intellectuals, and other cultural movers for regular meetings and socializing. The senator Bandettini mentions is Count Carlo Filippo Aldovrandi (also Aldrovandi?) Marescotti (1763–1823), a local nobleman and influential cultural patron belonging to an illustrious Bolognese family. By "Prince" she means that Aldovrandi was secretary of the Academy of the Fervidi.
35 The Academy of the Filoponis was founded in the seventeenth century in Faenza, located very close to Cesena. See "Contexts and Conclusions" for more on Arcadia and other literary academies in eighteenth-century Italy.
36 The journal she refers to is most likely *Memorie enciclopediche* (1781–5, edited by Giovanni Ristori and Giuseppe Compagnoni). See Di Ricco 103.
37 *La morte d'Adone* (Modena, 1790).

epic poem put me in a better situation, such that I did not accept the ballet employment in Modena together with my sister, and we spent Carnival in Bologna where I could graze to my heart's content among my beloved studies.

In this season at the Casali Theatre the young Pietro Landucci from Lucca came to play the *primo grottesco*.[38] As we shared a common homeland, he began to frequent our house. His civility, given that he was schooled in Parma under the protection of the Marquis Buonvisi of Lucca, and the integrity of his ways brought him the affection of my whole family and especially that of my mother. The young man did not take advantage of it, on the contrary, he showed that he respected it, seeking her advice and taking her suggestions. Landucci's conversation was clever and dotted with those witty bits that make one laugh without also blushing. Was it any surprise then that I, used to spending time with old literary men in serious and erudite exchanges, from which, thanks to their teachings, I acquired new knowledge day by day, didn't feel a certain penchant, young girl that I was, towards loving him? But he treated me and my sister equally, and sometimes seemed to give her more attention. This indifference of his irritated my self-love; the mirror told me I was prettier and younger than my sister, besides which I was a poet, who had published, and in a head like mine, which was exalted at that time, this last achievement surpassed all others. With that pride that self-awareness awakens in oneself I started to ignore Landucci, and when he came to visit us I was always busy reading or writing. Despite this he had taken a place in my heart, and he too was not able to play-act for much longer. Knowing that my mother was decidedly partial towards him he dared to ask her for my hand; she apologized telling him that marriage was entirely foreign to me, given that I was passionately obsessed with poetry. Landucci insisted nonetheless, asking her to please question me about his proposition, and furthermore, to oblige her to favour his request he modestly told her that he could support me, through his ballet abilities, and on the hope that his sponsor the Marquis Buonvisi had given him, that he [Buonvisi] would leave him a comfortable living when he died. The result of such talk was that one morning while my sister attended to the household chores and I had sat down at my little desk, to translate I don't know what, my mother, with no other preamble, said to me: "Teresa, do you like Landucci?" At this unexpected question my face turned beet-red, and as her huge black

---

38 For more on Landucci's professional calling, see pp. 182–3 note 12.

194   Courting Celebrity

eyes stared at me, eyes that age had not made any less sparkling, she awaited my answer. But she would have to wait for quite a while, I was so confused! Then, taking on a more serious attitude, "Come on!" she said. "Be sincere with me, if you haven't hidden anything your heart has felt until now I want you to express yourself freely this time as well." I don't know how I expressed myself, but she understood that I loved Landucci, although I added that I thought he was enamoured of my sister. "This does not concern your sister, but you. Listen to me Teresa: my age and in addition the sufferings I've borne may shorten my life; you are young and with all the book learning you've done you don't know men. You have need of someone who will protect you, Landucci asks to marry you, I'm not saying this arrangement is excellent, but it also has its advantages. The young man is honest, excels in his profession, he has a not unlikely hope of being able one day to leave the theatre and live comfortably, and besides that he is graced with a heart made to appreciate you. Listen to me: I would not be comfortable seeing you united with a nobly born man because I would fear that one day he, regretting it, would no longer hold you in regard, and as a result, not being able to socialize with your peers nor with your husband's peers, you would suffer prolonged anguish. The young man who asks for you is your equal [ ], I judge him capable of making you happy, think it over." And saying this, she left me so confused it would be easier to imagine it than to describe it. Certainly I was destined to be Landucci's wife. Our wedding celebrations took place with my wonderful mother's blessing, such that I never regretted it. We all made one family, my husband didn't betray his appreciative nature. He loved me passionately, for my mother he showed the respect and tenderness of a son, and for my sister a brother's affection. We spent more than two months like this, enveloped in domestic tranquillity, when I began to feel the discomforts of pregnancy. My mother realized it before everyone else. And now she lavished me with care; but with all this I could not meet the obligations I'd taken on to translate and write articles for the literary journal.

Biography of Teresa Bandettini Landucci (1763–1837)

The following is an abbreviated biography of Teresa Bandettini, summarizing the detailed treatments found in contemporary studies focused on the poet (Caspani Menghini; Crivelli, "Le memorie"; Giordano, "Bandettini"; Di Ricco), as well as the older but fairly comprehensive entry in the *Dizionario biografico degli Italiani* (Scolari Sellerio). Together with the web pages on Bandettini in two essential online databases (*Donne in Arcadia, 1690–1800*, and *IWW: Italian Women Writers*), these sources also offer helpful bibliographies on the famous poet-performer.[1]

Teresa Bandettini was born in 1763 in Lucca, Tuscany, to parents in the *cittadino* rank, a middling social class. Her father died when she was approximately seven years old, leaving the family in difficult financial conditions. Little information exists with which to corroborate her autobiographical account of her childhood, but it can be documented that from about the age of fifteen and for the next ten years (1779–89), she and her sister Margherita travelled from city to city in Central and Northern Italy dancing in diverse ballet companies.[2]

While Bandettini partook in a variety of ballet formats, she appears to have specialized in the popular genre of pantomime ballet. This Italian style of dance, more representational than the abstract, technique-driven French style, stressed the referent, including the spectrum of emotional states. Bandettini's experience with pantomime dance must have complemented her innate gifts for poetic improvisation. Her following grew in the numerous cities she visited, and due to her reading of Dante and other canonical works of literature, she acquired fame as the "learned ballerina" (*la ballerina letterata*).

Bandettini's improvising in high-society salons, academies, and other assemblies introduced her to many erudite luminaries of the day, including Vincenzo Martinelli in Florence and Giovanni Pindemonte and Alberto Fortis in Venice. Fortis engaged her to help him translate

---

1 For the first, see Crivelli et al.; for the second see "Bandettini, Teresa, 1763–1837."

2 Bandettini appears among those listed as either "ballerino/a" or "interprete" for various *balli* described in contemporary librettos; even as early as 1775 (when she would have been only twelve years old!) hers is the last name in the list of performers for the dances between the acts of the opera seria *L' Ezio dramma per musica da rappresentarsi in Siena nel nobilissimo Teatro dell'Accademia Intronata nell'estate dell'anno 1775 / [Poesia del sig. abate Pietro Metastasio; Musica del celebre sig. maestro Guglielmi]*, Siena, nella stamperia di Vincenzo Pazzini Carli e figli, 1775. The bulk of extant librettos listing her as dancer date from 1785–9, in cities including Bologna, Venice, Faenza, Pesaro, and Verona.

196   Courting Celebrity

works by Buffon and other French writers and produce extracts of just-published books for the *Giornale enciclopedico*, a well-regarded periodical run by Elisabetta Caminer Turra, with whom Fortis was a close collaborator. Bandettini was writing poetry at the same time, and her first volume of poems was published in 1786 (*Rime varie*, Venice). It was soon followed by a second collection, *Poesie diverse* (Venice, 1788).

In Bologna in 1789, Bandettini married Pietro Landucci, a fellow Lucchese and dancer in her troupe. Landucci supported her literary endeavours, and she continued to expand her network among the elite. The poet and historian Ludovico Savioli was a key conduit, introducing her to important figures and covering the costs to publish her verse romance in octaves, *The Death of Adone* (*La morte d'Adone*, Modena, 1790).

With Savioli's backing and her husband's encouragement, Bandettini left the ballet world and fully embarked on her literary and performative poetic career. The first academy gathering in which she held the stage took place in Udine, where she enjoyed great success. She went on to perform in many centres, including Ferrara, Padua, Verona, Mantua, Parma, and Pavia. On those occasions when she extemporized in competition with other poets, Bandettini met with more or less audience acclaim, depending on the fame and talents of her rival. For example, in a contest in Verona she fell short of the excellent improvising of the Neapolitan improviser Gaspare Mòllo. In Florence, however, in a famous 1794 performance, she outshone extempore idol and local favourite Fortunata Sulgher-Fantastici on a theme provided by poet and playwright Vittorio Alfieri. Afterwards Alfieri sang her praises and wrote a poem dedicated expressly to her, further accelerating Bandettini's renown and public admiration.

In Mantua Bandettini had befriended Girolamo Murari Dalla Corte, who connected her with writer and literary critic Saverio Bettinelli. From 1793 until Bettinelli's death in 1808, the two would enjoy a fruitful professional relationship. His mentorship helped Bandettini build an impressive improvising career whose "official" beginning may have been her acceptance into the Arcadian Academy in Rome in 1794, when she took on the pastoral name Amarilli Etrusca. At about the same time she met the celebrated improviser Corilla Olimpica, whose star by then was on the wane. Bandettini's was just beginning to climb.

Bandettini's greatest celebrity as an improviser spanned from 1795 to 1805. In these years she could boast of improvising achievements in the most select venues, membership in multiple academies, and warm welcomes and recommendations by the most revered and connected figures. In visits to Rome and throughout the major cities in Tuscany (Lucca, Pisa, Pistoia, Livorno, and Florence), leading poets wrote works dedicated to her, influential painters rendered her for posterity in portraits hung on the walls of exclusive institutions, and a marble bust honouring her was placed in the prestigious Accademia degli Oscuri in Lucca.[3] Bandettini published in these years as well, both her improvised and written compositions.[4] General Sextius Alexander François de Miollis, a fervent fan, underwrote the first significant publication of her extemporaneous verses, *Rime estemporanee di Amarilli Etrusca* (Verona, 1801).

Nevertheless, her letters in and beyond this triumphant decade convey ongoing financial duress. Bandettini continually sought economic stability through numerous sponsors and protectors, and in the volatile Napoleonic years at century's end she had to maintain a careful position politically. In letters to various correspondents she claimed to play both sides in her improvising performances, so as not to displease differing factions. In 1801 she relocated to Vienna in the hopes of attaining a royal appointment as a librettist. She had some success, insofar as the court composer Ferdinando Paer set her poem *La morte d'Adone* to music. After several months, however, when nothing came of her desired court pension, she returned to Italy.

In Genoa in 1803 she earned the praises of Napoleon for her improvising. Shortly thereafter she moved to Modena, where, thanks to the patronage of the reigning duke, she could quit improvising to concentrate on literary study and writing. Two volumes of her poems came out in 1805–6 (*Poesie varie*, Parma). With monetary aid from Antoine Christophe Saliceti and editing assistance from Bettinelli and others, she also published *La Teseide*, a long romance poem (Parma, 1805). This production was augmented in successive years by an impressive number of works, among them poetry, tragedies, short fiction, translations, and letters. Bandettini devotees continued to desire published renditions of her improvised verses too, and additional editions of her *Rime estemporanee* saw print.[5]

In 1814, Bandettini's pension was renewed in Modena. However, her letters complain that court duties allowed her precious little time for the literary pursuits she so loved. She continued to publish nonetheless.

---

3 The most well-known image of Bandettini is the portrait painted in 1795 by Angelika Kauffman, subsequently made into an engraving by Francesco Rosaspina (see p. 3 above).

4 See pp. 225–7 for more information on the differing critical assessments of published verses that had originated in written form, versus those originally improvised.

5 *Rime estemporanee di Amarilli Etrusca, conservate in varie città* (Lucca, 1807); *Rime estemporanee di Amarilli Etrusca* (Lucca, 1835).

198   Courting Celebrity

She returned to Lucca in 1819 and in subsequent years faced the death of her husband and a disappointing marriage choice on the part of her son, her only surviving child. In 1825 Bandettini produced two autobiographical documents: one took the form of a summary prose outline ("Traccia"), while the other was a more detailed narrative ("Autobiografia"). The first covered her life up to the point of writing, while the more in-depth account left off at the point of her marriage (1789).[6] In her remaining twelve years of life, Bandettini published a good number of works, including a theoretical treatise in 1831, *Discorso sulla poesia*, in which she argues against Romanticism. She died in 1837; her "Autobiografia" remained as it had been drafted in 1825.

---

6 See the discussion above on pp. 155–7 for more detail on these two documents.

Contexts and Conclusions

At the end of her autobiography (*Notizie*), Angela Veronese emphasizes its essential truth. Characterizing her text as having been written with "poetic and truthful colours," she invites would-be biographers to pick up where she has left off: "If there were ... some kind soul who were to ... complete my life narrative, once I have ... flown to the Eternal throne, I pray that he follow my example and be truthful" (89). She then expands on the theme, sounding a solemn paean to Truth and her unswerving adherence to it.

Such a vow to truth-telling is in keeping with one of the main claims of contemporary autobiographers, that of having established the definitive narrative. Writers authorized their life chronicles by stating that theirs was the single, authoritative version.[1] More well-known people sought to counter existing accounts, correcting the record and providing the true story in the face of falsehoods, accusations, or negative perceptions: the eighteenth century, after all, was also an age of rampant editorial corruption and fertile ground for "fake news."[2] The vast majority of eighteenth- and early nineteenth-century autobiographers were men, of course, but for those very few Italian women who also produced life narratives, concern over one's reputation was particularly crucial.

---

1 Another frequently expressed motivation for writing was to memorialize one's life for the instruction of others. Most often this involved recounting the "discovery of one's vocation," which derived from canonical traditions of tracing the steps of a religious calling. By the eighteenth century, however, spiritual transformations had been replaced by secular conquests, and thus autobiographies revealed the author's discovery of his or her capacity for philosophical, intellectual, political, or literary achievements. Fido, "At the Origins" and "Topoi memorialistici."

2 See Bravetti and Granzotto; Darnton; Infelise, *L'editoria veneziana* and *I padroni dei libri*; Paoli 229–50; Santoro.

200 Courting Celebrity

Teresa Bandettini, for example, at the very start of her autobiographical manuscript, protests the proliferation of specious biographies, whether of persons dead or living. She then zeroes in on erroneous accounts of her own life:

> Since I have had many, many times to tolerate reading my name in not a few pages and find myself there not as I am but as it has pleased this or that writer of my life to make me, I have resolved to write these memoirs, and give my own account of myself, of my birth, my customs, my studies – with that very honesty of mine, a quality that no one that I have ever known has ever contested. (175)

Unlike Bandettini, however, Veronese had no competing versions of her life to combat. Her passionate assertion of her veracity at the end of her text (rather than at its beginning) can be viewed instead as an effort to control her life narrative from its very genesis, that is, from her own version in print. She claims to have authored the authentic, straight-from-the-source account, and, looking ahead, she solicits equal devotion to the Truth from those who might continue her story after her death. In this sense her autobiography is distinctly future-oriented. In fact, many aspects of her narrative suggest that she imagines a certain interest in her and her literary activity not just after her passing, but in a much more immediate future – starting with the 1826 publication of the autobiography itself. Her vivid recounting of her fame within her life story to date aims to keep it alive moving forward. She was forty-eight years old when she wrote it, concluded her narrative in the present, and would live for another twenty-one years. Bandettini, on the other hand, was sixty-two when she composed her memoir in 1825. It ends with her marriage and first pregnancy, a good thirty-five years prior to the time of her writing. Judging from the content up to that point, she clearly seems concerned to set the record straight for the period of her life before marriage, when her honour and reputation were most at stake.[3]

The most significant difference between Veronese's and Bandettini's accounts, however, is that Veronese has the distinction of being the first Italian woman to succeed in publishing her life story. In a general context that discouraged women from publicizing themselves in any manner, deliberately shining the spotlight on oneself constituted a bold move. Before Veronese, autobiographical writing by Italian

---

3 See pp. 155–7 above for more details and possible reasons for her ending her text at this point.

Contexts and Conclusions   201

women was relatively rare and their readerships quite circumscribed. An author's content took shape in view of her implied audience. For example, women's narratives of religious self-development (spiritual autobiographies) typically addressed a narrow ecclesiastical contingent, if not a single confessor. Self-writing concerned with one's legal or political vicissitudes targeted similarly limited numbers of functionaries. Some women's autobiographical efforts sought no reader but the author herself: the writing was envisioned as an instrument useful for self-improvement and self-analysis, or a form of intellectual exercise, or a means to personally revisit one's activities. Thus, Veronese's decision to write her life specifically for public consumption was a first.

Her narrative is singular for other reasons as well. Veronese's 1826 *Notizie* is a groundbreaking example of Italian women's autobiography for its strategic deployment of social and literary capital to put forth a secular triumph, that is, a successful writerly self. Men had been doing so for some time, of course, and *Notizie* embodies many aspects of eighteenth-century life writing as practised by male authors. Loosely modelling her text on the life narratives of contemporary male writers – Vittorio Alfieri's *Vita* was the most well known and admired of these in the Italian context – Veronese offers a retrospective first-person narrative spanning her life from birth up to the moment of writing. She makes sure to emphasize the "discovery" of her genius or special talent and her fascinating climb to fame and success. Her detailed account of her accomplishments and connections fully mirrors the culture of the Enlightenment in its robust worldly essence. At the same time, *Notizie* exhibits traits associated with women's autobiographical writings, such as shorter length and a propensity for genre hybridity.[4]

The most noteworthy features of *Notizie*, however, emerge from the many unique elements mobilized to construct the various "selves" that together create the persona of Aglaja Anassillide. Veronese turns to good use her humble origins as a gardener's daughter to legitimize her "Arcadian self." Foregrounding the social and cultural circles in which she participated, she exploits her connected, "networked self." Finally, she reveals her highly "literary- and market-savvy self," aware of local power structures, systems of commerce, and the intricate mechanisms

---

4   Critical attention to authorial gender has led to fresh findings regarding eighteenth-century autobiography. Scholars have especially noted the rich mix of textual structures, styles, and generic alternatives in life narratives written by women. See Cook and Culley, "Gender"; and Culley, Introduction; as well as our section "Autobiography and Women in the Eighteenth Century," p. 205 below.

202   Courting Celebrity

of literary consumership. All of these selves work synergistically to leverage eighteenth-century celebrity culture, as Veronese uses *Notizie* to transform her fame into a publishable and profitable enterprise: her own success story.

Veronese takes her first steps in the cultural environment of the Venetian territory at the turn of the century, right after the fall of the Republic (1797). The moment encompasses the tail end of the Enlightenment and the beginning of the Romantic period, when the social and cultural *conversazioni* following the Arcadian model began to make space for the more politically engaged salons which would go on to dominate the Risorgimento.[5] Italian women were increasingly active in the public eye, and eighteenth-century Italian sociability was gradually developing more formalized structures. Veronese's text illuminates the dynamic energies at work in this early nineteenth-century threshold moment. Analysing her autobiography through the lens of social network theory together with certain tenets of celebrity studies reveals her strategic originality.

In *Understanding Social Networks*, Charles Kadushin defines a network as "a set of relationships. More formally, a network contains a set of objects (in mathematical terms, nodes) and a mapping or description of relations between the objects or nodes" (14). Social networks consist of people as nodes/actors, connected by various relationships. Since the salons, academies, and other sociocultural institutions in practice in Veronese's age can be classified as open-system networks, they allowed for an abundance of cross-cluster connections.[6] These linkages illustrate key concepts and patterns identified in social network theory. For example, Cesarotti functioned as a very significant node, endowed with *centrality* and *popularity* (a high number of connections that served as links to other nodes which, in turn, had further connections). He also demonstrates the principle of "structural holes" and "the strength of weak ties," both of which point to the potency inhering in gaps between nodal clusters (Burt). Whoever occupies that gap, even if his or her relationships are not strong, serves to crucially link other nodes and engender productive groupings of people. In explaining his concept of "the strength of weak ties," Mark Granovetter uses "ego" to mean "Person x" and postulates,

---

5   The salons of Isabella Teotochi Albrizzi and Giustina Renier Michiel, respectively, emblematize this transition from an academic to a more politically engaged culture.

6   Open-system networks are not limited as are ego-centric networks (nodes linked by only one entity) or socio-centric networks (nodes linked but confined within a closed system, such as a classroom, an organization). Kadushin 17.

Ego will have a collection of close friends, most of whom are in touch with one another – a dense "clump" of social structure. Ego will [also] have a collection of acquaintances, few of whom know one another. Each of these acquaintances, however, is likely to have close friends in his or her own right and therefore to be enmeshed in a closely knit clump of social structure, but no different from Ego's ... these clumps would not ... be connected with one another at all were it not for the existence of weak ties. (105–6)

The weak tie thus functions as a bridge between network clusters, allowing the flow of information and influence to more distant areas of the network.

Social networks are furthermore adaptive, developing novel alignments. Owing to homophily and propinquity, phenomena through which individuals are connected by shared physical or ideological position, persons join together who would not otherwise be connected. The collective interest in poetic improvisation, for example, meant that Veronese could enter cultural networks that would typically have been closed to someone of her rank. Finally, social networks are resilient: the strength and quantity of the relationships set in motion by a node/actor might be even more important than the individual node/actor. Again Cesarotti provides an eloquent example. His demise early on in Veronese's writing career (1808) not only did not deprive her of the connections and support of the people she had bonded with on account of him, but it deepened and fortified those relationships.[7]

In her autobiography Veronese deliberately lays bare for her reader the series of networks (of people, *conversazioni*/salons, poems, gardens, gifts, etc.) that she recognizes as viable conduits to fame. She understands very well how different social networks with their privileges and obligations operate, how they facilitate or impede the flux of capital, be it abstract (such as values and ideas, including friendship, love, and power) or material (objects like money, literature, gifts). Moreover, she is motivated to infiltrate these networks, becoming an active node within them. Veronese reconstructs her younger self as a particularly capable social networker.

As for her desire for fame, Veronese depicts herself as relishing attention from her very beginnings. She attributes this to her being an only child for a long time and to her father's doting on her. Her sharp memory gains her the peasants' admiration, and when her storytelling

---

7 For further discussion on the mechanics of social networking and how they apply to Veronese's text, see Ward and Zanini-Cordi.

204   Courting Celebrity

skills earn her money and gifts, her appetite for public recognition increases. The poetic fame she pursues, both in person and in print, is acceptable within the Arcadian fiction as long as she emphasizes her womanly modesty. Doing so, she keeps her social status ever in mind, as her father had allegedly cautioned her to do. Carefully balancing her wish for recognition with due humility, Veronese uses poetry and her Aglaja Anassillide persona to court that female celebrity the eighteenth century had allowed to flourish.

But what exactly was this celebrity that scholars see as taking hold in the second half of the eighteenth century? Antoine Lilti, in the introduction to his study *The Invention of Celebrity*, usefully distinguishes celebrity from glory and reputation (1–13). Although some semantic overlap is inevitable, the latter qualities derive from the public's perception, positive or negative, of an individual's talent, achievements, or deeds, while the former is based solely on a person's public recognizability, regardless of talent, achievement, or deed. Celebrity does not necessarily involve any assessment of worth; it stems more from knownness. In other words, where fame may issue from public admiration or disapproval, celebrity is propelled exclusively by the curiosity the particular personality stirs in her contemporaries (Lilti 6–7, 67–85). Graeme Turner concurs with Lilti: a celebrity is someone who draws more interest for their personal life than for their professional one (44, 145). One's longevity/status is determined by their ability to grab and hold an audience's attention.

The phenomenon of celebrity is directly related to a novel concept of self taking shape in the eighteenth century. Pivoting on individuality and interiority, this new self generated a reading public eager to explore the more ordinary and intimate sides of fictional characters, such as those created by Rousseau, Richardson, and others. Thanks to the expansion of the media sphere, this same public was entranced equally, if not more, by the private lives of real people. Brian Cowan observes that "celebrity itself was not invented in the long eighteenth century. Celebrity was transformed by the new publics and the new media that emerged to cultivate and maintain these publics." Such reconfigured celebrity can further be considered a by-product of the new bourgeois public sphere theorized by Jürgen Habermas. Thanks to a modern emphasis on individuality, an increase in literacy, and, from the 1830s, a much wider diffusion of affordable newspapers and means of communication, a new type of star system took shape. No longer the sole purview of the highest-placed personages, it centred around more common people, buoyed by cults of personality and eventually encompassing the marketing of services and products (Lilti; Braudy; Brock).

Eighteenth-century celebrity encouraged the commercialization of the self. Sensing financial potential, entrepreneurial types cultivated public attention because it could be monetized.

Exploiting the mechanisms of celebrity, with its shift of focus from one's feats to the details of one's private life and its power displacement from the individual judge (patron, courtier, fellow intellectual) to the wider public as culture mediator, Veronese uses her autobiography to seek visibility and its economic rewards. To enhance the legitimacy of her claim to fame, she stresses her association with celebrated writers and famous people. In a society steadily embracing publicity, the presence of an audience that shares common values becomes vital to the artist striving for professional and personal validation. The importance of this engaged Other also explains why Veronese presents herself as an *improvvisatrice* (a woman poet-improviser), despite the fact that she never performed professionally in a formal setting.

Autobiography and Women in the Eighteenth Century

Wide-scale acceptance of women's life writing in Italy did not come about until the mid-nineteenth century when more women became active on the public intellectual scene, thanks especially to their participation in the Risorgimento. Decades before, however, Angela Veronese had broken ground within the genre and across gender lines. To further understand the ingenious action she performed with her text, some context on the autobiographical genre at the time, both in Europe and in Italy, will be useful.

By the end of the eighteenth century, autobiography had come into its own as a genre (even if the precise term *autobiography* would not appear until the following century).[8] Biographies had always been a tried-and-true genre, with learned and barely literate readers alike intrigued

---

8 The critical literature on autobiography, and on eighteenth-century autobiography in particular, is vast. Among the most well-known general studies are those by Anglani, "Introduzione" and *I letti*; Bedford et al.; Fido, "At the Origins," and "Topoi memorialistici"; Folkenflik; Gusdorf; Jolly; Lejeune; Olney; Seigel; Smith and Watson; Spacks; Treadwell. Those who have researched the intersections of autobiography and gender include Benstock; Cook and Culley, *Women's Life Writing*; Jelinek; Nussbaum, *The Autobiographical Subject*; Seelig; Smith; Stanton. Scholars of specifically Italian autobiography include Battistini; Betri and Chiarito; Buffaria, "Italy: 17th- and 18th-Century" and "Italy: 19th-Century"; Dolfi et al.; Fido, "'Mémoires' di Goldoni"; Guglielminetti; Iuso; Iuso and Buffaria; Nicoletti; Pasta, *Scritture dell'io*; Tomasin. Two fairly comprehensive bibliographies on autobiographical writing are in Goodwin and Zan Cabot.

206   Courting Celebrity

by the lives of past and present greats. Beginning in the later part of the seventeenth century, interest in understanding how humans function, as individuals and in relation to others, and in the dynamics among reason, material sensation, sentimental feeling, and other new categories of human experience created demand for personal accounts of one's own life and development. Self-confessional writings revealed how individual figures achieved what they did, and thus presented didactic lessons along with their information on the private, intimate aspects of a person's earthly journey. Ever-increasing readership for such edifying or entertaining works spawned a surge in first-person life narratives.

The eighteenth century abounds in book-length and, in many cases, multi-volume memoirs. Among the most well-known examples are Rousseau's *Les confessions* (1782) and Benjamin Franklin's *Mémoires de la vie privée* (1793). Famous Italian life writings include Benvenuto Cellini's *Vita* (1728), Vico's *Vita di Giambattista Vico scritta da sè medesimo* (1725–8), Carlo Gozzi's *Memorie inutili* (1777), Goldoni's *Mémoires* (1783), Alfieri's *Vita* (1806), and Casanova's twelve-volume (!) *Histoire de ma vie* (1822).[9] Alfieri's *Vita*, in particular, was considered a literary masterpiece: it circulated in manuscript before publication and became the standard-bearer for life accounts.[10]

For most women, however, the dictates of modesty and deference discouraged the publicizing of one's life. Furthermore, since most considered women's intellectual abilities inferior to men's, and the domestic sphere did not involve grand exploits, it appeared that the majority of women had little if anything of moment to commemorate in writing. In general, and in Italy in particular, those women possessing intellectual or literary inclinations were encouraged in so-called minor genres, those belonging to realms perceived as closer to female experience, sensibility, and talent: familiar/personal letters, poetry, translations, and short stories.[11] A great deal of what constitutes women's autobiographical writing therefore derives from these literary categories, as well as from private kinds of writing such as diaries, family histories, travel writing, and so forth. As a corollary, the contours of women's autobiography are much more polymorphous than those of men's texts. Unlike male-authored self-narratives, often published in weighty single- or multi-tome works, women's life stories tended to appear in shorter

---

9   The year 1822 saw the issue of Casanova's complete work in German only, although he wrote his memoirs in French. Individual volumes were published in French beginning in 1825.

10   See Iuso and Buffaria on Alfieri's ushering in a new type of autobiography (480–1).

11   Bloch; Chemello and Ricaldone; Dalton, *Engendering*; Giuli, *Enlightenment*.

and more varied, often hybrid and organic, formats. They infrequently stood alone but might preface or be folded within or appended to other works. Veronese exemplifies this ancillary nature of women's autobiography, insofar as her text precedes an extensive collection of her poetry.

While the conditions described above applied generally to all women's autobiographical writings in the eighteenth century, distinct national contexts also influenced the evolution and character of female-authored life narratives. In Great Britain, for example, less-strident religiosity and a greater number of secular institutions meant that women could more openly write autobiographically. Amidst a generally more permissive atmosphere regarding women writing and publishing, the range of English women's self-writing was vast, from accounts of one's formation in a faith community to one's personal experience of political developments to one's intimate rapport with leading literary and cultural figures.[12] English women's autobiographical texts overlap extensively with other genres (fiction, history, and biography), leading to a plethora of forms.[13] Several authors produced multi-volume works, and many accounts acknowledge that their author wrote in order to support herself, revealing a class of professional women writers well aware of the potential financial gain from their production (if not economic subsistence outright).

Within the variety of autobiographical subgenres in the British tradition, that of scandalous memoirs stands out. Written by women whose lives plausibly involved a degree of adventure or access to intriguing people and places, these works packaged risqué or illicit content behind a veil of truth, where the higher the author-protagonist's station, the greater the appeal of her confessional reminiscences. Key exemplars include the mid-century works of the lively Anglo-Irish poet Laetitia Pilkington (*Memoirs*, 1748, 3 vols.) and the wide-roving and audacious courtesan Teresia Constantia Phillips (*An Apology*, 1748–9, 3 vols.). As the century progressed, life accounts by women working in the theatre, and actresses in particular, attracted more and more readers. One of the most popular works was penned by stage celebrity Mary Robinson (*Memoirs of the Late Mrs. Mary Robinson, Written by Herself*, 1801, 4 vols.). Her autobiography detailed her chequered and fascinating life, including her activity as dramatist, novelist, and poet. Known in her

---

12 See Cook and Culley, *Women's Life Writing*. On English women's autobiography in the eighteenth century also see Breashears; Culley, Introduction; Nussbaum, *Autobiographical Subject* and "Sociability"; Thompson.

13 For example, fictional autobiography, pseudo-autobiography, autobiographical novel, epistolary autobiography, political autobiography.

208   Courting Celebrity

lifetime as "the English Sappho," Robinson also infused her autobiography with her political and social beliefs on the injustices suffered by women in her time.

In eighteenth-century France, female autobiographers largely consisted of women intimately connected to the court or competing (eventually Revolutionary) political factions.[14] Many, though not all, hailed from the nobility. In writing their narratives these royal wives, mistresses, ladies-in-waiting, salonnières, and other cultivated habitués ostensibly sought to capture the historical and political developments surrounding them. Their works often bore titles that included the phrase "Mémoires pour servir à l'histoire de 'x'" or a variant. At the same time, their relations were rife with personal experience and insider knowledge and, like their English counterparts, often full of titillating scandal. Works such as Madame de Maintenon's *Mémoires* (1755–6, 8 vols.) and Madame Roland's *Appel à l'impartiale postérité* (1795, 2 vols.) claimed to bare the "secret" history behind known events and entities, all the while offering plenty of gossip on illustrious personages and court manoeuvring. Much self-writing by women came about in tandem with efforts to report on high-profile public figures, and numerous French women memoirists anchored their stories to Marie Antoinette. The revelations in autobiographical works by Diane de Polignac (1796), Madame Royale (1817), and Madame Campan (1821), for example, served varying ideological purposes, depending on the author's relationship to the queen, political allegiance, and other agendas (Weber).

In Italy, one of the distinctive cultural contexts that impacted women's autobiographical narrative was the entrenched tradition of spiritual writing. Spurred by models going back centuries, such as Saint Catherine of Siena, women recorded their life experience to tell the story of the development of their religious faith (or heresy).[15] The religious pressures of late sixteenth- and seventeenth-century Italy increased this kind of confessional self-writing, where women were encouraged or forced to transcribe personal life events to either prove conversion and sanctity or expose sacrilege.[16] Such texts usually came into being through the intercession of men (confessors, tutors, guardians, or spiritual directors), who monitored the author in an ecclesiastical or

---

14 On French women's autobiography in the eighteenth and nineteenth centuries, see Cron; Culley, "Prying"; Dow; Giacchetti; Goldsmith; Goodman, *Becoming a Woman* and "Old Media"; Hart; Stewart.

15 Augustine's *Confessions* and Teresa of Avila's *Vita* counted among other highly influential texts for spiritual memoirists.

16 See Zan Cabot's discussion of "forced" and "inquisitorial" self-writing (26–31).

legal context. The cloistered, exclusive nature of these circumstances – canonical or legal proceedings – rigidly confined the circulation of such "autobiographies." Most were destined only for discrete, private audiences and thus were never published, nor did the manuscripts get into many hands. An eighteenth-century example of these virtually unseen life writings includes Veronica Giuliani's extensive handwritten "Relazioni" (1693–1721).[17] The memoirs of Queen Christina of Sweden (1626–89) constitute an exception to the unpublished rule: she wrote them in French beginning in 1666 (not long after her relocation to Rome), and eventually they were published in the mid-eighteenth century (*Mémoires concernant Christine, Reine de Suède*, 1751–60). Her text generally falls in the category of devotional writing as it centres on her conversion from Protestantism to Catholicism.

In contrast to spiritual or religious self-accounts, the Italian women's secular autobiographical tradition might begin with Renaissance poets like Vittoria Colonna (1492–1547), Isabella Morra (c. 1520–45/46), and Gaspara Stampa (1523–54), all of whom elaborated autobiographical elements, such as experiences in love and widowhood, within the poetic conventions of Petrarchism. In the following century, Francesca Turini Bufalini (1553–1641) went further, inserting a cluster of poems entitled "Principio dello stato dell'Autore" ("Beginning of the Author's Life Circumstances") within her 1628 *Rime*.[18] This group of poems, which starts with the poet's birth and traces the salient events of her life (youth, marriage, miscarriage, births of her sons, death of her husband, financial issues, etc.) can easily be read as an autobiographical narrative. At just about the same time, Camilla Faà Gonzaga (c. 1599–1662), first wife of Ferdinando Gonzaga, penned her short memoir *Historia* (1622). Faà Gonzaga's manuscript narrative may be deemed secular insofar as it had an ethical, political raison d'être: it sought to vindicate her civil status by registering the facts behind her husband's rejection of their marriage and her forced monachization. Graziella Parati labels it "the first autobiography in prose composed by a woman in the Italian literary tradition" (1), and it may well be – however, next to no one was aware of her account at the time. The text remained in the dark for nearly three centuries, being first published in 1895.[19]

---

17 See Zan Cabot for discussion of these and other Italian women spiritual autobiographers.

18 This group of autobiographical poems has only recently been discovered and analysed. See Turini Bufalini, *Autobiographical Poems*; Butcher; Zanini-Cordi.

19 The circumstances prompting Faà Gonzaga to write are still unclear. Faà Gonzaga's request in the narrative that it not be made public so as not to anger the

210   Courting Celebrity

Eighteenth-century examples of women's lay autobiographical writing continue the pattern of restricted circulation due to the authors' highly individualistic objectives. Giuseppina di Lorena-Carignano (1753–97) and Luisa Palma Mansi (1791–1823) both wrote in French and never intended to share their manuscripts with readers (only the former's has been published, although not until 1980).[20] The only other substantive self-account by a woman in the secular arena that bears any relation to Veronese's (aside from Bandettini's) – written in Italian, covering the author's life from birth, and treating her literary ambitions and accomplishments – is Petronilla Paolini Massimi's "Vita" (1703–4). Once again, however, the manuscript lacks a print edition.[21]

This concise review of the situation of women's autobiography in Italy, both spiritual and secular specimens, prompts the question of precedents for Veronese's *Notizie*. She surely consumed stories of saints' lives in her youth, which gave her a basic matrix for recounting her own experience. However, as for women-authored life writing, it is unlikely that any of the works described above served her as models. The unpublished manuscripts would have been either virtually unknown or inaccessible to lay readers. The two published texts were similarly unavailable: the absence of Turini Bufalini's 1628 *Rime* from Luisa Bergalli's widely read anthology of women writers suggests that her autobiographical verses were relatively unknown, and, in the case of Queen Christina's work, its framework as a spiritual autobiography countered the decidedly secular focus of late eighteenth- and early nineteenth-century Italian literary spheres. This is not to mention its French language, which probably rendered it off-limits to Veronese, an author who never mentions a capacity for French despite being rather fastidious about noting her linguistic abilities.[22]

---

high-ranking people named or invite insults to herself may have been a rhetorical gesture. In any case, her text disappeared until 1895, when it was published within the article "Documenti storici del Monferrato" by Giuseppe Giorcelli. Bonfa's 1918 edition brought the work into greater scholarly view. See Faà Gonzaga, *Camilla Gonzaga-Faà* and "Storia"; Parati 28–43; Graziosi, "Scrivere dal convento"; Finucci.

20 Moreover, their forms and content – a prose self-portrait turned philosophical essay (Lorena-Carignano's 1771 "Portrait 1er de l'auteur"), and a prosaic chronicle of daily activities lacking any measure of introspection (Palma Mansi's "Mémoires ou notices à l'usage," 4 vols. spanning 1791–1823) – put the texts on the margins of what was considered "modern" autobiography for the time. See Zan Cabot 179–202, 203–17.

21 In 2012 a copy of the lost original 220-page manuscript "Vita della Marchesa Petronilla Paolini Massimi da se medesima descritta li 12 Agosto 1703" was digitized by Harvard.

22 Bandettini, in contrast, specifically pointed out when and how she had learned French, as well as Latin.

Veronese blazed new ground therefore, appropriating the mainstays of the "modern" autobiographical genre (Iuso and Buffaria 480–1). *Notizie* furthermore reveals the evolution of women's aspirations through self-writing: from the desire simply to make space for their voices to the proactive quest for visibility. Her efforts are thoroughly conditioned by her specific context: her lower-class standing, with access nonetheless to a privileged Venetian cultural milieu, overlapping with the philosophy and practices of the Arcadian community. At the intersection of these three worlds Veronese cultivated a personal pragmatics of celebrity, grounded in material contacts and the acquisition, production, and exchange of cultural capital.

Veronese manipulates all these elements to ensure that she, or rather, her poetic talents, will be seen and recognized. Her approach to autobiographical self-promotion differs from that of the Venetian salonnière Isabella Teotochi Albrizzi (1760–1836), Veronese's celebrated benefactor who likely did serve as a contemporary model. Albrizzi included her personal life experience in her works, but only indirectly, embedding it in other genres. From within her famous collection of prose portraits, for example (*Ritratti*, 1st ed., 1807), one easily espies her social and intellectual network, and her 1815 "Vita di Vittoria Colonna" contains numerous self-referential elements. For her part, Albrizzi did not need to be deliberate in seeking fame, nor did she pursue writing as a career. Thanks to her social and intellectual skills, patrician standing, and beauty, she enjoyed celebrity as a matter of course. Veronese, on the other hand, had to proactively promote herself: if she did not take calculated steps to build and promulgate her public persona, no one else was going to do it for her.

The Culture of Italian Poet-Improvisers

If one were to imagine an Italian counterpart to the most successful English and French women autobiographers (e.g., the English actress, the French court memoirist) – in other words, which Italian women might have enjoyed the greatest measure of public interest in their self-authored life stories – one would immediately propose the *improvvisatrice*. Like the castrato, the eighteenth-century poet-improviser was a uniquely Italian cultural phenomenon. Men and women alike excelled in the practice, spontaneously reciting verse on any topic. But the ranks of women extemporizers were especially fascinating. Among the most celebrated *improvvisatrici* were Maria Maddalena Morelli (in Arcadia Corilla Olimpica, 1727–1800), Fortunata Sulgher-Fantastici (Temira Parraside, 1755–1824), and Teresa Bandettini (Amarilli Etrusca,

212   Courting Celebrity

1763–1837). Talented verbal artists, these women dazzled spectators with their command of literary topics, as well as their knowledge in non-literary fields, their inventiveness, and their technical prowess. Their impromptu versification displayed prodigious poetic stylistics, and they enthralled audiences with their physical charisma and voice qualities (Bandettini's training as a ballerina and pantomime dancer, for example, added greatly to her allure as an *improvvisatrice*). *Improvvisatrici* enjoyed higher public esteem than actresses and typically engaged themselves in literary and academic pursuits. Since the extemporizing poet had certain intellectual credentials that other performing women (singers, dancers, actresses) did not possess, she often showcased her virtuosity in more elevated and dignified settings than that of the theatrical stage, such as literary salons and academic gatherings. The most successful *improvvisatrici* toured throughout Italy and Europe, performing at court and in theatres, as well as in private assemblies, building large, enthusiastic fan bases along the way.[23]

Given the ephemeral nature of the improvisers' art, however, few records of their original poems exist. Written versions depended on transcriptions from memory, which problematized both accuracy and critical approval, as standards for written composition were more exacting than those for oral lyrics meant to enrapture a collective listening public. Exceptions existed, of course: the famous Corilla Olimpica was also well-known for her literary capabilities. She wrote and published poems and in 1776 became the first woman, albeit not without controversy, to be crowned poet laureate on the Capitoline Hill. Bandettini and Sulgher-Fantastici also derived fame from both impromptu performance and publication. Like Corilla, they came from Tuscany, where the most elegant Italian language was thought to have originated. These stars, and many less-famous performing women poets, constituted one of the great Italian attractions on the Grand Tour, captivating Italian and international audiences with their cognitive breadth and improvising skills.

To wholly understand how Veronese mobilized the trending fascination with improvisational performance in *Notizie*, it is essential to consider the eighteenth-century Italian cultural institution of Arcadia. One cannot properly comprehend the extemporaneous poetry phenomenon without also considering Arcadia, as the two were

---

23 On Italian *improvvisatrici*, see Di Ricco; Dixon, "Women in Arcadia"; Donato; Esterhammer; Giordano, "Donna il cui carme"; Giuli, "'Monsters of Talent'" and "Women Poets and Improvisers"; Graziosi, "Arcadia femminile," "Presenze femminili," and "Revisiting Arcadia"; Vitagliano. On the larger topic of the diva in Italian culture, see Mitchell and Donato.

tightly intertwined in terms of literary and performative practice and values.[24]

Arcadia took its name from a mythical land in ancient Greece and encompassed all of the following: a formal organization known as the Academy of Arcadia, with an international membership network, a codified literary ideology, and a type of poetry derived from this ideology. As a literary association, the Arcadian Academy followed a centuries-long tradition of Italian academies, wherein groups of intellectuals, artists, and scholars regularly met for philosophical, literary, and scientific exchange.[25] Gian Domenico Crescimbeni, first *Custode generale* (Secretary) of Arcadia, cited its primary goal as "to cultivate the sciences and to awaken the better part of Italy to good taste in humanistic letters and in particular poetry in the vulgar tongue" (cited in Minor 118). Arcadians, as academy members called themselves, strove specifically to cleanse Italian letters of the "bad taste" of baroque aesthetics, which had dominated for most of the preceding century.[26] They sought to reform Italian literature and restore its value by returning to its roots in classical texts, and Greek models in particular. Where poetry was concerned, Arcadians prized the mythical, bucolic worlds of Greco-Roman pastoral poetry, thought to best inspire good taste and celebrate illustrious virtues. The innocent songs of the shepherds and shepherdesses, infused with nature's beauty and purity, satisfied the dictates of Arcadian poetics – i.e., that literature convey an uplifting message and elevate by being simple, unadorned, and direct. Among the many conventions of Arcadian practitioners was that of taking on a pastoral Greek name, hence Veronese's assumption of the pseudonym Aglaja Anassillide.[27]

In keeping with its strong ties to nature and a pastoral ethos, the Arcadian Academy appropriated as its symbolic venue the Parrhasian

---

24 For fundamental background on Arcadia, see Colilli; Minor.

25 The Academy of Arcadia was founded in Rome in 1690, as a continuance of the Royal Academy that the exiled Queen Christina of Sweden had headed there from 1656 until her death in 1689.

26 Denigrators of seventeenth-century Italian literature deemed to be "baroque" (*barocco*) pointed to its complicated, circuitous, weighty, contrived elements. In particular, critics targeted poetry encumbered by confusing conceits, theatre dramas jammed with characters and dense, twisting, and incredible plots, and operas burdened with hordes of scenes and arias.

27 While there is no formal testimony of Veronese's having been admitted into Arcadia, the frequent usage of her Arcadian pseudonym and her verified membership in other, similar academies prove her full participation in the Arcadian milieu. For more, see "Biography of Angela Veronese."

214   Courting Celebrity

Grove (Bosco Parrasio), on the slopes of Rome's Janiculum Hill. The green space evoked the *locus amoenus* of literary tradition, and Crescimbeni envisioned the elegant grove, its natural splendour enhanced by graceful structures, as an extended metaphor of the Academy.[28] Meetings took place here, as well as at members' residences, notably their villas and country estates. The emblematic significance of the original Roman site endured in the gardens of well-to-do Arcadians all over Italy, who often designed them after the Parrhasian Grove, with its grottoes, fountains, statues, and terraces.[29]

From the moment of its founding in 1690, the Arcadian Academy grew quickly and exponentially, thanks to two key factors: its early policy of admitting women as full participants when most other academies excluded them, and the strategic founding of "colonies" in all the Italian states and even abroad. By 1728 it could boast 2,619 members and 36 colonies covering the Italian peninsula (Minor 118). A big reason for its sustained success was its pioneering recognition of women as fully fledged academicians. "Poet-shepherdesses" participated in Arcadian activities, which included conversation, reading aloud, reciting or singing one's own or other people's works, playing or listening to music, and engaging in all manner of games demonstrating skills of invention and declamation.[30]

Poetic improvisation easily comprised one of the most compelling and challenging among the different Arcadian pursuits. Local members of an Arcadian colony might hone their skills and compete among themselves, but the most thrilling moments were the ephemeral and electrifying performances by famous visiting improvisers. Legendary extemporizing women poets drew the greatest attention, whether performing singly or in contests with others. For example, the 1794 event at the Arcadian Academy in Rome that saw Amarilli Etrusca (Bandettini) and Temira Parraside (Sulgher-Fantastici) pitted against each other generated buzz for months afterwards. In its combination of rigorous intellectual endeavour and kinetic, artistic tour de force, poetic improvisation satisfied Arcadian objectives perhaps as no other academy enterprise did. The two worlds were inextricably and synergistically linked: the improviser attached her stardom to her Arcadian pastoral

---

28 The Parrhasian Grove was built in 1725–6 by Antonio Canevari on plans sketched by Crescimbeni. For a detailed description of it and Arcadia in relation to aesthetics and the idea of "good taste," see Minor 127–69.
29 See Dixon, *Between the Real and the Ideal.*
30 See Donato; Dixon, "Women in Arcadia"; Graziosi, "Arcadia femminile," "Presenze femminili," and "Revisiting Arcadia."

Contexts and Conclusions   215

persona, her spontaneous lyrics demonstrated the excellence of Arcadian poetics, academic meeting places provided choice performance venues, and finally, Arcadian members across Italy and Europe formed a collective of awed, appreciative spectators and discerning critics.

It is easy to imagine that the lives and accomplishments of Italian *improvvisatrici* would merit memorializing and promulgation, especially among readers who devoured Pietro Chiari's novels with modern women travellers as main characters.[31] The bestselling novel by Madame de Staël, *Corinne ou l'Italie* (1807), capitalized on the fascination with Italian *improvvisatrici*. De Staël's protagonist Corinne, archetypal model for the woman of genius, was probably inspired by the enduring fame of the celebrated Corilla Olimpica. Another very likely source was the versatile and talented Piedmontese poet Countess Diodata Saluzzo Roero (Glaucilla Eurotea, 1774–1840). One can safely assume that the immense popularity of *Corinne ou l'Italie* not only catalyzed interest in the *improvvisatrici* themselves but also spurred demand for accounts of their lives.[32]

It is not surprising, then, that in composing her life story Veronese exploited the ubiquitous obsession with extempore performance. Her choice is noteworthy, however, given that she never performed professionally as a bona fide poet-improviser. In her youth, as Aglaja Anassillide, Veronese awed small audiences within a provincial scope, but she didn't come close to attaining the kinds of public renown enjoyed by impromptu poets like Corilla Olimpica and Amarilli Etrusca. In *Notizie* she never mentions improvising in a formal setting on given

---

31 Pietro Chiari (1712–85) wrote nearly fifty novels in the second half of the eighteenth century, all of them huge sellers featuring adventurous heroines (singers, dancers, gamblers) traversing Italian, European, and other, more distant lands. Interestingly, most of his novels' titles claim to be either autobiographies or memoirs. For example: *La Cantatrice per disgrazia, ossia le avventure della Marchesa N.N. scritte da lei medesima* (1754); *Le Memorie di Madama Tolot ovvero la giocatrice di lotto* (1757); *La Ballerina onorata, o sia Memorie d'una figlia naturale del duca N.V. scritte da lei medesima* (1763).

32 Esterhammer notes the immense popularity of the extempore poet outside of Italy as well: "In addition to hundreds of travel accounts, journals, letters, and periodical articles that conveyed reports of poetic improvisers to readers outside of Italy, there are, beginning just before 1800, dozens of fictional adaptations of the figure of the improviser in European novels, poetry, and drama" (3); also 172–215.

216 Courting Celebrity

mythological or scientific themes, holding paid public performances in theatres, duelling with other *improvvisatori*, or touring. She can come up with rhymes, quickly jot a sonnet or an anacreontic, improvise an entertaining toast at a society gathering – but her humble social extraction and, if we are to believe her contemporaries, quite possibly her appearance and the quality of her voice may have limited her improvising stints.[33] The bulk of her poetic production over her lifetime was occasional verse, much of which saw publication in collections, anthologies, and annual literary almanacs, or *strenne*. Nonetheless, in her autobiography she ascribes to herself the aura of the *improvvisatrice*. More particularly, she cleverly uses the infrastructure of improvisational performance, aligning herself with its most relevant power channels (social networks above all), to capitalize on the benefits ensuing from that type of celebrity.

Before delving into a closer examination of these mechanics, it is important to re-emphasize that while *Notizie* seems ancillary to the poem collection, it is in fact the heart of the volume. Its ninety pages – which amount to more than one-third of the total page count of the 1826 work – appear intended to introduce, explain, and empower what comprises a near-complete assemblage of Veronese's poems to that point. However, *Notizie* actually serves a second, perhaps more pressing need – that of winning over a new group of poetry consumers. Conscious that her brand of poetry might not appeal to contemporary tastes, Veronese relies on the Romantic sensibility of a new generation of young Italians, who she hopes will indulge her production. In her opening paragraph she says she wants to "make [herself] heard as an uncultured daughter of the woods" precisely by those "loving hearts, ... refined souls, ... cultivated and gracious young Italians, ... [those] honest and sincere men and sweet and kind women," with whom she wants to engage (62). Veronese foregrounds here both a specific performing persona and a very distinct audience. She hopes the appeal of this persona induces a new cohort of readers to join her longtime followers in supporting her work.

---

33 After meeting her in 1806 Pieri wrote: "She seemed to me more a peasant than anything else ... the delicacy in the sentiments of her poetry made such a singular contrast with her coarse peasant's face. She didn't recite badly, but her mouth opens, and a voice lets loose that is truly repugnant. She is very ugly, and totally browned by the sun ... She seems to me a real singularity of Nature." "All'aspetto mi parve piuttosto una Contadina che altro ... faceva un contrasto assai singolare la delicatezza di que' sentimenti, con la sua rozza faccia contadinesca. Ella non recita male, ma schiude una bocca, e scioglie una voce che fa veramente ribrezzo. È molto brutta, e tutta abbrunata dal sole ... Essa in fatti parmi una vera singolarità della natura." Pieri, "Mercoledì" 120–1.

Contexts and Conclusions   217

At this point in her life, Veronese might have felt some anxiety about her status in literary circles. By 1826 she was no longer the child prodigy, nor the young poet-shepherdess delighting elite gatherings with her improvising and poetry-writing skills at her hosts' Venetian country getaways. And in any case, the practice of poetic improvisation was on the wane, in relation to the declining importance of Arcadia and the pastoral genre. Veronese's transformation into "Aglaja Anassillide" had happened nearly twenty years earlier in 1807, with her second collection of poetry, due in large part to Melchiorre Cesarotti's mentorship. Despite the fact that she had published three more verse collections after that, and that her husband supported her writing, her remarks in the autobiography suggest that her cachet was fading. She concludes her life narrative rather abruptly, switching from the past tense, in a story about the poem she wrote inspired by her friendship and literary exchanges with Vittore Benzon, to the present tense, commenting on her current occupations:

> In the very placid calm of my married life I try to spend my days not being bored, taking advantage of Apollo's favour in the hours that remain after my household chores, writing verses, at times following the whims of my fervid imagination, other times writing of real things continuously offered by human happenings and situations, that is to say, births, deaths, marriages or the degrees of respectable or dear people. [...] It is useless to repeat that I live happily enough, getting more and more used to the instability of fortune, which keeps enveloping me alternately in a vortex of annoyances, hopes, disasters, and consolations. (128)

Clearly, the excitement of social activity centred on her poetry skills had lessened. Cultural and literary trends had shifted as well, away from the kind of writing she knew best. Neoclassicism and Romanticism had both edged out the world of literary Arcadia, marking the end of the pastoral ethos. The intrigued spectators of the versifying gardener's daughter had new tastes and had become more fastidious critics.

The "vortex of annoyances" she refers to included financial worries as well. The economic model based on aristocratic patronage – which for artists like Veronese meant payment in gifts, favours, and prestige – had long begun to erode. A new generation of Italian writers and artists, alert to a new cultural climate, had started producing works that benefited the interests of a growing middle-class readership and public. Veronese seems to hint at having to hustle in order to deal with "the instability of fortune," and in fact, at least one critic took her to task for recycling her verses in multiple collections/editions, citing the pressure

218   Courting Celebrity

she was under to increase her income (Pieri, *Della vita* 142). In Canonici Fachini's biographical dictionary of Italian women writers, published only two years before *Versi*, the entry on Veronese explicitly mentions her economic straits. It calls for a "prestigious sponsor, who [...] might promote her to a more respectable position, and thus remove her from her harsh, laborious life," noting that "she spends her blessed days in poverty and obscurity, not complaining of the injuries inflicted by adverse fortune" (257).[34]

If Veronese felt in 1826 that her financial circumstances required serious attention, one can easily understand her drive to fashion a quietly spectacular life story. Such a narrative would not only preserve what fame she had acquired but would also reinforce, if not improve, her status and be a selling point for her poem collection. Fixing her life in print would endow it with authority. What's more, it would lend authenticity and legitimacy to the poems that followed. The prefatory text could function to both validate and advertise the poetic "product," reminding readers of Veronese's meaningful role amidst the multitude of events, figures, and institutions – in other words, the movement of social and cultural capital – intrinsic to early nineteenth-century life in the Veneto area.

To go about that task, Veronese crafted a personal backstory that would appeal to a very large and diverse readership. As mentioned, she exploited the improvising world and its habits. Concomitantly, she fashioned three complementary identities: a) a self that uniquely embodied the pastoral ethos of Arcadia, b) a self intrinsically linked to elite social networks, and c) a self firmly established in literary exchange systems who astutely comprehended literature as capital. These identities could function synergistically to create both celebrity and demand for her literary output.

Veronese's Arcadian Self

Veronese's origins as a gardener's daughter allowed her to capitalize on the dominant cultural phenomenon in eighteenth-century Italy, that of Arcadia. She makes herself the perfect embodiment of Arcadian values by highlighting her essence as a "child of nature." Having been

---

34   As noted in the "Biography of Angela Veronese" section, Veronese's words at the conclusion of *Notizie* echo these from Canonici Fachini's entry. The parallel supports the hypothesis that Veronese might have been directly solicited to provide her own biographical sketch for Canonici Fachini's work, a regular practice at the time. See also the above discussion of Bandettini's "Traccia," pp. 156–7.

raised in the Venetian countryside puts her in close contact with the natural world, both in the form of the life of farmers and in the more cultivated, groomed nature of the nobility's gardens. She has an affinity for the cats, dogs, donkeys, and other domesticated animals around her; she is drawn to her family's poor but cosy hearth and is at ease around the peasants; she takes pleasure in all of nature's offerings, from the different types of trees to the swells of the sea to the marvel of the planets. From her opening lines stressing her modest background to her concluding encomium to Truth, repeated references to her innate simplicity and naivety establish her legitimate belonging to the pastoral world of Arcadia. Her humble origins, far from being a burden, become the seal of authenticity for her poetry.

Veronese's emphasis on her girlhood also contributes to her self-representation as a child of nature. Over one-third of *Notizie* is dedicated to her early youth. On the one hand, these episodes faithfully rehearse the major thematic conventions of autobiography at the time, such as details of birth and social condition, illness, parental relationship, intellectual formation, and exceptionalism (Fido, "At the Origins" and "Topoi memorialistici"). Yet they serve another purpose as well. Her extensive recounting of her childhood emphasizes Arcadian qualities of artlessness, sincerity, and spontaneity. She is the innocent child who doesn't yet understand death and confuses it with sleep; she is the mischievous urchin who festoons a friar's donkey with a floral crown for her amusement. Much Arcadian activity involved a level of masquerade, wherein members played at being the unaffected, sweetly naive, and poetizing inhabitants of pastoral lands. Veronese, however, could claim to be the real thing. Her social condition and family vocation endowed her with an authenticity that trumped the fictional role-playing the academicians engaged in. She could authoritatively inhabit the identity of "poet-shepherdess."

In the recounting of her childhood, Veronese shines a bright light on her autodidactism. Motivated by her own unceasing curiosity and drive (and supported only by a few scattered phases of instruction by others), she taught herself to read and write. Bandettini also claimed an autodidact formation, and the two women are similar in using their self-education as examples of their resourcefulness and general exceptionalism.[35] But Veronese goes beyond Bandettini inasmuch as she

---

35 Boasting a self-administered education has been identified as one of the strategies women traditionally deployed to assert authority in spheres typically cut off to them. In the previous century women made use of what has been termed "holy ignorance," alleging direct communion with God to authorize their accounts of

220   Courting Celebrity

leverages her intellectual training to support a pastoral identity. Her earnest but unsophisticated mode of self-cultivation assures her distance from those who "display" themselves in what she calls a "century of exaggeration and imposture" (39). It is evidence to her readers that, like a country shepherdess rhapsodizing on simple but worthy subjects, she is incapable of empty intellectualism and self-aggrandizement. In her self-characterization as a true Arcadian native, Veronese masks both her erudition and her literary street smarts. She presents her life, and especially her youthful experience, as something of a fairy tale, magical but also actual.

Veronese was able to exploit the Arcadian ethos as expertly as she did thanks to the institution's openness to women. Crescimbeni's aim of changing Italian culture was to be achieved by numbers – those of both the Arcadian colonies and academy membership. Thus, Arcadia welcomed women, provided they met certain conditions, chief among them the practice of poetry.[36] At the same time, a select group of noblewomen enjoyed public presence as presiders over *conversazioni* (roughly the Italian equivalent of the French literary salon). Women's participation in Arcadian activities was therefore an easy parallel.

Tiziana Plebani notes that Italian women's visibility in the eighteenth century stemmed from the strong association of women with voice at a time when the public was obsessed with orality ("Prima dell'Ateneo"). Women's voices permeated Settecento culture in a variety of ways, including as respected salonnières, virtuosic chamber singers, riveting stage actresses, and spellbinding operatic prima donnas. The woman poet-improviser was another of these stars, and what's more, unlike the singer or stage diva, she could boast the academy setting as her privileged performance site. Although her art primarily provided entertainment due to its ephemeral nature, her erudition granted her favoured status in the intellectual environment of the learned society. But what did extemporaneous poetry practice entail precisely?

---

their spiritual and devotional experiences (and defy the barriers normally placed before them in matters of religious knowledge and credibility). In the more secular eighteenth century, upper-class women could empower themselves by improving on their own intellectual instruction outside of the rather limited education their families offered them. On "holy ignorance" see Zan Cabot 34–5, 41–3.

36 To be admitted, men needed to be reputed specialists in at least one of the main sciences, while women needed to be over twenty-four years of age, of noble custom, and regular practitioners of poetry. The Academy of Arcadia eventually also admitted students and salonnières, embracing an educational model and further widening its membership. See Graziosi, "Presenze femminili."

The improvising poet stood before an audience and vocalized verse on demand.[37] Spectators might propose subject matter for the impromptu poetry, and the more skilled the improviser, the better she or he could meet even more demanding challenges: attendees could dictate not only topics but also stanza type, metre, and rhyme. Sometimes poets chose prompts randomly from an assortment generated by their audience. Often the spectacle involved a contest between two rivals, each competing to best represent her or his city.

Improvising performances required mental agility, a musical sense of rhythm and sound, and a good memory for rhetorical figures and conventions. The best spontaneous poets further possessed a storehouse of knowledge of classical literature, history, and mythology, since allusions to such were fundamental to the Arcadian aesthetic. They were conversant in scientific and philosophical fields as well, and thus could infuse their verses with informational currency. Improvising demonstrated one's ability to invent on one's feet, to create from thin air – as well as to weave together influences from well-known texts in original ways. Gifted improvisers were thought to be inspired by divine genius. This belief in a supernatural stimulus aligned with specifically Arcadian theories that Italian literature could regain its former glory by returning to the creative spark (*furore*, enthusiasm) inherent in its ancient Greek and Latin origins.[38]

Veronese never extemporized professionally as did Bandettini and others. However, her autobiography is rife with references to her activity in an improvising context, all of which suggest that she performed when the occasion arose, in a semi-professional capacity. She first begins to improvise as a child, switching from memorized recitation to improvisation, in the long hours recovering from illness:

> I spent whole days alone in my little bedroom in the dear company of Metastasio's volume, which I almost knew by heart. When I was tired of the unceasing reading I walked around with my head in the clouds, reciting what I had already read a hundred times ignoring all rules of declamation, and when I grew tired of always repeating the same things I created new ones, in a completely bizarre fashion. (53)

Another instance of sickness occasions a coyly premonitory recollection: "with unbridled enthusiasm I improvised my poor little verses all by

---

37 Esterhammer provides an informative description of the typical performance (1–3). Also see Di Ricco 11–32; Vitagliano.

38 The most relevant articulation of these theories was in Bettinelli's *Dell'entusiasmo*.

222   Courting Celebrity

myself, my only spectators being the statues and trees in the garden" (54). The precocious scene of a child improviser regaling an imaginary audience parallels a vignette in Bandettini's text, which takes place just after her family priest has proclaimed her a budding Corilla. The comparison prompts her to improvise, mimicking a public competition. Bandettini writes, "When evening fell and I could not read and even less write, I pretended I was competing with a peer in *ottava rima*, standing in a corner of my room and then jumping over to the opposite corner, responding to the opening verse I had made first" (181). Finally, Veronese claims that her first "official" verses were improvised, at age thirteen. She recalls, "The first verses that I produced, with no gold cithara but only the enthusiasm of my young energy on the verge of blossoming, were directed to Aurora and began like this." Four lines of poetry follow, after which Veronese swears to her presumed incredulous readers that "these were my first verses" (53–4). (According to her autobiographical narrative Veronese had not yet learned to write at this point in her life, so one must suppose that she transcribed her improvised "first verses" after the fact.)

These early creative flashes are also described using terminology reflecting prevailing ideas about the discrete poetic genius belonging to improvisers. These concepts echo in Veronese's references to the inexpressible sensations that reading Metastasio "awoke in [her] ... faculties" and to "the first sparks of Apollonean zeal [that] began to ignite in [her]" (53).[39] She references "enthusiasm" twice in short succession in this section and likewise characterizes her penchant for versifying as "bizarre," a "poetic frenzy," "unbridled," a "burning desire" (53–4).[40] All of this vocabulary resonates with public perceptions about the mysterious and potent generative force possessed by improvising poets. Veronese also cites the effects of such a force. At times she herself experiences the improviser's powerful impact, when, for example, at Countess Spineda's request Foscolo recites various of his verses and she remarks that they "made [her] ecstatic," flashing like "bursts of Pindaric fire" (61).[41] In another section she notes the contagious effect that her own voice had on a peasant boy, who after hearing her poems was inspired to compose his own lyrics (74).

---

39   "La sensazione che faceva questa lettura nelle mie facoltà intellettuali non è possibile di esprimerla"; "cominciarono in me a scintillare le prime faville di ardore Apollineo."

40   "annojata di replicar sempre le stesse cose ne creava bizzarramente di nuove"; "la smania poetica"; "improvvisava soletta li miei poveri versi con libero entusiasmo"; "si destò in me la brama d'imparare assolutamente a scrivere."

41   "I suoi versi mi resero estatica ... brillavano ... lampi di foco pindarico."

Later, as Veronese develops familiarity with the aristocratic society surrounding her father's upper-class employers, she remarks regularly on her skill producing verses off-the-cuff. When she meets an important person or is otherwise struck by a powerful sight or significant event, she immediately comes up with verses. These quick creations are usually revealed to be written compositions, but Veronese notes that witnesses marvel at her speed and that just after drafting a poem she almost always recites it aloud to the party who motivated it. On one such occasion she receives "warm applause from [the] entire *conversazione*" gathered at Teresa Boldrin Albertini's noble home (67). Another anecdote strongly insinuates her sought-after performance as an improviser, when as a young woman she is whisked away by a group of patricians so she can entertain them during an elegant picnic lunch they are having at a thermal resort near Padua (82–3).

These accounts remind us that Veronese's environment was steeped in orality. Writers customarily read or recited their work, be it dramatic, poetic, or prose composition, to groups of peers. The spoken production was then evaluated in light of current notions of literary excellence. Poetry was a special case, as listeners judged not only its denotative substance and structure but also its musical qualities, including rhythm, sound, and internal harmony. The powerful intersection believed to exist between inspired human vocalizing and virtuous emotion reached its apex in poetry. The brilliance of Metastasio, Arcadian lyricist *par excellence* and an improviser himself in his early career, was ascribed to his ability to assemble words that, when spoken or sung, perfectly epitomized and stimulated human passions and ideals. Veronese's feverish apostrophe to him testifies to these beliefs:

> O divine Metastasio! You were my utmost delight: I used to read you during the day thanks to the light of the Sun, I used to read you at night thanks to the household lamp, filled to the brim with oil stolen from my mother. You shaped my ideas, you softened my heart, and you lit up my soul with a thousand lovely images. (53)

Bandettini extols Metastasio in her narrative as well, and the two women's reverence for his mastery reflects the period's focus on voiced expression.

Veronese's text constantly evokes this oral culture. She refers to the regular "winter readings" in her home, where, to an eager gathering of family and peasants, she read Goldoni's comedies or Alfieri's tragedies (61–2). She comforted the ailing Count Brescia by reading aloud the comic theatre works he loved so much (74). As she became more

224   Courting Celebrity

recognized as a poet, the learned men that interacted with her either read to her from classic works, such as Apuleius's *Golden Ass* (Count Spineda, 80), or recited their own compositions (Prefect Zacchiroli and his opera libretto, 63).

As might be expected, *Notizie* emphasizes poetry recitation over prose, especially in its first part. Several noblemen ask her to recite her verses, and Veronese notes their very positive response. Foscolo applauds her, Memmo proclaims her poetry "divine" (60–1, 68). Others, after "listening to my poor verses," encourage her to never cease composing (69–70). Poetry declamation is often an exchange, as in the case of Count Brazzà, who first listens to her poems and then reads his to her (84–5). Such a reciprocal moment echoes another earlier one, when Veronese declaims her verses to an old servant of the Albrizzi family and then listens to his poetry in turn. The oral exchange of verses, as well as written exchanges, was part of the dialogical conventions of the Arcadian pastoral game and also the backbone of improvising competitions.

In *Notizie* the line of demarcation between improvised and written poetry is often tenuous. The text references numerous occasions on which Veronese offered her work, usually to a specific person, such as Isabella Teotochi Albrizzi (an epigram and a flower, 56) or General Sebastiani (an anacreontic, 70), but there is often a degree of ambiguity as to whether the initial "offering" is written or spoken. When a spectator listens to her declaim, is Veronese reciting directly from a page she has already written, or is she recalling her paper composition from memory, or is she improvising and only afterwards scribbles her on-the-spot invention?

The improvisational act is reinforced again within the text by Veronese's numerous instances of "remembering." Specifically, when she refers to one of her poems, she typically notes that she can recall only the opening lines, which she then includes in her narrative.[42] The offer of only a lyric's incipit provokes readers to imagine the remainder. Knowing readers may have been prompted to reconstruct the whole poem, perhaps from having been present at its oral delivery or from having encountered it in print in the intervening years. Since Veronese frequently supplies details about the who, when, and where of her acts

---

42   For example, when writing of her encounter with Isabella Teotochi Albrizzi, Veronese mentions that she "offers" the noblewoman an epigram, then she includes a few lines of it, noting she can "only remember" this small portion (56); similarly, she "remembers" a few verses from a poem she wrote on the spur of the moment for Vittorelli; she also "remembers" a line from her self-portrait sonnet which had appeared in her 1804 collection.

Contexts and Conclusions 225

of poetic creation, it is easy to see how she lays the ground for a mental reenactment of a performative moment in time. The poems' opening lines cue readers to recreate the spectacle of her recitation, improvised or not, and stimulate them to look for the whole poem within *Versi*.

"Remembering" also points to the process of transcribing improvised poetry, a necessary step if one intended to publish. Customarily it worked as follows: an admiring supporter of the performing poet arranged to have the compositions either manually recorded in the moment or from memory afterwards. Following careful correction and revision if needed, the transcribed lyrics would be published. However, the passage from oral delivery to page format was not without tension and controversy. Improvisers were understandably possessive of their creative and intellectual "property," and print versions lacked the breathtaking musical and magical energy of the words performed live. Critics also judged written, or "meditated," poetry much differently – i.e., more rigorously – than they did extemporaneous verse.[43] Stars thus often resisted the translation of their impromptu artistry into print. Bandettini in particular stood firm against the attempts of an insistent admirer to publish transcriptions of her improvised verses (Caspani Menghini; Di Ricco 33–50).[44]

Veronese, on the other hand, clearly embraces the opportunity to attain public recognition through publication. In an 1807 letter to the printer Bettoni, Cesarotti writes that Veronese's poems, which he had agreed to see through publication, still needed to be transcribed. It's possible he means that her ad hoc creations needed to be recalled and recorded in writing, but most likely he refers to her written verses, still needing to be revised, corrected, and neatly copied before reaching the printer. In *Notizie* Veronese portrays herself editing her own work, as she writes of her life post-marriage and her continuing hopes to publish:

> I started to play the role of wife without forgetting that of Apollo's daughter. I worked, wrote, got bored, wrote again, got bored again. In the meantime, the Cavalier Porro was passing through Padua, and ... Finding me busy cleaning up my numerous poetical compositions, he advised me

---

43 Written poetry (*la poesia meditata*) was also known as *la poesia elaborata* (worked-upon poetry) and *la poesia a tavolino* (poetry composed at a table or desk). The more stringent standards applied to it seemed appropriate, given that poets would have had more time to craft their verses.

44 Here Bandettini followed the advice of Bettinelli, who had impressed on her the notion that enchanted listeners and a reading public judged poetry based on very different standards. On improvised verse vs. its publication, also see Esterhammer 8–9.

226 Courting Celebrity

> to publish a new edition. The advice was sincere, but the ways and the means to execute it were missing ... I kept transcribing my poems in the hope that one day or another, fate would smile on my efforts. (84)

The somewhat ambiguous sense of "transcribe," which could signify either putting improvised spoken verse on paper, whether from listening on the spot or from memory, or tidying up (editing and recopying) already-drafted poetry, points to the fluctuating primacy between writing and orality. Moreover, it is yet another reminder of the porosity of diverse performative worlds when it came to literary striving in this period. The fleeting brilliance of voiced, improvised stanzas could flow into memory and then issue onto a page, hand-scripted first and then printed; in reverse, a poem executed on paper, whether hastily or painstakingly, could be read aloud or recited from memory and move listeners with its excellence. *Notizie* exploits this osmosis, these multiple modes of producing verse, themselves reinforced by the academies and other gatherings of literary society. Veronese is at once an occasional improviser and a published poet, accomplished in systems of print circulation and exchange, with the resulting literary credentials. Repeatedly, she integrates both types of poetic success in her autobiography, interweaving her "stage self" with her "page self."

In contrast, Bandettini's text presents the two activities, oral improvisation and print publication, as quite distinct from one another. She patently privileges the former, shaping herself in her autobiography as if she were born an improviser, duelling first with an imaginary self, then with her mother, and later with Giovanni Pindemonte in the Venetian salons. Then, once she marries and can leave the less respectable profession of theatre dancer, she transforms that passion into a career. References in her manuscript to her poetic *writing* accomplishments are few, and the equally rare mentions of publishing apply exclusively to her written verses (specified as *la poesia meditata*), not her improvised stanzas. Of course, Bandettini's text breaks off at a point still early in her career and preceding the publication of the majority of her works. Nonetheless, the early efforts in writing and publishing that she recounts betray a certain level of anxiety. On her work whose publication had been overseen by the now-banished Abbot Fortis, she states:

> I had assembled some of my youthful poems and on Fortis's advice they were in the process of being printed. Who would help me in such an enterprise? Who would correct the first proofs? A certain Abbot Pastore took on the task. But he met such a task poorly. These poems saw print and

Contexts and Conclusions 227

I enjoyed their widespread distribution, but I was not happy with them from the start. (190)

A short while later, as she is beginning to earn more from her literary work (editing a journal, translating French poetry and prose works in Bologna), she publishes a short composition with the help of Savioli but again has concerns about quality: "I wrote the short epic poem on the death of Adonis. Savioli had it printed at his expense in Modena ... This small work of mine suffers from the speed in which I drafted it, as if improvised, and also from sloppiness that my more mature self would not have forgiven" (192). The remark "as if improvised" conveys her awareness of the risks of publishing poetic creations that existed first in extemporaneous form.

Veronese's Networked Self

The second identity that takes shape in Veronese's autobiography is one intrinsically linked to the elite ranks and the privileged networks connecting them. Much of the activity animating these networks stems from the period's emphasis on sociability, the belief that social interaction and mobility were natural conduits to universal human truths and virtue. Veronese's era prized the circulation and exchange of information in the form of conversation, salon discussions, academic disputes, theatre performance, and coffeehouse discourse (not to mention luncheons, dinners, parties, receptions, dances, and holidays at countryside estates).[45] In fact, the gatherings in which Italy's high society socialized were known as *conversazioni*, and they presaged the nineteenth-century literary and political salons. Obsession with enriching, worldly "talk" was such that periodicals regularly reported discussions verbatim, and letters were thought of as "paper visits" or "pen and ink conversations" (Hannan 32; Whyman). Social commerce was every bit as valuable as its mercantile counterpart.

Notizie shows Veronese actively participating in key markers of sociability. She vaunts her access to systems of exchange at different social levels, as well as her familiarity with the power players. Such connectedness derives from both her family's transfers from one noble estate to

---

45 On sociability in Italy during this period, see Baird; Barbarisi et al.; Betri and Brambilla; Bizzocchi; Bizzocchi and Pacini; Brambilla; D'Ezio; Findlen et al.; Plebani, "Prima dell'Ateneo," "La sociabilità nobiliare," and "Socialità, conversazioni e casini."

228   Courting Celebrity

another and her own travel within the Veneto region once she is older. Her regular references in *Notizie* to her poems, almost all of which were spurred by specific occasions, evoke not only the events but also, and especially, the people at the centre of those events. The flash recollections of her commemorative lyrics throughout the text take on the feel of live, in-person tributes, reifying her social network.

Veronese devotes conspicuous space in *Notizie* to establishing her contacts, communication, and close relationships with area nobility. She does it deftly, and finesse is required, because hers was a hierarchical society with a very bracketed patrician class.[46] As the daughter of a gardener, she belonged squarely to the lower classes and could not erase her origins.[47] Instead, she makes the best of them, acting first as an intermediary between the two stations, then as an equal to elite sectors, if only on the literary field.

Veronese's affinity for the peasants she knows so intimately is evident throughout *Notizie* and allows her to become one of the first writers to later embrace a realist vein focused on humble peasant life. She frequently references their kindness, generosity, honest work ethic, and their curiosity and interest in high culture. She makes fun of their provincial ways on occasion, but does so in a mild, good-natured way. Her soft spot for the rural folk might stem solely from nostalgia for her simple, unfettered childhood, but certain comments seem to contain didactic aims. She praises peasant labour and notes that most noblemen have the defect of not liking to work (68). She admires the big-heartedness of "those rustic inhabitants of the hills, who would offer me walnuts, apples, and chestnuts, the only treasures of those hamlets" (74). She expresses sympathy for poor village families living in huts made of dung and straw easily susceptible to destruction by winter and summer storms (81).

Veronese's respect for country people is entirely in keeping with the Arcadian ethos, which ascribed unsullied goodness and purity of heart

---

46 The Republic of Venice, or La Serenissima, was thought to have originated with a select group of families, whose names were listed in the Golden Book (Libro d'oro). Statesmen at all levels could issue only from this elite list, and rigid protocols sought to preserve and protect exclusive membership among this patriciate.

47 However, Veronese takes care to distinguish her family from the majority of common peasants, underscoring at the very beginning of her narrative "I was born free and not into servitude, since my father lived apart from his extended family whose members were all in the service of that most noble Grimani household as gardeners" (40).

Contexts and Conclusions 229

to those who lived off the land. This theme was endemic to the foundational works of the pastoral genre, starting with Theocritus's *Idylls* (c. 274–270 BC) and Virgil's *Bucolics/Eclogues* (c. 39 AD), and leading to Jacopo Sannazaro's *Arcadia* (1504), Torquato Tasso's *Aminta* (1573), Isabella Andreini's *Mirtilla* (1588), and Guarini's *Il pastor fido* (1590). Similarly, Arcadian poetry pivoted on the idea of uncorrupted virtue in those who had innate bonds with land, nature, and the values of country over city.[48] The following quote best encapsulates this notion, when Veronese is forced to leave her childhood village Biadene for the second time:

> I can't find the words to express the pain that went through my soul ... to have to leave such a poetic wood, such sweet hills, such delightful walks, such picturesque views, such cousins so dear to my heart, such kind farmers, some families of honest artisans who loved me, some other families among the poor who I used to help, some children to whom I taught the Christian doctrine, some old people to whom I read the sacred scriptures ... everything, everything rose up in my frenzied imagination and made me cry bitterly, the hottest and sincerest tears I have ever shed. (76)

Thus Veronese, as a gardener's daughter, positions herself as the ideal intermediary between classes, able to convey the dignity of the humble to the learned and high-born.

At the same time, she presents herself as a peer to those of the upper ranks, in terms of sensibility. Veronese's consciousness of the society she hopes to interest is plain from the very beginning, contained in her brief but compelling *captatio benevolentiae*: "I come simply to make myself heard as an *uncultured daughter of the woods* [...] I come [...] to be heard by loving hearts, by refined souls, by cultivated and gracious young Italians, by honest and sincere men and sweet and kind women" (39). Her stated purpose, articulated in detailed and ingratiating terms, simultaneously flatters an existing public (readership) and calls it into being. Once again, her self-presentation as an innocent child of nature comes into play. While it appears to draw a clear line between urban and rural communities, potentially maligning the former – "I don't

---

48 Arcadian pastoral poetics emerged in a particular way from early musical drama, in works such as the very first opera, *Dafne* (1598), set to music by Jacopo Peri on Ottavio Rinuccini's libretto, and Monteverdi's *Orfeo* (1607). Iconic pastoral stage works specific to the Arcadian Academy of the Settecento include the *drammi per musica* by Scipione Maffei (*La finta ninfa*, 1730), Metastasio (*Il re pastore*, 1751), and Giambattista Lorenzi (*La fedeltà premiata*, to music by Joseph Haydn, 1780).

230   Courting Celebrity

come to display myself in *this century of exaggeration and imposture, where people only feign philosophy and the reasons of the mind prevail over those of the heart*" (italics ours) – Veronese will in fact capitalize on the dichotomy. She frames city and country not so much as oppositional spaces but as parallel milieux for their mutual excellence. Her text shrewdly turns on the appeal of her country-born integrity to a noble, urbane audience, equally admirable for its discernment and high principles. Foregrounding the consistency in their ideals, her autobiography extols an elite collective whose standards allow them to comprehend her value and the worth of her literary contributions.

When required of course, Veronese defers to the rules inhering in the social orders, obediently occupying her place. After drafting a poem for Princess Augusta Amalia of Bavaria, on the occasion of her sojourn at the thermal resort of Abano, near Padua, she submitted it to Prefect Porro, who was eager to deliver it to the princess himself. Upon reading it, however, Porro immediately sent it back, with a note advising the poet that "since [the verse] was embellished with various mythological allusions not too befitting the simplicity of a writer-shepherdess," she should "climb Parnassus again to pick plainer flowers" (82). Veronese quickly complied with his command. This incident stresses the expectations of certain of her contemporaries, who seem to accept her as a poet only as long as she inhabits the role of "uncultured daughter of the woods."

Veronese's rural background exerted another kind of pressure on her as well, to be mindful of her honour and keep her reputation untarnished. The innocent "country lass" character had long been popularized in theatre and opera buffa, where she was often the target of noblemen's sexual advances.[49] *Notizie* treads this territory expertly, however, never suggesting anything untoward and on occasion noting the unseemly potential in others' actions.[50]

Overall, Veronese's autobiographical self-fashioning has much to do with strategic self-placement – within a complex but comprehensible

---

49   Examples include many of Goldoni's comedies, as well as his extremely successful opera buffa *La buona figliola/La Cecchina* (*The Good Daughter/Cecchina*, 1767), based on Richardson's *Pamela* and set to music by Niccolò Piccinni, and the equally popular Petrosellini-Mozart production *La finta giardiniera* (*The Pretend Gardener-Maiden*, 1775).

50   For example, Veronese's description of Foscolo notes that as she recited her poetry to him, he moved "closer to [her] than proper decency allowed" (61): "gli recitai un mio idilio pastorale, ch'egli applaudì avvicinandosi a me più che non permetteva la decenza della vita civile."

network of social linkages. The bulk of *Notizie* hinges on who she knows, who knows her, and who validates and consumes her poetry. Her text forges productive connections in a variety of modes: through acts of naming, verbal portraits, and the description of gardens.

Names and Naming

Veronese's full embrace of the role of Arcadian poet-shepherdess gave her the most valuable credential with which to enter patrician spheres and achieve repute in them. One of the highly signifying activities of the Arcadian academy involved naming and renaming, which could take place in several ways. Upon official acceptance, each new academician adopted a pastoral Arcadian name, typically a Latinized version of an original Greek appellation (e.g., Carlo Goldoni's Arcadian name was Polisseno Fregejo, Bandettini became Amarilli Etrusca). Poets who engaged in the entertaining role-play of shepherds and shepherdesses exchanging playful love poems commonly assumed whimsical pseudonyms within their verses, reminiscent of rustic characters in classical literature (e.g., Aminta, Lindoro, Dafni, Elpino). Finally, for improvisers, expert performance skills included the ability to come up with fitting epithets when referencing persons, real or mythological.

The numerous epithets attached to Veronese in *Notizie* – eleven in all, without counting her pastoral name – attest to this penchant. She bestows some on herself, revealing her self-representational creativity: "the little Sybil of the village," the "new Erminia," "little Ariadne," a "new Sappho," and "Apollo's daughter." However, most of the sobriquets in *Notizie* she claims are given to her by her noble company. Epithets such as "uncultured daughter of the woods" (Mazza), "the real Sappho, daughter of Nature and the woods" (Cesarotti), "the country Sappho" (Foscolo), "Sappho-gardener" (Countess Spineda), "the gardener of Parnassus" (Miollis), and "the shepherdess of the Sile" (Dalmistro) show the elite class exercising its power through the act of naming. *Notizie* and poetry collections testify to her participation in the pastoral love lyric game as well, where she gives her shepherd-lover-poet interlocutors the names "Lindoro," "Dafni," and "Elpino." As for Veronese's authorized pastoral moniker, her election of "Aglaja Anassillide," which translates to "Splendour of the Anaxus," connotes multiple synergistic referents: first the classical realm, since Aglaja is the name of one of the Graces; Nature by way of the river Piave (Anaxus was its ancient Latin name); and finally esteemed Italian Renaissance women's

232 Courting Celebrity

poetry, in the evocation of the Venetian poet Gaspara Stampa (1523–54), who had also used a variant of "Anaxus" as her academic name.[51]

Of all of these names, Veronese enjoyed the most widespread and enduring literary fame as Aglaja Anassillide. Starting with her second poetry collection in 1807, her pastoral name became her sanctioned poetic persona. She not only signed her own work as Aglaja Anassillide but also was named as such both by the editors of the copious collections and secondary literature in which she appeared and by her friends. In correspondence as well, both her own and others', she is always Aglaja. Even in the 1840s, when the pastoral fashion had completely lost its currency, Veronese continued to sign her writings as Aglaja Anassillide.

The Literary Portrait

Another key formal element in the autobiography is the written portrait. A pastime in French salons since the 1650s, the prose portrait used physical and personality traits to highlight the subject's character. Cultivated especially by women (whose capacity for capturing the nuances of personality was thought to be superior), written portraits emerged first in letter correspondence and eventually rose to become a literary subgenre. The two practitioners who brought literary portraiture to prominence in Italy were the Veronese salonnière Silvia Curtoni Verza, with her *Ritratti d'alcuni illustri amici* (1807), and the Venetian Isabella Teotochi Albrizzi, who published her more famous *Ritratti* (1807) a few months later.[52]

In keeping with her avowed plain style, Veronese's portraits are more direct and realistic and less nuanced and diplomatic than those of Teotochi Albrizzi. The depiction of the poet Ugo Foscolo serves as an example. Veronese had met Foscolo in Albrizzi's salon in fact, and her colourful presentation is one of the more droll moments in her narrative:

> His suit of dark grey cloth, with no trace of fashion, his red hair shaved like a slave's, his ruddy face tinted, I don't know if by the sun or by nature, his very lively light blue eyes half hidden under his heavy eyelids, his lips

---

51 The river Piave runs through the Veneto region. Gaspara Stampa became a member of the Academy of the Doubtful (Accademia dei Dubbiosi) under the name Anaxilla. Veronese thus chooses a compatriot as "poetic mother."

52 Curtoni Verza's and Teotochi Albrizzi's portrait collections present the most important people that graced their salons. In *Notizie* Veronese explicitly acknowledges Teotochi Albrizzi's mastery of the genre and lauds her portrait of Cesarotti. Interestingly, Teotochi Albrizzi published her most comprehensive edition of *Ritratti* in 1826, the year of Veronese's work. See Dalton, "Searching for Virtue"; Chemello and Ricaldone 28–30.

thick as those of an Ethiopian, his loud howling voice, painted him for me at first as the very opposite of an elegant poet. (60)

The blunt simplicity of Veronese's style raises the supposition that it too is meant to contribute to her self-promotional plan. That is, the straightforward manner of her written sketches of friends, colleagues, and patrons reflects her essence as "uneducated daughter of the woods" and helps her convincingly personify a "real" shepherdess within the fiction of Arcadia.

Notizie contains approximately fifteen prose portraits, through which Veronese celebrates most of the noble and important people who had influence on her life. These concise portrayals spotlight the most valuable nodes in the social network that created and supported her fame. For figures of lesser stature, and there are many, name-dropping suffices. Although the mentorship backdrop that she sketches is predominantly male, she also highlights a burgeoning female patronage network, as well as her own felt sisterhood with fellow poets and *improvvisatrici* (Teotochi Albrizzi, Countess Spineda, Rosa Taddei, Bandettini, and others).[53] Above all, studding her narrative with prose portraits of highly regarded people of the early nineteenth-century Veneto area allows Veronese to bestow recognition to a cultural in-crowd, reinforce their validation of her work, and signal her belonging within their circles.

The Garden

Veronese's use of the garden as a central metaphor for her narrative is one of its most powerful stratagems. Focusing on the physical space of the garden is at once a fitting and brilliant way to bridge the span between her social standing as a member of the lower class and the lofty realms of the nobility, to which her writing life aspires. She is a gardener's child, and gardens are one of the most visible markers of eighteenth- and nineteenth-century elite power and prestige.

Eighteenth-century Venetian patricians, like most nobility of the time, conceived of their gardens as extensions of their dwellings and, ultimately, as essential tools in the visual display of their power. The size

---

53 Eighteenth-century educated women established female networks of friendship, support, and "sisterhood" which helped them in their educational and publishing endeavours. Writers could accomplish this, even if they never met in person, by dedicating works to one another or mentioning each other in their texts. See Crivelli, *La donzelletta* 87–163.

234   Courting Celebrity

and disposition of the "philosophical" or "pleasure" garden mattered – its internal arrangement, choice of plantings, hardscape features, and decorative embellishments, as well as its relation to adjacent natural and built elements. All these components formed an elaborate material complex that codified polite society's substance and values. Gardens not only became part of the symbolic capital of prestige, but they also represented cultural capital, insofar as they could reflect cutting-edge trends in aesthetics, agronomy, botany, and engineering. In the garden, as Diane Harris argues, "the regulation of nature was not only mastered but also masterfully displayed" and was crucial for elite self-fashioning: "By manipulating external nature in the controlled setting of the garden, ... elites naturalized the appearance of the prevailing social order" (7).

Noble gardens were also groomed to evince the *locus amoenus* of literary tradition, a further reinforcement of rarefied ideals. Given the dominance of the Arcadian academic network at the time, gardens of the elites specifically evoked the cultivated beauty of the Parrhasian Grove. As previously noted, the park site was conceived of as a metaphor for life in the Academy. It mirrored its members' principles and facilitated their rites and celebrations. Enhanced with plaques, statues, obelisks, fountains, and a grotto, it was the perfect space in which to leisurely stroll, sit and listen to poetry, or partake in the many games demonstrating poetic skills of invention and recitation. Venetian nobility, especially those belonging to Arcadia, fashioned their villas' gardens with the Parrhasian Grove in mind.[54]

Veronese describes six gardens in *Notizie*, gardens that her father built and tended. These gardens furthermore comprised the settings for elegant poetic gatherings, which Veronese either witnessed or participated in. Her accounts communicate the landowners' prosperity, as well as their technological modernity, borne out in innovative cultivations and features. She writes of primary residences that resemble "royal palaces," "extremely vast" gardens, "long, long boulevards," "artfully designed hedges," "majestic" galleries and iron gates, and *allées* "shaded by a triple line of wild chestnuts." She lists natural and man-made attractions almost as if itemizing elements in a collection, noting mountains, rivers, and orchards alongside temples, parterres, and labyrinths. In the city garden of the Zenobio family in Venice she cites a "gurgling freshwater fountain," while other estates vaunt "espaliered hornbeams" and "*greenhouses* for *pineapples*, flanked by [...]

---

54 See note 28 above.

arbours of citrus trees." Her descriptions effectively advertise the nobility's wealth and fashionable trendsetting. What's more, they nod to the appetite for travel writing, in an age when Grand Tour itineraries had created an audience especially attuned to landmarks and engineering novelties.[55]

In fact, describing beautiful gardens and articulating their metaphorical references had become a literary subgenre in itself, as exemplified by Countess J.W. Rosenberg's *Alticchiero* (1787), a detailed description of both the physical and symbolic features of her friend Senator Angelo Querini's villa and philosophical garden near Padua. Gardens were a hot topic in salon conversations and academic discussions, and even a matter of national pride: a lively debate arose when Ippolito Pindemonte claimed in his 1792 presentation to the Paduan Academy of Sciences, Literature, and Arts that the then very popular English gardens were actually an Italian invention! Pindemonte's speech was later published as *Su i giardini inglesi e sul merito di ciò dell'Italia* (1817), proof of the ongoing interest in gardens and landscaping aesthetics.[56]

Veronese underscores the refined taste of the propertied class by calling attention to aesthetic aspects, most notably the gardens' carefully designed layouts. She remarks on sight lines and perspective and on how built environments blend felicitously with their native settings. She promotes the elites' sensibilities and generous patronage by noting artistic adornments such as statues and frescoes and the exotic Chinese taste reflected in the trellises of the Spineda garden. Doing so endorses her father as well, for he is largely responsible for the execution of the exquisite garden panoramas she describes. Regarding the Albrizzis' estate on the Terraglio, Veronese writes of "a large vegetable garden that my father soon turned into a garden with terraces adorned with statues, and paths covered with shady greenery" (51). She then dubs him "the Italian Dedalus" for having designed an ingenious and much-admired labyrinth on the same property. At the same time, the gardener's daughter recognizes that dynamics of power are inscribed in the landscape. Harris's assertion that through their gardens "elites naturalized the appearance of the prevailing social order" (7) is validated when Veronese writes "The beautiful Erizzo Palace, a famous

---

55 Goethe, for example, in his *Italienische Reise* mentions stopping in Vicenza (1786) to see the famous botanist Dr. Turra (Elisabetta Caminer's husband), who had founded the city's botanical garden. Unfortunately, by the time Goethe arrived, the celebrated botanical garden had reverted to a vegetable garden!

56 Cesarotti himself partook in the discussion with his "Saggio sul bello," an essay published in his 1809 *Prose di vario genere*. See essays in Finotti.

236   Courting Celebrity

Palladio design, sits majestically in the centre of the village like a royal palace, with a line of huts on both sides whose small size make the regal building stand out even more" (77).

The connotation of beautiful gardens with mythical literary landscapes plays a significant role in *Notizie* as well. Veronese is quite straightforward with her analogies: the "delightful" Pagani Cesa villa "seemed created by nature to be the abode for someone favoured by the Muses" (67). She incorporates Arcadian referents and lexicon in her descriptions, comparing garden areas to corresponding mythological places. For example, orchards rival the Vale of Tempe for their fertile output, and garden sections are labelled in terms of the gods and goddesses associated with their plantings: "A grassy terrace formed a semicircle, in the middle of which it looked like Flora, Vertumnus, Bacchus and Pomona competed for the privileged place" (61). Veronese's next sentence decodes the metaphor: "Flowers, vegetables, curling vines, and fruit trees ornamented its paths and its enclosure" (61). She comments even on the sounds connected to a given garden, noting the chanted psalms drifting over the wall from a neighbouring monastery or the "famous little wood of linden trees ... where a few nightingales sang harmoniously despite the frogs and toads providing a crude counterpoint" (77). Her most effervescent observation, and one that clearly frames the noble garden as counterpart to the Parrhasian Grove, is this evaluation, again of the Pagani Cesa garden: "Everything breathed life, freshness, country joy, feeling, friendship and poetry" (68). It seems no coincidence that Veronese immediately follows this praise with a very flattering word-portrait of Count Pagani Cesa.

Her strategy, however, does not stop at overt celebration of patrician society and its literary aspirations. Above all else, Veronese's detailed, inspiring accounts of noble gardens serve to communicate her unique eligibility to circulate in those dominions. She has a natural, distinct affinity for the *locus amoenus* and the artistic "fruits" it cultivates thanks to her background, her ancestral knowledge, her innate expertise. She is as versed in the physical and aesthetic elements of garden landscapes as she is in their desired poetic harvest. When her father creates, she interprets and illuminates, just as stated in this comment on the labyrinth constructed at the Albrizzi property: "I had become its little Ariadne since I had learned the right directions and I was called on by all those who wanted to see it, to be their guide within that ingenious enclosure for which my father had been the Italian Dedalus" (52).

Veronese appropriates the privileged ethos of Arcadia as well as the ideals of the upper classes. She is the ultimate intermediary, able to traverse the space between the two spheres and move easily in each.

Her origins, while lowly, have familiarized her with the material and compositional requisites of aristocratic agency. She presents herself as "an uncultured daughter of the woods," but her text demonstrates her ability to parlay her humble heritage, and her proximity to Nature, into exclusive belonging and connectedness.

Notizie and Networks

The accumulation of poems, persons, and gardens in *Notizie* is not random. On the contrary, they constitute the visible layer of a less-visible system of relationships subtending the work. The real engine, in fact, of Veronese's life narrative is the multiple social and cultural systems or networks from which she benefits in increasingly valuable ways.

If we analyse *Notizie* in light of social network theory, we can identify various kinds of networks, all of which are instrumental for Veronese's goals of celebrity. There are networks of people, starting with her family and friends, which then widen to include mentors, fellow poets, and patrons. There are networks of things, like poems, gardens, books, and gifts, that run parallel to the people networks and aid in developing and strengthening them. These networks are interconnected and feed off each other: they construct, through time and space, a tri-dimensional environment centred on the poet Aglaja Anassillide. A look at the predominant social networks in her text shows how *Notizie* tracks the development of Veronese's exceptional female self.

The first foundational network that emerges is that of family. Veronese's family grouping illustrates the social network principle of propinquity, whereby links are established through spatial nearness. In this case Veronese's physical proximity to various familial members creates a network, and the cultural capital she acquires by way of that system takes the form of primary education and social training. Her family network is asymmetrical in character, with its members exercising different degrees and kinds of power over young Angela. Her mother is largely cast in a passive intellectual role, being only a willing listener of specific kinds of literature, and her grandmother appears, at least partially, as a role model, given that she possesses a small library and tries to teach her to read. However, the cultural resources they can offer her are limited, as both oppose a more advanced literary education for girls (i.e., one that would include writing). Veronese's father, on the other hand, is a much more potent conduit to education, owing to his own intellectual curiosity and well-honed social skills. The spatial vicinity that determines the family network includes extra-familial members as well, such as neighbours and nearby friends. The

238   Courting Celebrity

old peasant Armellina and the blind "grandfather" Osvaldo contribute to Veronese's formation, social and spiritual respectively, while her friendship with the deformed peasant boy Menin teaches her the value and rewards of kindness and sharing.

Veronese's father's employment, which requires that the family make frequent moves around the Veneto area, increases the breadth of Angela's interpersonal environment. In every new place of residence, her father establishes relationships based on shared cultural interests with local poets and intellectuals. Young Angela inserts herself in each of these fresh networks and appropriates fragments of culture in a trickle-down process. Although one might expect that these recurring family transfers would disrupt the unchanging continuity of the classic "village society" model, the model instead simply replicates itself in each new locale. Thus the family network is successively enriched with each transfer, while still being upheld by relationships based on propinquity.

The crucial shift in Veronese's network constitution comes about when she learns how to write. Writing abolishes the need for propinquity, inasmuch as written texts can travel farther and more expeditiously than the human voice. The very moment in which Veronese composes the sonnet for Count Pepoli and sends it his way – through her father's higher-status connections – she changes the quality of her network. Writing propels her from the predominantly oral culture of her lower-class social group into a network populated by higher social classes, independent of geographical location. Her poem to Pepoli ushers her into a network ruled by homogeneity, where members connect as equals who share the same cultural interests. In social network terms, she and Pepoli connect based on homophily, that is, they are both engaged in a common cultural pursuit (poetry) and, in accordance with its conventions and the fiction of Arcadia, they are "equals." This new social network is at once dense and far-reaching. As such it favours the fast, easy travel and circulation of news and fame. Thanks to Pepoli's advertising of her skills among same-minded high-ranked people, Veronese herself becomes a commanding node of the new social network. She no longer needs to be introduced by her father, as the nobility visiting the Albrizzi villa ask for her directly.

Notizie documents, at a granular level, the activity generated by Veronese's new social network. Meetings with a single individual typically result in chains of relationships. As mentioned above, Veronese's father facilitates her first serious literary encounter: he gives the sonnet she wrote for Pepoli to his friend Giovanni Brescia, who passes it to Francesco Bragadin, who delivers it to his friend Pepoli, whereupon

Pepoli responds directly to Veronese, sending her a sonnet in reply. Some of these chains are quite extensive, such as Veronese's friendship with the Abbot Dalmistro. He connected her with the Abbot Francesconi, who introduced her to the Countess Grimaldi-Prati, who linked her to the Paduan prefect Ferdinando Porro. The Porro node proved to be exponentially productive, since Veronese's affiliation with him led to her engaging with at least four other important players in his circle (Clarina Mosconi, Teresa Bandettini, Princess Amalia, and Girolamo Venanzio). Veronese encountered groups of important people at outdoor luncheons in country villas and in local inns, in *conversazioni* and academic assemblies. She met them thanks to in-person introductions and via letters of recommendation. Sometimes her own work served as intermediary – several literary notables wanted to meet her on the strength of her poems or after having read a new edition of her verse.

The public figure appearing most frequently in her narrative is Cesarotti, and Veronese's relationship with the famous Paduan professor and *letterato* appears to have yielded the greatest number of fruitful literary associations over the course of her life.[57] Cesarotti stood at the centre of a crowded cluster of writers, artists, scientists, and intellectuals, with whom he was in regular dialogue. As an esteemed scholar, translator, and author, he mentored not only Veronese but a host of other aspiring protégés (his so-called children). On account of her relationship with him, Veronese joined the ranks of these disciples, some of whom would become close literary correspondents. Before any direct contact with Cesarotti, however, she met a number of his acolytes (Mazza, Bernardi, Viviani). Bernardi, for example, after being introduced to Veronese, spoke to his beloved teacher about her, at which point Cesarotti expressed the desire to meet her; Viviani arranged their encounter. Cesarotti in turn would connect Veronese with many others, among them the publisher Nicolò Bettoni, Giuseppe Barbieri (another disciple who would inherit his mentor's professorship at the University of Padua), and Teresa Boldrin Albertini, a well-connected Venetian noblewoman whose *conversazione* delighted in Veronese's quick poetic inventions before and after Cesarotti's death. As *Notizie* indicates, her relationship with Cesarotti yields profitable social connections even beyond his passing (those with Caldarini and Carrari, for example).

---

57 Veronese was perceived as the last of Cesarotti's students, although theirs was a relationship based also on friendship. For a detailed description of Cesarotti's group of students in Padua during the last years of his life, see Chiancone. Information on Cesarotti's relationship with Veronese can also be found in Savorgnan Cergneu di Brazzà 36–45.

240   Courting Celebrity

While he was alive, however, Cesarotti's promotion of Veronese's work helped her achieve a level of celebrity that she might not have had otherwise. It is no accident that she mentions him in the third sentence of her autobiography, just before she describes the precise audience of educated and virtuous young men and women for whom she has written her life story: "I come simply to make myself heard as an *uncultured daughter of the woods*, as the author of *Armonia* [Mazza] liked to call me, when writing and talking about me to Cesarotti" (39). It is telling that Veronese presents herself as the object of discussion between the poet Angelo Mazza and the famous Cesarotti. More to the point, her work and her identity as "uncultured daughter of the woods" become a node linking the two erudite men, creating a context that centres on and reflects admiringly on her. Within her text's opening sentences Veronese situates herself in a social and cultural configuration that elevates her status and supports her poetic production.

Social Networks and Gift Exchange

Veronese's matrix of social connections is also reinforced, when it isn't fuelled outright, by the exchange and circulation of gifts. She learns early on the value of presents bestowed on others when as a child she shares treats received from her parents with the nearby peasants. In return, they would lavish her with affection, and she writes, "I started to understand from that young age what power presents wield on people's hearts, and I mean on peasants'" (41). *Notizie* contains several instances where she gives gifts to the poorer people in her vicinity. Her admission thus speaks not only to the stereotypically feminine qualities of charity and generosity but also to her developing consciousness of class power relations.

The exchange of goods or services for education also surfaces in the text. Peasants use their crops to pay literate locals willing to teach them to read, and soon Veronese too is "buying" reading lessons, as well as books and writing supplies, relying on either her vivid storytelling or actual money as payment. She has earned her money guiding visitors around the Albrizzi garden's labyrinth, and she well understands economies of reciprocal benefit and sequential transactions.

Once she begins to move in aristocratic circles, Veronese starts to receive compensation for her precocious poetic skills. Initially the nobility reward her with books, but quickly they also bequeath gifts in the form of accessories, luxury items, and money. She states that her anacreontic written for Princess Augusta Amalia of Bavaria is remunerated with "a generous present of 200 francs" (82); that "Those excellencies the Albrizzi family ... would heap kindnesses and gifts upon me every time I presented them with flowers or poems" (58); that at the "splendid musical academies" held by Nobleman Erizzo, there were "many pretty Ladies from Vicenza, to whom I dedicated various poems, and for which I was generously compensated" (81); and finally, that at the society lunch at the Battaglia, her numerous toasts to the Venetian and Udinese nobles gathered there were "applauded ... with kindness in words and favours" (83). These and other mentions of recompense suggest that Veronese is operating in a normal improvisation scenario, where extemporaneous versifying was typically rewarded. If the poet-improviser performed in a private space like a salon or an academy, she might be honoured with gifts like jewellery, accessories, clothing items, and even chocolate. If she were successful enough to tour, and performed therefore in theatres and other venues attracting a larger public, she would receive monetary compensation from ticket sales.[58]

Regardless of the format of Veronese's production – whether improvised, oral recitation of her pre-written verse, or hand delivery of her poetry on paper – she clearly grasped the significance of literary commerce and the multiple ways one could profit from it. The giving and receiving of gifts allowed her to establish and reinforce connections and signalled her affiliation with a credentialed society. In her autobiography Veronese turns the acquisition of gifts into opportunities to publicly name her benefactors, thereby underscoring not just her access and associations but also the artistic milestones those associations lead to. For example, Veronese writes that once, when in the company of Countess Spineda and General Sebastiani, she recited one of her anacreontics, whereupon the general snatched the Countess's fan from her hand and gave it to Veronese "on the spot." She then recounts how later, the fan's miniatures of Venus, Hymen, and Love inspired her to craft one of her most successful epigrams, naming those admirers (Count Pagani Cesa

---

58 In her autobiography Bandettini makes no mention at all of gifts, other than in a moral context, when she registers her staunch opposition to the suspect "offerings" from Pindemonte, whom she suspects of having unsavoury motives: "He came to me, to offer whatever I might have asked him for, that he was capable of giving. This base proffering, which put me at the level of not a few women of the theatre, ended up making him hateful to me" (188). Her relationship with Pindemonte occurs at the very early stages of her career, however. Later, when she had acquired renown as an *improvvisatrice*, she participated in the system in which patrons awarded poet-performers with gifts, and she also took in an income from her performances. In fact, Bandettini was the first woman poet-improviser to earn money for her work and, ultimately, a pension. Crivelli, *La donzelletta* 151; Di Ricco 11–12, 106–10.

242   Courting Celebrity

and Abbot Dalmistro) who successively translated the verse into German and Latin, respectively.[59]

Detailing the gifts her work generates and the people behind those gifts allows Veronese to offer tribute to the nobility and scholars she has contact with and simultaneously points to the material and intellectual value of her art. In this regard, the reward of poetry with poetry deserves special mention. This is the case with Veronese's first sonnet addressed to Count Pepoli, who responded in kind, as well as others who acknowledged her talents with gifts of verse. For example, an epigram she offered Teotochi Albrizzi was repaid with a book of Savioli's poems (56). Veronese's poetic homage to Bandettini sparks a written poetic reply from the legendary *improvvisatrice* (80). Through exchanges with literary peers and superiors, Veronese expands her education and establishes her literary voice. Her poetic vocabulary broadens, and her writing and compositional skills are refined. She builds social capital that exponentially supports her literary career, as demonstrated by her relationship to Cesarotti and his circle.

The matrix of presents and privileges described in *Notizie* was essential to the world of celebrity and literary professionalism. Veronese's homophilic relationship with highly placed acquaintances afforded her a place within significant people networks. She then knew to maximize those personal contacts by highlighting in her autobiography the "commodities" of poetic fame integral to them, including gifts, money, courtesies, and invitations. The categories of "gifts" and "favours" comprised assistance in creative endeavours as well, and thus Veronese notes those who helped her advance by requesting occasional poetry or by providing subsidies for and shepherding the publication of her works.

Veronese's Literary Market-Savvy Self

Veronese's smarts with respect to poetry patronage and gift traffic among nobility and Arcadian practitioners in the Veneto extended also to the literary market. The third "self" Veronese fashions in *Notizie* is

---

59   Other cases of gifts received and benefactors emphasized include the time Countess Grimaldi-Prati gave Veronese baubles in exchange for poems written to mark different events in her life, including verses on her beloved cat (72–3). Yet another poem (not discussed in *Notizie* but included in the *Versi* collection) celebrates a noblewoman's generosity and, in a footnote, Veronese mentions that the lyric was rewarded with a purse: "Alla Nobile Signora Contessa Margherita Tassoni Brazzà-Morosini" (119).

Contexts and Conclusions   243

one fully conversant with systems of exchange where the primary commodity is literature. This identity emerges not merely from overt assertions about the publication of her work, such as when she remarks that one of her poems appeared in a local periodical or that a well-regarded publisher issued another of her poetry collections. Rather, Veronese's keen sense of what might appeal to a certain base of readers surfaces in subtler, carefully integrated ways.

The very structure of the volume, a juxtaposition of prose narrative and verse, exhibits tactical thinking. Its title, *Versi di Aglaja Anassillide aggiuntevi le notizie della sua vita scritte da lei medesima*, suggests a secondary status for Veronese's life story. It is presented as tacked on to the main event – i.e., the poems – but contrary to expectations, the "information on her life" opens the volume. *Notizie* thus assumes a level of authority by virtue of its very placement.[60] Moreover, by offering her autobiography in lieu of the more common editor's introduction of the author, Veronese herself assumes the dominant interpretive role. *Notizie* provides contextualization for the poems that follow and highlights her creative process. In offering her life story first and foremost, she calls directly upon her readers to judge her merit in accordance with the information she purposefully furnishes.

Prose and poetry are not starkly separated in the two sections furthermore. In *Notizie*, once Veronese completes the narration of her early youth, she breaks her prose in numerous spots with poems or portions of poems. In doing so she entrusts both her storytelling voice and her lyrical voice to reach an envisioned audience of like-minded spirits. She allows her verses to "speak" for her from within *Notizie* and directly convey her talents and earnestness. Since she reminds readers that the inserted poetry has already received positive validation from learned men and women, its (re)appearance reinforces her image as a successful Arcadian versifier.

The lyrics also propel the narrative, as her poems are often literal catalysts for, or happy outcomes from, her encounters with intellectuals and new commissions. Successful poetic compositions allow Veronese

---

60   In the first edition of Veronese's work following her 1826 publication, editor Manlio Pastore Stocchi stresses the prominence of her autobiography by adjusting the title to read *Notizie della sua vita scritte da lei medesima: Rime scelte* (1973). The order of the actual contents repeats that of the 1826 edition: life narrative first, followed by poems. His 1997 edition shows a small title change (*Notizie della sua vita scritte da lei medesima: Versi scelti*) but virtually re-presents the earlier edition, with slight updates to the introduction and footnotes, and minute revisions to the text. A 2003 anastatic edition of Pastore Stocchi's 1973 work eliminates the poems entirely. See Pastore Stocchi, *Notizie* 1973, 1997, and 2003.

244   Courting Celebrity

to expand her social network and create new opportunities for public recognition. The epigrams, stanzas, and single lines she intersperses throughout mark specific occasions and events and function as seeds from which she can develop additional stories. Insofar as the verse excerpts trace the development of her poetic career, they are inherently autobiographical in themselves.

Within the context of the Italian literary landscape, still lacking an established female tradition and models in the autobiographical genre, Veronese shows a canny inventiveness, blending prose with poetry, as well as with literary portraits and villa and garden descriptions. Her composite text underscores the fact that women's autobiographical writing first surfaced in literary genres they were most practised in. Nonetheless, her text stands alone, with precious few exemplars from Italian women at the time. Even the star poet Bandettini did not feature poetry in her autobiographical manuscript, despite remarking that a collection of her verses had come out in print and that she "enjoyed their widespread distribution" (190). Further on she references a sonnet she wrote for the feast of Corpus Christi, a sonnet that she notes "redoubles my poetic fame" (191–2). Following the custom, the poem had been posted at popular public locations around town and was thus seen by Ludovico Savioli, sparking their long literary friendship – but Bandettini does not offer it to her reader. It is probably not off the mark to assert that Veronese's hybridization of literary genres within a single work is groundbreaking vis-à-vis current autobiographical models.

In fact, only a year after the publication of *Notizie*, Vittoria Madurelli Berti, a poet from Vicenza who also wrote in the Arcadian tradition, published a collection of poetry containing her autobiography. However, her text – "La mia vita," folded into her work titled merely *Versi* – differs in significant ways from Veronese's. It was much briefer (only thirteen pages to Veronese's ninety), it concluded her anthology rather than introducing it, its content was more a cursory treatment of her family circumstances and her obsession with erudite knowledge, and its style was more archaic.[61] Nonetheless, its appearance at this time, in the same Veneto area where Veronese was active, suggests that Aglaja's approach may have exerted some influence.[62]

---

61 For more information on Madurelli Berti (1794–1841, known in Arcadia as Dafnide Eretenia), see Bellezze and Corsini; Contilli and Scarparolo; "Vittoria Madurelli."

62 Other than Madurelli Berti's work, we don't know of any other contemporary autobiographical account by a woman in the Veneto. Nor have we uncovered any evidence that Veronese and Madurelli Berti knew each other, although it's possible, since they published with some of the same presses in Venice, Padua, and Verona.

Moving away from structure and formal aspects to consider content, Veronese's know-how emerges in terms of choosing the kinds of stories that would most appeal to the public. Her text is packed with anecdotes and recollections, ranging from amusing tales of the rural folk she grew up with to wry accounts of the elite figures she came to know and congregate with. Her stories reverberate with a sense of "insider information," showing a keen understanding of saleable content. She is "alert to the importance of 'intimacy, proximity, and trivia,'" recurring elements in the more successful European autobiographical writing of the time (Cook and Culley, "Gender" 5). Such writing drew on two prose genres – the scandalous memoir, also known as the pseudo-autobiography, and the "history of our time" account, very popular in England and France respectively. At the precise time of Veronese's autobiographical writing, the two subsets of women's autobiography were exemplified in works such as British Regency courtesan Harriette Wilson's *The Memoirs of Harriette Wilson, Written by Herself*, first published in 1825, and Stéphanie de Genlis's ten-volume *Mémoirs* (1825–6). Both were bestsellers.

We cannot know which, if any, autobiographical texts by women authors Veronese may have read before composing her own, as *Notizie* reports only on the titles she consumed in her youth, in the time of her intellectual formation. Whether Veronese read Bandettini's 1825 manuscript in the flash of time before composing her own is unknown, although news may have spread that the famous *improvvisatrice* was writing her autobiography (manuscripts commonly circulated in literary circles and were read aloud in salon gatherings). Italian booksellers' catalogues were heavily weighted with foreign, and especially French, works, often in translation. We cannot ascertain that Veronese read French; nonetheless, it should not be ignored that in addition to the works by Wilson and de Genlis, a flurry of autobiographical texts by French women, as well as the French translation of Wilson's narrative, saw print in the years just prior to Veronese's publication: de Staël's *Dix années d'exil* (1818), Campan's *Mémoires sur la vie privée de Marie-Antoinette ...* (1821), Bonchamps's *Mémoires de Mme la Mise de Bonchamps ...* (1823), and Wilson's *Mémoires ...* (1825).[63] At the very least, the upper echelons of Italian readers were consuming these books, since Sacchi's review of Veronese's *Notizie* contrasted it with the works by Campan and de Genlis (65).

---

63 Somewhat earlier, Mary Robinson's in-demand autobiography had also been translated into French: *Mémoires de mistress Robinson*.

246 Courting Celebrity

It is possible that, given the connections within her intellectual circles, Veronese read Alfieri's *Vita*. However, it is probably safest to imagine that she had little access to other women's self-writing. She nevertheless clearly comprehended the readership potential of content that rendered the private public and crossed divisions between classes. Whether through her minute narrations of aristocratic gardens, incisive prose portraits of cultural icons, or clever observations and behind-the-scenes glimpses of different ranks of people going about their lives, she crafts an entertaining and informative testament of local Venetian intellectual and social contexts from the last decade of the eighteenth century and into the 1820s. Manlio Pastore Stocchi remarks that *Notizie* provides an alternative to Teotochi Albrizzi's portraits, in its sharp, satirical, irreverent vignettes that cut through elitist propriety (Introduction 10–11). Veronese's text has a colloquial, spontaneous feel, which only deepens one's sense of her perceptive grasp of her surroundings.

Juxtaposed with *Notizie*, Bandettini's autobiography does not evidence quite the same awareness of the market possibilities hingeing on social news and information currency. True, Bandettini had more actual fame at her disposal and could commemorate her accomplishments on multiple performative fronts: as a dancer in the theatre, then as a touring improviser, and finally as author-poet within networks of literary peers. However, she does not describe the people in her milieu in the same way, nor to the extent that Veronese does. Despite the fact that Bandettini's professional travel among major cities in Italy and abroad was far more expansive than Veronese's circuits in the Veneto, the Tuscan improviser names only nine people to Veronese's fifty-six. Granted, Bandettini's text stops at an earlier point in her life, but even in that limited time span she visited many more cities than Veronese would ever see. Bandettini may not have wished to mention theatre practitioners in the interest of propriety, but the name-dropping difference is still notable. The Tuscan author's storytelling is more linear, without the tangential reminiscences and quirky particulars of Veronese's narrative (Aglaja's story about how she learned to write by tracing letters upon a windowpane especially endeared her to readers). One notices the absence, in Bandettini, of the quick, witty anecdote, the reflections on the customs of dissimilar social classes, and, in particular, the realistic observation of country peasant life.

In contrast to Veronese, Bandettini as narrator is much more outspoken about her financial straits, possibly because she feels the burden of her family's loss of economic status. She may want to emphasize that poverty is not her natural state, whereas Veronese was born into it and has no need to assert anything different. Bandettini conveys that her family suffered economically almost from her very beginnings, owing to the unexpected loss of her father. She recounts the anxious existence she, her widowed mother, and her siblings were forced to endure, and even when she hit her stride as a young poet-prodigy, Bandettini recounts episodes almost always in relation to domestic financial distress. The family money troubles put added pressure on her as a young daughter to contribute to the family's survival, yet she had to attend to her virtue. Her autobiography concentrates on her continual efforts to stay an honest, honourable woman, all the while pointing to the perils facing successful women performers. In fact, her text appears motivated in large part by the mission of averring her moral integrity.

In this context Bandettini's text can also be seen as exploiting contemporary literary trends. Specifically, she shapes a segment of her life story into a mini courtship tale, leveraging her experiences with various suitors and the story of her eventual marriage. Like the distressed heroines of Richardson's popular eighteenth-century novels *Pamela* (1740) and *Clarissa* (1748), Bandettini details her struggle to maintain her honour in the face of male passion. Reprising the classic conventions of the Richardsonian narrative, with its plotline of "virtue assailed and courageously upheld," she writes in regard to Fortis's amatory overtures:

> Even though I was young, I still thought I sensed the *language of seduction* and I started to distrust the honesty of *a man who advised a flight* that would rip me from my mother's arms and *expose me to the rightful criticism* of those who knew me. God no doubt inspired me to *resist this temptation.* (191; italics ours)

The canonical courtship novel usually ends with marriage: the excitement and suspense attached to the heroine's efforts to fend off assaults on her virtue finally resolve in the prize of proper matrimony. Likewise, the last portion of Bandettini's unfinished autobiography relates the instances leading up to her union with a good match, the respectable performer Pietro Landucci.

Interestingly, the joyous sentiment surrounding Bandettini's wedding celebration and subsequent domestic happiness fractures in the final lines of her text. They sound a melancholic note when she writes that the family's "domestic tranquillity" was nudged by "the discomforts of pregnancy." Bandettini observes that due to her expectant condition she "could not meet the obligations [she'd] taken on to translate and write articles for the literary journal" (194). The manuscript stops here, but the mood shift should not necessarily be taken as a wholesale indictment of domesticity's shackles on a woman's creative output,

248   Courting Celebrity

nor as the assertion with which Bandettini wanted to conclude her life story. It's very possible that the change in outlook in her last sentences simply signals the unfolding of another episode in a narrative Bandettini planned to continue.

Veronese's story also contains a strain of regret at the realization that her wifely household life impacts literary progress.[64] The women are similar as well in terms of having approached their marriages quite rationally, consciously choosing partners supportive of their writing and professional interests.[65] Much more than Bandettini, however, Veronese concentrates on her poetic energies, throughout her text and up to its end. In the last pages of *Notizie* she drives home the potential for more production, writing, "Everything makes me climb to Parnassus, tune up my cithara and sing" (88). She then presents fragments from two compositions of hers and mentions additional of her verses that had recently been put to music by the well-known composer Giovanni Battista Perucchini.

By the time she wrote her autobiography in 1826, Veronese's body of work was extensive enough to support a tale of authorial fame. The rise of a gardener's daughter, an autodidact who evolved into an *improvvisatrice* and then an esteemed, published poet, was a story worth telling. The "rags to riches" plotline had accounted for the huge success of numerous novels and theatre productions in the previous century and presently. Madame de Staël's *Corinne ou l'Italie* also continued to be a bestseller. Most importantly, such a life story could potentially stimulate poetic demand. *Notizie*, deliberately crafted and strategically positioned – so as to stage Veronese's corpus of 218 poems – would

---

64 "In the very placid calm of my married life I try to spend my days not being bored, taking advantage of Apollo's favour in the hours that remain after my household chores, writing verses."

65 Both Veronese and Bandettini were also highly attuned to parental guidance in the matter of selecting a mate, which encompassed awareness of social class – a factor that seems to have been more pressing in Bandettini's marital decision. She implies in her autobiography that she might have been able to marry above her station but chose against it, heeding her mother's counsel to marry fellow actor and theatre professional Pietro Landucci. She quotes her mother: "I'm not saying this arrangement is excellent, but it also has its advantages. The young man is honest, excels in his profession, he has a not unlikely hope of being able one day to leave the theatre and live comfortably, and besides that he is graced with a heart made to appreciate you. Listen to me: I would not be comfortable seeing you united with a nobly born man because I would fear that one day he, regretting it, would no longer hold you in regard, and as a result, not being able to socialize with your peers nor with your husband's peers, you would suffer prolonged anguish. The young man who asks for you is your equal […], I judge him capable of making you happy" (194).

Contexts and Conclusions   249

ideally function as a marketing tool. It could both enhance her public profile and spur fresh interest and income, through book sales and paid requests for her occasional verse.

Notizie as Self-Promotion

It is difficult to gauge whether *Notizie* helped Veronese realize the objectives it appears to delineate. Clearly her volume enjoyed a certain anticipatory success, evidenced by the substantial number of subscribers, many noteworthy, listed in the *Catalogo dei Signori Associati* (Catalogue of Subscribers) in the book's final pages. Over four hundred names are specified, all of whom evidently ordered or pre-purchased the book. However, one should not overestimate the significance of this lengthy roster, as it signals a timeworn praxis more connected to the commercial survival of printing and publishing establishments than to authors' achievements. Venice's glory as a printing mecca had long eroded due to competition from other European centres. To stay operative, printers and booksellers often had to rely on financial support from community members with means, including authors. Many writers did not make money from their works as much as they organized the financing to have them published in the first place.[66] Teotochi Albrizzi, for example, published *Ritratti* at her own expense; Elisabetta Mosconi subsidized Giovanni Pindemonte's publication of *Poesie campestri* (1788).[67] Still, the subscribers' list does show that by this point Veronese had acquired a certain amount of local fame and could depend on a considerable group of supporters and fans.

Contemporary reviews of Veronese's autobiography are somewhat challenging to interpret and offer little in the way of precise data on its diffusion or general reader response. Generally, they share common elements, insofar as they reprise much content directly from *Notizie* and are ambivalent in their appraisals. Their positive evaluations pivot on its worth as a literary specimen from the Veneto and its educational value for

---

66 For details on the ins and outs of publishing in late eighteenth- and early nineteenth-century Italy, see Di Rienzo; Franchini; Infelise, "Book Publishing," *L'editoria, I libri proibiti*, and *I padroni dei libri*; Paoli; Pasta, *Editoria e cultura*.

67 It is telling that Veronese's biographical profile in Canonici Fachini's *Prospetto biografico*, appearing only two years before *Notizie*, states that the poet "deserved the attention of a compassionate Maecenas [sponsor], to raise her to a higher position and ease her harsh, arduous life and tight financial conditions ("lo sguardo meriterebbe pietoso di illustre mecenate che … la inalzasse a più decoroso posto, togliendola così all'aspra laboriosa sua vita: ma … nulla chiede, e trae … suoi giorni nella ristrettezza e nell'oscurità") (257).

250 Courting Celebrity

women readers especially. Tommaseo justified his abundant quoting from the original text as a way of demonstrating that readers could draw instruction and pleasure from it ("Versi di Aglaia" 57–8).[68] Sacchi hailed the whole work as a great educational gift for women, given its "abundance of precious sentiments" (64). He then singled out the autobiography, remarking on its innocence, sweetness, and truth, which he noted "always come through, shored up by the most cherished social virtues" (64).[69]

Ambiguity arises when the reviewers point out Veronese's shortcomings, accompanied by hypotheses as to what might have been: "Italy might have had a Corinna or a Sappho in Aglaia Anassillide, had her budding intellectual powers been nourished by more contemporary and patriotic poetic ideas, rather than by thoughts of gods and semi-gods" (Tommaseo, "Versi di Aglaia" 59).[70] And from Sacchi: "These brief memoirs show how one of our women, without momentous events like those of Genlis or Campan, can touch and pleasantly charm [her reader], and had she had weighty subjects to narrate, she would certainly have written engaging and moving books, like those of the above-named foreign women" (65).[71] Others, however, valued her humble origins. The Milanese editor Luigi Stella, in a letter to Giacomo Leopardi discussing a proposed women's poetry anthology, included Veronese's name in a list of potential contributors and wrote, "Angela Veronese, from Treviso; she published poetry that I didn't read. Although it might not have been very good, the fact that she worked the land for a living might work in her favour" (Stella 223).[72]

---

68 "Io compendierò le notizie della sua vita, perché credo che i lettori ne possan trarre e istruzione e diletto." Tommaseo would publish a pared-down version of this same review in his well-known *Dizionario estetico* (1840), which saw several editions (1852, 1860, 1867).

69 "Le poesie d'Aglaja vennero unite in un sol volume e impresse a Padova nel 1826, ed è un grazioso presente che può farsi alle nostre donne, perché ivi trovasi dovizia di cari sentimenti. Ne piace in ispecie in quel volume le notizie sulla vita della poetessa scritte da lei medesima: l'ingenuità, la dolcezza e il vero vi trapelano sempre e si confortano delle più dilette virtù sociali."

70 "Se invece degli Dei e de' Semidei, il suo intelletto nascente si fosse nutrito d'idee poetiche più contemporanee e più patrie, l'Italia forse avrebbe avuto in Aglaia Anassillide una Corinna o una Saffo."

71 "Queste brevi memorie in fine ne accennano come una nostra donna, senza avere i grandi avvenimenti della Genlis e della Campan, possa commuovere ed allettare piacevolmente, ed ove avesse avuto alle mani argomenti a tessere lunga tela, valea certo a darne libri gradevoli per molto affetto come que' delle nominate straniere."

72 "Angela Veronese, di Treviso; stampò dei *Versi* ch'io non lessi. Per poco che fossero buoni, potrebbe valere a suo favore la circostanza che per vivere lavora la terra." We thank Professor Tatiana Crivelli for this helpful reference.

Contexts and Conclusions 251

The more demanding reviewers of *Notizie* nonetheless undermine their criticism with comments suggesting that Veronese wielded substantial literary power in her own right. Leading up to his advice that she abandon dated mythological subjects and concentrate instead on more serious topics, Tommaseo writes:

> Aglaia Anassillide's poetry has been endorsed by very famous men, prized by princes, printed in the *Parnaso Anacreontico*, set to music by the esteemed symphony composer G.B. Perrucchini. Her poetry's strengths lie in its clarity, ease, sweetness and sometimes a certain delicacy. ("Versi di Aglaia" 63)[73]

Sacchi articulates a similar mixed message: "Aglaja has not lived the kinds of resounding events involving mankind and nations, nor does she have episodes of grand romance and adventure to weave into her remembrances, and yet her memoirs bind your curiosity such that it's difficult to stop reading" (64).[74] Like others whose protestations regarding the quality of her poetic output belie its apparent appeal, these critics inadvertently paint a rather positive picture of Veronese's status in the years just after *Notizie*'s publication.[75]

The restraint in these reviews of *Versi ... Aggiuntevi le notizie* would have also derived from the changing aesthetic landscape. Pastoral literature, and pastoral poetry in particular, Veronese's favoured genre, had gone out of fashion. In its place, the themes and poetics of Romanticism were gaining more and more ground.[76] The new aesthetic privileged

---

73 "Le poesie d'Aglaia Anassillide furono approvate da uomini celeberrimi, premiate da principi, inserite nel Parnaso Anacreontico, poste in musica dal valentissimo filarmonico G.B. Perrucchini. I lor pregi sono l'evidenza, la facilità, la dolcezza, e talvolta una certa delicatezza, che sarebbe più cara se meno mitologiche fossero le imagini, e più degni della poesia gli argomenti."

74 "Aglaia non ha avvenimenti strepitosi d'uomini e di nazioni, non vicende romanzesche da intrecciare alle sue reminiscenze, eppure quelle sue memorie legano sì la tua curiosità che ti pesa dimetterne la lettura."

75 One can also recall Giannantonio Moschini's opinion of Veronese's work early in her career, in his literary history *Della letteratura veneziana* (1806) (see our "Biography of Angela Veronese").

76 The rise of Romanticism in Italy paralleled the publication of Madame de Staël's 1816 essay "De l'esprit de traductions," which caused much upheaval among Italian intellectuals; Giovanni Berchet's *Lettera semiseria di Grisostomo* (1816), a text that became the virtual manifesto for Italian Romanticism, arguing that modern poetry should appeal to people regardless of their level of education; the founding in 1818 of the short-lived but highly influential Romantic journal *Il Conciliatore*; Alessandro Manzoni's drama *Il Conte di Carmagnola* and Manzoni's subsequent letter to the novelist Massimo D'Azeglio ("Lettera sul romanticismo a Cesare D'Azeglio"), where he pushed for modernity and contemporary relevance in poetry, linking poetry to political engagement.

252 Courting Celebrity

patriotic concerns and plainer, realistic treatments over elaborate mythological imagery and highly wrought stylistics.

Even so, Veronese's prolific output in journals, collections, *strenne*, and so on in the years following *Versi ... Aggiuntevi le notizie* suggests that her unique autobiography may indeed have sparked new interest in and demand for her production. The ever-increasing record (thanks to modern technology and the digitization of old *strenne* and journals) shows a healthy number of publications in the last twenty years of her life (1826–47).[77] A mere two years before the publication of *Versi ... Aggiuntevi le notizie*, Veronese's entry in Canonici Fachini's widely popular *Prospetto biografico delle donne italiane* had been admiring and propitious. In the years following her 1826 volume, she would appear in a stream of literary histories, catalogues, and poetry collections, several of them focusing on women writers.[78] Her poetry was published in Paris (1843) and set to music by Perucchini and Nicola Vaccai. In Milan a critic wrote that it sufficed to mention her name and everyone knew who she was.[79] In Venice the *litterati* held her anacreontics up to those by Vittorelli, and in Trieste her name appeared alongside those of authors such as Carrer, Emilio Amedeo De Tipaldo, and Dall'Ongaro in a playful graphic introducing a popular literary almanac.[80] All of this evidence suggests that Veronese was indeed able to maintain, if not further increase, her level of celebrity. It certainly contests many scholars' claims or insinuations that she experienced only a steady decline, dating from either her marriage (1814) or shortly thereafter.[81]

---

77 Nearly forty (thirty-eight) of our current total of sixty-five publications by Veronese in her lifetime came out after *Versi ... Aggiuntevi le notizie*. See our "Bio-Bibliography."

78 Veronese is featured, for example, in *Poesie di rimatrici viventi* (Venezia, 1832); Sacchi, *Varietà letterarie*; Giuseppe Vedova, ed., *Poesie e prose scelte di donne italiane del secolo XIX* (Milan, Pirotta, 1836); *Serto femminile in morte di Diodata Saluzzo-Roero di Revello* (Torino, Baglioni, 1840); and Tommaseo's influential *Dizionario estetico* (1840). See "Biography of Angela Veronese" and "Bio-Bibliography" for more detailed data.

79 Anonymous (possibly Tommaseo?), review of her poem "In morte di un fanciullo." See p. 140 note 26.

80 The amphora-shaped listing of contributors to the 1844 *Strenna Triestina*. See above, pp. 143–4.

81 Canonici Fachini's concise biography of Veronese in her 1824 *Prospetto ... * had included a mention of the poet's financial constraints, but Mario Pieri (in his 1850 memoir, *Della vita di Mario Pieri corcirese*) seems the first to have branded her overall life and situation as difficult and unfortunate, conditions he blames expressly on her social rank and other limiting factors (being born in the country, not city; being born to a less-well-off family; having to marry a man of her same social standing, and one who didn't earn a great deal). Together, these circumstances prevented her from getting the appreciation she justly deserved. Pieri's entry is filled with exclamations

Contexts and Conclusions   253

What's more, as Veronese continued to write pastoral-inspired encomiastic verse and regularly published alongside eminent Italian poets and writers, she also responded to shifting tastes by embracing prose, in the form of the novella, and focusing on peasant life, in line with an emerging realist trend. In the last ten years of her life Veronese authored works of short fiction that developed realistic themes and employed direct, less adorned language (much like that of *Notizie*). Her 1836 novella *Eurosia*, a tragic love story anchored in a peasant reality, was narrated in an unembellished style. One year later she wrote *Le due gobbe* – described on its title page as a *novelletta*, it spun a folkloric moral fable in simple, catchy rhyme. In 1844 she published the short fiction piece *Adelaide*, the sad tale of a young country bride fatally bitten by a snake the morning of her wedding. These works are only today being re-evaluated as having broken ground in what would later be labelled "letteratura rusticale" (rural literature) and the regional literature popularized by Luigia Codemo (1828–98) and Caterina Percoto (1812–87) (Correnti; Zambon, "Angela Veronese").[82]

Considering these evolving directions and character of her work, aspects of *Notizie* can be re-examined. Again, it is important to recall Veronese's distance from the upper class she interacts with and portrays so frequently in her text. Despite her meticulous representation of her poetic genius, which aims to put her on a par with her patrons, she is still a social interloper in their spheres. Her outsider's perspective surely fuels the touches of sarcasm found throughout *Notizie*. It furthermore enables a potent ironic gaze. Veronese's use of irony is evident especially in her depictions of certain nobility types, of their customs and vices, and even of fellow poets like Ugo Foscolo. The frank, spare quality of her prose portraits (in contrast to the style of Teotochi Albrizzi's or Curtoni Verza's, for example) suggests that already in *Notizie* Veronese is embracing the trend towards plainer, realist writing, one she will develop even further in her later prose writing.

Notizie's incipit also offers indications of Veronese's awareness and accommodation of the swing to Romantic sensibilities. Two aspects stand

---

of "Poor Angela!" and "Poor thing!" He acknowledges her talent, her "admirable poetic calling," but regrets that her situation prevented her from profiting from it as she should have. Most critics and commentators following Pieri (Codemo Gerstenbrand; Serena, "Aglaia Anassillide" and *Rapsodie*) reprise the same image, casting Veronese as unlucky victim – whether of marriage, social class boundaries/protocols, aesthetic shifts, etc. Criticism is then silent until Pastore Stocchi's 1973 edition of *Notizie* revived interest in Veronese. For more on Pastore Stocchi's evaluation and that of later critics, see note 85 below.

82   Cesare Correnti defined the literary movement in an 1846 essay entitled "Della letteratura rusticale."

254 Courting Celebrity

out in particular: feelings and emphasis on Truth. As for the first, her opening paragraph positions her narrative within a speaking-hearing paradigm, where she anticipates her voice effectively communicating with receptive, educated, loving hearts. In appealing to the intimate, hidden realms of the heart, she differentiates herself from the world of the visible and the displayed. As she disparages "this century of exaggeration and imposture, where people only feign philosophy and the reasons of the mind prevail over those of the heart," she simultaneously distances herself from the pompous stage, the erudite academic assembly, the pretentious salon, and other sites associated with calculated public performance. Instead, her story will speak to the private, interior reaches of the individuals reading it. Even as Veronese presents a life wholly inscribed in the tail end of Enlightenment culture and Arcadian sensibility, she knows she must appeal to a Romanticism-oriented audience that embraces the value of feelings over sterile reason, the personal over the universal.

The second aspect of Veronese's incipit that signals her mindfulness of new tastes is its palpable concern with Truth. The commitment to truth-telling has been explained as one of the primary fixations of eighteenth-century autobiographers. They righteously assert their veracity in a culture riddled with specious texts and false editions. But Veronese's focus on Truth also speaks to the Romantic aesthetic, insofar as it rejected the artifice and spectacle so redolent of exclusive sectors and instead privileged the lesser-known facts of the simple man, the unsung hero, and the reality of ordinary environments and people. Veronese's self-presentation as a gardener's daughter, a friend of peasants, a child genius, and thus a paradoxical but poignant literary virtuoso – suits to a tee Romanticism's focus on the real over the staged and the actual over the embellished.[83] *Notizie*'s incipit thus serves as a disclaimer, that is, as Veronese's very sophisticated way of dissociating herself from a culture of empty spectacle, all the while extolling the truth-telling power of her own voice. If this was indeed Veronese's objective, profiles like Sacchi's suggest that she achieved her goal. Speaking of her poems he observes:

They are not embellished with Petrarch's delicate touches, but humble and simple, they are pleasing to everyone. The images within them are not all elegance and exotic and new, but being ordinary and folksy they are closer to the truth; they do not wear the purple of ornate speech, which

---

83 Antonia Arslan credits Veronese with having inaugurated the topos of the life story of the lesser heroine, or what she terms the autobiography "from below," i.e., stemming from women's everyday life experiences. "Dame" 13.

Contexts and Conclusions   255

makes our language so rich, but in their plain-speaking talk they open hidden meanings and move the heart.[84]

In 1826 Veronese seems aware that the first segment of her life, when she resembled a real incarnation of the fiction of the pastoral world of Arcadia, could now equally appeal to the new Romantic audience. To do so, *Notizie* had to deliver its story of her past in a more current, modern way. Veronese manages this by emphasizing her narrator's keen observational and truth-telling skills. Her prose rendition of both the country-dwellers' worlds, in symbiosis with nature, and the more refined realms of the upper classes verifies her authentic, credible presence in each. No longer conjuring only the figure of a rhapsodic pastoral maiden or shepherdess, "Aglaja Anassillide" has expanded and now constitutes a present-day professional and personal identity. From the moment of her initial debut as Aglaja Anassillide in 1807, Veronese signed nearly all of her publications with the moniker, and friends and correspondents regularly referred to her as Aglaja. By 1826 the pseudonym had transformed into a flesh-and-blood contemporary individual. Angela Veronese and Aglaja Anassillide had become one and the same and embodied a legitimate, viable literary career.

In the final analysis, whether *Notizie* produced the results Veronese hoped for – a new chapter in her literary status and her writing life and earnings – may not necessarily be the most productive question. Instead, the work should be valued for its remarkable aptitude in promoting relevant, fleshed-out identities for its author and for its deft adaptation and repurposing of an aesthetic, all in line with prevailing contexts around literary fame. *Notizie*'s clear aims to amplify Veronese's reputation in the here and now support Claire Brock's position in *The Feminization of Fame, 1750–1830*: that literary women, much more than literary men, successfully altered the nature of celebrity, making it an attribute to be acquired and exploited in one's lifetime, as opposed to enjoyment of only posthumous glory (1–14).

After having faded from view in the mid-1800s, *Notizie* was "rediscovered" in the 1970s and given fresh attention. But critical reception

---

84 "Non si abbellano delle delicate grazie del Petrarca, ma dimesse e semplici sono a tutti gradite, le immagini in esse accolte non sono di tutta leggiadria e peregrine e nuove, ma pedestri e popolari tengono più della verità; esse non vestono la porpora di quel parlare ornato, per cui tanto va ricco questo nostro idioma, ma in loro schietta favella aprono i sensi ascosi e muovono il cuore" (Sacchi 63). Sacchi repeats the same sentiment a few paragraphs later, referring specifically to *Notizie*: "In these narrations it is nice to hear the inner character of the people she encountered, which comes through from her style, always imbued with truth." ("In queste peregrinazioni è bello udire da suoi accenti, che hanno sempre il colore della verità, i caratteri degli uomini in cui si avenne"). Sacchi 65.

256   Courting Celebrity

has been limited and the studies lacking. Rather than deeply scrutinize the text, scholars have tended (again!) to summarize or reprise large portions of the autobiography in full.[85] At the very least this habit is a sign of Veronese's continuing ability to engross and entertain readers. However, merely reprinting excerpts and not noting the work's intricate stratagems cheats the autobiography of appreciation for its creative and pragmatic marketing tactics.

The facts of Veronese's life matter little next to her text's revelations about the mechanisms and manoeuvring she considered essential to success. The birth of cinema is thought to be the official genesis of the diva, but a full century earlier, *improvvisatrici* were divas in their own right, complete with advertising apparatus and fan clubs. Reading Veronese's life narrative side-by-side with Bandettini's unveils the underlying components of this celebrity culture, as understood by women in the midst of it. That Veronese's individual aspirations may not have been fully realized does not diminish her keen awareness of the dynamics of star-building in her day. *Notizie* is the first Italian woman's autobiographical narrative to reveal the tactical thinking and connection-making that underpinned the climbs to fame of other, more acclaimed *improvvisatrici* and published women writers. Veronese's text lays bare the blueprint for contemporary literary women's ambition. At the same time, it serves as a reminder that autobiography offered an opportunity to imagine, produce, and present a particular self or selves. Angela Veronese as Aglaja Anassillide masterfully negotiated her world, courting celebrity through a carefully crafted, captivating story of self.

---

85   The introduction in Pastore Stocchi's edition of *Notizie* in 1973, the first since Veronese's original, does not follow the excerpting reflex of many critics, but its appraisal of her work is still mired in past and reductive assessments. Pastore Stocchi not only reprises mainstays from Pieri's 1850 article – namely, that Veronese's minor literary status was the sorry result of social class reckoning (see p. 252 note 81) – but he also deepens the sad story. Veronese is to be pitied especially because she never understood that she was merely a passing diversion for the nobility (when she wasn't an outright joke to them); her marriage brought her inevitably, brutally back to her lowly station, from which point her verse-making was of little consequence to local elites; her life was a grand disappointment, a tragic injustice, a sudden evaporation of her fanciful hopes and illusions. Many critics post-Stocchi repeat his evaluations, and at the same time note that Veronese's contributions were never properly valorized (yet these critics do little to re-valorize them). We seek to rehabilitate this faulty characterization and revive and restore her literary worth and importance, especially in relation to her autobiography. Critics and commentators of Veronese in the years after Stocchi's 1973 assessment are: Fubini (1973), Costa-Zalessow (1982), Auzzas (1986), Bassi and Padoan (1989), Pastega (1991, 1994?), Stocchi (1997), Arslan (1998), Chemello and Ricaldone (2000), Zambon (2004, 2013), Zan Cabot (2016), Sartori (2017), and Favaro (2016, 2018).

Sonnet by Luigi Carrer, remembering Aglaja Anassillide

Ad Aglaja Anassilide

Aglaja, che di pronti e schietti sali
  Condivi l'amichevole discorso,
  Oh non ancor spiccate avessi l'ali,
  Colà donde si spera invan ricorso!

Che le lunghe temprar noje mortali,
  Da cui la vita mia non ha soccorso,
  Potresti forse, e a rei succhi letali
  Mescer di buon licore un qualche
    sorso.

Scarso, da che viv'io da te diviso,
  Sul mio pallido labbro e taciturno
  Spuntar fu visto e ratto sparve il riso.

To Aglaja Anassilide

Aglaja, you who used to season
friendly conversation with quick
and candid wisdom, oh I wish
you hadn't yet taken flight, to
that place it is vain to hope to
return from!

Because you could perhaps soften
the unending mortal afflictions
which do not let up on my life;
you could perhaps stir a dram of
good liquor into my evil, deadly
lymph.

Since I've been separated from
you, laughter has rarely been
seen on my pale and silent lips,
and [when it was] it quickly
disappeared.

Quanto diverso il conversar notturno
  Nella tua cameretta, al foco assiso,
  Con Tisbe (*) al piè dal sottil pelo
    eburno!

How different was our late-evening
conversing in your little room,
sitting by the fire, with black,
fine-furred Tisbe* at one's feet!

(*) cagnolina molto amata dalla
  poetessa

*Veronese's beloved little dog

Versi comunicati dalla contessa Adriana
  Renier-Zannini

Verses made available [to Carrer's
publisher] by the Countess
Adriana Renier-Zannini

Carrer, Luigi. "Ad Aglaja Anassilide." *Lettere di illustri italiani con alcune poesie inedite di L. Carrer*, edited by Nicolò Brandis, Venice, Antonelli, 1866, 25.

Works Cited (General Bibliography)

Primary Sources

Bandettini, Teresa. "Autobiografia." 1825, Biblioteca Statale di Lucca, MS 638.
– "Traccia." 1825, Biblioteca Statale di Lucca, MS 638.
Veronese, Angela. *Versi di Aglaja Anassillide aggiuntevi le notizie della sua vita scritte da lei medesima*. Padua, Crescini, 1826.

Secondary Sources

"Angela Veronese." *Le autrici della letteratura italiana: Bibliografia dell'Otto/ Novecento*, edited by Patrizia Zambon, Università degli Studi di Padova, Apr. 2005, www.maldura.unipd.it/italianistica/ALI/veronese.html. Accessed 10 May 2021.
Anglani, Bartolo. "Introduzione al repertorio sull'autobiografia." *Moderna: Semestrale di teoria e critica della letteratura*, vol. 5, no. 1, 2003, pp. 123–30.
– *I letti di Procuste: Teorie e storie dell'autobiografia*. Laterza, 1996.
Anonymous (signed X, probably Niccolò Tommaseo). Review of poetry booklet/opuscoletto *In morte d'un fanciullo*, 1833. *Biblioteca italiana ossia giornale di letteratura e scienze, compilato da varj letterati: Appendix, Parte II, Scienze, lettere ed arti italiane*, vol. 75, no. 223, Milan, Presso la Direzione del Giornale, Imperiale Regia Stamperia, 1834, pp. 70–1.
Arslan, Antonia. "Dame, salotti e scrittura nel Veneto del tardo Settecento." *Gentildonne artiste intellettuali al tramonto della Serenissima*, edited by Elsie Arnold and Antonia Arslan, Eidos, 1998, pp. 9–16.
Auzzas, Ginetta. "Ricordi personali e memoria del Veneto." *Storia della cultura veneta*, vol. 6, *Dall'età napoleonica alla prima guerra mondiale*, edited by Girolamo Arnaldi and Manlio Pastore Stocchi, Neri Pozza, 1986, pp. 283–309.

260   Works Cited

Baird, Ileana. Introduction. *Social Networks in the Long Eighteenth Century: Clubs, Literary Salons, Textual Coteries*, edited by Ileana Baird, Cambridge Scholars, 2014, pp. 1–28.

Bandettini, Teresa. *Discorso sulla poesia*. Lucca, Tipografia Bertini, 1826.

– *La morte d'Adone*. Modena, La società tipografica, 1790.

– *Poesie diverse*. Venice, Costantini, 1788.

– *Poesie varie*. Parma, Mussi, 1805–6.

– *Rime estemporanee di Amarilli Etrusca*. Verona, Giuliari, 1801.

– *Rime estemporanee di Amarilli Etrusca*. Lucca, Bertini, 1835.

– *Rime estemporanee di Amarilli Etrusca, conservate in varie città*. Lucca, Bertini, 1807.

– *Rime varie*. Venice, Costantini, 1786.

– *La Teseide*. Parma, Mussi, 1805.

"Bandettini, Teresa, 1763–1837." *IWW: Italian Women Writers*, University of Chicago Library, 2010, Release 3.0, https://artflsrv03.uchicago.edu/cgi-bin/efts/textdbs/IWW//hub.py?type=author&browse=full&auth_code=A0065. Accessed 6 August 2022.

Barbarisi, Gennaro, et al., editors. *L'amabil rito: Società e cultura nella Milano di Parini*, vol. 1, *Letteratura e società*, Cisalpino, 2000.

Bassi, Elena, and Lina Urban Padoan. *Canova e gli Albrizzi: Tra ridotti e dimore di campagna del tempo*. Scheiwiller, 1989.

Battistini, Andrea. *Lo specchio di Dedalo: Autobiografia e biografia*. Il Mulino, 1990.

Bedford, Ronald, et al., editors. *Early Modern Autobiography: Theories, Genres, Practices*. U of Michigan P, 2006.

Bellezze, Ilaria, and Silvio Corsini, editors. *Antologia delle poetesse romantiche italiane*. Carta e Penna, 2007.

Benstock, Shari. *The Private Self: Theory and Practice of Women's Autobiographical Writings*. U of North Carolina P, 1988.

Berchet, Giovanni. *Sul cacciatore feroce e sulla Eleonora di Goffredo Augusto Burger lettera semiseria di Grisostomo al suo figliuolo*. Milan, Gio. Bernardoni, 1816.

Bergalli, Luisa. *Componimenti poetici delle più illustri rimatrici di ogni secolo*. Venice, Mora, 1726.

Berica, Aglaure. "Canzonetta: Ahimè, discese al tumulo." *L'Apatista: Giornale d'istruzione Teatri e Varietà*, vol. 2, no. 26, 1835.

Betri, Maria Luisa, and Elena Brambilla, editors. *Salotti e ruolo femminile in Italia tra fine Seicento e primo Novecento*. Marsilio, 2004.

Betri, Maria Luisa, and Daniela Maldini Chiarito, editors. *Scritture di desiderio e di ricordo: Autobiografie, diari, memorie tra Settecento e Novecento*. FrancoAngeli, 2002.

Bettinelli, Saverio. *Dell'entusiasmo delle belle arti*. Milan, Giuseppe Galeazzi, 1769.

Bizzocchi, Roberto. "La frenesia dell'ozio: Sociabilità, teatro, politica." *Ocio y ociosidad en el siglo XVIII español e italiano / Ozio e oziosità nel settecento italiano e spagnolo*, edited by Robert Fajen and Andreas Gelz, Klostermann, 2017, pp. 167–84.

Bizzocchi, Roberto, and Alberto Pacini, editors. *Sociabilità aristocratica in età moderna*. Edizioni Plus, Pisa UP, 2008.

Bloch, Jean. "The Eighteenth Century: Women Writing, Women Learning." *A History of Women's Writing in France*, edited by Sonya Stephens, Cambridge UP, 2000, pp. 84–101.

Bonchamps, Marie Renée Marguerite de Scépeaux, Marquise de. *Mémoires de Mme la Mise de Bonchamps sur la Vendée, rédigés par Mme la Ctesse de Genlis*. Paris, Baudouin Frères, 1823.

Brambilla, Elena. *Sociabilità e relazioni femminili nell'Europa moderna*. FrancoAngeli, 2013.

Braudy, Leo. *The Frenzy of Renown: Fame and Its History*. Oxford UP, 1997.

Bravetti, Patrizia, and Orfea Granzotto, editors. *False date: Repertorio delle licenze di stampa veneziane con falso luogo di edizione, 1740–1797*. Firenze UP, 2008.

Breashears, Caroline. *Eighteenth-Century Women's Writing and the "Scandalous Memoir."* Palgrave Macmillan, 2016.

Brock, Claire. *The Feminization of Fame, 1750–1830*. Palgrave Macmillan, 2006.

Brugnera, Michela, and Gianfranco Siega, eds. "Angela Veronese." *Donne venete di Treviso, Padova e Venezia, fra storia e leggenda*. Kindle ed., Editrice Manuzio 2.0, 2010.

Brunetta, Manuela. *Francesco Dall'Ongaro: Un giornalista rivoluzionario nel Risorgimento*. 2011. Università di Venezia Ca' Foscari, PhD dissertation.

Buffaria, Pérette-Cécile. "Italy: 17th- and 18th-Century Diaries and Letters." Translated by Jane Blevins-Le Bigot, Jolly, 1:482–3.

– "Italy: 19th-Century Diaries and Letters." Translated by Jane Blevins-Le Bigot. Jolly, 1:484–5.

Burt, Ronald Stuart. *Structural Holes: The Social Structure of Competition*. Harvard UP, 1992.

Butcher, John. *Francesca Turini Bufalini e la "letteratura di genere."* Biblioteca del Centro Studi Mario Pancrazi, 2018.

Campan, Jeanne-Louise-Henriette, Madame de. *Mémoires sur la vie privée de Marie-Antoinette, reine de France et de Navarre: Suivis de souvenirs et anecdotes historiques sur les règnes de Louis XIV, de Louis XV et de Louis XVI*. Paris, Baudouin, 1821.

Canonici Fachini, Ginevra. "Veronese, Angela, di Treviso." *Prospetto biografico delle donne italiane rinomate in letteratura dal secolo decimoquarto fino a' giorni nostri*, Venice, Alvisopoli, 1824, pp. 256–7.

Carrer, Luigi. "Ad Aglaja Anassillide." *Lettere di illustri italiani con alcune poesie inedite di L. Carrer*, edited by Nicolò Brandis, Venice, Antonelli, 1866, p. 25.

262 Works Cited

– *A Emilio Morpurgo giurisperito e poeta nel giorno della sua laurea: Uno schizzo biografico di Aglaja Anassillide scritto da Luigi Carrer per sentimento d'amicizia.* Padua, Prosperini, 1859, pp. 5–8.

Caspani Menghini, Franca. *L'estro di Amarilli e la tenacia di Artinio: Poesie estemporanee di Teresa Bandettini raccolte dal concittadino Tommaso Trenta (1794–1799)*, 2011, University of Zurich, PhD dissertation.

– *L'estro di Amarilli e la tenacia di Artinio: Poesie estemporanee di Teresa Bandettini raccolte dal concittadino Tommaso Trenta (1794–1799)*. Accademia Lucchese di Scienze, Lettere e Arti, 2011.

Cesarotti, Melchiorre. "Saggio sul bello." *Prose di vario genere,* edited by Giuseppe Barbieri, Florence, Molini, Landi & Co., 1809, pp. 13–70.

Chemello, Adriana, and Luisa Ricaldone. *Geografie e genealogie letterarie: Erudite, biografe, croniste, narratrici, épistoloières, utopiste tra Settecento e Ottocento.* Il Poligrafo, 2000.

Chiancone, Claudio. *La scuola di Melchiorre Cesarotti nel quadro del primo Romanticismo europeo.* 2010. Université Stendhal-Grenoble III; Università degli Studi di Padova, thesis, tel.archives-ouvertes.fr/tel-00957220/document. Accessed 11 Nov. 2020.

Christina of Sweden. *Mémoires concernant Christine, Reine de Suède,* edited by Johan Arckenholtz, Amsterdam, Chez Pierre Mortier, 1751–60.

Claustre, André de. *Dizionario mitologico, ovvero della favola, storico, poetico, simbolico, etc.* Venice, Agostino Savioli, 1785.

Codemo Gerstenbrand, Luigia. *Fronde e fiori del Veneto letterario in questo secolo: Racconti biografici.* Venice, Giuseppe Cecchini, 1872.

Colilli, Paul. "The Arcadian Academy." Appendix 1. *Dictionary of Literary Biography,* vol. 339, edited by Albert N. Mancini and Glenn Palen Pierce, Gale Cengage Learning, 2008, pp. 279–85.

Contilli, Cristina, and Ines Scarparolo, editors. *Dall'Arcadia al Romanticismo: Il percorso di una poetessa vicentina dell'Ottocento.* Carta e Penna, 2006.

Cook, Daniel, and Amy Culley. "Gender, Genre and Authorship." Introduction. Cook and Culley, pp. 1–8.

Cook, Daniel, and Amy Culley, editors. *Women's Life Writing, 1700–1850.* Palgrave Macmillan, 2012.

Correnti, Cesare. "Della letteratura rusticale." *Rivista Europea,* Redaelli, Mar. 1846, pp. 345–66.

Costa-Zalessow, Natalia. "Angela Veronese (Aglaia Anassillide) 1779–1847." *Scrittrici italiane dal XIII al XX secolo,* Longo, 1982, pp. 193–7.

Cowan, Brian. *News, Biography, and Eighteenth-Century Celebrity.* E-book, Oxford Handbooks Online, September 2016, www.oxfordhandbooks .com/view/10.1093/oxfordhb/9780199935338.001.0001/oxfordhb -9780199935338-e-132. Accessed 15 Oct. 2020.

Crivelli, Tatiana. *La donzelletta che nulla temea*. Iacobelli, 2014.

– "Le memorie smarrite di Amarilli." *La littérature au féminin*, edited by Gabriela Cordone et al., Slatkine, 2003, pp. 139–90.

Crivelli, Tatiana, et al., editors. *Donne in Arcadia (1690–1800)*. www.arcadia.uzh.ch. Accessed 6 Aug. 2022.

Cron, Adélaïde. *Mémoires féminins de la fin du XVIIe siècle à la période révolutionnaire: Enquête sur la constitution d'un genre et d'une identité*. Presses Sorbonne Nouvelle, 2016.

Culley, Amy. Introduction. *British Women's Life Writing, 1760–1840*, Palgrave Macmillan, 2014, pp. 1–16.

– "'Prying into the Recesses of History': Women Writers and the Court Memoir." Cook and Culley, pp. 133–49.

Curtoni Verza, Silvia. *Ritratti d'alcuni illustri amici di Silvia Curtoni Verza in Arcadia Flaminda Caritea*. Verona, Gambaretti, 1807.

Dalton, Susan. *Engendering the Republic of Letters*. McGill-Queen's UP, 2003.

– "Searching for Virtue: Physiognomy, Sociability and Taste in Isabella Teotochi Albrizzi's Ritratti." *Eighteenth-Century Studies*, vol. 40, no. 1, 2006, pp. 85–108.

Darnton, Robert. *Poetry and the Police: Communication Networks in Eighteenth-Century Paris*. Harvard UP, 2012.

D'Ezio, Marianna. "Isabella Teotochi Albrizzi's Venetian Salon: A Transcultural and Transnational Example of Sociability and Cosmopolitanism in Late Eighteenth- and Early Nineteenth-Century Europe." *Social Networks in the Long Eighteenth Century: Clubs, Literary Salons, Textual Coteries*, edited by Ileana Baird, Cambridge Scholars, 2014, pp. 175–98.

de Staël, Anne-Louise-Germaine, Madame. *Corinne, ou L'Italie. Œuvres complètes de Mme. la baronne de Staël*, vols. 8–9, Paris, Truettel et Würtz, 1820.

– *Dix années d'exil. Œuvres complètes de Mme. la baronne de Staël*, vol. 15, Paris, Truettel et Wurtz, 1821.

– "De l'esprit des traductions." *Œuvres complètes de Mme. la baronne de Staël*, vol. 17, Paris, Truettel et Würtz, 1821, pp. 375–86.

Di Ricco, Alessandra. *L'inutile e maraviglioso mestiere: Poeti improvvisatori del Settecento*. FrancoAngeli, 1990.

Di Rienzo, Eugenio. "Intellettuali, editoria e mercato delle lettere in Italia nel Settecento." *Studi Storici*, vol. 29, no. 1, 1988, pp. 103–26.

Dixon, Susan M. *Between the Real and the Ideal: The Accademia degli Arcadi and Its Garden in Eighteenth-Century Rome*. U of Delaware P, 2006.

– "Women in Arcadia." *Eighteenth-Century Studies*, vol. 32, no. 3, 1999, pp. 371–5.

Dolfi, Anna, et al., editors. *Memorie, autobiografie e diari nella letteratura italiana dell'Ottocento e del Novecento*. Edizioni ETS, 2008.

264   Works Cited

Donato, Clorinda. "The Trajectory of the Diva in Grand Tour Italy: Antonia Cavallucci and the Politics of Beauty and Fame." *Italian Studies*, vol. 73, no. 3, 2015, pp. 311–29.

Dow, Gillian. "A Model for the British Fair? French Women's Life Writing in Britain, 1680–1830." Cook and Culley, pp. 86–102.

Esterhammer, Angela. *Romanticism and Improvisation 1750–1850*. Cambridge UP, 2008.

Faà Gonzaga, Camilla. *Camilla Gonzaga-Faà: Storia documentata*, edited by Fernanda Sorbelli Bonfà, Zanichelli, 1918.

– "Storia di Camilla Faà di Bruno Gonzaga, 1622." Edited by Giuseppe Giorcelli. "Documenti storici del Monferrato," *Rivista di storia, arte, archeologia della provincia di Alessandria*, vol. 10, no. 4, 1895, pp. 90–9.

Favaro, Francesca. "In forma di fiore … Le Rime pastorali di Angela Veronese come intreccio di generi letterari." *I cantieri dell'italianistica*, Atti del XVIII Congresso ADI, 2016, pp. 1–12.

– "Sulle *Rime pastorali* di Angela Veronese." *Tra mito e storia antica, socialità e arte, esperienze di letteratura sette-ottocentesche in Italia*, Aracne, 2018, pp. 97–113.

Fido, Franco. "At the Origins of Autobiography in the 18th and 19th Centuries: The 'Topoi' of the Self." *Annali d'Italianistica*, vol. 4, 1986, pp. 168–80.

– "'Mémoires' di Goldoni e la letteratura autobiografica del Settecento." *MLN*, vol. 96, no. 1, 1981, pp. 41–69.

– "Topoi memorialistici e costituzione del genere autobiografico fra Sette e Ottocento." *Quaderni di retorica e poetica*, vol. 1, 1989, pp. 73–86.

Findlen, Paula, et al., editors. *Italy's Eighteenth Century: Gender and Culture in the Age of the Grand Tour*. Stanford UP, 2009.

Finotti, Fabio, editor. *Melchiorre Cesarotti e le trasformazioni del paesaggio europeo*. EUT, 2010.

Finucci, Valeria. "Camilla Faà Gonzaga: The Italian Memorialist." *Women Writers of the Seventeenth Century*, edited by Katharina M. Wilson and Franke J. Warnke, U of Georgia P, 1989, pp. 121–8.

Folkenflik, Robert. *The Culture of Autobiography: Constructions of Self-Representation*. Stanford UP, 1993.

Franchini, Silvia. *Editori, lettrici e stampa di moda*. FrancoAngeli, 2002.

Fubini, Mario. Review of *Angela Veronese, Notizie della sua vita scritte da lei medesima: Rime scelte*, edited by Manlio Pastore Stocchi. *Giornale storico della letteratura italiana*, vol. 150, no. 472, 1973, pp. 626–8.

Genlis, Stéphanie Félicité, Comtesse de. *Mémoires inédits de Madame la comtesse de Genlis, sur le dix-huitième siècle et la révolution françoise, depuis 1756 jusqu'à nos jours*. Paris, Ladvocat, 1825–6.

Giacchetti, Claudine. *Poétique des lieux: Enquête sur les mémoires féminins de l'aristocratie française (1789–1848)*. H. Champion, 2009.

Giordano, Antonella. "Bandettini Landucci, Teresa." *Letterate toscane del Settecento: Un regesto*, All'insegna del Giglio, 1994, pp. 40–58.

– "'Donna il cui carme gli animi soggioga': Eighteenth-Century Italian Women Improvisers." *Journal of Early Modern Studies*, no. 7, 2018, pp. 139–55. doi:10.13128/JEMS-2279-7149-22841.

Giorgetti Vichi, Anna Maria. *Gli arcadi dal 1690 al 1800. Onomasticon*, Accademia letteraria italiana, 1977.

Giuli, Paola. *Enlightenment, Arcadia, and Corilla: The Inscription of Eighteenth-Century Italian Women Writers in Literary History*. 1994. Rutgers University, PhD dissertation.

– "'Monsters of Talent': Fame and Reputation of Women Improvisers in Arcadia." *Italy's Eighteenth Century: Gender and Culture in the Age of the Grand Tour*, edited by Paula Findlen et al., Stanford UP, 2009, pp. 301–30.

– "Women Poets and Improvisers: Cultural Assumptions and Literary Values in Arcadia." *Studies in Eighteenth-Century Culture*, vol. 32, 2003, pp. 69–92.

Goethe, Johann Wolfgang. *Italienische Reise*. Leipzig, Bibliographisches Institut, 1816–17.

Goldsmith, Elizabeth C. *Publishing Women's Life Stories in France, 1647–1720: From Voice to Print*. Ashgate, 2001.

Goodman, Dena. *Becoming a Woman in the Age of Letters*. Cornell UP, 2009.

– "Old Media: Lessons from Letters." *French Historical Studies*, vol. 36, no. 1, 2013, pp. 1–17.

Goodwin, James. *Autobiography: The Self Made Text*. Twayne, 1993.

Granovetter, Mark. "The Strength of Weak Ties: A Network Theory Revisited." *Social Structure and Network Analysis*, edited by Peter V. Marsden and Nan Lin, Sage, 1982, pp. 105–30.

Graziosi, Elisabetta. "Arcadia femminile: Presenze e modelli." *Filologia e critica*, vol. 17, 1992, pp. 321–58.

– "Presenze femminili: Fuori e dentro l'Arcadia." *Salotti e ruolo femminile in Italia*, edited by Maria Luisa Betri and Elena Brambilla, Marsilio, 2004, pp. 67–96.

– "Revisiting Arcadia: Women and Academies in 18th-Century Italy." *Italy's Eighteenth Century: Gender and Culture in the Age of the Grand Tour*, edited by Paula Findlen et al., Stanford UP, 2009, pp. 103–24.

– "Scrivere dal convento: Camilla Faà Gonzaga." *Sentir e meditar: Omaggio a Elena Sala di Felice*, edited by Laura Sannia Nowè et al., Aracne, 2004, pp. 85–98.

Guglielminetti, Marziano. "Per un'antologia degli autobiografi del Settecento." *Annali d'Italianistica*, vol. 4, 1986, pp. 140–51.

266 Works Cited

Gusdorf, Georges. "Conditions and Limits of Autobiography." *Autobiography: Essays Theoretical and Critical*, edited by James Olney, Princeton UP, 1980, pp. 28–48.

Habermas, Jürgen. *The Structural Transformation of the Public Sphere: An Inquiry into a Category of Bourgeois Society*, 1962. MIT Press, 1991.

Hannan, Leonie. "Women's Letters: Eighteenth-Century Letter Writing and the Life of the Mind." *Gender and Material Culture in Britain since 1600*, edited by Hannah Grieg et al., Palgrave Macmillan, 2016, pp. 32–48.

Harris, Diane. *The Nature of Authority: Villa Culture, Landscape, and Representation in Eighteenth-Century Lombardy*. Penn State UP, 2003.

Hart, Kathleen. *Revolution and Women's Autobiography in Nineteenth-Century France*. Rodopi, 2004.

Infelise, Mario. "Book Publishing and the Circulation of Information." *A Companion to Venetian History, 1400–1797*, edited by Eric R. Dursteler, Brill, 2013, pp. 651–74.

– *L'editoria veneziana nel 700*. 1989. FrancoAngeli, 2008.

– *I libri proibiti: Da Gutemberg all'Encyclopédie*. Laterza, 2013.

– *I padroni dei libri: Il controllo sulla stampa nella prima età moderna*. Laterza, 2014.

Iuso, Anna. "Italy: 19th-Century Auto/biography." Jolly, 1:483–4.

Iuso, Anna, and Pérette-Cecile Buffaria. "Italy: 17th- and 18th-Century Auto/biography." Jolly, 1:480–2.

Jelinek, Estelle. *The Tradition of Women's Autobiography from Antiquity to the Present*. Twayne, 1986.

Jolly, Margaretta, editor. *Encyclopedia of Life Writing: Autobiographical and Biographical Forms*. Routledge, 2017. 2 vols.

Kadushin, Charles. *Understanding Social Networks: Theories, Concepts and Findings*. Oxford UP, 2012.

Lejeune, Philippe. *On Autobiography*, edited by Paul John Eakin, translated by Katherine Leary, U of Minneapolis P, 1989.

Lilti, Antoine. *The Invention of Celebrity*. Polity Press, 2017.

Lorena-Carignano, Giuseppina. "Portrait 1er auteur de ce recueil fait en 1771." *Recueil de portraits faits par la P. de C.* 1771. MS. Biblioteca Reale di Torino, varia 176, busta n. 15, cassa 2.

– "Portrait 1er auteur de ce recueil fait en 1771." *Scelta di inediti di Giuseppina di Lorena-Carignano*, edited by Luisa Ricaldone, Centro studi piemontesi, 1980, pp. 3–11.

Madurelli-Berti, Vittoria. *Versi*. Venice, Tipografia Andreola, 1827.

Maintenon, Françoise d'Aubigné, Marquise de. *Mémoires pour servir à l'histoire de Madame de Maintenon et à celle du siècle passé: Lettres de Madame de Maintenon …* Amsterdam, aux depens de l'auteur, 1756.

Manzoni, Alessandro. *Il Conte di Carmagnola*. Milan, V. Ferrario, 1820.

– "Lettera sul romanticismo al marchese Cesare D'Azeglio." 1823. *Tutte le lettere*, edited by Cesare Arieti, vol. 1, Adelphi, 1986, pp. 315–45.

Marcus, Sharon. *The Drama of Celebrity*. Princeton UP, 2019.

Massimi, Petronilla Paolini. "Vita della Marc[hes]a Petronilla Paolini Massimi da se medesima descritta li 12 Agosto 1703." 1703. Houghton Library, Harvard University, MS Ital 180. iiif.lib.harvard.edu/manifests/view/drs:42741786$1i. Accessed 3 Sept. 2019.

Minor, Vernon Hyde. *The Death of the Baroque and the Rhetoric of Good Taste*. Cambridge UP, 2006.

Mitchell, Katharine, and Clorinda Donato, editors. *The Diva in Modern Italian Culture. Italian Studies* (special issue), vol. 70, no. 3, August 2015.

Montanari, Bennassù. *Versi e prose di Bennassù Montanari Veronese*. Verona, Antonelli, 1854.

Moschini, Giannantonio. *Della letteratura veneziana dal secolo diciottesimo fino a' giorni nostri*. Vol. 1, Venice, Palese, 1806.

Nani Mocenigo, Filippo. "Scrittrici veneziane del XIX." *Ateneo Veneto, Rivista mensile di scienze, lettere ed arti*, vol. 1, nos. 5–6, Venice, M. Fontana, 1887, pp. 347–70.

— "Scrittrici veneziane (Cap. 7)." *Della letteratura veneziana del sec. XIX*, 2nd ed., Merlo, 1901 (1891), pp. 465–92.

Nicoletti, Giuseppe. *La memoria illuminata: Autobiografia e letteratura fra Rivoluzione e Risorgimento*. Vallecchi, 1989.

Nussbaum, Felicity. *The Autobiographical Subject: Gender and Ideology in Eighteenth-Century England*. Johns Hopkins UP, 1989.

— "Sociability and Life Writing: Hester Lynch Thrale Piozzi." Cook and Culley, pp. 55–70.

Olney, James. *Studies in Autobiography*. Oxford UP, 1988.

Palma Mansi, Luisa. *Mémoires ou notices à l'usage de Louise Palma Mansi*. 1791–1823. MS Archivio di Stato di Lucca, Archivio Arnolfini, Filza 191.

Paoli, Marco. *L'appannato specchio: L'autore e l'editoria italiana del Settecento*. Maria Pacini Fazzi, 2004.

Parati, Graziella. *Public History, Private Stories*, U of Minnesota P, 1996.

Pasta, Renato. *Editoria e cultura nel Settecento*. Olschki, 1997.

— editor. *Scritture dell'io fra pubblico e private*. Edizioni di Storia e Letteratura, 2010.

Pastega, Giovanna. "Angela Veronese (Aglaia Anassillide)." *Le stanze ritrovate: Antologia di scrittrici venete dal Quattrocento al Novecento*, edited by Antonia Arslan et al., Eidos, 1991, pp. 151–62.

Pastore Stocchi, Manlio. Introduction. *Notizie della sua vita scritte da lei medesima: Rime scelte*, by Angela Veronese, edited by Manlio Pastore Stocchi, Le Monnier, 1973, pp. 9–27.

— editor. *Notizie della sua vita scritte da lei medesima: Rime scelte*, by Angela Veronese. Le Monnier, 1973.

— editor. *Notizie della sua vita scritte da lei medesima: Versi scelti*, by Angela Veronese. Hefti, 1997.

— editor. *Notizie della sua vita scritte da lei medesima*, by Angela Veronese. Biblioteca Comunale di Breda di Piave, 2003.

268   Works Cited

Perucchini, Giovanni Battista. *Sei ariette per canto e piano forte*. Milan, Luigi Scotti, 1824.

– *Ventiquattro ariette per canto e pianoforte*. Milan, Luigi Scotti, 1825.

Phillips, Teresia Constantia. *An Apology for the Conduct of Mrs. Teresia Constantia Philips*. London, 1748–9.

Pieri, Mario. *Della vita di Mario Pieri Corcirese: Scritta da lui medesimo*. Vol. 1, Florence, Le Monnier, 1850.

– "Mercoledì: 3 settembre 1806." *Memorie (1804–1811)*, vol. 1, edited by Roberta Masini, Bulzoni, 2003, pp. 120–1.

Pietrogrande, Antonella. "Veronese Angela." *Atlante del giardino italiano 1750–1940*, vol. 1, Italia Settentrionale, edited by Vincenzo Cazzato, Istituto Poligrafico e Zecca dello Stato, Libreria dello Stato, 2009, pp. 420–1.

Pilkington, Laetitia. *Memoirs, 1748–54*. Edited by A.C. Elias Jr., U of Georgia P, 1997.

Pindemonte, Ippolito. "Su i giardini inglesi e sul merito di ciò dell'Italia." *Le prose e poesie campestri di Ippolito Pindemonte*, Verona, Mainardi, 1817, pp. 219–57.

Plebani, Tiziana. "Prima dell'Ateneo: Le donne e i luoghi della cultura." *Ateneo Veneto, anno CXCIII*, vol. 5, no. 1, 2006, pp. 11–31.

– "La sociabilità nobiliare veneziana nel secondo Settecento e i problemi dell'abbigliamento." *Sociabilità aristocratica in età moderna*, edited by Roberto Bizzocchi and Arturo Pacini, Edizioni Plus, Pisa UP, 2008, pp. 87–104.

– "Socialità, conversazioni e casini nella Venezia del secondo Settecento." *Salotti e ruolo femminile in Italia tra fine Seicento e primo Novecento*, edited by Maria Luisa Betri and Elena Brambilla, Marsilio, 2004, pp. 153–76.

Polignac, Diane, Comtesse de. *Mémoires sur la vie et le caractère de Mme. la duchesse de Polignac: Avec des particularités sur la Révolution françoise, et sur la personne de Marie-Antoinette, reine de France, par la Ctesse Diane de Polignac*. Paris, 1796.

Poloni, Marta. "Angela Veronese e la cultura veneta del primo Ottocento." Zambon and Poloni, *Eurosia*, pp. 27–57.

Robinson, Mary. *Mémoires de mistress Robinson, célèbre actrice de Londres: Trad. de l'anglais*. Paris, 1801, 1802.

– *Memoirs of the Late Mrs. Mary Robinson, Written by Herself*. London, Phillips, 1801.

Roland, Jeanne-Marie de la Platièr, Madame de. *Appel a l'impartiale postérité, par la Citoyenne Roland, femme du ministre de l'intérieur ou Recueil des ecrits qu'elle a rédigés, pendant se détention, aux prisons de l'Abbaye et de Sainte-Pélagie*. Paris, Louvet, 1795.

Royale, Marie Thérèse Charlotte de Bourbon, Duchesse d'Angoulême, Madame de. *Mémoires particuliers: Formant avec l'ouvrage de M. Hue et le journal de Cléry, l'histoire complète de la captivité de la famille royale a la tour du temple*. Paris, Audot, 1817.

Works Cited 269

Sacchi, Defendente. "Aglaja Anassillide." *Varietà letterarie, o Saggi intorno alle costumanze alle arti agli uomini e alle donne illustri d'Italia del secolo presente,* Milan, Stella e Figli, 1832, pp. 61–6.

Santalena, Antonio. *Giornali veneziani nel Settecento. XXI Congresso internazionale della stampa, Berlino, Settembre MDCCCCVIII.* Istituto Veneto di Arti Grafiche, 1908.

Santoro, Marco. *Storia del libro italiano: Libro e società in Italia dal Quattrocento al nuovo millennio.* 2nd ed., Bibliografia, 2008.

Sartori, Andrea. "Re avvelenati, regine sonnambole, streghe e pietosi assassini: La scrittura e la differenza di Angela Veronese (1778–1847)." *Desde los márgenes: Narraciones y representaciones femeninas,* edited by Daniele Cerrato, Benilde Ediciones, 2017, pp. 205–15.

Savorgnan Cergneu di Brazzà, Fabiana. *Melchiorre Cesarotti.* Bonanno, 2015.

Scolari Sellerio, Arianna. "Bandettini, Teresa." *Dizionario biografico degli Italiani,* vol. 5, Istituto dell'Enciclopedia Italiana, 1963, pp. 673–5, www.treccani.it/enciclopedia/tag/bandettini-teresa/Dizionario_Biografico/. Accessed 15 Oct. 2020.

Seelig, Sharon. *Autobiography and Gender in Early Modern Literature: Reading Women's Lives, 1600–1680.* Cambridge UP, 2006.

Seigel, Jerrold. *The Idea of the Self: Thought and Experience in Western Europe since the Seventeenth Century.* Cambridge UP, 2005.

Serena, Augusto. "Aglaia Anassillide." *Appunti letterari,* Forgani, 1903, pp. 97–107.

– *Rapsodie pedantesche.* Turazza, 1908.

Smith, Sidonie. *A Poetics of Women's Autobiography: Marginality and the Fictions of Self-Representation.* Indiana UP, 1987.

Smith, Sidonie, and Julia Watson, editors. *Reading Autobiography: A Guide for Interpreting Life Narratives.* 2nd ed., U of Minnesota P, 2010.

Spacks, Patricia Meyer. *Imagining a Self: Autobiography and Novel in 18th-Century England.* Harvard UP, 1976.

Spivak, Gayatri Chakravorty. "History." *A Critique of Postcolonial Reason,* Harvard UP, 1999, pp. 198–311.

Stanton, Domna. *The Female Autograph: Theory and Practice of Autobiography from the Tenth to the Twentieth Century.* U of Chicago P, 1987.

Stella, Luigi. [Lettera] di Luigi Stella a Giacomo Leopardi, 2 Aprile 1829. *Nuovi documenti intorno alla vita e agli scritti di Giacomo Leopardi,* edited by Giuseppe Piergili, Florence, Le Monnier, 1882, p. 223.

Stewart, Joan Hinde. *The Enlightenment of Age: Women, Letters and Growing Old in Eighteenth-Century France.* Voltaire Foundation, 2010.

Teotochi Albrizzi, Isabella. "Lettera dell'abate Stefano Arteaga a Isabella Teotochi Albrizzi intorno *La Mirra.*" *Ritratti,* 2nd ed., Padua, Nicolò Bettoni, 1808, pp. 1–38.

270 Works Cited

- *Opere di scultura e di plastica di Antonio Canova*. Florence, Molini, Landi & Co., 1809.
- "Risposta della Signora Isabella Teotochi Albrizzi." *Ritratti*, 2nd ed., Padua, Nicolò Bettoni, 1808, pp. 39–71.
- *Ritratti*. 1st ed., Brescia, Nicolò Bettoni, 1807.
- "Vita di Vittoria Colonna." *Ritratti*, 3rd ed., Venice, Tipografia Alvisopoli, 1816, pp. 181–213.

Thompson, Lynda M. *The "Scandalous Memoirists."* Manchester UP, 2000.

Tomasin, Lorenzo. *Scriver la vita: Lingua e stile nell'autobiografia italiana del Settecento*. F. Cesati, 2009.

Tommaseo, Niccolò. "Anassillide Aglaja." *Dizionario d'Estetica di Niccolò Tommasèo, Terza edizione, riordinata ed accresciuta dall'autore. Parte Moderna*, vol. 2, 3rd ed., Milan, Fortunato Perelli, 1860, pp. 12–13.
- "Anassillide, Aglaia." *Dizionario estetico di Niccolò Tommasèo, Parte Moderna*, vol. 2, Milan, co' tipi Bernardoni, 1853, pp. 8–9.
- "Anassillide (Aglaia)." *Dizionario estetico di N. Tommaseo. Di nuovi scritti di N. Tommaseo*, vol. 3, Venice, co' tipi del Gondoliere, 1840, pp. 9–12.
- *Dizionario ... .* Florence, Le Monnier, 1867.
- (K.X.Y.). "Versi di Aglaia Anassillide: Aggiuntevi le notizie della sua vita scritte da lei medesima." *Antologia, Aprile*, vol. 100, 1829, pp. 57–63.

Treadwell, James. *Autobiographical Writing and British Literature, 1783–1834*. Oxford UP, 2005.

Turini Bufalini, Francesca. *Autobiographical Poems: A Bilingual Edition*, edited by Natalia Costa-Zalessow, Bordighera Press, 2009.
- *Rime ... all'illustrissima ... signora Donna Anna Colonna*. Santi Molinelli, 1628.

Turner, Graeme. *Understanding Celebrity*. 2004. Sage, 2014.

Vitagliano, Adele. *Storia della poesia estemporanea nella letteratura italiana dalle origini ai nostri giorni*. Loescher, 1905.

"Vittoria Madurelli." *Le autrici della letteratura italiana: Bibliografia dell'Otto/ Novecento*, edited by Patrizia Zambon, Università degli Studi di Padova, Apr. 2005, www.maldura.unipd.it/italianistica/ALI/madurelli.html. Accessed 9 Nov. 2020.

Ward, Adrienne, and Irene Zanini-Cordi. "Celebrity by Way of Autobiography: The Case of Angela Veronese." *The Palgrave Handbook of Transnational Women's Writing in the Long Nineteenth Century*, edited by Clorinda Donato and Claire Emilie Martin, Palgrave Macmillan, forthcoming.

Weber, Caroline. "Memoirs and the Myths of History." *Teaching Seventeenth- and Eighteenth-Century French Women Writers*, edited by Faith E. Beasley, MLA, 2011, pp. 119–25.

Whyman, Susan. "'Paper Visits': The Post-Restoration Letter as Seen Through the Verney Family Archive." *Epistolary Selves: Letters and Letter-Writers, 1600–1945*, edited by Rebecca Earle, Ashgate, 1999, pp. 15–36.

Works Cited 271

Wilson, Harriette. *Mémoires d'Henriette Wilson: Concernant plusieurs grands personnages d'Angleterre, et publiés par elle-même*. Brussels, De Mat, 1825.

— *The Memoirs of Harriette Wilson, Written By Herself*. London, 1825.

Wynne, Justine, Comtesse des Ursins et Rosenberg. *Alticchiero*. Padua, Nicolò Bettoni, 1787.

Zambon, Patrizia. "Angela Veronese, *Eurosia*, 1836." Zambon and Poloni, *Eurosia*, pp. 11–25.

— editor. *Le autrici della letteratura italiana: Bibliografia dell'Otto/Novecento*. Università degli Studi di Padova, Apr. 2005, www.maldura.unipd.it /italianistica/ALI/veronese.html. Accessed 11 Nov. 2020.

— "Scrittura d'autrice a Padova dall'Otto al Novecento: Angela Veronese, Erminia Fuà, Vittoria Aganoor, Paola Drigo." *Il filo del racconto: Letteratura in prosa dell'Otto/Novecento*, Edizioni dell'Orso, 2004, pp. 145–52.

Zambon, Patrizia, and Marta Poloni. "Nota biografica." Zambon and Poloni, *Eurosia*, pp. 133–46.

Zambon, Patrizia, and Marta Poloni, editors. *Eurosia* by Angela Veronese, Poligrafo, 2013.

Zan Cabot, Aria. *The Making of Women's Autobiography in Eighteenth-Century Italy*. 2016. University of Wisconsin-Madison, PhD dissertation.

Zanini-Cordi, Irene. "Frammenti dell'io: Tradizione ed innovazione nell'autobiografismo di Francesca Turini Bufalini." *Schede umanistiche*, no. 32, 2018, pp. 113–36.

Index

*All the English-language sections of the volume have been indexed except for the Bio-Bibliography and the General Bibliography.

Abano, 79n141, 81, 81n149, 124n12, 213
academy/academies, 196; activities, 231; as assembly/performance, 81, 196, 239, 254; as association, 76n132, 81, 133, 192, 196; public competitions, 81n147, 126n42, 196, 222, 224; famous occasions, 196, 212, 214, 235; musical, 76n132, 81, 241; participation of women, 81, 214. *See also* Arcadia; *names of individual academies*
Accademia degli Agiati, 133, 136
Accademia degli Oscuri, 197
Accademia dei Dubbiosi, 232n51
Accademia dei Fervidi, 192, 192n34
Accademia dei Filoponi, 192n35
Accademia Patavina di Scienze, Lettere ed Arti, 235
Accademia Tiberina, 133, 133n9
Acheron, 79, 79n142
Achilles. *See* mythological figures
Adige (river), 117, 128n64
Adonis. *See* mythological figures
Aeneas. *See* mythological figures
Aeneid, The. See Virgil

Aeolus. *See* mythological figures
Aesculapius. *See* mythological figures
Aesop, 84; *Fables*, 177, 177n7
Aglaja Anassillide (Aglaia/Agliaia/ Agliaja, Anasillide/Anassilide). *See* Veronese, Angela
Aglaure Berica, 133n9, 140, 140nn27–8, 148, 151, 260
Aglauro (Aglaura) Cidonia. *See* Maratti, Faustina
Albrizzi, 51, 51n44, 55, 57, 69, 131, 132n2, 224, 235, 238, 240, 241, 260
Albrizzi, Isabella. *See* Teotochi Albrizzi, Isabella
Aldovrandi Marescotti, Carlo, 192
Alfieri, Vittorio, 55n53, 61–2, 61n75, 62n78, 71n117, 86n159, 136, 186n21, 196, 206n10, 223; *Orestes*, 62, 62nn76–7; *Teatro comico originale e tradotto*, 71n117; *Vita*, 201, 206, 208n15, 210, 210n21, 246
almanac. *See under* literary genre
Alticchiero. See Wynne, Justine, Comtesse des Ursins et Rosenberg
Amori. See Savioli, Senator Ludovico

274   Index

Amarilli Etrusca. *See* Bandettini, Teresa

ambition, 56n56, 125n27, 179, 183, 210, 256. *See also* Bandettini, Teresa; women writing

Aminta (pastoral pseudonym), 231

Aminta. See Tasso, Torquato

Anacreon, 63, 63n81, 107, 126n38

anacreontic. *See under* poetry forms and genres

Anacreontiche a Irene. See Vittorelli, Jacopo

Anassilla, 67n101

Anassillide, Aglaja (Anasillide/ Anassilide, Aglaia/Agliaia/ Agliaja). *See* Veronese, Angela

Anaxilla, 232n51

Anaxus (river), 231–2

Anchises. *See* mythological figures

Andreini, Isabella, 229

anello di sette gemme, L'. See Carrer, Luigi

Anglani, Bartolo, 205n8

Anguillara, 57, 83

animals, 41n14, 45, 61, 67, 219; cat, 40, 43, 45, 73, 84, 242n59; cow, 76; dog, 40, 47–8, 61, 72, 74, 219, 257–8; donkey, 43, 58–9, 79, 219; dove, 95; frogs and toads, 77, 236; horse, 40, 43n17, 57, 58n63, 59, 66n95, 73, 77, 98; nightingales, 77, 236; sheep, 67, 72

Antenor. *See* mythological figures

anthology. *See under* literary genre

Antologia. See under literary journal/ periodical

Aphrodite. *See* mythological figures

Apollo (Phoebus). *See* mythological figures

Apology, An. See Phillips, Teresia Constantia

Aponensi. *See* thermal baths

Appel à l'impartiale postérité. See Roland, Jeanne-Marie de la Platièr, Madame de

Apuleius, Lucius, 59, 224; *The Golden Ass*, 59n67

Arcadia. See Sannazaro, Jacopo

Arcadia, 212–15; acceptance of women, 214, 220; Arcadian name(s)/naming, xv, 67, 127n50, 133, 140n27, 196, 213–15, 231–2; as academy, 57n61, 103, 125n23, 125n25, 125n27, 133, 192, 196, 213; as mythical land, 125n25, 133, 213, 236; colonies of, 133, 192, 214, 220; ideology/values, 73n122, 103, 201, 204, 211, 213, 214–15, 218–21, 224, 228–9, 234, 236, 238, 244, 254–5; Parrhasian Grove, 213–14, 214n28, 234, 236; practices/rules, 55n55, 62, 126n42, 133, 213–14, 219, 231, 234, 242. *See also* academy/academies; Arcadian poetry

Arcadian Academy. *See* Arcadia: as academy

Arcadian poetry, 102–3, 133, 229; conventions, 55n55; loss of status, 102–3, 125n23, 125n27, 202, 217, 250–2; practices, 55n55, 62n80, 95. *See also* Arcadia

aria/arietta, 89, 127n54, 140, 140n24, 178n9. *See also* opera; music

Ariadne. *See* mythological figures

Ariosto, Ludovico, 42, 43, 44n20, 48, 54, 136; *Orlando furioso*, 40n8, 42n16, 43n19, 48n34

Arminio. *See* Carrer, Luigi

armonia, All'. See Mazza, Angelo

Arquà, 90, 128, 135

Arslan, Antonia, 254n83, 256n85

Ascanius. *See* mythological figures

Ascra, 87n161, 124n17

Augusta Amalia, Princess of
Bavaria, 81, 81n149, 96–7, 124n11,
230, 239–40
Augustine, Saint: *Confessions*, 208n15
Aurora. *See* mythological figures
Ausonia, 92
autobiography: general conventions,
199, 201, 211, 219, 254; men's,
199, 201, 206; rise in eighteenth
century, 199n1, 205–6; spiritual,
199n1, 201, 208–10. *See also*
women's autobiography; literary
genre: memoir
autodidacticism. *See under*
Bandettini, Teresa; Veronese,
Angela
Auzzas, Ginetta, 256n85

baccanali, I. See Pindemonte,
Giovanni
Bacchiglione (river), 98
Bacchus. *See* mythological figures
Baird, Ileana, 227n45
ballerina. *See* Bandettini, Teresa:
dance career
ballet. *See* Bandettini, Teresa: dance
career
Bandettini, Teresa, 200, 222, 239,
242, 246–8, 256; as academy
member, 192, 196–7; acquaintance
with Veronese, 80, 135–6, 245; as
Amarilli Etrusca, 80, 136, 192,
196, 214; ambition, 179, 183;
autodidacticism, 177, 180–3, 219;
childhood, 176–9, 195; courtship
tale, 247; dance career, 180–6, 190,
193, 195, 212, 226, 246; *Discorso
sulla poesia*, 198; domestic/
women's work, 179–80, 247;
early education, 176–8; financial
circumstances, 175–6, 181–2, 187,
192–3, 195, 197, 246–7; French

audience, 183–4; husband (Pietro
Landucci), 193, 196, 198, 247;
illness, 175, 178–9; improvising,
178, 180–1, 185–7, 195–7, 212, 221,
226, 241n58, 246; infancy, 175–6;
ingenuity/exceptionalism, 176–80,
185, 193, 219; languages, 177, 183,
210n22; marriage, 181, 193–4,
198, 200, 226, 247–8; married
life, 194, 247; mentors/sponsors,
189–90, 191–3, 196–7; *La morte
d'Adone*, 192, 196–7; obsession
with learning, 176, 178–80; *Poesie
diverse*, 196; *Poesie varie*, 197;
poetry set to music, 197;
portrait, ii, 197n3; pregnancy,
194, 200, 247; publication history
of "Autobiografia," 155–7;
reputation, 185, 187–91, 193, 200,
241n58, 246–7; *Rime estemporanee
di Amarilli Etrusca*, 197; *Rime
varie*, 196; seduction attempt,
189–91; songs and singing,
176–8; suitors, 185–91, 193, 247;
Teseide, 197; "Traccia," 156–7, 198;
translating, 189, 192–3, 195–6, 247;
writing and publishing, 190–1,
193, 196–7, 226, 244, 246–7. *See
also* improvisers/*improvvisatrici*;
Italian women writers; poetry
improvisation; women writing
Barbarisi, Gennaro, 227n45
Barbieri, Abbot Giuseppe, 66, 239
Bard, The. See Gray, Thomas
baroque aesthetics, 213
Bassanini, Mr., 40, 49, 71
Bassi, Elena, 256n85
Bassvilliana, La. See Monti, Vincenzo
Bastia, 182, 184
Battaglia. *See* thermal baths
Battistini, Andrea, 205n8
Bedford, Ronald, 205n8

276   Index

Bellezze, Ilaria, 244n61
Belluno, 67, 132n5
Benstock, Shari, 205n8
Benzon, Vittore, 87–8, 125n29, 217; *Nella*, 88n162, 105, 125n29
Berchet, Giovanni: *Lettera semiseria di Grisostomo*, 251n76
Berenice, 46n27
Bergalli, Luisa, 67n99, 210
Bergamo, 66
Bernardi, Abbot Paolo, 64–5, 64n86, 68, 131, 137, 239
Bertola De' Giorgi, Abbot Aurelio, 137
Bettinelli, Saverio, 196–7, 225n44; *Dell'entusiasmo*, 221n38
Bettoni, Nicolò, 65, 132, 132n4, 133–4, 225, 239
Betri, Maria Luisa, 205n8, 227n45
Biadene (Biadine), 39, 73–4, 76, 79, 92, 130–1, 229
Bianco, Silvestro: *Corso intero di eloquenza* ... , 139n23
biography. *See under* literary genre
Bizzocchi, Roberto, 227n45
Bloch, Jean, 206n11
Boaretti, Francesco, 42n15; *Omero in Lombardia*, 42
Boccaccio, Giovanni: *Decameron*, 40n8
Boiardo, Matteo, 44n20; *Orlando innamorato*, 48n34
Boldrin Albertini, Teresa, 67, 223, 239
Bologna, 185–6, 188n27, 191–3, 195n2, 196, 227
Bomben, Montanaro, 48
Bondi, Clemente, 103, 125n24
book sales. *See* literary market/consumption
booklet/opuscolo. *See* literary genre
Bovolenta, 77, 81
Bragadin, Francesco, 55, 57, 69, 238

Brambilla, Elena, 227n45
Braudy, Leo, 204
Bravetti, Patrizia, 199n2
Brazzà-Morosini, Margherita Tassoni, 242n59
Brazzà, Count Antonio di, 84–5, 86n159, 136–7, 224
Breashears, Caroline, 207n12
Breda, 59, 61–2, 68–9, 70, 131
Brenta (river), 77
Brescia, Giovanni, 55
Brescia, Tommaso, 71, 74, 76
Brock, Claire, 204
Brunetta, Manuela, 136n15, 141n32
Bucolics/Eclogues, The. See Virgil
Buffaria, Pérette-Cécile, 205n8, 206n10, 211
Buffon, Georges-Louis Leclerc de, 189–90, 196
Butcher, John, 209n18
Byron, Lord, 56n57, 88n162, 129n65

Caldarini, Clementina, 78
Camenae. *See* mythological figures
Caminer, Domenico, 188n27
Caminer Turra, Elisabetta, 136, 235n55; *Il giornale enciclopedico*, 188n27, 196 (*see also under* literary journal/periodical); *Nuovo giornale enciclopedico*, 188n29 (*see also under* literary journal/periodical)
Camões, Luís de, 83
Campan, Jeanne-Louise-Henriette, Madame de, 208, 245, 250, 250n71
Campidoglio, 181
Canevari, Antonio, 214n28
Canonici Fachini, Ginevra, 133n8, 137–8, 157, 218, 218n34; *Prospetto biografico delle donne italiane in letteratura*, 137, 249n67, 252
Canova, Antonio, 39, 56n57, 84n154, 119, 128n65, 137

Canzoniere, Il. See Petrarch

Caro, Annibal, 57; *The Aeneid*, 57n59

Carrari, Mr., 80–1, 239

Carrer, Luigi, 86, 90, 103, 111, 123n7, 124n18, 125n23, 126n43, 135n14, 136n15, 139n21, 141–2, 145n38, 252, 257; *L'anello di sette gemme*, 86n160; *Ballads*, 86n160

Casanova, Giacomo: *Histoire de ma vie*, 206

casino(i), 67, 68n102, 188

Caspani Menghini, Franca, 156n5, 195, 225

Castor and Pollux. *See* mythological figures

castrato, 211

Catherine of Siena, Saint, 208

celebrity, xvi, 72, 140, 142, 175, 195–6, 242, 256; and Veronese, 200, 203, 211, 218, 240, 244, 248, 251–2, 249, 255–6; and women, 204, 255–6; and eighteenth century, 202, 204–5; of improvisers, 212, 215–16, 256; vs. glory, 204, 255

celebrity studies, 202

Cellini, Benvenuto: *Vita*, 206

Cesarotti, Melchiorre, 39, 62–7, 70n113, 73, 78, 80, 90, 124n19, 131–5, 137, 171, 190n31, 202–3, 225, 231, 232n52, 239–40, 242; as Meronte, 101, 124n20; *Prose di vario genere*, 235n56

Chemello, Adriana, 206n11, 232n52, 256n85

Chiancone, Claudio, 132n3, 239n57

Chiari, Pietro, 215

Christina of Sweden, Queen, 125n25, 209, 213n25

Cicerone. See Passeroni, Giancarlo

Circe. *See* mythological figures

Claustre, Abbot André de: *Dizionario mitologico*, 124n11

clergy. *See* religious

Codemo Gerstenbrand, Luigia, 252–3n81, 253

Colilli, Paul, 213n24

Colonna, Vittoria, 209, 211

Comante Eginetico. *See* Frugoni, Carlo Innocenzo

comic theatre, 58n62, 71n117, 223

Comic Theatre, The, 71, 74

confessional memoir. *See* literary genre: memoir

Confessions, Les. See Rousseau, Jean-Jacques

Confessions (Saint Augustine), 208n15

Contarini Mosconi, Elisabetta, 80n145, 136

Conte di Carmagnola, Il. See Manzoni, Alessandro

Contilli, Cristina, 244n61

conversazione(i), 56n57, 60, 60n70, 67, 184, 188, 202–3, 220, 223, 227, 239. *See also* salon(s)

Cook, Daniel, 201n4, 205n8, 207n12

Corilla Olimpica. *See* Morelli, Maria Maddalena

Corinna (fictional character), 138, 250, 250n70

Corinne ou l'Italie. See Staël, Anne-Louise-Germaine, Madame de

Correnti, Cesare, 253n82

Correr-Zen(o), 43, 87, 109, 126n41, 126n43, 127n46

Corsica, 182, 183nn13–14

Corsini, Silvio, 244n61

Costa-Zalessow, Natalia, 256n85

court memoir. *See* literary genre: memoir

courtship novel. *See under* literary genre

Cowan, Brian, 204

Crescimbeni, Gian Domenico, 213–14

278   Index

critical reception of *Notizie*. *See under* Veronese, Angela
Crivelli, Tatiana, 155, 195, 233n53, 241n58, 250n72
Cron, Adélaïde, 208n14
Culley, Amy, 201n4, 205n8, 207n12, 208n14
Cupid. *See* mythological figures
Curtoni Verza, Silvia, 232, 253
Cynthia. *See* mythological figures
Cytherea. *See* mythological figures

D'Azeglio, Massimo, 251n76
D'Ezio, Marianna, 227n45
da Barberino, Andrea: *Il Guerrin meschino*, 44n20; *I reali di Francia*, 44
Dafne. *See* Rinuccini, Ottavio
Dafni (pastoral pseudonym), 65, 142, 231
Dafnide Eretenia. *See* Madurelli Berti, Vittoria
Dall'Ongaro, Francesco, 124n18, 136n15, 141n32, 142, 252
Dalmistro, Abbot Angelo, 70–3, 76, 84n54, 135n13, 239, 242
Dalton, Susan, 206n11, 232n52
Dante, 64n88, 105, 125n30, 177, 186, 195; *Divine Comedy*, 182, 187
Darnton, Robert, 199n2
De Tipaldo, Emilio Amedeo, 252
Death of Caesar, The. *See* Voltaire
Decameron (Giovanni Boccaccio), 40n8
Dedalus. *See* mythological figures
Dei sepolcri. *See* Foscolo, Ugo
Della solitudine secondo i principij di Petrarca e di Zimmermann. *See* Zuccala, Giovanni
Delos, 117
Delphi, 75
Deucalion. *See* mythological figures

devotional writing. *See under* literary genre
Di Brazzà, Count Antonio, 84, 86n159, 136–7
Di Ricco, Alessandra, xviinn4–5, 155n1, 156, 192n36, 195, 212n23, 221n37, 225, 241n58
Di Rienzo, Eugenio, 249n66
diary. *See under* literary genre
Discorso sulla poesia. *See* Bandettini, Teresa
diva, 212, 220, 256
Divine Comedy. *See* Dante
Dixon, Susan M., 212n23, 214n29, 214n30
Dizionario estetico. *See* Tommaseo, Niccolò
Dolfi, Anna, 205n8
Donato, Clorinda, 212n23, 214n30
Dori (pastoral pseudonym), 95, 142
Dow, Gillian, 208n14
dramma per musica, 52n47, 182n12, 195n2, 229n48. *See also* opera

Elegy Written in a Country Churchyard. *See* Gray, Thomas
Elpino (pastoral pseudonym), 73, 231
encomiastic verse. *See* occasional poetry
England/English, 39n5, 50, 67n99, 184n16, 185, 208, 211, 235, 245. *See also under* women's autobiography
enthusiasm. *See under* poetry improvisation
entusiasmo, Dell'. *See* Bettinelli, Saverio
epithalamia. *See under* poetry forms and genres
epithets, 231; of others by others, 62 (Alfieri), 63 (Vittorelli); of others by Veronese, 56, 66, 75, 235; of

Veronese by others, 60, 70, 73, 80, 132; of Veronese by Veronese, 42, 43, 52, 58. *See also* names/naming
Erizzo, Prince Andrea, 76–7, 81, 241
Erminia (fictional character), 58n63, 231
Esterhammer, Angela, 212n23, 215n32, 221n37, 225n44
Euganean hills, 66n94, 78–9, 135
Euphrosyne. *See* mythological figures

Faà Gonzaga, Camilla, 209
Fabbroni, Adamo, 183
fake news. *See* falsehood in texts
falsehood in texts, 175, 199–200, 254
fame. *See* celebrity
family history. *See under* literary genre
Favaro, Francesca, 256n85
Ferrara, 73n122, 196
Ferri, Pietro Leopoldo, 142
Fido, Franco, 205n8
Findlen, Paula, 227n45
Finotti, Fabio, 235n56
Finucci, Valeria, 209–10n19
Fior di Virtù, 52, 180
Flora. *See* mythological figures
Florence, 184–5, 195–6
Folkenflik, Robert, 205n8
Forteguerri, Niccolò, 54; *Il Ricciardetto*, 54n52, 75n129
Fortis, Abbot Alberto, 188–91, 195–6, 226; *Viaggio in Dalmazia*, 188n27
Foscarini, Doge Marco, 76
Foscolo, Ugo, 56n57, 60–1, 70n113, 86n160, 131, 136, 222, 224, 230n50, 231–2, 253; *Dei sepolcri*, 60n71, 134; *Ultime lettere di Jacopo Ortis*, 60n71
France/French, 39n2, 68, 69n110, 70, 183–4, 186n21, 195, 197, 210,

245; works Bandettini translates, 192, 195–6, 227; works by women, 209–10. *See also* salon(s); women's autobiography: in France
Francesconi, Abbot Daniele, 72, 76, 78, 239
Franchini, Silvia, 249n66
Franklin, Benjamin: *Mémoires de la vie privée*, 206
Frugoni, Carlo Innocenzo, 57, 70n113, 86n159; as Comante Eginetico, 57n61
Fubini, Mario, 256n85

Galatea. *See* mythological figures
garden, 43, 47, 49, 56, 59, 66n94, 71, 76, 82, 203, 219, 222, 233–7, 246; descriptions of, 41, 45, 51–2, 61, 67–8, 77, 244; as signifier for nobility, 214, 233–5; treatises on, 235
garden treatises, 235. *See also* garden; literary genre: garden treatise
Genlis, Stéphanie Félicité, Comtesse de, 245, 250
Georgics, The. See Virgil
Ghirlanda, Dr. Gaspare, 62, 62n79; as Lindoro, 62, 65, 123n9, 231
Giacchetti, Claudine, 208n14
gift(s), 40–1, 73, 119, 128–9n65, 129n67, 203–4, 237, 240–2; between Veronese and nobility, 56–7, 60, 70, 240–1; between Veronese and peasants, 41, 74, 240; between Veronese and religious people, 79
Giorcelli, Giuseppe, 209–10n19
Giordano, Antonella, 195, 212n23
Giorgetti Vichi, Anna Maria: *Onomasticon (Gli Arcadi dal 1690 al 1800)*, 133n6
giornale enciclopedico, Il, 188n27, 196. *See also under* Caminer Turra,

280   Index

Elisabetta; literary journal/
periodical
Giovannini, Alberto, 140n25
Giuli, Paola, 206n11, 212n23
Giuliani, Veronica, 209
Glaucilla Eurotea. *See* Saluzzo Roero,
Diodata
glory, 47, 64, 132, 145, 204, 221, 255
Gnido, 70–1, 74, 95
Godard, Custodiato, 133n6
Goethe, Johann Wolfgang von:
Italienische reise, 235n55
Golden Ass, The. See Apuleius,
Lucius
Goldoni, Carlo, 58, 61, 161, 177–8,
223; *La buona figliuola/La Cecchina*,
230n49; *Mémoires*, 205n8, 206; as
Polisseno Fregejo, 231
Goldsmith, Elizabeth C., 208n14
Goodman, Dena, 208n14
Goodwin, James, 205n8
Gozzi, Carlo: *Memorie inutili*, 206
Gozzi, Gaspare, 67, 70n113, 72,
76n132, 206; *Gazzetta veneta*, 67n99;
Lettere diverse, 72n119; *Osservatore
veneto*, 67n99. *See also* literary
journal/periodical
Graces, the. *See* mythological
figures
Grand Tour, 212, 235
Granovetter, Mark, 202
Granzotto, Orfea, 199n2
gratitude, 57, 69, 72, 129n67
Gray, Thomas: *The Bard*, 70n113;
*Elegy Written in a Country
Churchyard*, 39n2, 124n18
Graziosi, Elisabetta, 209–10n19,
212n23, 214n30
Grimaldi-Prati, Countess, 72–3, 78,
80, 239, 242n59
Grimani (household), 40, 228n47
Guarini, Giovanni Battista, 54, 229; *Il
pastor fido*, 54n51, 229

Guerrin meschino, Il. See da
Barberino, Andrea
Guglielminetti, Marziano, 205n8
Gusdorf, Georges, 205n8

Habermas, Jürgen, 204
Hannan, Leonie, 227
Harris, Diane, 234–5
Hart, Kathleen, 208n14
Haydn, Joseph: *La fedeltà premiata*,
229n48
Helicon (Mount), 66n95, 87n161, 97,
124n17, 125n26
Histoire de ma vie (Giacomo
Casanova), 206
Homer, 39n2, 53, 64n89, 84; *The
Odyssey*, 41n14, 57n60
honesty. *See* truth
honour. *See* Bandettini, Teresa:
reputation; Veronese, Angela:
reputation; women writing:
author's reputation
Horace, 72, 83n151, 88n164
Hymen. *See* mythological figures

Idylls (Theocritus), 229
illness. *See under* Bandettini, Teresa;
Veronese, Angela
improvising. *See* poetry
improvisation
improvisers/*improvvisatrici*, xvi,
127n50, 136, 180–1, 196, 211–12,
214–15, 233, 241–2, 245, 256. *See
also* poetry improvisation
Infelise, Mario, 199n2, 249n66
intermezzo, 184. *See also* opera
Irene (pastoral pseudonym), 114–15,
149n57
Italian women writers, 136–7, 206,
208–11, 232–3, 256
Italienische reise (Johann Wolfgang
von Goethe), 235n55
Iuso, Anna, 205n8, 206n10, 211

Jelinek, Estelle, 205n8
Jerusalem Delivered. See Tasso,
    Torquato
Jolly, Margaretta, 205n8
journal. *See* literary journal/
    periodical

Kadushin, Charles, 202
Kauffman, Angelika, 197n3

La Cépède, Pierre de: *Paris et Vienne*,
    177n6
Lamberti, Antonio Maria, 60, 78
Lamentazioni di Geremia. See Leoni,
    Evasio
Landucci, Pietro, 193, 196, 198, 247
laurel, 46, 46n28, 83, 103, 105, 107,
    111, 117, 127n44
Lejeune, Philippe, 205n8
Leoni, Evasio, 69n108; *Lamentazioni
    di Geremia*, 69
Leopardi, Giacomo, 136, 250
Lettera semiseria di Grisostomo
    (Giovanni Berchet), 251n76
letteratura rusticale, 253, 253n82
letters, 66–7, 72, 76, 82, 181, 190–1,
    197, 206, 227, 231; recommending
    Veronese, 76–8, 80, 239
library/libraries, 47, 52, 237
Licori Partenopea. *See* Taddei, Rosa
Life of Bertoldo, 52
Life of Josafat, 52, 180
Lilti, Antoine, 204
Lindoro (pastoral pseudonym), 62,
    65, 123n9, 231. *See also* Ghirlanda,
    Dr. Gaspare
literary genre, 140, 184n15, 201,
    206–7, 211, 232, 235, 244–5;
    album, 135n14; almanac, 48,
    143–4, 252; anthology, 71, 86,
    136, 139; biography, 133n8, 137,
    157, 175, 185, 199, 205–6; book
    extracts, 189, 196; comedy, 58,

61, 184n15, 177, 178 (Martellian
    comedy); courtship novel, 247;
    devotional writing, 208–9 (*see
    also* autobiography: spiritual;
    women's autobiography: reasons
    for writing); diary, 131, 136n15,
    141n32, 206; fable, 177; fairy
    tale, 44, 46, 52; family history,
    206; garden treatise, 235; literary
    history, 139; melodrama, 63
    (*see also* opera); memoir, 206
    (confessional), 208–9, 245 (political
    or court), 207–8, 245 (scandalous/
    secret); moral fable, 253; novel,
    47, 247–8; novella, 142; pastoral
    literature, 54n51, 61–2, 73,
    127n50, 139, 213, 217, 251 (*see also*
    Arcadian poetry); poetry and
    poetry collections, 70, 129n68,
    133–4, 137–9, 156–7, 196–7, 206 (*see
    also* poetry); romance, 42, 177n6,
    196, 197; rural/rustic literature,
    253; satire, 74, 187; short fiction,
    140, 142, 197, 206, 253; stories of
    saints, 47, 177, 210; *strenna(e)*,
    124n18, 138, 142, 252n80; tragedy,
    61, 156, 184n15, 186–7, 197;
    translation, 57, 189–90, 192, 197,
    206; travel writing, 206, 235. *See
    also* autobiography; letters; literary
    journal/periodical; literary
    portrait; occasional poetry; poetry
    forms and genres
literary journal/periodical, 194,
    227, 243, 247; *Anno poetico*,
    70n113; *Antologia*, 139; *L'Apatista:
    Giornale d'istruzione, teatri e varietà*,
    133n9; *Il Conciliatore*, 251n76;
    Gazzetta privilegiata di Venezia,
    136n15; *Gazzetta Veneta*, 67n99;
    Il gondoliere, 140n29; *Memorie
    enciclopediche*, 192n36; *Il monitore
    Veneto*, 65, 72, 123n9, 131; *Il*

282   Index

(Nuovo) giornale enciclopedico, 188n27, 189n29, 196; *L'Osservatore Veneto,* 67n99; *Il schiesón trevisan,* 48; *Strenna triestina,* 142–4, 252n80. See also literary genre
literary market/consumption, xvi, 83, 138–9, 193, 201–2, 206, 216, 218, 220, 245–9
literary portrait, 66, 123n3, 211, 232–3, 244, 246; in *Notizie,* 59–60 (Count Spineda), 60 (Foscolo), 64 (Viviani), 66 (Cesarotti, Barbieri), 66–7 (Zuccala), 68 (Pagani Cesa, Memmo), 72 (Countess Grimaldi-Prati), 79–80 (Porro), 84 (di Brazzà), 85 (Venanzio), 86–7 (Carrer), 87 (Perolari), 87–8 (Benzon), 253. See also literary genre
Lorena-Carignano, Giuseppina di, 210
Lorenzi, Giambattista: *La fedeltà premiata,* 229n48
Love (god). See mythological figures
Lucca, 175, 184, 193, 195–8
luogo di delizia, 40, 40n10, 51–2, 59, 76

MacPherson, James: *The Works of Ossian,* 39n2, 190–1
madrigal, 54n51, 63n83. See also music
Madurelli Berti, Vittoria, 244; as Dafnide Eretenia, 244n61
Maecenas, Gaius, 83, 85, 249n67
Maffei, Scipione: *La finta ninfa,* 229n48
Maintenon, Françoise d'Aubigné, Marquise de: *Mémoires,* 208
Maldini Chiarito, Daniela, 205n8
Mantovani, Antonio. See Veronese, Angela: husband
Mantua, 84, 196

Manzoni, Alessandro, 136; *Il Conte di Carmagnola,* 251n76
Maratti, Faustina: as Aglauro (Aglaura) Cidonia, 57n61
Marboeuf, Louis Charles René de, 165, 182n12, 183nn13–14
Marfisa (fictional character), 48, 48n34
Marie Antoinette, Queen of France, 208
Martello, Pier Iacopo, 77n9
Martinelli, Vincenzo, 184, 184n16, 185, 195
Martinengo, Girolamo Silvio, 69, 69n107
mask, 186
Mazza, Angelo, 39n1, 64, 86n159, 131, 136, 231, 239; *All'armonia,* 39, 240
Memmo, Bernardo, 68, 68n103, 125n33, 224
memoir. See under literary genre
Mémoires de la vie privée (Benjamin Franklin), 206
Memoires, 1748–54 (Laetitia Pilkington), 207
Mémoires (Françoise d'Aubigné, Marquise de Maintenon), 208
Memoirs of Harriette Wilson, Written by Herself, The (Harriette Wilson), 245
Memoirs of the Late Mrs. Mary Robinson, Written by Herself. See Robinson, Mary
Memorie inutili (Carlo Gozzi), 206
memory, 52, 84, 178, 203, 212, 221, 224–5
Meronte. See Cesarotti, Melchiorre
Metamorphoses, The. See Ovid
Metastasio, Pietro, 52–4, 86, 136, 161, 165, 167, 177–8, 182, 185, 195n2, 221–3, 229; *Il re pastore,* 229n48

Micheli, Maria Alba, 175
Milton, John, 69; *Paradise Lost*, 69n107
Minor, Vernon Hyde, 213–14
Minotaur. *See* mythological figures
Miollis, Sextius Alexander François de, 69, 197, 231
Mitchell, Katharine, 212n23
Modena, 192–3, 197, 227
Mòllo, Gaspare, 196. *See also* improvisers/*improvvisatrici*
monitore Veneto, Il, 65n93, 131. *See also under* literary journal/periodical
Montanari, Bennassù, 135n14
Montebelluna, 71, 73
Montello Wood, 39, 50, 79
Montesquieu, Charles-Louis de Secondat: *Le Temple de Gnide*, 70n114
Monteverdi, Claudio: *Orfeo*, 229n48
Monti, Vincenzo, 64, 86n159, 134, 136; *La Bassvilliana*, 64n89
moral fable. *See under* literary genre
Morelli, Maria Maddalena: as Corilla Olimpica, 180, 181n11, 196, 211–12, 215, 222
Morra, Isabella, 209
Moschini, Giannantonio, 134, 135n12, 251n75
Mosconi, Clarina, 80, 117, 128n62, 128n64, 136, 239
Moses, 75n130, 77n36
Mozart: *La finta giardiniera*, 230n49
Murari Dalla Corte, Girolamo, 196
Muse(s). *See* mythological figures
music, 51, 53n48, 54n51, 63n81, 68, 81, 83, 137, 142. *See also* Bandettini, Teresa: poetry set to music; Veronese, Angela: poetry set to music; opera; songs/singing
musical academies. *See under* academy/academies

mythological figures: Achilles, 70; Adonis, 192, 125n32, 227; Aeneas, 45, 45n26; Aeolus, 64, 64n86; Aesculapius, 75, 75n128; Anchises, 45, 45n26; Antenor, 11n133, 77, 84, 127; Aphrodite, 70n114, 72n120, 125; Apollo, 23, 45n25, 46n28, 55, 57, 69, 75n128, 81, 84, 88, 93, 105, 111, 123n5, 125n26, 141, 217, 222, 225, 231, 248n64; Ariadne, 52, 231, 236; Ascanius, 45; Aurora, 53, 222; Bacchus, 51, 61, 73, 77, 236; Camenae, 88; Castor and Pollux, 119, 129n66; Circe, 41; Cupid, 73, 124n14, 127n50; Cynthia, 109, 111, 126n40; Cytherea, 70, 119, 139n23; Dedalus, 52, 235–6; Deucalion, 79n143; Euphrosyne, 72, 97, 124n15; Flora, 40n6, 61, 115, 128n60, 236; Galatea, 184; the Graces, 63, 72n120, 80, 85, 88–9, 97, 105, 109, 111, 115, 117, 124n11, 124n13, 124n15, 128n63, 140, 231; Hymen, 70, 107, 109, 111, 119, 127n47, 141, 241; Love (god), 46, 70, 70n112, 97, 105, 107, 109, 111, 113, 115, 117, 119, 124n14, 127n50, 127n52, 141, 241; Minotaur, 52n45, 76; Muse(s), 45n25, 56, 66–7, 74, 85, 87n161, 97, 103, 125n26, 178, 236; Neptune, 81; nymphs, 41, 71, 73n122; Orpheus, 75; Phoebus, 46, 46n28, 51, 103, 111; Pomona, 40, 61n74, 236; Psyche, 113, 127n52; sylph, 113, 127n51; Venus, 46n28, 49, 70, 70nn112–14, 80, 95, 105, 113, 115, 117, 123n8, 124n10, 124n14, 125n32, 127n50, 127n53, 128n63, 241; Vertumnus, 61, 61n74, 236; Vulcan, 40, 40n6; Zephyr, 77, 117

284 Index

name-dropping, 233, 246
names/naming, 46–7, 48, 188,
   231–2. *See also* Arcadia: Arcadian
   name(s)/naming; Arcadian
   poetry: practices; epithets
Nella. See Benzon, Vittore
neoclassicism, 39n5, 60n71, 125n23, 217
Neptune. *See* mythological figures
Nicoletti, Giuseppe, 205n8
nobility. *See* Venetian nobility
Nogarè, 67
Nogarola, Countess Teresa Appony,
   89n166
novel. *See under* literary genre
novella. *See under* literary genre
nuovo giornale enciclopedico, Il,
   188n27, 189n29. *See also* literary
   journal/periodical
nuptial poem. *See* poetry forms and
   genres: epithalamia
Nussbaum, Felicity, 205n8, 207n12
nymphs. *See* mythological figures

occasional poetry, xv, 54, 73, 81, 83,
   88, 90, 124n12, 126n39, 128n61,
   128–9n65, 137, 139, 217, 228, 242,
   244, 249, 253. *See also* literary
   genre; poetry forms and genres
Oderzo, 59
Odyssey, The. See Homer
Olney, James, 205n8
Omero in Lombardia. See Boaretti,
   Francesco
*Onomasticon (Gli Arcadi dal 1690
   al 1800)* (Anna Maria Giorgetti
   Vichi), 133n6
opera, 52–3n47, 55n53, 63, 73n122,
   127–8nn54–5, 128n57, 140, 178n9,
   182–3n12, 184n15, 186n18, 195n2,
   197, 220, 224, 229n48, 230
*Opere di scultura e di plastica di
   Antonio Canova. See* Teotochi
   Albrizzi, Isabella

oral culture, 42, 44–6, 52–5, 58–61,
   63–4, 68–70, 72, 74, 81, 83–5, 176–7,
   185, 203, 212, 220, 223–4, 226, 238,
   245–6, 254
Orfeo, 229n48
Orlando furioso. See Ariosto,
   Ludovico
Orlando innamorato. See Boiardo,
   Andrea
Orpheus. *See* mythological figures
Orestes. See Alfieri, Vittorio
Ossian, The Works of (James
   MacPherson), 39n2, 190–1
otium, 50, 50n42
ottava rima, 57n59, 177–8, 180–1, 222.
   See also under poetry forms and
   genres
Ovid, 46n29, 57; *The Metamorphoses,*
   46, 57n59, 61n74

Pacini, Arturo, 227n45
Padua, 66n94, 72, 77n133, 78–9,
   81n149, 82n150, 84, 127n50,
   128n61, 131, 135–6, 190–1, 196, 223,
   230, 235, 239n57, 244n62
Paduan Academy of Sciences,
   Literature and Arts, 235. *See also*
   academy/academies
Paer, Ferdinando, 197
Pagani Cesa, Count Giuseppe
   Urbano, 67–8, 70, 86n159, 132, 136,
   236, 241
palazzo. *See* villa/palazzo
Palladio, Andrea, 77, 236; *The Four
   Books of Architecture,* 77n134
Palma Mansi, Luisa, 210, 210n20
Pamela. See Richardson, Samuel
pantomime ballet, 183–4, 195, 197.
   See also Bandettini, Teresa: dance
   career
Paoli, Marco, 199n2, 249n66
Paolini Massimi, Petronilla, 210,
   212n21

Paradise Lost. See Milton, John
Parati, Graziella, 209–10
Paris et Vienne (Pierre de La Cépède),
    177n6
Paris, 78, 128n55, 142, 252
Parma, 191, 193, 196
Parnassus, 71, 82, 86, 88, 230–1, 248
Parrhasian Grove. *See under* Arcadia
Passeroni, Giancarlo, 42n15;
    Cicerone, 42
Pasta, Giuditta, 80n144, 90, 115,
    127n55
Pasta, Renato, 205n8, 249n66
Pastega, Giovanna, 256n85
pastor fido, Il. See Guarini, Giovanni
    Battista
pastoral drama. *See* literary genre:
    pastoral literature
Pastore Stocchi, Manlio, 41n13,
    123n2, 129n70, 243n60, 246,
    252–3n81, 256n85
patronage. *See* Bandettini, Teresa:
    mentors/sponsors; Veronese,
    Angela: mentors/sponsors
Pavia, 196
peasant(s), 39–43, 48, 58–9, 74, 81,
    203, 219, 222, 245–6; desire to
    learn, 40, 42, 61–2, 74, 223, 240;
    piety of, 74; qualities of, 39, 71, 76,
    228–9, 238. *See also under* gift(s)
Pepoli, Count Alessandro, 55–6,
    62n80, 90, 123n5, 131, 238, 242
Percoto, Caterina, 253
performative poetry. *See* poetry
    improvisation
Peri, Jacopo: *Dafne*, 229n48
periodical. *See* literary journal/
    periodical
Perolari-Malmignati, Count, 87, 89
Perucchini, Giovanni Battista, 248,
    251–2; *Sei ariette per canto e piano
    forte*, 89n166, 137; *Ventiquattro
    ariette*, 137

Petrarch, 54, 67n101, 90, 109, 117,
    128n59, 128n61, 135, 177–8, 254; *Il
    Canzoniere*, 77n135, 126n35
Petrettini, Maria, 139n21
Petrosellini, Giuseppe: *La finta
    giardiniera*, 230n49
Phillips, Teresia Constantia: *An
    Apology*, 207
philosopher, 39, 56, 68, 75, 86, 185,
    185n17
Phoebus. *See* mythological figures
Phrynes, 103
Piave (river), 39, 59, 67, 67n101, 231,
    232n51
Piccinni, Niccolò: *La buona figliuola*,
    230n49
Piccoli-Brazzà, Giulia, 84n154, 136
Pieri, Mario, 132n2, 134, 216n33, 218,
    252–3n81, 256n85
Pilkington, Laetitia: *Memoires,
    1748–54*, 207
Pindemonte, Giovanni, 186–9,
    195, 226, 241n58, 249; *I baccanali*,
    187n22
Pindemonte, Ippolito, 57, 84n154,
    131, 132n2, 134–6; *Su i giardini
    inglesi e sul merito di ciò dell'Italia*,
    235
Pindo (mount), 103, 119
Piotti-Pirola, Caterina, 140n30
Plebani, Tiziana, 220, 227n45
poesia elaborata, la. See *la poesia
    meditata*
poesia meditata, la, 225n43
poesia a tavolino, la. See *la poesia
    meditata*
Poesie diverse. See under Bandettini,
    Teresa
Poesie varie. See under Bandettini,
    Teresa
poetry: and compensation, 81–3, 85,
    193, 227, 240–1, 249; consumption,
    readership, 216, 229; exchange,

62, 71, 80, 90, 95, 123n4, 126n42, 224, 239, 242; improvised (*see* poetry improvisation); publication process, xviii, 85, 132, 134, 137–9, 156–7, 190, 192, 225–6, 242; standards, 212, 223, 225. *See also* Arcadian poetry; poetry forms and genres; literary market/consumption

poetry and poetry collections. *See under* literary genre

poetry forms and genres: anacreontic, 63, 65, 70, 80–2, 85–7, 89, 107, 123n9, 124n12, 126n34, 128n58, 135, 136–7, 140, 192; ballad, 178; *canto*, 54; *canzone/canzonetta/canzoncina*, 56, 63, 88, 140, 142, 145, 178; epic poem, 192–3; epigram, 56, 70, 90, 118–19, 128n58, 128n65, 129n69, 139, 187, 241–2; epithalamia, 108–9, 126n41, 126n43, 127n47; idyll, 61; ode, 87; octave, 42, 48, 61, 70–1, 176, 196; *opuscolo/opuscoletto*, 126n41, 136–7, 139; *ottava rima*, 177–8, 180, 181; pastoral (*see* Arcadian poetry); romantic poem, 86n160, 87; sestina, 73–4; *sillabone*, 169, 187, 188n24; sonnet, 55, 67, 72, 89, 90, 92–3, 126n35, 135n14, 138n20, 178, 187, 191–2; tercet, 61, 64, 177n6. *See also* literary genre; poetry

poetry improvisation, 136, 195–7, 203, 211–16, 221–7, 241; competitions, 81n147, 126n42, 187, 196, 222, 224; enthusiasm/poetic genius, 53–4, 61, 135, 221–2; improvised vs. written verse, 192–3, 197n4, 224–7; published improvised poetry, 197, 212, 225; talents required,

195, 212, 221, 231. *See also* improvisers/*improvvisatrici*

Polignac, Diane, Comtesse de, 208

Polisseno Fregejo. *See* Goldoni, Carlo

polygraph, 57n61, 63n82

Pomona. *See* mythological figures

Pontelongo, 76–7, 79–84, 131, 135

Pope, Alexander: *Essay on Man*, 67n98

Poretti, Ferdinando, 177, 177n7

Porro, Ferdinando, 82, 84–5, 225, 230, 239

portrait(s), 62–3, 68, 197. *See also* literary portrait

Possagno, 39, 39n5

Pozzobon, Giovanni, 48; *Il schieson trevisan*, 48n36. *See also* literary journal/periodical

present(s). *See* gift(s)

prima ballerina. See Bandettini, Teresa: dance career

primo grottesco, 182n12, 193

prose portrait. *See* literary portrait

Prospetto biografico delle donne italiane rinomate in letteratura. See Canonici Fachini, Ginevra

Psyche. *See* mythological figures

Pulcinella, 47–8

Querini Benzon, Marina, 88n162

Querini, Senator Angelo, 235

Rak, Giovanna, 133n7

reali di Francia, I. See da Barberino, Andrea

realism, 140, 228, 246, 252–4. *See also* Romanticism

Regia Parnassi, La, 177, 177n7

religious, 45, 50, 58, 64, 69n108, 74, 78

remembering. *See* memory

Renier, Doge Paolo, 44, 44n22

Renier Michiel, Giustina, 69, 69n109, 70n113, 157n6, 202n5
Renier-Zannini, Adriana, 258
Republic of Letters, 39n2, 84n154, 188
reviews of *Notizie*. *See* Veronese, Angela: critical reception of *Notizie*
Ricaldone, Luisa, 206n11, 232n52, 256n85
Ricci, Luigi, 140n25
Ricciardetto, Il. *See* Forteguerri, Niccolò
Richardson, Samuel, 204; *Clarissa*, 247; *Pamela*, 230n49, 247
Rime estemporanee di Amarilli Etrusca. *See under* Bandettini, Teresa
Rinuccini, Ottavio: *Dafne*, 229n48. *See also* opera
Risorgimento, 202, 205
Ritratti. *See* Teotochi Albrizzi, Isabella
Robinson, Mary, 207–8, 245n63; *Memoirs of the Late Mrs. Mary Robinson, Written by Herself*, 207n63
Rogatis, Francesco Saverio de, 137
Roland, Jeanne-Marie de la Platièr, Madame de: *Appel à l'impartiale postérité*, 208
Rolli, Paolo, 86n159, 136
romance poem. *See* poetry forms and genres: romantic poem
romance. *See under* literary genre
Romanticism, 60, 86, 98–9, 124n18, 125n23, 141, 198, 202, 216, 251–5
Rosaspina, Francesco, 197
Rosignoli, Carlo Gregorio: *Meraviglie di Dio ne' suoi Santi*, 47n30
Rousseau, Jean-Jacques, 65n90, 189n28, 204; *Les confessions*, 206
Rovereto, 133n9

Royale, Marie Thérèse Charlotte de Bourbon, Duchesse d'Angoulême, Madame de, 208
rural/rustic literature, 253, 253n82. *See also under* literary genre
Ruscelli, Girolamo, 57, 57n61

Sacchi, Defendente, 139, 245, 250–1, 252n78, 254, 255n84
Saliceti, Antoine Christophe, 197
salon(s), xvi, 56n57, 57n60, 60n71, 69nn109–10, 70n113, 84n154, 86n160, 88n162, 89n166, 136–7, 195, 202–3, 202n5, 212, 220, 226–7, 232, 235, 241, 245, 254
salonnière(s), 51n44, 56n57, 80n145, 88n162, 89n166, 128n58, 136, 138, 208, 211, 220, 220n36, 232
Saluzzo Roero, Diodata, 215, 252n78; as Glaucilla Eurotea, 215
Sannazaro, Jacopo, 103, 125n25; *Arcadia*, 125n25, 229
Santa Bona, 40, 46–9, 69, 131
Santalena, Antonio, 65n93
Santoro, Marco, 199n2
Sappho, 58, 58n64, 60–1, 93, 132, 208, 231, 250
Sartori, Andrea, 256n85
Savioli, Senator Ludovico, 56, 192, 192n33, 196, 227, 242, 244; *Amori*, 56n58
Savorgnan Cergneu, di Brazzà, Fabiana, 132n3, 239n57
scandalous memoir. *See* literary genre: memoir
Scarparolo, Ines, 244n61
schiesón trevisan, Il, 48. *See also* literary journal/periodical; Pozzobon, Giovanni
Scolari Sellerio, Anna, 195
Sebastiani, General Horace François, 70, 224, 241

288 Index

Seelig, Sharon, 205n8
self-love, 65, 89, 186, 188, 193
Selva di Giano, 66
Selvazzano, 66, 66n94
sensibility, 45, 206, 229
Serena, Augusto, 135n13, 252–3n81
Shakespeare, 50
short fiction. *See under* literary genre
Siegel, Jerrold, 205n8
Sile (river), 65, 73, 80, 134, 135n12, 142, 142n35
sillabone. See under poetry forms and genres
Smith, Sidonie, 205n8
sociability, 202, 227
social class, 51, 52n46, 59–60, 68, 80, 82, 136, 175, 194–5, 204, 217, 219, 228–30, 233, 235–6, 238, 240, 248, 252–3, 256n85
social network, 132n2, 135, 201–3, 211, 216, 227–8, 230–1, 233, 237, 240, 244, 246
social network theory, xvi, 237–8
songs/singing, 51, 52–3n47, 66, 72, 89, 113, 115, 123n7, 127–8n55, 128n57, 140–2, 176–8, 220, 223. *See also* music; opera
sonnet. *See under* poetry forms and genres
Sor, Fernando, 138n20
Sorbelli Bonfa, Fernanda, 209–10n19
Spacks, Patricia Meyer, 205n8
Spineda, Count Giacomo, 59, 60n68, 61, 71, 224
Spineda, Countess, 60, 60n68, 61, 70, 222, 231–3, 241
Spivak, Gayatri Chakravorty, xvi
Staël, Anne-Louise-Germaine, Madame de, 245, 248, 251n76; *Corinne ou l'Italie*, 138, 215
Stampa, Gaspara, 67, 67n101, 232n51
Stanton, Domna, 205n8

Stella, Luigi, 70n113, 250
Stewart, Joan Hinde, 208n14
Strenna triestina. See under literary journal/periodical
strenna(e). See under literary genre
Sulgher-Fantastici, Fortunata, 196, 211–12, 214; as Temira Parraside, 211, 214
Béthune, Maximilien de, Duke of Sully, 71n116
sybil, 42
sylph. *See* mythological figures

tableau(x), 70, 182–3n12
Taddei, Rosa, 90, 127n50, 233; as Licori Partenopea, 113, 127n50
Tasso, Torquato, 42, 42n16, 43n17, 44n20, 73, 73n122, 136, 177, 229; *Aminta*, 73, 229; *Jerusalem Delivered*, 40n8, 42, 43n17, 58n63
taste, 129, 134, 178, 189, 213, 214n28, 235; Chinese, 61, 235; French, 41n12; in poetry/literature, 66, 87, 213, 217
Teatro comico originale e tradotto. See Alfieri, Vittorio
Temira, Parraside. *See* Sulgher-Fantastici, Fortunata
Teotochi Albrizzi, Isabella, 51n44, 56, 66, 110, 86n160, 115, 119, 128n58, 128n65, 131–2, 132n2, 211, 224, 224n42, 233, 242; *Opere di scultura e di plastica di Antonio Canova*, 56n57, 128n65; *Ritratti*, 56n57, 66, 232, 249; salon, 56n57, 57n60, 60n71, 69nn109, 110, 202n5
Teresa, of Avila, Saint: *Vita*, 208n15
Terpsichore, 74, 74n123
Terraglio (road), 48, 48n35, 51, 55, 57–8, 69, 131, 235
Testi, Fulvio: *Rime*, 74, 74n124
theatre, 47n32, 60, 81, 95, 98, 182–3, 184n15, 185–91, 193–4,

207, 212, 213n26, 220, 227, 230, 241, 241n58, 246, 248, 254; Bastia theatre (Corsica), 183n12; Casali Theatre (Bologna), 185, 193; San Benedetto theatre (Venice), 167–8, 186–7; San Grisostomo theatre (Venice), 187n22; theatre in Via del Cocomero (Florence), 184

Theocritus: *Idylls*, 229

thermal baths, 73, 79, 81–2, 241; Aponensi, 79, 81n149, 124n12, 230; Battaglia, 82, 223

Thompson, Lynda M., 207n12

Tirsi Leucasio. *See* Zappi, Giovan Battista

Tomasin, Lorenzo, 205n8

Tommaseo, Niccolò, 124n18, 139, 140n26, 141–2n33, 250–2; *Dizionario estetico*, 141, 250n68, 252n78

tragedy. *See under* literary genre

translation. *See under* literary genre

travel writing. *See under* literary genre

Treadwell, James, 205n8

Treviso, 40, 48, 48n34, 48n36, 51n44, 58, 59, 62n79, 64, 68, 71, 130, 132n2, 133n8, 134, 250n72

truth, 89, 155–6, 175, 185, 199–200, 207, 219, 254

Turini Bufalini, Francesca, 209, 210

Turner, Graeme, 204

Turra, Dr. Antonio, 235n55

Tuscany/Tuscan, 77, 176n5, 246, 195–6, 212

Udine, 73, 82, 84, 84n154, 136

Ultime lettere di Jacopo Ortis. See Foscolo, Ugo

Urban Padoan, Lina, 256n85

Vaccaj, Nicola, 140, 140n24

Vale of Tempe, 45n25, 236

Vedova, Giuseppe, 252n78

Venanzio, Girolamo, 85, 85n125, 239

Venetian nobility, xv, 48–9, 55, 58–9, 60n68, 68, 82, 128n58, 130, 135, 187–8, 192, 211, 219, 223, 227–8, 236, 238–41, 245, 253, 255

Venice: descriptions of, 44, 44n23, 45–7, 47n31, 68n102, 234; customs, 48n35, 82, 86n160, 88n162, 128n65, 186–8, 228n46, 249; printing presses in, 244n62

Ventiquattro ariette. See Perucchini, Giovanni Battista

Venus. *See* mythological figures

Verona, 69n110, 80, 128n64, 195n2, 196, 244n62

Veronese, Angela: as academy member, 81, 133, 136, 243; acquaintance with Bandettini, 80, 96–7, 136, 245; as Aglaja Anassillide, xv, 76, 80, 84, 86, 89, 117, 121, 126, 132–4, 135n14, 137, 140–2, 145, 217, 232, 250, 255; autodidacticism, 52–4, 97, 123–4, 145, 219, 248; childhood, 39–54, 130–1, 203, 210, 219, 221–2, 228–9, 254; critical reception of *Notizie*, 139, 245, 249–51, 255–6; critics on her poetry, 134–5, 140–2, 216–17, 250, 252, 254–5; domestic/ women's work, 46, 74, 88, 217, 248; early education, 42–4, 46–7, 49–50; eulogy, 123, 136, 142, 145; financial circumstances, 81–3, 89, 137–8, 217–18, 246, 249n67; first poetic production, 53–6, 123, 222; husband (Antonio Mantovani), 83–4, 90, 118–21, 129, 131, 136, 141, 217; humility, 204, 219; illness, 41–2, 45–6, 53–4, 71–2, 76, 221; ingenuity/exceptionalism, 45–6, 48, 50, 54–5, 60, 145, 219,

290   Index

237; languages, 210, 245; literary models, 210–11, 244–6; marriage, 83–4, 131, 136, 248, 252, 256n85; married life, 84, 87–9, 136, 217, 225; mentors/sponsors, 39, 52, 64–6, 83, 85, 101, 103, 124, 128–9, 131–5, 137–8, 141, 211, 217–18, 233, 237, 239–40; obsession with learning, 52–4, 74, 240; peasant origins, xv, 39–40, 76, 82–3, 97, 117, 124, 130, 201, 211, 216, 219, 228, 230, 237, 240, 248, 250, 253–4, 256n85; poem-portrait by Carrer, 90, 257–8; poetry set to music, 89, 128, 137–8, 140, 142, 248; portrait, 62–3; reputation, 230; self-portrait sonnet, 89–90, 92–3, 123; verses written "on the spot," 57, 63, 67, 71, 83, 126, 223, 239; as would-be *improvvisatrice*, xv, 53–4, 83, 205, 215–16, 218, 221–3, 226, 248; writing and publishing, 65, 70–1, 84–7, 131–2, 134, 136–7, 139, 142, 142, 226, 238, 243–4, 248, 252–3, 255. *See also* epithets; gift(s); women writing; women's autobiography

Veronese, Angela, works of: *Adelaide* (1844), 142, 253; *Alcune poesie pastorali edite ed inedite di Aglaja Anassillide* (1819), 137; "Citerea gridò aita" (epigram), 118–19, 139; *Le due gobbe* (1837), 140, 142n36, 253; *Eurosia* (1836), 133n9, 140, 253; *Fiori anacreontici sparsi sulla tomba di Canova* (1822), 137; "In morte di un fanciullo," 252n79; "Island of Gnido," 70–1, 74; "Rime," *Versi di Antonio di Brazzà ...* (1818), 136; *Rime pastorali di Aglaja Anassillide* (1825), 138, 138n20; *Rime pastorali di Aglaja Anassillide*, edizione

con aggiunte e correzioni (1817), 85nn156–7, 137; *Rime pastorali di Agliaja Anassillide* (1807), 65, 85n156, 132–4, 138n20; *Varie poesie di Angela Veronese trivigiana* (1804), 65, 89–90, 123n3, 123n9, 126n33, 131, 134

Veronese, Angela, works in which she appears: *Fiore de' nostri poeti Anacreontici, Il* (1814), 136; *Florilegio Poetico-Moderno: Ossia scelta di poesie di 70 autori viventi* (1822), 136; *Parnaso de' poeti anacreontici* (1818), 85–6, 133n8, 136; *Sei ariette per canto e pianoforte* (1824), 89, 137; *Ventiquattro ariette* (1825), 137

Vertumnus. *See* mythological figures

Viaggio in Dalmazia. See Fortis, Alberto

Vicenza, 81, 170, 188n27, 189–90, 235, 241, 244

Vico, Giambattista, 156n5; *Vita di Giambattista Vico scritta da sè medesimo*, 206

Vienna, 52–3n47, 83, 197

Vieusseux, Giovan Pietro, 139

villa/palazzo: Palazzo dei Carmini (Ca' Zenobio degli Armeni, Venice), 44, 44n21, 45, 234; Palazzo Erizzo (Pontelongo), 76–7, 76n132; Villa Albrizzi (Terraglio), 51–2, 51n44, 55; Villa Cesarotti (Selvazzano), 66, 66n94; Villa Foscarini-Erizzo (Torreggia), 30, 78; Villa Pagani-Cesa (Nogarè), 67–8, 123n5, 236; Villa Pisani (Strà), 81n149; Villa Querini (Alticchiero), 235; Villa Spineda (Breda), 59–62, 59n66, 131, 139, 235; Villa Zenobio (Santa Bona), 40–1, 40n10

Vitagliano, Adele, 212n23, 221n37
Virgil, 26, 63, 77n133, 83n151, 84, 229; *The Aeneid*, 45nn25–6, 46, 46n29, 57, 57n59, 63, 77n133; *The Bucolics/Eclogues*, 229; *The Georgics*, 45n25. *See also* Caro, Annibal
virtue, 43, 56, 57, 66, 82, 85, 99, 103, 138, 213, 227, 229, 247, 250
Vita. *See* Alfieri, Vittorio
Vita (Benvenuto Cellini), 206
Vita di Giambattista Vico scritta da sè medesimo. *See* Vico, Giambattista
Vittorelli, Jacopo, 63, 70n113, 86n159, 107, 126n34, 126n36, 126n37, 128n57, 131–4, 135n12, 136–7, 140, 224n42, 252; *Anacreontiche a Irene*, 63n81
Viviani, Abbot Quirico, 64, 67, 73, 132, 132n2, 137, 239
Volkonskaya, Princess Zenaida, 138
Voltaire, 59, 189n28; *The Death of Caesar*, 184
Vulcan. *See* mythological figures

Ward, Adrienne, 203n7
Watson, Julia, 205n8
Weber, Caroline, 208
Whyman, Susan, 227
Wilson, Harriette: *The Memoirs of Harriette Wilson, Written by Herself*, 245
Wynne, Justine, Comtesse des Ursins et Rosenberg: *Alticchiero*, 235
women performing, 196–7, 220–1, 247
women writing, 205–8, 211, 232–3, 256; prescribed genres,

206, 244; publication/self-publicity discouraged, 200, 206; rudimentary skills, xviii, 55, 57; sisterhood, 233; author's reputation, 199. *See also* ambition; Italian women writers; women's autobiography
women's autobiography, 205–11; characteristics/conventions, 201, 206–7; in England, 207, 211, 245; in France, 139, 208, 211, 245; in Italy, 199–201, 208–11, 244; readership, 201; reasons for writing, 201, 207–8, 210–11; author's reputation, 199. *See also* women writing
word portrait. *See* literary portrait
written portrait. *See* literary portrait

Zacchiroli, Francesco, 63, 63n82, 73, 77, 86n159, 131, 224; *Giuda all'albero*, 63n84
Zambon, Patrizia, 253, 256n85
Zan Cabot, Aria, 156n5, 205n8, 208n16, 209n17, 210n20, 219–20n35, 256n85
Zanini-Cordi, Irene, 203n7, 209n18
Zappi, Giovan Battista, 57, 86n159, 136; *Rime*, 57, 57n61; as Tirsi Leucasio, 57n61
Zattere, 47, 47n31
Zenobio, Alvise, 49–50
Zenobio, Alba, 51
Zephyr. *See* mythological figures
Zuccala, Giovanni, 66; *Della solitudine secondo i principij di Petrarca e di Zimmermann*, 66n97

Milton Keynes UK
Ingram Content Group UK Ltd.
UKHW022212040324
438897UK00023B/185